PETROGRADSKAJA
Zie blz. 64–73
Stratengids, kaart 1, 2

Бол Невка

Бол Невка

Petrogradskaja

Neva Нева

...ISKADE
...z. 74–95
...gids, kaart 2, 5, 6

Paleiskade

Gostiny Dvor

GOSTINY DVOR
Zie blz. 96–113
Stratengids, kaart 2, 6

0 meter   600

CAPITOOL REISGIDSEN

ST.-PETERSBURG

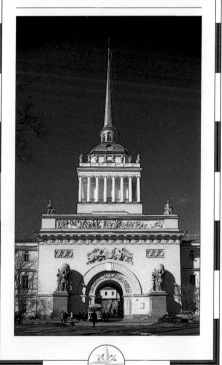

Kleine-Stalbrug over de rivier de Mojka

Gouden beelden van de Grote
Cascade van Peterhof

TIPS VOOR DE REIZIGER

WEGWIJS IN SINT-PETERSBURG

DANKBETUIGING

15de-eeuwse icoon van Sint-Joris
en de draak, Russisch Museum

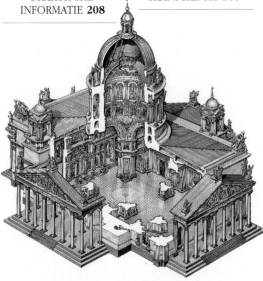

De Izaäkkathedraal, weelderig gedecoreerd met meer dan
40 soorten mineralen en halfedelstenen

HOE GEBRUIKT U DEZE GIDS

Deze reisgids zal u helpen uw verblijf in Sint-Petersburg zo aangenaam mogelijk te maken. Hij verschaft aanbevelingen van kenners en gedetailleerde praktische informatie. *Inleiding op Sint-Petersburg* beschrijft de geografische ligging en plaatst de stad in een historische en culturele context. De tijdbalk in het deel over de geschiedenis zet de jaartallen van Russische machthebbers en belangrijke gebeurtenissen op een rij. *Sint-Petersburg in het kort* biedt een overzicht van de belangrijkste beziens-waardigheden. In *Sint-Petersburg van buurt tot buurt* worden alle beziens-waardigheden gedetailleerd beschreven. Ze zijn in twee groepen verdeeld: die in het centrum en die buiten het centrum. De drie wandelingen voeren langs de kanalen, de Neva en de eilanden van de stad en *Buiten Sint-Petersburg* behandelt bezienswaardigheden die u tijdens dagtochten kunt bezoeken. Informatie over hotels, restaurants en amusement vindt u in *Tips voor de reiziger*, en *Wegwijs in Sint-Petersburg* informeert u over praktische zaken.

DE WEG VINDEN IN HET DEEL SINT-PETERSBURG VAN BUURT TOT BUURT

Elk van de zeven 'buurten' is voorzien van een kleurcode. Een hoofdstuk begint met een inleiding op de buurt of het gebied, waarin geschiedenis en sfeer worden beschreven. Bij de buurten in het centrum wordt dit gevolgd door een *Stratenkaart* waarop het interessantste deel van de buurt te zien is, bij de gebieden buiten het centrum door een regionale kaart. De nummers verwijzen naar de kaarten. Aan belangrijke attracties zijn enkele bladzijden gewijd.

1 Inleiding op de buurt
De bezienswaardigheden zijn voor het gemak genummerd en op een Wijk-kaart *aangegeven, met vermelding van metrostations. De belangrijkste attracties staan in categorieën gerangschikt.*

Een oriëntatiekaart toont uw positie met betrekking tot andere wijken in het centrum.

Kleurcodes geven aan in welke buurt u bent.

Oriëntatiekaart

Het roze gebied wordt op de *Stratenkaart* gedetailleerd weergegeven.

2 Onder de loep
Deze kaart geeft een overzicht van de belangrijkste delen van elke buurt, met een tekening van alle gebouwen die er staan. De nummers van de attracties komen overeen met die op de voorafgaande Wijk-kaart *en de beschrijvingen op de volgende bladzijden.*

Aanbevolen routes zijn aangegeven met rood.

WIJKKAART VAN SINT-PETERSBURG

De gekleurde gebieden op de kaart *(blz. 14–15)* zijn de vijf belangrijkste gebieden waarin het centrum van Sint-Petersburg in deze gids is verdeeld. Aan elk ervan is een hoofdstuk gewijd in het deel *Sint-Petersburg van buurt tot buurt (blz. 54–131)*. De gebieden zijn ook op andere kaarten in het boek gemarkeerd. In *Sint-Petersburg in het kort (blz. 32–49)* bijvoorbeeld, helpen ze u de belangrijkste attracties terug te vinden. De gekleurde randen van de gebieden komen overeen met de kleurcode.

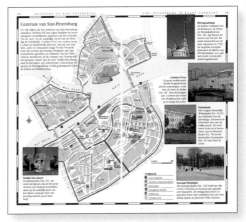

Nummers verwijzen naar de plaats op de *Wijkkaart* en de volgorde in het hoofdstuk.

Praktische informatie geeft u de informatie die u nodig hebt om de attractie te bezichtigen, inclusief een verwijzing naar de *Strantengids (blz. 238–245)*.

In kaders worden unieke aspecten of historische bijzonderheden van een bezienswaardigheid behandeld.

3 Informatie over bezienswaardigheden
Alle bezienswaardigheden worden apart beschreven. Ze staan in de volgorde van de nummers op de Wijkkaart. De symbolen in de praktische informatie worden op de achterflap verklaard.

Tips voor de toerist geeft u praktische informatie. Kijk voor de meest actuele informatie op de desbetreffende website.

4 Belangrijkste attracties
Deze worden op twee of meer bladzijden beschreven. Tekeningen van gebouwen zijn opengewerkt zodat het interieur zichtbaar wordt. U vindt de weg in musea aan de hand van met kleur gecodeerde plattegronden.

Sterren markeren de attracties die niemand mag missen.

INLEIDING OP
SINT-PETERSBURG

VIER DAGEN IN SINT-PETERSBURG

Sint-Petersburg heeft in meer dan 300 jaar veel gezichten gehad. Het idee van Peter de Grote, dat verrees in een moeras en venster van Rusland op het Westen moest worden, werd snel een prachtige stad, die de majesteit van het Russische rijk toonde. Later werd het de 'bakermat van de Revolutie' en greep Lenin er de macht. In de Tweede Wereldoorlog was het een symbool van nationale trots. Nu heeft het als culturele hoofdstad een gaaf erfgoed en een internationale kunstagenda. Deze vier routes omvatten samen de belangrijkste bezienswaardigheden. Ieder voor zich tonen ze de tsaren- en sovjetinvloeden die de stad vorm gaven. De kostenindicaties zijn inclusief vervoer, eten en toegangskaarten.

Overwinnings-monument

Het meesterlijke hoofdtrappenhuis van Rastrelli in het Winterpaleis

TSARENSTAD

- Kunst en weelde
- Pleinen en panorama's
- Sporen van Raspoetin

2 VOLWASSENEN vanaf 6000 roebel

Ochtend
De dag begint in het stadscentrum met het barokke **Winterpaleis** *(blz. 92–93)*, vroeger officiële residentie van de tsarenfamilie en het hart van het **Hermitage**-museum *(blz. 84–93)*. Let vooral op de schitterende staatsiezalen, waar de tsaren belangrijke gasten ontvingen. Het uitzicht over het enorme **Paleisplein** *(blz. 83)* mag u niet missen; dit omvat de glorieuze boog van het Generale Stafgebouw, ooit behuizing van de staatsministeries en nu onderdeel van het museum. Loop via de kade naar **Krokodil** *(blz. 186)* voor een lunch.

Middag
Ga terug langs de Galernaya ulitsa naar het **Senaatsplein** *(blz. 78)* waar de **Bronzen Ruiter**, standbeeld van Peter de Grote, oprijst in het midden. Er is een mooi uitzicht over de rivier naar het Vasiljevski-eiland met zijn rijke villa's en instellingen. Draai u om en bekijk de **Izaäkkathedraal** *(blz. 80–81)*, met haar gouden koepel. De bouw van deze kolossale constructie duurde van 1818 tot 1858 en sinds de sovjettijd is het een museum.
Minder dan 1 km westwaarts ligt het **Joesoepovpaleis** *(blz. 120)*, waar een expositie is ingericht over Grigori Raspoetin, de 'heilige man' die er vermoord werd door prins Felix Joesoepov. Dineer in het nabijgelegen **Bella Vista** *(blz. 188)* met uitzicht op de Neva of bescheidener bij **1913** *(blz. 185)* – het jaar waarin de Romanovs vierden dat ze 300 jaar regeerden.

RUSSISCHE STAD

- Iconen en wierook
- Traditionele lunch
- Souvenirs

2 VOLWASSENEN vanaf 4800 roebel

Ochtend
Deze route toont u de grootste Russische attracties van een stad, waar u eerder Europese dan Russische invloed ziet. Het **Russisch Museum** *(blz. 104–107)* bezit 's werelds mooiste collectie Russische kunst. Bewonder het interieur van de **Kerk van de Verlosser op het Bloed** *(blz. 100)* en geniet bij **Kalinka-Malinka** *(blz. 187)* van een traditionele Russische lunch.

De neo-Russische Kerk van de Verlosser op het Bloed

Middag

Ga geïnspireerd door de ochtendattracties naar de **Souvenirmarkt** *(blz. 199)*, waar alles te koop is van iconen tot bontmutsen. Neem dan de groene metrolijn van Gostiny Dvor naar Plosjtsjad Aleksandra Nevskovo en het **Alexander Nevskiklooster** *(blz. 130–131)*. Hier liggen veel bekende Russen begraven, zoals Tsjaikovski en Dostojevski. Aan het eind van de middag wilt u misschien een betoverende mis bij kaarslicht bijwonen in de Maria-Boodschapkerk. Bezoek ten slotte de nabije winkel **Slavjanski stil** *(blz. 199)*, die prachtig Russisch linnen verkoopt. Bezoek 's avonds het ballet *(blz. 202–203)* of dineer tussen volksdansers in **Sankt-Peterboerg** *(blz. 188)*. Voor beide moet u reserveren.

De Munt in de Petrus en Paulusvesting is nog steeds in bedrijf

DAG MET HET GEZIN

- Imposante uitzichten
- Gruwelen op sterk water
- Eten in een bos
- Schaatsen of het circus

GEZIN VAN 4 vanaf 4500 roebel

Ochtend

De dag begint met een flinke klim naar de colonnade van de **Izaäkkathedraal** *(blz. 80–81)* en het uitzicht op de stad. Steek dan de Neva over naar de **Strelka** *(blz. 58–59)* op het Vasilevskiyeiland en bekijk een museum *(blz. 60)*: het **Zoölogisch** of het **Instutuut van Russische Literatuur** of de **Kunstkammer**. Een prettige wandeling naar de overkant leidt naar Petrogradskaja *(blz. 64–73)*. Eet bij de goedkope **Pelmeni Bar** een stevige lunch of iets lichters bij het vegetarische **Trojtski Most** *(blz. 193)*.

Middag

Midden in Petrogradskaja ligt de **Petrus en Paulusvesting** *(blz. 66–67)* met haar rijke kathedraal en grimmige historie. Attracties zijn de tomben van de Romanovs, kerkers, een expositie over de stads-

historie, de roeiboot van Peter de Grote en bezichtiging van de bolwerken. 's Zomers zijn er allerlei gezinsattracties in het park bij de vesting. Bij restaurant **Zver** *(blz. 185)* ontspannen volwassenen zich onder bomen in het park terwijl hun kinderen rondrennen. Neem na het avondeten de metro naar Krestovski Ostrov en maak een wandeling naar de westpunt van het **Jelagineiland** *(blz. 136–137)* voor mooie zonsondergangen en 's winters ook voor de ijsbaan. Of bezoek als het te koud is het **Circus** *(blz. 201)*.

SOVJETSTAD

- Revolutionair erfgoed
- Monumenten voor het volk
- Eten in sovjetstijl

2 VOLWASSENEN vanaf 2700 roebel

Ochtend

Als u gefascineerd bent door Leningrad als 'bakermat van de Revolutie' begint u aan de rand van het centrum bij het **Smolnyinstituut** *(blz. 128)*, tehuis van de Revolutie en later de Communistische Partij. Neem aan de overkant bus 46 en rijd langs het monument voor Dzerzjinski, vader van de KGB, en het **Marsveld** *(blz. 94)*, waar de revolutiedoden begraven zijn, en de rivier over naar het **Museum van de Russische Politieke Historie** *(blz. 72)*. De **kruiser Aurora** *(blz. 73)*, die het startschot gaf voor de revolutie

van 1917, is vlakbij afgemeerd. U kunt lunchen in het Georgische **Salchino** *(blz. 185)*.

Middag

Het kleine **Kirovmuseum** *(blz. 72)*, iets noordelijker, is gewijd aan het hoofd van de Partij in de stad; de moord op hem in 1934 leidde tot een golf van executies. Wilt u ervaren hoe de Sovjets de volksprestaties verheerlijkten, neem dan de metro naar Moskovskaja en het **Overwinningsmonument** *(blz. 131)*. De imposante ondergrondse Gedachtenishal toont het leven tijdens het beleg van Leningrad. Neem de metro terug naar het Technologitsjeski-instituut en de rode lijn tussen Avtovo en Plosjtsjad Vosstanija, waar elk station een stuk stadsgeschiedenis vertelt *(blz. 224)*. Eet ten slotte bij **Kvartika** *(blz. 187)* of **Russian Kitsch** *(blz. 184)*.

Metrostation Avtovo verheerlijkt de naoorlogse autoproductie

Sint-Petersburg in kaart gebracht

De Russische Federatie, meestal kortweg Rusland
genoemd, is met een oppervlakte van 17,4 miljoen km²
het grootste land ter wereld. In de noordwestelijke hoek
ervan ligt Sint-Petersburg, de op één na grootste stad van
het land, met bijna 5 miljoen inwoners. Het 'Venster op het
Westen' *(blz. 20–21)* ligt bij de monding van de Neva, aan
de Finse Golf, en was ooit de hoofdstad van Rusland.
Van de twaalf buurlanden van Rusland liggen Estland
en Finland het dichtst bij Sint-Petersburg.

SYMBOLEN

- Snelweg
- Hoofdweg
- Secundaire weg
- Spoorlijn
- Landsgrens

0 kilometer   180

Verklaring van de overige symbolen *zie achterflap*

SINT-PETERSBURG EN OMGEVING

Petsjora

Sosnovo

Ladogameer

Primorsk

Vaskelovo

Finse Golf

Novaya Ladoga

Sosnovyy Bor

Schlüsselburg

Poelkovo

Gatsjina

Tosno

Volosovo

Vyritsa

Kirisji

Sint-Petersburg en omgeving

Er zijn goede treinverbindingen met de bezienswaardigheden in de omgeving (blz. 228–229).

Petsjora

Oechta

Petsjora

Vyjeyda

Mezen

Pinega

Kotlas

Kirov

Oefa

Magnitogorsk

RUSSISCHE FEDERATIE

Oeral

Orsk

Toergaj

Toljatti

Samara

Orenburg

Oka

Ryazan

M5

Saratov

KAZACHSTAN

Tsjelkar

Voronezj

Don

M5

Volgograd

Wolga

Donets

Astrachan

Rostov-na-Donoe

Marioepol

van ov

Krasnodar

KASPISCHE ZEE   TURKMENISTAN

Satellietfoto van Sint-Petersburg, Rusland

RUSLAND IN KAART GEBRACHT

Noordelijke IJszee

NOORWEGEN

ZWEDEN

FINLAND

ESTLAND

•St.-Petersburg

RUSSISCHE FEDERATIE

Beringzee

GROOT-BRITTANNIË

LETLAND

LITOUWEN

IERLAND

NEDERLAND

WIT-RUSLAND

BELGIË

DUITSLAND

FRANKRIJK

TSJECHIË

OEKRAÏNE

HONGARIJE

ROEMENIË

KAZACHSTAN

MONGOLIË

Grote Oceaan

SPANJE

ITALIË

BULGARIJE

GEORGIË

OEZBEKISTAN

KIRGYZSTAN

NOORD-KOREA

PORTUGAL

TURKIJE

TURKMENISTAN

TADZJIKISTAN

ZUID-KOREA JAPAN

GRIEKENLAND

SYRIË

CHINA

MAROKKO

TUNESIÉ

IRAK

IRAN

AFGHANISTAN

ALGERIJE

LIBIË

EGYPTE

SAOEDI-ARABIË

PAKISTAN

NEPAL

INDIA

BIRMA

Centrum van Sint-Petersburg

De vijf wijken die het centrum van Sint-Petersburg
uitmaken, hebben elk hun eigen karakter en weerspiegelen verschillende aspecten van het verleden
van de stad. Op de zuidelijke oever van de Neva
ligt de Paleiskade. Gostiny Dvor, ten oosten ervan,
is altijd de handelswijk geweest, met tal van winkels, cafés en restaurants langs Nevski Prospekt.
Naar het westen ligt Sennaja Plosjtsjad, met zijn
romantische grachten en restanten van het 19de-
eeuwse straatleven uit de romans van Dostojevski.
Het grootste eiland van de stad, Vasiljevski-eiland,
staat in het teken van scheepvaart, wetenschap en
musea en Petrogradskaja wordt gedomineerd door
de Petrus en Paulusvesting.

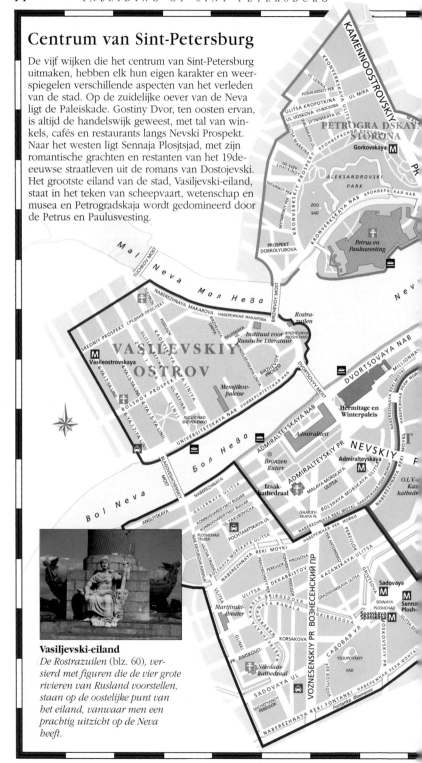

Vasiljevski-eiland
*De Rostrazuilen (blz. 60), ver-
sierd met figuren die de vier grote
rivieren van Rusland voorstellen,
staan op de oostelijke punt van
het eiland, vanwaar men een
prachtig uitzicht op de Neva
heeft.*

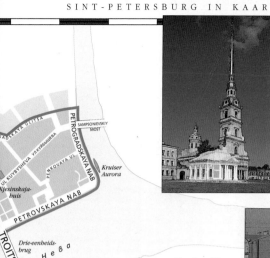

Petrogradskaja

De laatste rustplaats van de Romanovs, de Petrus en Pauluskathedraal (blz. 68), ligt binnen de muren van het fort, het eerste bouwwerk van de stad, begonnen in 1703. De vergulde torenspits domineert de skyline van Petrogradskaja, een wijk met verder vooral style-modernegebouwen.

Gostiny Dvor

De grote verkeersader Nevski Prospekt kruist diverse waterwegen, zoals hier de rivier de Mojka (blz. 36). Deze kruisingen zijn 's zomers het toneel van drukbezochte cafés op en langs het water.

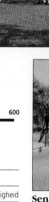

Paleiskade

Het vroegere keizerlijke Winterpaleis (blz. 92–93), nu onderdeel van de Hermitage, domineert de rivieroever met zijn barokke pracht. De zuidoever is één en al monument, van de Bronzen Ruiter (blz. 78) tot het bescheiden Zomerpaleis (blz. 95) van Peter de Grote.

0 meter — 600

SYMBOLEN

▮	Grote trekpleister
▮	Interessante bezienswaardigheid
M	Metrostation
⛴	Aanlegplaats veerboot
🚓	Politiebureau
✚	Orthodoxe kerk

Sennaja Plosjtsjad

Het Joesoepovpaleis (blz. 120) heeft een rijk versierd interieur en huisvest een expositie over Raspoetin. De omliggende straten en grachten lenen zich uitstekend voor een wandeling tijdens de sfeervolle Witte Nachten.

GESCHIEDENIS VAN SINT-PETERSBURG

Nog geen tien jaar na de stichting van de stad in 1703 werd Petersburg de hoofdstad van het Russische rijk. Het maakte snel naam als een van de mooiste steden van Europa. De stad heeft een rijke geschiedenis en onderging alleen al in de 20ste eeuw drie naamswijzigingen, drie revoluties en een beleg van 900 dagen.

Zo'n 850 jaar voordat Sint-Petersburg de hoofdstad van Rusland werd, vroegen plaatselijke Slavische stammen de Vikinghoofdman Rurik hen te komen regeren. Diens opvolger stichtte Kiev, dat een belangrijk vorstendom werd. In 988 werd grootvorst Vladimir orthodox christen, met verstrekkende gevolgen: de orthodoxe leer zou een hoeksteen van de Russische identiteit worden.

Ivan IV 'de Verschrikkelijke'

Paradoxaal genoeg werd Rusland pas een eenheid tijdens de 250 jaar durende overheersing door de islamitische Mongolen, die in 1237 alle vorstendommen behalve Novgorod veroverden. In de 14de eeuw kozen de Mongolen de uit machtshonger vervulde grootvorst Ivan I van Moskou (1325–1340) uit om de schattingen van de andere onderworpen vorstendommen te

Mongoolse krijgers in een 14de-eeuws verlucht handschrift

innen. Moskou voer wel bij deze regeling en werd steeds machtiger. Nog geen 50 jaar later behaalde een leger onder aanvoering van grootvorst Dmitri Donskoj de eerste overwinning op de Mongolen, en het idee van een Russische natie was geboren.

Tijdens het lange bewind van Ivan III (1462–1505) werden de Mongolen uiteindelijk verslagen. Het prestige van Moskou groeide. Ivan de Verschrikkelijke (1533–1584) werd als eerste de 'Tsaar van alle Russen' genoemd. Niet lang na zijn dood brak echter de zogenaamde tijd der troebelen aan, een periode van zwakke heersers en valse troonpretendenten in Moskou.

DE EERSTE ROMANOVS

In 1613 kozen de belangrijkste burgers Michail Romanov als tsaar. Onder hem keerde de rust weer, maar het was zijn zoon Alexej die Rusland definitief uit het slop haalde en moderniseerde. Hij voerde geschreven wetten in en maakte de kerk ondergeschikt aan de staat.

TIJDBALK

862 Rurik vestigt Vikingbolwerk in Novgorod		**1480** Ivan III staakt betaling van schattingen aan de Mongolen		
863 Cyrillus en Methodius creëren het cyrillisch schrift	**1147** Moskou gesticht		**1605–1613** Tijd der troebelen	*Boris Godoenov*
		1462–1505 Bewind van Ivan III		

800	1000	1200	1400	1600

	1108 Stad Vladimir gesticht	**1223** Eerste Mongoolse veldtocht	**1242** Alexander Nevski verslaat de Teutoonse ridders	**1533–1584** Bewind van Ivan IV	**1613** Michail Romanov wordt de eerste tsaar van de Romanov-dynastie
988 Vorst Vladimir bekeerd tot het orthodoxe christendom		**1240** Mongoolse heerschappij in Rusland	**1598** Boris Godoenov claimt titel van tsaar na twaalf jaar als regent		

◁ Peter de Grote instrueert zijn arbeiders tijdens de bouw van Sint-Petersburg (Alexander von Kotzebue, 1862)

PETER DE GROTE

Peter de Grote, de stichter van Sint-Petersburg, werd geboren in de periode dat Rusland veranderde van een middeleeuwse in een meer moderne staat.

Na de dood van zijn vader Alexej, stond zijn kindertijd in het teken van de rivaliteit tussen de familie van zijn moeder, de Narisjkins, en die van zijn vaders eerste vrouw, de Miloslavski's. Op 10-jarige leeftijd besteeg Peter de troon, maar na een paleisrevolte door het door de Milovslavski's gestuurde Streltsikorps werd zijn ziekelijke halfbroer Ivan medetsaar en Ivans zus Sophia regentes. Hij was er getuige van dat zijn familie werd vermoord en hield daar een diepe haat jegens Moskou en het hofleven aan over. Toen Ivan in 1696 stierf was Peter 24 jaar, een reus van een man met een ongekende wilskracht en energie. Hij zette zich aan de hervorming van het

Peter de Grote (1682–1725)

Russische leger, maar droomde ondertussen van een Russische marine. In 1697 begon hij aan een reis door Europa om de scheepsbouw en andere takken van techniek en wetenschap te bestuderen. Hij bracht meer tijd door op de scheepswerf dan aan het hof. Zijn hervormingen zorgden er echter voor dat Rusland eindelijk begon te verwesteren.

EEN NIEUWE HOOFDSTAD

Peters besluit een noordelijke haven te stichten die onbelemmerd toegang bood tot de Oostzee, leidde tot oorlog met Zweden, toen een van de machtigste landen van Europa. In mei 1703 begon hij met de bouw van de Petrus en Paulusvesting en een scheepswerf ertegenover *(blz. 20–21)*. Er was een autocraat met Peters bezetenheid voor nodig om een stad te bouwen in dit

Gezicht op Sint-Petersburg in het begin van de 18de eeuw, met links de scheepswerf van de Admiraliteit

TIJDBALK

1672 Geboorte van Peter de Grote in het Kolomenskoje-paleis in Moskou

1689 Peter verbant Sophia naar het Novodevitsji-klooster in Moskou

1697–1698 Peter reist door Europa

1698 Peter elimineert het Streltsikorps *(zie blz. 20)*

1703 Sint-Petersburg gesticht

1712 Regering verhuist naar Sint-Petersburg

1680	**1690**	**1700**	**1710**

1682 De Streltsirevolte. Peter deelt de troon met zijn halfbroer Ivan V, onder regentschap van zijn halfzuster Sophia

Sophia, regentes 1682–1689

1696 Ivan V sterft, Peter wordt alleenheerser

1700 Begin van de oorlog tegen Zweden

1709 Overwinning op Karel XII van Zweden bij Poltava

1714 Peter verbiedt het gebruik van steen in de bouw behalve in Petersburg

AAN HET HOF VAN ELISABETH

Wanneer Elisabeth niet bezig was bouwplannen te bekijken, lag ze meestal op bed te roddelen met haar hofdames, wier voornaamste taak het was haar voeten te kietelen. De hovelingen werden meegenomen op eindeloze jacht- en schaatspartijen en waren verplicht haar te allen tijde gezelschap te houden. Ze verkleedde zich vaak als man, en baarde daarmee minstens zoveel opzien als met haar garderobe, die 15.000 jurken zou hebben bevat.

Tsarina Elisabeth gaat een wandeling maken op Tsarskoje Selo, omgeven door hovelingen

moerasgebied, waar bouwmaterialen schaars waren en overstromingen overvloedig. Meer dan 40.000 Zweedse krijgsgevan-genen en boeren lieten het leven tijdens de bouw van de stad.

Of het bij voorbaat de bedoeling was geweest om Sint-Petersburg de nieuwe hoofdstad te maken of niet, het werd pas mogelijk toen Peters overwinning bij Poltava een einde maakte aan de Zweedse dreiging. Sint-Petersburg werd in 1712 uitgeroepen tot hoofdstad van Rusland en telde toen Peter in 1725 stierf 40.000 inwoners, de bouwvakkers uit de omringende kampen niet meegerekend.

Elisabeth (1741-1761)

VROUWEN AAN DE MACHT

Het resterende deel van de 18de eeuw werd Rusland overwegend geregeerd door vrouwen, die Sint-Petersburg verrijkten met de prachtigste gebouwen. Tijdens het korte bewind van Peters vrouw Catharina I (1725–1727) en zijn kleinzoon Peter II (1727–1730) verhuisde het hof naar het veel comfortabeler Moskou. Maar toen Anna, de dochter van Peters halfbroer Ivan, op de troon kwam, besloot ze een uitgesproken Europees hof in Petersburg te creëren. Anna was toen 37 jaar en had het grootste deel van haar leven in Duitsland doorgebracht. Veel van haar ministers en favorieten waren dan ook Duitsers. Voor mode en vormgeving was Frankrijk echter het voorbeeld, en voor opera Italië. Hoewel zelf een serieuze, lelijke en enigszins wrede vrouw, schiep Anna in Petersburg een van de frivoolste hoven van Europa, dat met Tsarina Elisabeth, de dochter van Peter de Grote, een ideale troonopvolgster kreeg. Elisabeth was aantrekkelijk, energiek en vrolijk, een combinatie die haar bij nagenoeg iedereen geliefd maakte, met name bij de garde, die haar plaats op de troon veiligstelde. De staatszaken liet ze over aan een aantal goedgekozen adviseurs. Het enige serieuze aan Elisabeth was haar nogal verrassende vroomheid, die er van tijd tot tijd zelfs toe leidde dat ze zich tijdelijk in een klooster terugtrok. Haar belangrijkste erfenis zijn de prachtige barokke gebouwen die ze heeft laten ontwerpen, veelal door haar favoriete architect Rastrelli *(blz. 93).*

1721 Vrede van Nystad beëindigt oorlog met Zweden	**1738** Ruslands eerste ballet-school gesticht in Sint-Petersburg	**1745** Tsaar Peter trouwt met de latere Catharina de Grote	**1757** Academie van Schone Kunsten gesticht
1733 Petrus en Pauluskathedraal voltooid			
1720	**1730**	**1740**	**1750**
1717 Peter bezoekt Holland en Frankrijk	**1730–1740** Anna regeert	**1741** Ivan VI, Anna's opvolger, wordt afgezet en Elisabeth komt aan de macht met steun van de garde	**1754** Bouw van Rastrelli's Winterpaleis begint
1725 Catharina I keizerin na de dood van Peter de Grote	**1727–1730** Peter II regeert	*Anna Ivanovna, dochter van Ivan V*	

Een venster op het Westen

Nieuwsgierig gemaakt door het handjevol westerlingen in Moskou, was Peter de Grote de eerste tsaar die een reis naar Europa maakte. Hij kwam terug met ideeën voor hervormingen en bouwkundige vernieuwingen die hij in zijn nieuwe stad in praktijk bracht. In 1710, toen de Zweedse dreiging voorbij was, werden de keizerlijke familie en de regering naar de koude, vochtige buitenpost verplaatst. Al gauw was Sint-Petersburg, met zijn rationele stratenplan, stenen gebouwen en academies, een bloeiende hoofdstad, waar de nieuwigheden uit Europa werden uitgeprobeerd voor ze doorsijpelden naar de rest van Rusland.

OMVANG VAN DE STAD

■ *1712*   □ *Nu*

PLATTEGROND VAN DE STAD

Deze kaart uit 1712 toont de oorspronkelijke plattegrond van Peters hoofdstad, met het Vasiljevski-eiland als centrum. Het oversteken van de Neva gaf echter risico's en de Admiraliteit werd het nieuwe centrum.

De timmerman-tsaar
Tijdens zijn Europese reis in 1697–1698 werkte Peter (links op het schilderij) maanden op de werf van Deptford om de beginselen van de scheepsbouw te leren.

Net als Amsterdam zou de stad een netwerk van grachten krijgen, maar het oorspronkelijke plan werd gewijzigd *(blz. 57).*

Mensjikov-paleis

Nieuwe mode
In zijn streven Rusland te verwesteren droeg Peter zijn hovelingen op hun baard af te scheren.

DE STRELTSIREVOLTE

Nadat het gerucht was verspreid dat Peters familie zijn halfbroer Ivan wilde vermoorden, vielen regimenten van het Streltsikorps in 1682 het Kremlin binnen. Voor de ogen van de 10-jarige Peter werden zijn adviseur en leden van zijn familie afgeslacht. Deze traumatische gebeurtenis heeft waaschijnlijk Peters tic veroorzaakt en heeft hem zeker het plan ingegeven om een nieuwe hoofdstad te bouwen. In 1698 nam hij verschrikkelijk wraak door meer dan duizend leden van het Streltsikorps dood te martelen.

Slachtpartij in het Kremlin, 1682

De Slag bij Poltava
De strijd met Zweden om de controle over de Oostzee leidde tot oorlog. Negen jaar na de pijnlijke nederlaag bij Narva wierp Peters hervorming van het leger vruchten af. In 1709 versloeg hij Karel XII beslissend bij Poltava. Dit was de eerste Russische overwinning op een grote Europese mogendheid.

WAAR VINDT U DE STAD VAN PETER DE GROTE?

Sommige gebouwen uit de begintijd van Petersburg zijn bewaard gebleven, zoals het rustieke Huisje van Peter de Grote *(blz. 73)*, het Zomerpaleis *(blz. 95)* en het barokke Mensjikovpaleis *(blz. 62)*. De Petrus en Paulusvesting *(blz. 66–76)* dateert ook grotendeels uit die tijd. Zeker ook een bezoek waard is het paleis Monplaisir te Peterhof *(blz. 150)*.

Werkplaats van Peter de Grote, Zomerpaleis

Kronwerk (buitenste verdedigingsmuren)

Petrus en Paulusvesting

De haven lag hier tot omstreeks 1880.

Admiraliteit

Zomer-paleis

Wijnglas
De tsaar, die goed tegen drank kon, schiep er genoegen in zijn gasten alcohol te schenken tot ze erbij neervielen. Dit kristallen glas was van zijn vriend Aleksandr Mensjikov en is versierd met zijn wapen.

De moerassige bodem en een gebrek aan steen bemoeilijkten de bouw. De eerste jaren verloren duizenden werklieden het leven.

Catharina I
Na een ongelukkig eerste huwelijk raakte Peter onder de bekoring van een Litouws meisje, wier gezonde, knappe verschijning onder de aandacht van de tsaar werd gebracht door Aleksandr Mensjikov (blz. 62). Hoewel slechts twee dochters bleven leven, hadden ze een gelukkig huwelijk. Catharina volgde Peter op als eerste vrouw op de Russische troon.

Muizen begraven de kat
Ingekleurde houtsneden, lubki, fungeerden in Peters tijd als politieke spotprent. De tsaar werd altijd afgebeeld als kat, vanwege zijn snor.

CATHARINA DE GROTE

Catharina was een Duitse prinses die door Elisabeth was gekozen als vrouw voor haar opvolger, de kleingeestige Peter III. Toen deze in 1761 de troon besteeg, woonde Catharina al achttien jaar in Rusland en sprak de taal vloeiend. Ze achtte het haar plicht zich te verdiepen in de Russische cultuur, waarvoor ze een grote liefde opvatte. Na zes maanden zetten Catharina en haar bondgenoten binnen de keizerlijke garde de tsaar af. Hij werd enkele dagen later vermoord en zij werd gekroond tot Catharina II.

Catharina de Grote in 1762

Toen Catharina op 67-jarige leeftijd stierf werd haar reputatie als verlicht heerser *(blz. 24)* overschaduwd door haar weinig liberale reactie op de Franse Revolutie en haar vele liefdesaffaires. Toch was Rusland tijdens haar bewind groter geworden na overwinningen op de Turken en de Polen.

OORLOG EN VREDE

Ten tijde van de Napoleontische oorlogen, onder Catharina's kleinzoon Alexander I, nam Rusland eindelijk zijn plaats in onder de grote Europese mogendheden.

Ondanks zijn aandeel in de moord op zijn vader Paul verwachtte men veel van de nieuwe tsaar, die enthousiast was over de idealen van verlicht leiderschap. Rusland was hard aan hervormingen toe, vooral waar het de boeren betrof, die zuchtten onder de lijfeigenschap. De oorlog eiste echter alle aandacht op, en er veranderde niets aan de feodale verhoudingen tijdens het bewind van Alexander I. Gebruikmakend van de golf van Russisch patriottisme sloot Alexander zich bij de Britten aan en trok in 1805 in Oostenrijk ten strijde tegen Napoleon, maar na de verpletterende nederlaag bij Austerlitz trok de onervaren tsaar zich terug. Aan Russische zijde waren 11.000 soldaten gesneuveld.

In 1807 verdeelde Napoleon bij de Vrede van Tilsit Europa in een Franse en een Russische invloedssfeer, maar in 1812 viel hij toch Rusland binnen, waar hij werd verslagen door de afstanden en het klimaat. Het Russische leger volgde zijn troepen naar Parijs, en nam deel aan de veldtocht die leidde tot Napoleons val in 1814. Alexander liet vervolgens een reeks bouwwerken bouwen in een passende empirestijl.

Moord op Paul I, 1801. Ondanks zijn voorzorgsmaatregelen werd Catharina's paranoïde zoon tijdens een coup in zijn paleis vermoord *(blz. 101)*

TIJDBALK

1762 Dood van Elisabeth. De nieuwe tsaar Peter III wordt na zes maanden vermoord. Zijn vrouw wordt gekroond tot Catharina II	**1783** Annexatie van de Krim	**1787–1792** Tweede Russisch-Turkse oorlog	**1801** Paul I vermoord, Alexander I wordt tsaar	**1805–1807** Oorlog met Frankrijk eindigt met Verdrag van Tilsit

1760		1780		1800	

1767 Catharina II publiceert haar *Bolsjoi Nakaz*	**1773–1775** Poegatsjev-opstand **1768–1774** Eerste Russisch-Turkse oorlog	**1782** Falconet voltooit zijn Bronzen Ruiter	**1796** Dood van Catharina II; Paul I volgt op *Alexander I (1801–1825)*	**1812** Napoleon valt Rusland aan **1816** Alexander I maakt einde aan hervormingen

Dekabristen verslagen door regeringstroepen, 1825

DE DEKABRISTENOPSTAND

Officieren van het Russische leger die de vrijheid van het democratische Europa hadden meegemaakt, waren teleurgesteld over het uitblijven van hervormingen onder Alexander. Toen diens onbuigzame broer Nicolaas in 1825 werd uitgeroepen tot tsaar, riepen zij hun soldaten op de oudere en mogelijk liberalere broer Constantijn te steunen. Ze kwamen op 14 december samen op wat nu het Senaatsplein heet *(blz. 78)*. De troepen van de tsaar kregen opdracht te schieten en er werden honderden rebellen gedood voordat de leiders zich overgaven. De nieuwe tsaar Nicolaas I behandelde hen met de hardvochtigheid die kenmerkend voor hem was. Vijf leiders werden opgehangen en ruim honderd rebellen werden naar Siberië verbannen.

STAD VAN RIJK EN ARM

In de 19de eeuw bood een wandeling langs Nevski Prospekt een dwarsdoorsnede van een steeds ongelijker wordende samenleving. Hovelingen, officieren en vooraanstaande burgers wandelden langs dronkaards, bedelaars en prostituees naar winkels die geïmporteerde modeartikelen verkochten of naar de chique delicatessenwinkel Jelisejev voor kaviaar en champagne. Ze leefden vaak boven hun stand en namen hypotheken op hun land en lijfeigenen om hun peperdure luxeleven te kunnen bekostigen. Dit was ook een stad waar het salaris van een lage ambtenaar nooit toereikend was om een gezin te onderhouden. Op het platteland nam de onvrede onder de lijfeigenen toe. Het was onvermijdelijk dat de roep om hervormingen luider werd.

Het autocratische bewind van Nicolaas I, de 'IJzeren Tsaar', werd gevolgd door dat van zijn veel billijker zoon Alexander II. In 1861 schafte de tsaar de lijfeigenschap af, maar de boeren konden alleen tegen zeer ongunstige voorwaarden zelf grond kopen. Ze trokken massaal naar de grote steden om in fabrieken te gaan werken, maar de levensomstandigheden daar waren zo mogelijk nog slechter.

DE NAPOLEONTISCHE INVASIE

Napoleons *Grande Armée* van 600.000 man bereikte Moskou in september 1812, na de overwinning bij Borodino, maar werd verslagen door de tactiek van non-confrontatie van Ruslands grote held generaal Koetoezov. De stad was door zijn leiders verlaten en door zijn bewoners in brand gestoken, en terwijl de Russische winter aanbrak moest Napoleon zich terugtrekken over het bevroren land. Hij bereikte uiteindelijk de grens met slechts 30.000 manschappen.

Het Franse leger op de terugtocht in 1812

De verlichte keizerin

De als Duitse prinses geboren Catharina II was een geleerde en energieke vrouw. Ze zag het belang van Voltaire en Diderot, met wie ze correspondeerde, en kocht imposante collecties Europese kunst voor de Hermitage *(blz. 84–93)* en bibliotheken voor de Russische wetenschappers. Ook sprak ze over verbetering van de positie van de lijfeigenen, maar een boerenopstand in eigen land en berichten over de Franse Revolutie maakten een einde aan haar liberale ideeën. Toen ze stierf, waren de meeste Russen net zo slecht af als daarvoor.

OMVANG VAN DE STAD

▪ *1790*   ☐ *Nu*

De tempel verwijst naar Catharina's passie voor neoclassicistische architectuur.

Een medaille voor graaf Orlov wegens zijn overwinning op de Turken bij Tsjesma in 1770.

De keizerlijke garde zweert trouw
Op 28 juni 1762 nam Catharina de macht over van haar impopulaire echtgenoot Peter III. De gardisten steunden haar bij deze paleisrevolutie en op 6 juli werd de tsaar vermoord.

CATHARINA DE GROTE

Catharina II 'de Grote' (1762–1796) voerde een expansiepolitiek. Ruslands eerste overwinning ter zee, die leidde tot de annexatie van de Krim, wordt op dit weefsel allegorisch herdacht.

Graaf Alexej Orlov, de broer van Catharina's vroegere geliefde Grigori, speelde een belangrijke rol bij haar overname van de troon.

Catharina's instructies
In 1767 publiceerde Catharina haar 22 hoofdstukken tellende Grote Instructie (Bolsjoi Nakaz), een verzameling ideeën die als basis moest dienen voor de hervorming van het Russische rechtsstelsel.

Pretendent Poegatsjev
De grootste bedreiging voor Catharina vormde de kozak Poegatsjev, die zich uitgaf voor Peter III. Hij werd gevangengenomen, maar ontsnapte en leidde vanaf 1773 een boerenopstand, die eindigde met zijn executie in 1775.

De nieuwe Academie van Wetenschappen
Catharina stichtte meer dan 25 wetenschappelijke instellingen en liet nieuwe onderkomens bouwen voor de reeds bestaande. Quarenghi bouwde de neoklassieke Academie van Wetenschappen in 1783–1785.

WAAR VINDT U DE NEO-CLASSICISTISCHE STAD?

Het Marmeren Paleis *(zie blz. 94)* en het Taurische Paleis *(blz. 128)* liet Catharina bouwen voor twee van haar minnaars en ze voegde de Kleine en Grote Hermitage en het theater *(blz. 84)* toe aan het Winterpaleis. Haar architect Cameron ontwierp delen van Tsarskoje Selo *(blz. 150)* en het Pavlovskpaleis *(blz. 158–161).*

Griekse Zaal in Pavlovsk, door Charles Cameron (1782–1786)

Catharina afgebeeld als Pallas Athene, godin van wijsheid en oorlog, met schild en helm als attributen.

Vaas in empirestijl (1790)
Porselein was geliefd aan het hof. In 1744 werd de Keizerlijke Porseleinfabriek in Sint-Petersburg de eerste Russische producent.

Deze stof, bestemd voor een kamerscherm, is gemaakt door Pernons in Lyon.

Michail Lomonosov
De filosoof, historicus, taalkundige en natuurwetenschapper Lomonosov (1711–1765) was in het 18deeeuwse Rusland de verlichte intellectueel bij uitstek (blz. 61). Dit beeld verwijst naar zijn vissersafkomst.

Grigori Potemkin (1739–1791)
Van al haar minnaars respecteerde Catharina vorst Potemkin het meest. Hij was een succesvol generaal en een invloedrijk raadsman. Ze bleven bevriend tot aan zijn dood.

Alexander II werd in 1881 door revolutionairen vermoord. Tragisch genoeg zou hij plannen voor een Russisch parlement op zak hebben gehad

HET EINDE VAN TSARISTISCH RUSLAND

Ingrijpende veranderingen bleven uit en in 1881 werd Alexander II door een revolutionaire groep vermoord. Het bewind van zijn opvolger Alexander III was uiterst reactionair. De pers werd streng gecensureerd en de geheime politie was actiever dan ooit. Niettemin begonnen arbeiders zich te organiseren en werd de oppositie sterker. Toen Nicolaas II de troon besteeg was de chaos immanent, ondanks de snel toenemende industrialisatie. De oor-

log met Japan (1904–1905) was een fiasco en werd gevolgd door de 'Bloedige Zondag'. Op 9 januari 1905 vuurden de troepen van de tsaar op een vreedzaam demonstrerende menigte. Het nieuws van de slachting verspreidde zich snel en er braken in heel Rusland stakingen uit. Om erger te voorkomen zegde Nicolaas II een aantal elementaire burgerrechten toe en stemde hij in met een gekozen doema (parlement) met vetorecht. In de praktijk ontbond de tsaar het parlement echter wanneer hem iets niet aanstond. Hierdoor, en door de omgang met de impopulaire Raspoetin (blz. 121), raakte het blazoen van de Romanovs nog meer bezoedeld. De vaderlandsliefde laaide nog even op bij het uitbreken van de Eerste Wereldoorlog, maar tegen het einde van 1916 had Rusland 3,5 miljoen man verloren en werd het land geplaagd door voedselschaarste.

Insigne van het Rode Leger

REVOLUTIE EN BURGEROORLOG

In februari 1917 braken er stakingen uit in de hoofdstad, nu Petrograd genoemd. De tsaar werd gedwongen af te treden, zijn familie werd gearresteerd en er kwam een Voorlopige Regering. Maar door middel van een gewapende opstand wierpen revolutionairen de regering in oktober omver (blz. 28–29).

WERELD VAN DE KUNST

Kostuumontwerp van Leon Bakst, 1911

De politieke onderdrukking van rond de eeuwwisseling had geen nadelige uitwerking op de kunst. Een groepje Petersburgse kunstenaars, onder wie Bakst en Benois, groeide onder leiding van Sergej Diaghilev uit tot een invloedrijke beweging. Zij introduceerden westerse kunst in hun tijdschrift Wereld van de kunst en brachten met hun decors en kostuums voor de Ballets Russes (blz. 118) de Russische cultuur onder de aandacht van het Westen.

TIJDBALK

De Romanovs in 1913

1881 Alexander II vermoord door de groep 'Wil van het Volk'. Alexander III wordt tsaar.	**1902** Lenin publiceert Wat te doen staat	
	1898 Sociaaldemocratische Arbeiderspartij gesticht. Russisch Museum geopend	**1913** Roma novs 300 ja aan het be

1880   **1900**

1881–1882 Antisemitische pogroms	**1903** Bolsjewieken (onder Lenin) scheiden zich af van de Sociaaldemocratische Arbeiderspartij	**1905** De revolutie van 1905 leidt tot de oprichting van de doema (in 1906)
1887 Lenins broer opgehangen voor aanslag op tsaar	**1894** Alexander III sterft, Nicolaas II volgt op	**1914** Eerste Wereldoorlog begint. Sint-Petersburg wordt Petrograd
	1904–1905 Russisch-Japanse oorlog	

De bolsjewieken bleken net zo weinig democratisch als de tsaar, maar hielden hun belofte om Rusland, in maart 1918, uit de oorlog terug te trekken. Het leger was hard nodig om de dreigende burgeroorlog het hoofd te bieden. De bolsjewieken (Roden) zagen zich bedreigd door een coalitie van antirevolutionaire groepen die bekend kwamen te staan als 'Witten' en aanvankelijk buitenlandse steun kregen. Om te voorkomen dat zij de oppositie rond de keizerlijke familie zouden bundelen, werd deze in juli 1918 geëxecuteerd. De Witten waren echter zeer verdeeld en in november 1920 gaven hun laatste troepen de strijd op. De twee jaar durende hongersnood die volgde dwong Lenin zijn agressieve nationaliseringsprogramma te herzien. Hij startte zijn iets mildere Nieuwe Economische Politiek, die privéondernemerschap toestond.

De keizerlijke paleizen bij Sint-Petersburg werden in de Tweede Wereldoorlog totaal verwoest. Deze foto toont Pavlovsk *(blz. 156–159)* in 1944

DE STALINTIJD

In de vijf jaar die volgden op Lenins dood in 1924 gebruikte Jozef Stalin zijn positie als Secretaris-Generaal van de Communistische Partij om al zijn rivalen uit de weg te ruimen. Vervolgens vestigde hij zijn dictatuur. De landbouw werd gecollectiviseerd, wat betekende dat de boeren al hun levende have, machines en land moesten overdragen aan collectieve boerderijen. In deze periode en de eropvolgende hongersnood van 1931–1932 zouden tien miljoen mensen zijn omgekomen.

Jozef Stalin op een propagandaposter uit 1933

De eerste zuivering van intellectuelen vond plaats in 1928–1929. In december 1934 werd Sergej Kirov, partijleider in Leningrad, vermoord in opdracht van Stalin *(blz. 72)*. Een anti-stalinistische cel kreeg de schuld en grootscheepse zuiveringen volgden. Na vijf jaar waren er en vijftien miljoen mensen gearresteerd. Velen eindigden in de goelag (werkkamp) en ruim een miljoen mensen werd geëxecuteerd.

Stalins zuivering van het Rode Leger kwam hem duur te staan in de Tweede Wereldoorlog: hij had driekwart van zijn officieren opgeruimd. Toen de Duitsers in 1941 Rusland binnenvielen, sneden ze Leningrad binnen drie maanden af en onderwierpen de stad aan een beleg dat 900 dagen zou duren *(blz. 131)* en het leven zou kosten aan meer dan twee miljoen mensen. Leningrad kreeg hierna de bijnaam 'Heldenstad'. Na de oorlog, die twintig miljoen Russische slachtoffers eiste, ging Stalins schrikbewind door tot aan zijn dood in 1953.

De Russische Revolutie

Sint-Petersburg staat bekend als de bakermat van de
Russische Revolutie. Na de Februarirevolutie van
1917, die leidde tot het aftreden van tsaar Nicolaas II,
riep de Voorlopige Regering amnestie af voor
politieke gevangenen en bannelingen. Verbannen
revolutionairen als Lenin en Trotski trokken naar de
stad. Zij zetten als alternatief voor de doema de
sovjet van arbeiders en soldaten op, een door het
volk gekozen raad. In oktober, toen de soldaten in
grote aantallen deserteerden van het front, besloten
de revolutionaire leiders tot een gewapende opstand,
die de communisten aan de macht bracht.

OMVANG VAN DE STAD

◼ *1917*   ☐ *Nu*

Plunderen was verleide-
lijk voor de matrozen
en soldaten, vooral in
de welvoorziene wijn-
kelders van het paleis.

De ex-tsaar
*Nicolaas II, hier
sneeuwruimend
op Tsarskoje Selo
tijdens zijn huis-
arrest in maart
1917, werd later
met zijn gezin
naar Jekaterin-
burg gebracht,
waar ze werden
vermoord.*

**Soldaat van de
Rode Garde**

BESTORMING VAN HET WINTERPALEIS

Op de avond van 25 oktober 1917 vuurde
het oorlogsschip Aurora *(blz. 73)* wat losse
flodders af op het Winterpaleis. De Rode
Garde, door Trotski getraind op het
Smolnyinstituut, bestormde het paleis om
de Voorlopige Regering, verdedigd door
300 kozakken, te arresteren.

De kozakken,
die met een
handjevol kadet-
ten en leden van
het Vrouwen-
bataljon het pa-
leis verdedigden,
waren met te
weinig om iets
te kunnen doen.

Lenin, Leider van het Volk
*Dit schilderij van Victor Ivanov
toont Lenin als begenadigd spre-
ker. Lenin keerde uit ballingschap
terug om de Revolutie te leiden. In
1918 was duidelijk dat zijn factie
van bolsjewieken de macht wilde.*

Revolutionair bord
*Aardewerk met
revolutionaire
voorstellingen
vermengd met een
vleugje Russische
folklore werd bij
elke gelegenheid
geproduceerd, in
dit geval bij de
Derde Internationale.*

Lev Trotski
De intellectueel Trotski speelde een belangrijke militaire rol gedurende de Revolutie. Hij werd in 1927, tijdens de machtsstrijd na Lenins dood, door Stalin verbannen en in 1940 in opdracht van Stalin in Mexico vermoord.

Propaganda
Kenmerkend voor het sovjetregime was de propaganda. Menig talentvol kunstenaar kreeg de opdracht pakkende posters te ontwerpen. Tijdens de Burgeroorlog (1918–1920) maakten posters als deze, waarop het pacifistische 'Arbeiders- en Boerenleger' werd geprezen, het communisme extra aantrekkelijk.

Avant-garde
De Russische kunstenaars maakten al voor 1917 een revolutie door. Ze produceerden de eerste volledig abstracte schilderijen. Het hier afgebeelde Supremus No. 56, *van Kazimir Malevitsj, dateert uit 1916.*

Ministers van de Voorlopige Regering probeerden de orde te bewaren, maar werden gearresteerd.

Nieuwe waarden
Tradities werden radicaal gewijzigd door de Revolutie. In plaats van in de kerk te trouwen beloofde men elkaar trouw onder de rode vlag. De gelijke behandeling van vrouwen betekende dat die twee keer zo hard moesten werken: thuis en in de fabriek.

TIJDBALK

Februari	Maart	Oktober	Maart
Februarirevolutie	De tsaar laat zich overhalen af te treden. Voorlopige Regering geleid door vorst Lvov	Bolsjewieken bestormen Winterpaleis na signaal Aurora en zetten Voorlopige Regering af	Bolsjewieken tekenen het vredesverdrag van Brest-Litovsk met Duitsland. Moskou wordt hoofdstad

1917 | **1918**

Juli Kerenski wordt minister-president van de Voorlopige Regering

Kruiser Aurora

1918 Januari Trotski wordt volkscommissaris voor Oorlog

December Lenin vormt de TSJEKA (geheime politie)

Juli Begin van de Burgeroorlog. Tsaar en zijn gezin vermoord in Jekaterinburg

De vredesduif van Washington, een Russische karikatuur (1953) uit de tijd van de Koude Oorlog

DESTALINISATIE EN STAGNATIE

Drie jaar na Stalins dood veroordeelde zijn opvolger Nikita Chroesjtsjov Stalins misdaden op het Twintigste Partijcongres en begon de periode van destalinisatie. Politieke gevangenen werden vrijgelaten en Solzjenitsyns *Een dag uit het leven van Ivan Denisovitsj,* over het leven in de Goelag, werd gepubliceerd. De buitenlandse politiek was heel wat minder liberaal. Sovjettanks reden in 1956 Hongarije binnen toen dat land zich

probeerde los te maken van het Warschaupact, en Chroesjtsjovs beslissing in 1962 om kernraketten op Cuba te plaatsen leidde bijna tot een kernoorlog.

Met de komst van Leonid Brezjnev in 1964 verkilde het intellectuele klimaat opnieuw en werden politieke dissidenten weer hard aangepakt. De eerste tien jaar van zijn regime kende het land een redelijke welvaart, maar ondertussen groeide de zwarte markt en profiteerden de partij-*apparatsjiks* van een wijdvertakt netwerk van corruptie. Toen Brezjnev in 1982 stierf hield het politbureau de macht voorlopig uit handen van de jongere generatie. Hij werd opgevolgd door de 68-jarige Joeri Andropov en, na diens dood, de 72-jarige Tsjernenko.

GLASNOST EN PERESTROJKA

Toen de 53-jarige Michail Gorbatsjov in 1985 aan de macht kwam en zijn politiek van *glasnost* (openheid) en *perestrojka* (hervorming) aankondigde, had hij geen idee wat hem te wachten stond en dat het einde van de Sovjet-Unie in zicht was.

Michail Gorbatsjov en George Bush

Bij de verkiezingen voor het Congres van Volksafgevaardigden in 1989 was er voor het eerst sinds 1917 sprake van een echte keus en wonnen rebellen als Boris Jeltsin en de mensenrechtenactivist Andrej Sacharov daadwerkelijk zetels. In 1991 brachten plaatselijke verkiezingen nationalistische

---

ALS EERSTE DE RUIMTE IN

Onder Chroesjtsjov behaalde de Sovjet-Unie haar grootste overwinning op het Westen, toen zij in 1957 de eerste Spoetnik de ruimte in zond. In datzelfde jaar was de hond Laika, aan boord van de Spoetnik II, het eerste levende wezen in de ruimte. Ze kwam niet terug, maar vier jaar later keerde Joeri Gagarin, de eerste mens in de ruimte, als held terug op aarde. De Russen slaagden er niet in als eersten de maan te bereiken, maar hun ruimtevaartprogramma was goede propaganda en leek de gedachte te staven dat de Sovjetunie de welvaart van het Westen zou overnemen.

Spoetnik II en ruimtehond Laika, 1957

Demonstraties op het Paleisplein tijdens de coup van 1991

terugkeer van het communisme en de beperkte sociale bescherming die het bood.

De sociale problemen zijn nog steeds actueel. Grote internationale bedrijven vestigden zich hier en begin 1999 was de situatie redelijk stabiel. De verkiezingsuitslag van december 1999 verminderde de invloed van de communisten dramatisch, ten gunste van jonge liberale hervormers, die het optimisme over de toekomst van Rusland versterken. De religieuze opleving duurt voort: kerken van allerlei denominaties hebben hun functie weer teruggekregen. In maart 2000 werd Vladimir Poetin tot president van Rusland gekozen. Dmitri Medvedev werd in 2008 president, met Poetin als minister-president. In 2012 wisselden Poetin en Medvedev van functie, tot woede van veel Russen die de straat opgingen om te demonstreren.

kandidaten aan de macht in de republieken en kregen democraten de overhand in de grote Russische gemeenteraden. Rusland en de Baltische republieken scheidden zich af van de Sovjetunie. De bevolking van Leningrad koos onder leiding van de hervormingsgezinde jurist Anatoli Sobtsjak voor herinvoering van de oorspronkelijke naam Sint-Petersburg. Eenmaal gekozen tot president van de Russische Republiek kon Jeltsin de Sovjet-Unie de doodssteek toebrengen. Dit gebeurde na de militaire coup tegen Gorbatsjov in augustus 1991, toen Jeltsin door zijn protest tegen tanks in Moskou een held werd. In Sint-Petersburg reden er geen tanks op straat, maar toch wierf Sobtsjak er steeds meer aanhangers van de democratie. Aan het eind van dat jaar bestond de Sovjet-Unie niet meer.

Embleem van het nieuwe Rusland

SINT-PETERSBURG NU

De economische hervormingen in Rusland sinds 1991 hebben de kloof tussen arm en rijk groter gemaakt, en terwijl sommigen zweren bij de nieuwe situatie, roepen anderen om een

Kerkelijke huwelijken zijn weer populair sinds de religieuze belangstelling onder jongeren toeneemt

SINT-PETERSBURG IN HET KORT

Sint-Petersburg is een stad die gebouwd is op het water. De Petrus en Paulusvesting *(blz. 66–76)*, een van de oudste gebouwen van de stad, contrasteert er met neoclassicistische paleizen en barokke kloosters, en de korte maar stormachtige geschiedenis van de stad wordt weerspiegeld in de musea. De indrukwekkende kunstcollectie van Catharina de Grote vindt u in de Hermitage en de herinnering aan de Revolutie wordt levend gehouden in het Ksjesinskajahuis *(blz. 72)*.

Op de volgende twaalf bladzijden vindt u een tijdbesparend overzicht van de mooiste musea en paleizen en de interessantste bruggen en waterwegen. Ook wordt er aandacht besteed aan de culturele figuren die Sint-Petersburg tot een stad van aanzien hebben gemaakt. Hieronder staan de bezienswaardigheden die niemand mag missen.

DE BEKENDSTE TOERISTENATTRACTIES

Russisch Museum
Zie blz. 104–107

Marijinskitheater
Zie blz. 119

Nevski Prospekt
Zie blz. 46–49

Kerk van de Verlosser op het Bloed
Zie blz. 100

De Hermitage
Zie blz. 84–93

Stieglitzmuseum
Zie blz. 127

Kazankathedraal
Zie blz. 111

Izaäkkathedraal
Zie blz. 80–81

Petrus en Pauluskathedraal
Zie blz. 68

Alexander Nevskiklooster
Zie blz. 130–131

◁ De neoclassicistische Kazankathedraal met zijn imposante halve cirkel van granieten zuilen

Hoogtepunten: bruggen en waterwegen

Net als Amsterdam en Venetië is Sint-Petersburg gebouwd rond een netwerk van kanalen en rivieren, die bijdragen aan de unieke sfeer van de stad. 's Winters, bedekt met een dikke laag ijs, geven ze een stemmige mist af en 's zomers, het spectaculairst tijdens zonsondergang en in de heldere Witte Nachten, tonen ze de weerspiegeling van de oude gevels. De bruggen die nodig waren om de eilanden met elkaar te verbinden, boden tevens gelegenheid de stad te verfraaien met beeldhouwwerken, siersmeedwerk en weelderige lantaarns. Bezichtig ze te voet of per boot *(blz. 134–135 en 226–227).*

Winterkanaal
Over dit smalle kanaal uit 1718–1720 liggen drie bruggen en Joeri Veltens theaterfoyer van de Hermitage (1783–1787).

Blagovesjtsjenskibrug
Deze brug is in 1936–1938 herbouwd, maar de gietijzeren brugleuning van Brjoellov is behouden.

Malaja Neva

Vasiljevski-eiland

Bolsjaja Neva

Paleiskade

Mojka

Leeuwenbrug
Deze voetgangershangbrug uit 1826 is een van de eerste in zijn soort. De kabels zijn verankerd binnen de vier gietijzeren leeuwen van Pavel Sokolov.

Sennaja Plosjtsjad

Kanal Gribojedova

Fontanka

Egyptische Brug
Decoraties in Egyptische stijl sieren deze brug over de Fontanka. Ten tijde van de bouw, in 1826, was deze stijl populair in heel Europa.

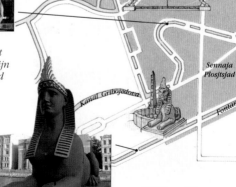

0 meter   500

Drie-eenheidsbrug

De tien bogen tellende Drie-eenheidsbrug (1897–1903) is beroemd om zijn style-modernelantaarns en -leuningdecoraties, ontworpen door de Franse ingenieurs Vincent Chabrol en René Patouillard.

Zwanenkanaal

Dit stille, met bomen afgezette kanaal (1711–1719) leidt naar de Neva en dankt zijn naam aan de zwanen die er destijds zwommen.

Petrogradskaja

Neva

Dubbele brug

De knap ontworpen Theaterbrug en Kleine-Stalbrug over de samenloop van de Mojka en het Gribojedov zijn in 1829–1831 gebouwd door Traitteur en Adam.

Gostiny Dvor

Anitsjkovbrug

In 1839–1841 kreeg Nevski Prospekt deze drie bogen tellende brug over de Fontanka. Op elke hoek staat een imposant beeld van Pjotr Klodt van een man die een wild paard temt.

Lomonosovbrug

De opvallende torens met koepel uit 1785–1787 bevatten oorspronkelijk het openingsmechanisme van de brug. De brug is in 1912 herbouwd, maar de torens bleven behouden.

Bankovskibrug

Deze brug dateert uit dezelfde tijd als de Leeuwenbrug en is door hetzelfde team ontworpen. De vier hoeken zijn versierd met vier indrukwekkende smeedijzeren griffioenen.

Bruggen en waterwegen verkennen

Een boottochtje over de kanalen en waterwegen van Sint-Petersburg mag geen enkele bezoeker zich ontzeggen. Vanaf de Anitsjkovbrug maken rivierboten *(blz. 226)* een tocht over de Neva, Fontanka en Mojka, waarbij veel indrukwekkende bruggen en andere bezienswaardigheden aan bod komen, maar u kunt ook uw route bepalen aan boord van een watertaxi *(blz. 227)*. Een wandeling langs het Gribojedov-kanaal voert langs 19de-eeuwse appartementengebouwen en fraai versierde bruggen. 's Winters kan men soms over de bevroren Neva wandelen, maar dat is niet aan te raden.

De Petrus en Paulusvesting kijkt uit over de bevroren Neva

DE NEVA EN ZIJN ZIJRIVIEREN

De grootste van Sint-Petersburgs talloze waterwegen is de Neva, die van het Ladogameer in het oosten dwars door de stad heen naar de Finse Golf stroomt, een afstand van slechts 74 km. Het Vasiljevski-eiland, een van de ruim honderd eilanden in de Neva-delta, verdeelt de rivier in Bolsjaja (Grote) Neva en Malaja (Kleine) Neva. De Neva is minstens vier maanden per jaar bevroren en meestal begint in maart pas de dooi in te zetten. Vroeg in het voorjaar april verklaren de havenautoriteiten de rivier weer officieel bevaarbaar. Vóór de Revolutie ging dit met veel ceremonieel gepaard: aan het hoofd van een vloot schepte de commandant van de Petrus en Paulusvesting *(blz. 66–76)* wat ijskoud water in een zilveren beker, om dit in het Winterpaleis aan de tsaar aan te bieden *(blz. 92–93)*.

RIVIEREN EN KANALEN

Geïnspireerd door Amsterdam handhaafde Peter de Grote de vele stromen van de delta als kanalen, die ook werden gebruikt voor het draineren van het drassige gebied. Naarmate de stad groeide werden er nieuwe kanalen gegraven om het waterwegennet te verbeteren. De **Mojka** liep door een moeras bij het Marsveld *(blz. 94)*, maar in de 19de eeuw liet de aristocratie de neoclassicistische herenhuizen bouwen die nog steeds de oevers sieren. De 7 km lange **Fontanka** is de breedste en drukste van alle waterwegen en was vroeger de grens van de stad. Deze twee rivieren worden verbonden door het **Krjoekovkanaal**, gegraven in de 18de eeuw. Het **Gribojedovkanaal**, oorspronkelijk Catharinakanaal, werd gegraven om vracht te kunnen vervoeren vanaf Sennaja Plosjtsjad. Het is nu een rustig kanaal, vooral het stuk ten zuiden van de Leeuwenbrug is pittoresk.

Het smalste kanaal is het **Winterkanaal**, net ten oosten van het Winterpaleis. Vlakbij loopt het mooie **Zwanenkanaal** langs de Zomertuin *(blz. 95)*. In de 19de eeuw noopte de industriële groei tot de aanleg van een nieuw kanaal, het **Obvodny**, in 1834, om voorraden te kunnen vervoeren naar de rand van de stad.

BRUGGEN OVER DE NEVA

De meest centraal gelegen brug over de Neva is de **Paleisbrug** (Dvortsovy Most). De huidige, vroeg-20steeeuwse constructie verving een tijdelijke pontonbrug die het vasteland verbond met het Vasiljevski-eiland. De

De zuidoever van de Mojka, en een watertaxi op de voorgrond

De Peter de Grote-brug over de Neva, vlak bij het Smolnyinstituut

andere brug naar dit eiland, de **Blagovesjtsjenskibrug** (Blagovesjtsjenski Most, *blz. 63*), was de eerste vaste brug over de Neva. Hij heette een poos Luitenant Shmidtbrug, maar kreeg in 2007 zijn oorspronkelijke naam terug. De **Drie-eenheidsbrug** (Trojtski Most, *blz. 73*) is in 1897–1903 gebouwd door het Franse bedrijf Batignolles. Met 582 m was de Drie-eenheidsbrug het langst, totdat in de jaren zestig de 900 m lange **Alexander Nevskibrug** (Most Nevskovo) werd gebouwd. Ertussenin ligt de **Litejnybrug** (Litejny Most) uit 1874–1879. In 1917 werd de brug opengezet om te voorkomen dat opstandige arbeiders vanaf de Vyborgkant de Neva zouden oversteken, maar de revolutionairen staken de bevroren rivier gewoon te voet over. Vlak bij het Smolnyinstituut ligt de **Peter de Grotebrug** (Most Petra Velikovo), in de sovjettijd bekend als Bolsjeochtinski Most. Deze brug uit 1909–1911 heeft twee stalen bogen en het middelste deel fungeert als ophaalbrug.
Van april tot november gaan bijna alle bruggen over de Neva 's nachts omhoog om schepen naar de Wolga door te laten *(blz. 209)*.

DECORATIEVE BRUGGEN

Aanvankelijk werden de kanalen en rivieren van Sint-Petersburg overspannen door houten bruggen. Ze droegen meestal de naam van de kleur die ze hadden.
De **Rode Brug** (Krasny Most), die Gorochovaja Oelitsa over de Mojka leidt, heeft zijn oorspronkelijke naam behouden. Deze ijzeren brug uit 1808–1814 is versierd met pittoreske lampen op vier granieten obelisken. Lampen zijn ook karakteristiek voor de **Lantaarnbrug** (Fonarny Most), die vlak bij het Joesoepovpaleis *(blz. 120)* de Mojka overspant. Hier hebben de vergulde lantaarns de vorm van G-sleutels. De **Zangersbrug** (Pevtsjeski Most) aan het andere eind van de Mojka is genoemd naar het koor van de nabijgelegen Glinkakapel. De bouwer ervan, Jegor Adam, heeft ook het 'kantwerk' van de brugleuningen ontworpen. Op de kruising van het Gribojedov en de Mojka vormen de brede **Theaterbrug**

Lantaarn, St.-Pantelejmonbrug

(Teatralny Most) en de **Kleine-Stalbrug** (Malo-Konjoesjenny Most) een interessant geheel. De laatste lijkt net twee bruggen te zijn.
Erg mooi is Georg von Traitteurs **Bankovskibrug** (Bankovski Most), een voetgangersbrug over het Gribojedov waarvan de kabels worden vastgehouden door twee paar goudgevleugelde griffioenen. Bij de **Leeuwenbrug** (Lviny Most), ook van Traitteur, verdwijnen de ophangingskabels in de open muilen van vier trotse leeuwen. De **St.-Pantelejmon-brug** (Pantelejmonovski Most, *blz. 99*) overspant de Fontanka vlak bij de Zomertuin. Dit was de eerste kettingbrug van Rusland (1824). De decoraties in empirestijl omvatten vergulde fasces en tweekoppige adelaars op lauwerkransen. Vlak bij Nevski Prospekt is de **Anitsjkovbrug** (Anitsjkov Most) beroemd om zijn vier bronzen beelden van wilde paarden met temmer, variërend in houding. Ook over de Fontanka, bij een mooi neoclassicistisch plein van Carlo Rossi, ligt de **Lomonosovbrug** (Most Lomonosova) met zijn ongewone torentjes. De **Egyptische Brug** (Egipetski Most) overspant de Fontanka vlak bij het Krjoekovkanaal en is versierd met bronzen sfinxen en bruggenhoofden die op de ingang van een Egyptische tempel lijken. De brug uit 1826 was niet bestand tegen het gewicht van een overstekend cavalerieeskader in 1905 en werd in 1955 herbouwd.

EEN STAD ONDER WATER

Reeds drie maanden na het begin van de bouw van de vesting in 1703 ging al het bouwmateriaal bij een eerste overstroming verloren. Gemiddeld één keer per jaar komt het water gevaarlijk hoog, maar vier overstromingen, in 1777, 1824, 1924 en 1955, zijn rampzalig geweest. In 1824 kwam de hele stad onder water te staan en werden 462 gebouwen verwoest. Dit inspireerde Poesjkin tot zijn gedicht *De bronzen ruiter (blz. 78)*. Bij het Winterkanaal en bij de Petrus en Paulusvesting kan men zien hoe hoog het water is geweest. In 1989 is begonnen met de bouw van een dam om nieuwe overstromingen te voorkomen.

19de-eeuwse illustratie van een van de vele Petersburgse overstromingen

Hoogtepunten: paleizen en musea

Sint-Petersburg heeft meer dan 90 musea, veelal ondergebracht in paleizen of andere historisch belangrijke gebouwen. Sommige zijn wereldberoemd, zoals de Hermitage, voortgekomen uit de privécollectie Europese kunst van Catharina de Grote. Het Russisch Museum en het Zomerpaleis leggen zich toe op de Russische kunst, geschiedenis en cultuur. Erg sfeervol zijn de musea die zijn gewijd aan het leven en werk van beroemde kunstenaars, schrijvers en componisten. Hieronder vindt u enkele van de interessantste musea van de stad.

De Hermitage
De wereldberoemde Hermitage herbergt bijna drie miljoen stukken, variërend van kunstwerken tot archeologische vondsten. De collectie omvat ook de staatsievertrekken van het Winterpaleis.

Mensjikovpaleis
Dit grandioze barokke paleis op het Vasiljevski-eiland getuigt van het aanzien dat Peter de Grotes vriend en adviseur vorst Mensjikov genoot.

Petrogradsk

Malaja Neva

Vasiljevski-eiland

Bolsjaja Neva

Paleiskade

Sennaja Plosjtsjad

KEIZERLIJKE PALEIZEN BUITEN DE STAD

Verschillende Russische heersers lieten weelderige lustoorden bouwen in het stille achterland van Sint-Petersburg, waar ze aan de drukte van de hoofdstad konden ontkomen. Ze geven een fascinerend beeld van de levensstijl van de Romanovs.

Tsarskoje Selo's Catharinapaleis is gebouwd door Rastrelli in een flamboyant barokke stijl.

Peterhofs paleis en paviljoenen krijgen door de schitterende watervallen en fonteinen die de fraaie tuinen sieren iets extra aantrekkelijks.

0 km   15

Pavlovsks Grote Paleis ligt in een uitgestrekt natuurlijk ogend landschapspark, verfraaid met vijvers, paviljoenen en monumenten.

Ksjesinskajahuis
Dit style-moderne-herenhuis, gebouwd voor een prima ballerina van het Marijinskitheater, herbergt nu het Museum voor Russische Politieke Geschiedenis, met van alles over de Revolutie.

Zomerpaleis
Interieur en meubels, zoals het originele bed van Peter de Grote, geven een idee van de redelijk bescheiden levensstijl van de tsaar.

Neva

Gostiny Dvor

Stieglitzmuseum
Een rijke collectie toegepaste kunst in een magnifiek gebouw van de architect Messmacher, geïnspireerd op de paleizen van de Italiaanse renaissance.

Russisch Museum
Carlo Rossi's Michajlovski-paleis is het prachtige decor voor een indrukwekkende verzameling Russische kunst, variërend van middeleeuwse iconen tot hedendaagse kunst. Dit semiabstracte werk, Blauwe golf van Vasily Kandinsky, dateert uit 1917.

Poesjkinmuseum
Vroeg-19de-eeuws meubilair en persoonlijke bezittingen als dit inktstel zijn te zien in het laatste huis van Alexander Poesjkin.

0 meter 500

Paleizen en musea verkennen

De paleizen van de stad omvatten zowel de keizerlijke buitensporigheden als de smaakvolle huizen van de adel, en de kunstmusea tonen behalve de schone ook de volks- en toegepaste kunst. De geschiedenis van Sint-Petersburg, van de stichting als Peter de Grotes 'Venster op het Westen' tot de rol als 'Wieg van de Revolutie', krijgt aandacht in diverse musea, terwijl de cultuur aan bod komt in de vroegere woningen van schrijvers, componisten en kunstenaars. Verder zijn er musea gewijd aan speciale onderwerpen, zoals treinen, krijgskunst of zoölogie.

Slaapkamer in het Chinese Paleis (omstreeks 1760), Oranienbaum

Het Zomerpaleis van Peter de Grote aan de Fontanka

PALEIZEN

De geweldige rijkdom van het keizerlijke Petersburg blijkt wel uit de grandeur van zijn paleizen. Een bezoek aan de stad dient gepaard te gaan met een bezichtiging van ten minste één van de keizerlijke buitenverblijven, **Peterhof** (*blz. 148–151*), **Pavlovsk** (*blz. 158–161*) of het Catharinapaleis (*blz. 152–153*) van **Tsarskoje Selo**. Deze weelderige residenties, gebouwd in de laatste twee eeuwen van de heerschappij der Romanovs, laten zien hoe buitenissig het keizerlijke hof was en hoe groot de natuurlijke rijkdom van het land. Een overvloed aan goud, lapis lazuli, malachiet, marmer en andere kostbare mineralen siert de interieurs van de paleizen. De landschapsparken eromheen staan vol met folly's en monumenten. Midden in de stad symboliseert het **Winterpaleis** (*blz. 92–93*) van de Hermitage de overdaad van het hof. Een aangenaam contrast hiermee

vormt het intiemere **Zomerpaleis** (*blz. 95*) van Peter de Grote. Peters vriend en adviseur Alexander Mensjikov liet ook twee weelderige paleizen bouwen, het **Mensjikovpaleis** (*blz. 62*) op het Vasiljevskieiland en zijn zomerbuitenverblijf in **Oranienbaum** (*blz. 146*), Lomonosov. In het **Joesoepovpaleis** (*blz. 120*) aan de Mojka vond de moord op Raspoetin plaats, die vreemde, charismatische boer die zijn kwade invloed uitoefende over het hof en de keizerlijke familie. Wie op zoek is naar een rustige omgeving kan een dag het **Jelaginpaleis** (*blz. 126*) en het eiland met dezelfde naam gaan verkennen.

KUNSTMUSEA

Een van de grootste collecties westerse kunst ter wereld is te zien in de **Hermitage** (*blz. 84–93*), waar ongeveer 3 miljoen kunstwerken zijn ondergebracht, van Egyptische sarcofagen tot Scythisch goud en van Griekse vazen tot

Colombiaanse smaragden. De verzameling oude meesters, impressionisten en postimpressionisten is verbluffend.

Het **Russisch Museum** (*blz. 104–107*) is gewijd aan de Russische kunst, waaronder de 20ste-eeuwse avant-garde en de volkskunst die daarop van invloed was. Het levert ook materiaal voor tijdelijke tentoonstellingen in het **Michajlovskikasteel** (*blz. 101*), het **Marmeren Paleis** (*blz. 94*) en het **Stroganovpaleis** (*blz. 112*). In de **Academie van Schone Kunsten** (*blz. 63*) ziet men werk van vroegere leerlingen en schaalmodellen van belangrijke gebouwen. Toegepaste kunst van over de hele wereld vindt u in het **Stieglitzmuseum** (*blz. 127*). Het gebouw zelf, met zijn hal met glazen overkapping, is niet minder indrukwekkend.

De fietser (1913) van Natalja Gontsjarova, Russisch Museum

HISTORISCHE MUSEA

Sint-Petersburgs bewogen, 300 jaar oude geschiedenis wordt met trots belicht in een aantal musea. Het **Huisje van Peter de Grote** *(blz. 73)* was het eerste gebouw van de stad en het getuigt van de verrassend bescheiden levensstijl van de tsaar. Binnen de Petrus en Paulusvesting liggen verschillende historische bezienswaardigheden. In de **Petrus en Pauluskathedraal** *(blz. 68)* vindt u de graftomben van op twee na alle Russische tsaren sinds Peter de Grote. De gevangeniscellen van het grimmige **Troebetskojbastion** *(blz. 69)* herinneren aan de honderden politieke gevangenen die in de vesting opgesloten hebben gezeten. In het **Commandantshuis** *(blz. 69)*, waar vroeger de gevangenen werden ondervraagd, is een expositie gewijd aan de middeleeuwse nederzettingen in de omgeving en in het **Ingenieurshuis** *(blz. 68)* wordt het dagelijks leven in het Petersburg van voor de Revolutie belicht. Herinneringen aan de Revolutie, maar ook posters uit de Stalintijd en een enorm propagandastuk van glas in lood vindt u in het **Museum voor Russische Politieke Geschiedenis**, gevestigd in het Ksjesinskajahuis *(blz. 72)*, dat in 1917 als hoofdkwartier van de bolsjewieken fungeerde. De **kruiser Aurora** *(blz. 73)* speelde ook een rol in de Revolutie: het schip gaf het signaal voor de bestorming van het Winterpaleis in oktober 1917.

Van het prestigieuze **Lycée** in Tsarskoje Selo *(blz. 155)*, dat de dichter Alexander Poesjkin tot zijn leerlingen mocht rekenen, zijn enkele lokalen in de 19de-eeuwse staat hersteld.

Aan de zuidkant van de stad herinnert het **Monument voor de Heldhaftige Verdedigers van Leningrad** op het Plein van de Overwinning *(blz. 131)* aan het beleg van Leningrad in 1941–1944 en de ontberingen die de Petersburgers in de Tweede Wereldoorlog hebben doorstaan.

Kantoor van Leningrads partij-secretaris Sergej Kirov, Kirovmuseum

SPECIALE MUSEA

Een deel van het legendarische 'rariteitenkabinet' van Peter de Grote is te zien in het oudste museum van Rusland, de **Kunstkammer** *(blz. 60)*. In hetzelfde gebouw bezit het **Antropologisch en Etnografisch Museum** een grote collectie artefacten van over de hele wereld. Het **Zoölogisch Museum** *(blz. 60)* toont de meeste bekende levensvormen, waaronder een unieke collectie weekdieren en blauwe koralen.

Het **Instituut voor Russische Literatuur** *(blz. 60)* toont manuscripten van Poesjkin tot Majakovski en het **Artilleriemuseum** *(blz. 70)* beslaat het hele spectrum van hellebaard tot raket. Voor treinliefhebbers is er het **Spoorwegmuseum** *(blz. 123)*, met een locomotief uit 1835 van de Tsarskoje Selospoorlijn. Het **Museum van het Muzikale Leven** in het Sjeremetevpaleis *(blz. 129)* toont historische instrumenten en gaat in op de rol van de Sjeremetevs als beschermheren van de muziek in het 19de-eeuwse Sint-Petersburg. Toneelkostuums zijn samen met foto's, decorstukken en andere zaken te zien in het **Theatermuseum** op het Ostrovskiplein *(blz. 110)*.

AAN PERSONEN GEWIJDE MUSEA

Een handvol sfeervolle musea gedenkt enkele beroemde inwoners van de stad. Het **Poesjkinmuseum** *(blz. 113)*, het **Nabokovmuseum** *(blz. 122)* en het **Dostojevskimuseum** *(blz. 130)*, alle drie gevestigd in een voormalige woning van deze beroemde mannen, tonen een glimp van hun leven en karakter. Het **Anna Achmatovamuseum**, in de vroegere dienstvertrekken van het Sjeremetevpaleis *(blz. 129)*, roept het tragische leven op van de dichteres. Het **Kirovmuseum** *(blz. 72)* laat iets zien van het leven van een partijbons in de jaren dertig. Het is gewijd aan de populaire leider die in opdracht van Stalin werd vermoord, waarmee de Grote Terreur een aanvang nam *(blz. 27)*. Buiten de stad, in **Repino** *(blz. 146)*, staat het huis van de schilder Ilja Repin, omgeven door bossen en pal aan de Finse Golf.

18de-eeuwse viool en partituur in het Museum van het Muzikale Leven, Sjeremetevpaleis

Beroemde Sint-Petersburgers

Als residentie van de keizerlijke familie en het hof vanaf het begin van de 18de eeuw was Sint-Petersburg de plaats bij uitstek waar geld werd gespendeerd en waar de kunst en wetenschap bloeiden. Instituten als de Academie van Schone Kunsten, de universiteit, de Kunstkammer en de Keizerlijke Balletschool brachten generaties lang kunstenaars en wetenschappers voort wier opleiding zo'n hoog niveau bereikte dat Sint-Petersburg aan het begin van de 20ste eeuw een van de belangrijkste cultuurcentra van Europa was geworden.

Grigori Kozintsev
Regisseur Kozintsev bevestigde zijn reputatie in het Westen met zijn verfilming van Hamlet (1964), opgenomen in de Lenfilmstudio's (blz. 70).

Nikolaj Gogol
De satiricus Gogol richtte zijn spot op de Petersburgse society en woonde drie jaar op Malaja Morskaja Oelitsa (blz. 82).

Petrogradskaja

Malaja Neva

Vasilevski-eiland

Ilja Repin
De realistische schilder Repin is hier te zien als docent modeltekenen op de Academie van Schone Kunsten (blz. 63).

Bolsjaja Neva

Sennaja Plosjtsjad

Pjotr Tsjaikovski
Tsjaikovski studeerde in 1865 af aan het conservatorium (blz. 120) en werd met zijn composities wereldberoemd.

Anna Pavlova
Pavlova was prima ballerina in het Marijinskitheater (blz. 119). In 1909 lag Parijs aan haar voeten, toen ze met de Ballets Russes Les Sylphides uitvoerde.

Alexander Poesjkin
De dichter, die zijn zelfportret op een manuscript tekende, stierf in het appartement dat nu museum is (blz. 113).

Sergej Diaghilev
Diaghilev was de drijvende kracht achter de Ballets Russes en maakte ook het tijdschrift Wereld van de kunst *vanuit zijn woning op Litejny Prospekt 45. Hier staat hij naast Jean Cocteau.*

Neva

Paleiskade

Anna Achmatova
Het beroemdste gedicht van deze dichteres, Requiem, *is een krachtige veroordeling van het stalinistische regime. Achmatova, hier op een portret van Nathan Altman, woonde in de dienstvertrekken van het Sjeremetevpaleis* (blz. 129).

Gostiny Dvor

Dmitri Sjostakovitsj
Sjostakovitsj' Zevende Symfonie werd in augustus 1942, ten tijde van het beleg, live uitgezonden op de radio vanuit de Grote Zaal van het Philharmonia (blz. 98). *De muziek deed wonderen voor het moreel van de belegerde burgers.*

Fjodor Dostojevski
De romanschrijver Dostojevski woonde vele jaren in de achterbuurten van Sennaja Plosjtsjad (blz. 122), *die het decor vormden voor zijn belangrijke boek* Schuld en boete.

0 meter   500

Opmerkelijke Sint-Petersburgers

De straten van Sint-Petersburg vormen één groot web van artistieke en literaire associaties. Kunstcollecties, woonhuizen, theaters en concertzalen houden de herinnering aan beroemde Sint-Petersburgers levend. Men kan zich de 18de eeuw van Lomonosov en de 19de eeuw van Poesjkin en Dostojevski nog goed voorstellen, of het Russische ballet in de tijd dat Anna Pavlova en Vaslav Nijinsky het publiek in het Marijinski in vervoering brachten. In die eerste jaren van de 20ste eeuw werkte Sint-Petersburg meer dan ooit als een magneet op schrijvers, musici, dansers en schilders.

De symbolistische dichter Andrej Bely (1880–1934)

SCHRIJVERS

De vader van de moderne Russische literatuur **Alexander Poesjkin** (1799–1837) was niet alleen lyrisch over de schoonheid van Sint-Petersburg, maar leed ook onder het klimaat van politiek wantrouwen en intolerantie dat, na de Dekabristenopstand van 1825 *(blz. 23)*, schrijvers beperkte. **Nikolaj Gogol** (1809–1852) reageerde hierop met satire. In *De neus* stak hij de draak met de bureaucraten van de stad, met hun grenzeloze zelfingenomenheid en conformisme. Een totaal ander aspect van de stad wordt belicht door **Fjodor Dostojevski** (1821– 1881). Zijn roman *Schuld en boete* speelt zich af in het gore en naargeestige decor van de beruchte sloppen van Sennaja Plosjtsjad *(blz. 122)*. Het verhaal van de moord op een oude woekeraarster was gebaseerd op een waargebeurde misdaad. Nadat de roman in 1866 was verschenen, vonden er nog enkele soortgelijke moorden in de stad plaats.

De poëzie beleefde in de tijd van Poesjkin een 'gouden eeuw', maar in de eerste jaren van de 20ste eeuw leek ze ook nog een 'zilveren eeuw' te gaan doormaken. Grootheden als **Aleksandr Blok** (1880–1921), **Andrej Bely** (1880–1934) en **Anna Achmatova** (1889–1966) troffen elkaar bij De Toren, een terras met uitzicht op de tuin van het Taurische Paleis *(blz. 128)*. Bely schreef later *Petersburg*, een van de eerste romans volgens het procédé van de 'stream of consciousness'. Achmatova heeft een museum gekregen in het Sjeremetevpaleis *(blz. 129)*. Een protegé van haar, **Joseph Brodsky** (1940–1996) kreeg in 1987 de Nobelprijs voor literatuur. Brodsky werd het zwarte schaap van literair Leningrad in de jaren zestig. De weigering van de autoriteiten zijn poëzie, die werd beschouwd als pessimistisch en decadent, te publiceren dwong hem ten slotte in 1972 te emigreren.

(blz. 120)

MUSICI

De eerste belangrijke componist die uit de nationalistische beweging voortkwam was **Michail Glinka** (1804–1857), de eerste Rus die opera's componeerde. In 1862 stichtte **Anton Rubinstein** (1829–1894) het conservatorium *(blz. 120)*, dat het brandpunt werd van het muzikale leven in Sint-Petersburg. **Nikolaj Rimsky-Korsakov** (1844–1908) gaf er 37 jaar lang les en samen met componisten als **Modest Moessorgski** (1839–1881) en **Aleksandr Borodin** (1834–1887) maakte hij deel uit van de 'machtige handvol'. Zij waren voor een groot deel autodidacten en streefden ernaar een muzikale taal te ontwikkelen die gebaseerd was op de Russische volksmuziek en Slavische tradities. Veel van hun opera's gingen in het Marijinski *(blz. 119)* in première. Een van de muzikale genieën van de 20ste eeuw was **Igor Stravinsky** (1882–1971). Hij verbleef vooral in het buitenland, maar zijn culturele wortels lagen duidelijk in Rusland. De belangrijkste concertzaal van de stad is de Grote Zaal van het Philharmonia *(blz. 202)*, waar in 1893 **Tsjaikovski**'s (1840–1893) *Zesde Symfonie* in première ging en in 1942 **Sjostakovitsj**' (1906–1975) *Zevende Symfonie*.

Portret van de componist Michail Glinka door Ilja Repin, 1887

Het circus (1919) van avant-garde-kunstenaar Marc Chagall

KUNSTENAARS

Vanaf de 18de eeuw was de Academie van Schone Kunsten *(blz. 63)* het artistieke centrum van Sint-Petersburg. **Dmitri Levitski** (1735–1822), **Orest Kiprenski** (1782–1836), **Silvestr Sjtsjedrin** (1791–1830) en Ruslands eerste internationaal bekende kunstenaar **Karl Brjoellov** (1799–1852) werden er allemaal opgeleid. In 1863 kwam een groep studenten tegen de Academie in opstand en vestigde de beweging van de Zwervers *(blz. 106)*. De Academie en de Zwervers raakten min of meer met elkaar verzoend toen het vruchtbaarste lid van de groep, **Ilja Repin** (1844–1930), in 1893 docent werd aan de Academie. Vijf jaar later richtten **Sergej Diaghilev** (1872–1929) en schilder **Alexandre Benois** (1870–1960) het 'l'art pour l'art'-tijdschrift *Wereld van de kunst* op *(blz. 107)*. Een van de medewerkers aan dit tijdschrift, **Leon Bakst** (1866–1924), ontwierp de beroemdste kostuums van de Ballets Russes. Bakst gaf les aan **Marc Chagall** (1889–1985), die zich later in Frankrijk vestigde. Andere leden van de Russische avant-garde waren **Kazimir Malevitsj** (1878–1935) en **Pavel Filonov** (1883–1941). Werk van al deze kunstenaars is te zien in het Russisch Museum *(blz. 104–107)*.

DANSERS EN CHOREOGRAFEN

De kwaliteit van de Russische dansers is legendarisch en het Marijinski (Kirov) Balletgezelschap betovert nog steeds toeschouwers over de hele wereld. Sinds 1836 worden de dansers opgeleid aan de voormalige Keizerlijke Balletschool *(blz. 110)*. Van 1869 tot 1903 was **Marius Petipa** de onovertroffen choreograaf van het Marijinski. Hij inspireerde een hele generatie dansers, onder wie **Matilda Ksjesinskaja** *(blz. 72)*, **Vaslav Nijinsky** (1890–1950) en de legendarische **Anna Pavlova** (1885–1931). Petipa's opvolger **Michail Fokin** (1880–1942) was de voornaamste choreograaf van de Ballets Russes *(blz. 119)*. De Marijinskitraditie werd na de Revolutie nieuw leven ingeblazen door **Agrippina Vaganova** (1879–1951), die de weg bereidde voor een nieuwe generatie dansers, onder wie **Rudolf Noerejev** (1938–1993) en recentelijker **Galina Mezentseva** en **Emil Faskjoetdinov**.

FILMREGISSEURS

De Lenfilmstudio's *(blz. 70)* werden in 1918 gebouwd op de plaats waar in 1896 de eerste Russische film werd vertoond. In de bloeiperiode produceerde Lenfilm vijftien films per jaar. De regisseurs **Grigori**

Poster voor *De jeugd van Maxim* (1935), een film van Kozintsev

Kozintsev (1905–1973) en **Leonid Trauberg** (1902–1990) werkten in 1922 voor het eerst samen en begonnen korte experimentele films te maken. Vervolgens maakten ze *Het nieuwe Babylon* (1929), befaamd om zijn montage en belichting, en *De Maximtrilogie* (1935–1939). Kozintsevs versies van *Hamlet* (1964) en *King Lear* (1970), beide met muziek van Sjostakovitsj, brachten hem grote erkenning in het Westen.

WETENSCHAPPERS

De veelzijdige geleerde Michail Lomonosov

Het fundament voor de moderne Russische wetenschap werd in de 18de eeuw gelegd door **Michail Lomonosov** (1711–1765) *(blz. 61)*, die meer dan 20 jaar in de Kunstkammer *(blz. 60)* werkte. Zijn *Elementa chymiae mathematica*, gepubliceerd in 1741, liep vooruit op Daltons atoomtheorie. In 1869 stelde de scheikundige **Dmitri Mendelejev** (1834–1907) het Periodiek Systeem der Elementen op. Veel mensen geloven dat het eerste radiosignaal ter wereld is verzonden door **Aleksandr Popov** (1859–1906), en wel op 24 maart 1896 vanuit de laboratoria van de universiteit van Sint-Petersburg. In 1904 won de fysioloog **Ivan Pavlov** (1849–1936) de Nobelprijs voor geneeskunde voor zijn theorie van de geconditioneerde reflexen, die hij demonstreerde met zijn experimenten op honden.

Nevski Prospekt
Van de Admiraliteit naar het Gribojedovkanaal

Langs dit eerste stuk van Sint-Petersburgs belangrijkste verkeersader staan veel aantrekkelijke
gebouwen in uiteenlopende bouwstijlen, van het
barokke Stroganovpaleis tot de schitterende neoclassicistische Onze-Lieve-Vrouwe-van-Kazankathedraal en het opvallende Singerhuis in style moderne. De statige avenue stond ooit bekend als de
'Straat van de Verdraagzaamheid', wat verwees naar
de kerken van de meest uiteenlopende gezindten
die hier aan het eind van de 18de en het begin van
de 19de eeuw werden gebouwd *(blz. 108)*.

Literair café
*Dit café heette ooit 'Wulf en Beranger'
en werd bezocht door een modieus
publiek. Van hier vertrok Poesjkin in
1837 naar zijn fatale duel* (blz. 83).

**Paleisplein *(blz. 83)* en de
Hermitage *(blz. 84–93)***

**Admiraliteit
*(blz. 78)***

De appartementengebouwen op nr. 8
en 10 zijn vroege voorbeelden van
Petersburgs neoclassicisme.

NEVSKI PROSPEKT

ADMIRALTEJSKY PROSPEKT

BOLSJAJA MORSKAJA OELITSA

MALAJA MORSKAJA OELITSA

BOLSJAJA MORSKAJA OELITSA

POLITSEYSK'

De Admiraliteitstuinen
*Deze tuinen dateren van
1874. Bij de fontein staan
borstbeelden van de com-
ponist Glinka, de schrijver
Gogol en de dichter
Lermontov.*

**Izaäkkathedraal *(blz.
80–81)* en Astoria Hotel
*(blz. 79)***

0 meter   100

School nr. 210
*Het bord op deze school
dateert van de tijd van het
Beleg en waarschuwt:
'Burgers! Deze kant van de
straat is het gevaarlijkst
tijdens artillerie-
beschietingen.'*

Aeroflotgebouw
*Marian Peretjatkovitsj' strenge granieten
gebouw (1912) is atypisch voor Sint-Petersburg. De bovenverdiepingen zijn geïnspireerd op het Palazzo Medici in Florence,
de arcaden op het Dogenpaleis in Venetië.*

STERATTRACTIE

★ Onze-Lieve-Vrouwe-
van-Kazankathedraal

ORIËNTATIEKAART

Hollandse Kerk

De Hollandse Kerk was gevestigd achter de centrale neoclassicistische zuilenrij van Paul Jacots ogenschijnlijk profane gebouw (1837). De zijvleugels herbergen kantoren, appartementen en winkels.

Stroganovpaleis

Dit prachtige barokke gebouw, een van de oudste gebouwen in de straat (1753), is verfraaid met gebeeld- houwde ornamenten en het wapen van de Stroganovs (blz. 112).

Het Modehuis

Marian Ljalevitsj ontwierp dit gebouw voor bonthandel Mertens in 1911–1912. Het prachtige glas accentueert de neoclassicis- tische bogen.

Het Singerhuis werd in 1902–1904 door Pavel Sjoezor gebouwd voor naaimachinefabrikant Singer. Het gebouw heeft een glazen bol op een kegelvormige toren.

Vervolg op blz. 48–49

De Lutherse Kerk (1833) was een belangrijk centrum van de protestantse gemeen- schap. Hij werd in de sovjet- tijd verbouwd tot zwembad en is nu weer in gebruik als kerk *(blz. 112).*

Het Gribojedovkanaal heette oorspronkelijk Catharina- kanaal, maar werd in 1923 hernoemd naar de 19de- eeuwse Russische toneelschrij- ver Aleksandr Gribojedov.

★ **Onze-Lieve-Vrouwe-van- Kazankathedraal**
96 Korinthische zuilen in vier rijen vormen een grote boog die uitkijkt op Nevski Prospekt. Andrej Voronitsjins ontwerp grijpt terug op Bernini's colonnade voor de Sint-Pieter in Rome (blz. 111).

Nevski Prospekt
Van het Gribojedovkanaal naar de Fontanka

Nevski Prospekt is al sinds de 18de eeuw Sint-Petersburgs winkel- en uitgaansstraat bij uitstek. Naarmate
men dichter bij de mooie Anitsjkovbrug over de
Fontanka komt, ziet men cafés, restaurants en bioscopen. Ook liggen in dit gedeelte drie historische winkel-
passages: de Zilveren Rijen, Gostiny Dvor en Passazj.
Dit deel van de avenue bruist niet alleen van leven,
maar heeft ook de nodige architectonische bezienswaardigheden, waaronder het Anitsjkovpaleis.

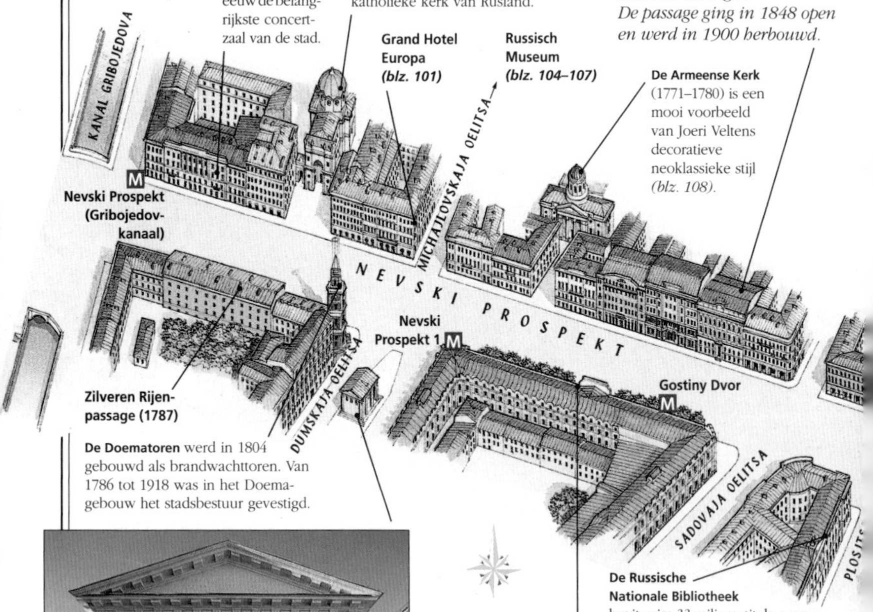

**Kerk van de
Verlosser op het
Bloed** *(blz. 100)*

**De Kleine Zaal
van het
Philharmonia**
was begin 19de
eeuw de belang-
rijkste concert-
zaal van de stad.

De Catharinakerk (1762–1782) van
Vallin de la Mothe is een mengeling van barok en neoclassicisme. Het is de oudste rooms-
katholieke kerk van Rusland.

Passazj
*Deze populaire winkelpassage
heeft een glazen overkapping
van 180 m lengte.
De passage ging in 1848 open
en werd in 1900 herbouwd.*

**Grand Hotel
Europa**
(blz. 101)

**Russisch
Museum**
(blz. 104–107)

De Armeense Kerk
(1771–1780) is een
mooi voorbeeld
van Joeri Veltens
decoratieve
neoklassieke stijl
(blz. 108).

**Nevski Prospekt
(Gribojedov-
kanaal)**

KANAL GRIBOJEDOVA

MICHAJLOVSKAJA OELITSA

NEVSKI PROSPEKT

**Nevski
Prospekt 1**

DUMSKAJA OELITSA

**Zilveren Rijen-
passage (1787)**

De Doematoren werd in 1804
gebouwd als brandwachttoren. Van
1786 tot 1918 was in het Doema-
gebouw het stadsbestuur gevestigd.

Gostiny Dvor

SADOVAJA OELITSA

PLOSITE

**De Russische
Nationale Bibliotheek**
bezit ruim 33 miljoen titels, waaronder het oudste bewaard gebleven Russische handschrift (1057).

Portik Rusca Perinnyie Ryadi
*De zes zuilen tellende porticus van
Luigi Rusca was oorspronkelijk de
ingang van een lange winkelpassage. De porticus werd tijdens de
bouw van de metro afgebroken en
in 1972 herbouwd.*

0 meter   100

★ **Gostiny Dvor**
*Deze opvallende
passage is al sinds de
18de eeuw het belang-
rijkste winkelcentrum
van Sint-Petersburg
(blz. 108). Er zijn meer
dan 300 winkels geves-
tigd, die van alles
verkopen, van choco-
lade tot cosmetica.*

★ **Jelisejev** *In dit gebouw met zijn mooie style-moderne-interieur bevindt zich de delicatessenwinkel Jelisejev en ook het Akimovtheater is hier gevestigd* (blz. 109).

ORIËNTATIEKAART

NEVSKI PROSPEKT

НЕВСКИЙ ПРОСПЕКТ

STERATTRACTIES

★ Gostiny Dvor

★ Jelisejev

Beloselski-Belozerskipaleis
Dit weelderige neobarokke paleis, in 1847–1848 ontworpen door Andrej Stakenschneider, huisvest nu een cultureel centrum en kantoren. De rode gevel is verfraaid met Korinthische pilasters en atlanten dragen de balkons.

Quarenghi's Stalles werd in 1803–1806 gebouwd voor de handel, maar later overgedragen aan de kanselier en toen het Kabinet genoemd.

Nummer 66 was in de 19de eeuw het adres van muziekuitgeverij Bessel, die werk van Tsjaikovski en tal van andere componisten uitgaf.

4 NEVSKI PROSPEKT

OSTROVSKOVO

FONTANKA

ANITSJKOV MOST

FONTANKA

Alexandrinskitheater

Een standbeeld van Catharina de Grote staat op het Ostrovskiplein *(blz. 110).*

Het Anitsjkovpaleis is gebouwd als een geschenk van tsarina Elisabeth aan haar minnaar Aleksej Razoemovski. Later werd het de winterresidentie van de troonopvolger *(blz. 109).*

Moskovskispoorwegstation

Anitsjkovbrug
Vier dynamische bronzen beelden van steigerende paarden en hun temmers sieren deze bekende brug. Ze zijn omstreeks 1840 gemaakt door Pjotr Klodt (blz. 35).

AGENDA VAN SINT-PETERSBURG

Wat voor weer het ook is, Russen zijn altijd bereid om feest te vieren. Bloemen hebben voor hen vaak een symbolische betekenis, zo verwijst mimosa naar de Internationale Vrouwendag en de sering naar het begin van de zomer. Officiële feestdagen en plaatselijke feesten als de Stadsdag worden zowel in het centrum als in de verschillende districten gevierd met regatta's, op-

Sering, symbool van de zomer

tochten en vuurwerk, waarbij ook de lichten van de Rostra-zuilen worden ontstoken *(blz. 60)*. Klassieke muziek is het centrale thema van een groot aantal jaarlijkse festivals, die talentvolle musici van over de hele wereld aantrekken. Ook wanneer het geen feestdag of vakantie is trekken de Russen er graag op uit om te skiën of te schaatsen in de winter of om paddenstoelen te zoeken aan het eind van de zomer of in de herfst.

LENTE

De lente is definitief aangebroken wanneer de eerste zonnebaders zich vertonen op de strandjes bij de Petrus en Paulusvesting *(blz. 66–67)* en wanneer in april de bruggen weer opengaan om de schepen door te laten. Om warm te worden na maanden van kou, geven de mensen zich over aan *maslennitsa*, het bakken van pannenkoeken (blini's) voorafgaand aan de Vasten. Ze verzamelen wilgentakken, een symbool voor de naderende Palmzondag. Op 'Vergiffeniszondag', één dag voor de Vasten, is het gebruikelijk om degenen die men dat jaar heeft gekwetst om vergeving te vragen. Zodra de sneeuw weg is wordt de datsja, het buitenhuis, bezocht om de tuin te fatsoeneren.

Vroege zonnebaders aan de voet van de Petrus en Paulusvesting

MAART

Internationale Vrouwendag *(Mezjdoenarodny den zjenskiden)*, 8 maart. Mannen zijn druk in de weer om bloemen te kopen voor hun

Kaarsen in een Russisch-orthodoxe kerk op eerste paasdag

vrouw. Het is traditie om tegen iedereen *s prazdnikom* (gefeliciteerd) te zeggen. Er zijn zelfs speciale voorstellingen en concerten en ook al komt het op niet-Russen nogal seksistisch over, het is een erg populaire dag.

Van de Avant-garde tot nu *(Ot Avangarda do Nashih Dney)*, half maart. Een groot festival gewijd aan de 20ste-eeuwse kunst en muziek.

Pasen *(Pascha)*.
De data van Vasten en Pasen verschillen per jaar. Op eerste paasdag zijn de Petersburgse kerken gevuld met gelovigen, sfeervolle muziek en de geur van wierook. Men groet elkaar traditioneel met *Christos voskres* (Christus is opgestaan), gevolgd door *Voistine voskres* (Hij is waarlijk opgestaan).

APRIL

Muzikale Lente in Sint-Petersburg *(Moezikalnaja Vesna v Sankt-Peterburge)*, half april. Na

de koude wintermaanden worden warme jassen en zware laarzen opgeborgen en stroomt het publiek naar de Petersburgse concertzalen.

Kosmonautendag *(Den Kosmonavtiki)*, 12 april. De ruimtevaart was een van de paradepaardjes van de Sovjetunie. Op deze dag barst er om 22.00 uur een vuurwerk los.

MEI

Dag van de arbeid Internationale dag voor solidariteit onder arbeiders, *(Den Truda)*, 1 mei. Nationale feestdag.
De fonteinen van Peterhof *(Fontany v Petergofe)*, eerste weekeinde van mei. Bands en orkesten begeleiden het in werking stellen van de fonteinen van Peterhof *(blz. 151)*.
Dag van de Overwinning *(Den Pobedy)*, 9 mei. Na een sombere ceremonie op de Piskarevskoje-begraafplaats *(blz. 126)* herdenken veteranen de Duitse overgave op Nevski Prospekt *(blz. 46–49)* en het Paleisplein *(blz. 83)*.
Stadsdag *(Den Goroda)*, laatste week van mei. Herdenking van de stichting van de stad, 27 mei 1703, gaat gepaard met vele evenementen in en rond de Petrus en Paulusvesting *(blz. 66–67)*.
Musical Olympus International Festival, eind mei/begin juni. Jonge musici van overal ter wereld spelen met de beroemdste orkesten van St.-Petersburg.

Oorlogsveteraan op de Dag van de Overwinning

GEMIDDELD AANTAL UREN ZON PER DAG

Uren

10
8
6
4
2
0

jan. feb. maart april mei juni juli aug. sept. okt. nov. dec.

ZONNESCHIJN

In de zomermaanden kan het in Sint-Petersburg erg heet zijn. De zonneschijn wordt van tijd tot tijd afgewisseld met indrukwekkende regenbuien. Van half juni tot half juli wordt het nooit helemaal donker. In de wintermaanden zijn de dagen uitzonderlijk kort, maar doen zich toch heldere, zonnige dagen voor.

ZOMER

Een bloeiende sering geeft aan dat het warme weer werkelijk heeft ingezet en er komt iets vrolijks in de lucht te hangen zodra het Marsveld *(blz. 94)* in bloei staat. Tijdens de warme maanden trekken de Petersburgers in het weekeinde naar hun *datsja*, meestal een zomerhuis buiten de stad. De belangrijkste feestperiode is tijdens de Witte Nachten in juni, wanneer het nooit helemaal donker wordt. In de hele regio vinden dan concerten, balletuitvoeringen en andere voorstellingen plaats, die duizenden bezoekers trekken *(blz. 201)*. Op de oevers van de Neva is het 's nachts een drukte van belang wanneer om ongeveer 2.00 uur de bruggen worden opengezet.

JUNI

Internationale Dag van Bescherming van Kinderen *(Den Zatstsjiti detej), 1 juni.*

Optredens en evenementen voor kinderen, door de hele stad.
Ruslanddag *(Den Rossi),* 12 juni. Op de dag waarop Rusland 'onafhankelijk' werd van de Sovjet-Unie wordt er 's avonds om tien uur een groot vuurwerk afgestoken.
Zondag van de Drie-eenheid *(Trojtsa),* 50 dagen na Pasen. Zowel gelovigen als atheïsten verzorgen op deze dag het graf van hun geliefden en heffen een glas wodka op hun ziel.
Het White Nights Swing-jazzfestival, half juni. Grote jamsessie met plaatselijke en bezoekende jazzmusici.
Sterren van de Witte Nachten, festival voor klassieke muziek *(Zvezdi Belich Nochej),* juni. Dit is het oorspronke-lijke Witte Nachten-festival, met eersteklas opera- en balletuit-voeringen en klassieke concerten in alle grote zalen van de stad.
Witte Nachtenpopfestival *(Belje Nochi),* eind juni. Een groot aantal openlucht-concerten in de Petrus en Paulusvesting *(blz. 66–67)*.

Russische oorlogsschepen voor anker in de Neva, Marinedag

Festival der Festivals *(Festival-Festivalej),* eind juni. Internationaal, niet-competi-tief filmfestival, bezocht door sterren van over de hele wereld.
Tsarskoje Selocarnaval *(Tsarskoselski),* laatste weekeinde van juni, muziek en een vrolijke boel in Tsaskoje Selo *(blz. 152–155)*.

JULI

Sportwedstrijden Sint-Petersburg is een populaire stad voor internationale sporteve-nementen, van tennistoer-nooien tot kunstschaatsen en zeilen. **Marinedag** *(Den Vojennomorskovo Flota),* eerste zondag na 22 juli. De Neva lijkt een gigantische marine-haven, met onderzeeërs en torpedoboten versierd met vlaggen en vaantjes.

AUGUSTUS

De scholen zijn dicht, de tem-peratuur is op zijn hoogst: dit is een rustige tijd. De meeste mensen zitten in hun *datsja* buiten de stad. Veel theater-groepen zijn op tournee en de belangrijkste theaters zijn gesloten.

Geopende brug voor de Petrus en Paulusvesting tijdens een Witte Nacht

GEMIDDELDE NEERSLAG PER MAAND

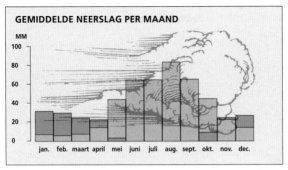

MM
100
80
60
40
20
0

jan. feb. maart april mei juni juli aug. sept. okt. nov. dec.

☐ Sneeuw
☐ Regen

Regen en sneeuw
De Petersburgse zomers zijn relatief vochtig en nat, maar de regenbuien brengen een welkome verkoeling. In de winter valt er veel sneeuw. Er kunnen metershoge ophopingen ontstaan, die meestal pas eind maart ontdooien.

HERFST

In de tweede helft van augustus wordt het gewone leven weer hervat. De mensen keren terug van hun datsja en de kinderen beginnen zich op te maken om weer naar school te gaan.

In september gaan de theaters weer open en wordt het culturele leven hervat. Het Marijinski (Kirov) keert terug van tournee en nieuwe opera's en toneelstukken gaan in première. In oktober begint het festivalseizoen, waaraan artiesten van over de hele wereld deelnemen.

Cantharellen

Het frisse herfstweer is ideaal voor het zoeken van paddenstoelen. Populaire vindplaatsen liggen in de omgeving van Zelenogorsk en Repino *(blz. 146)*, ten noordwesten van de stad. Men gaat op zoek naar cantharellen, oesterzwammen, *podberjozoviki* (bruine paddenstoelen) en *podosinoviki* (met oranje hoed). Veel Petersburgers zijn heel bedreven in het identificeren van eetbare paddenstoelen. Een populaire dagtocht in deze periode is een uitstapje per draagvleugelboot naar Peterhof *(blz. 148–151)* om de magnifieke fonteinen te zien voordat ze worden uitgezet voor de winter.

Kinderen netjes aangekleed voor de eerste schooldag

SEPTEMBER

Kennisdag
(Den Znani), 1 september. Op de eerste schooldag van het jaar nemen de kinderen bloemen mee.

OKTOBER

Internationaal Theaterfestival Baltisch Huis *(Baltijiski dom)*, oktober. Twee weken lang treden acteurs, clowns en pantomimespelers uit de Baltische landen op in een paar theaters en op straat.

NOVEMBER

Dag van nationale eenheid 4 nov. Op deze dag wordt herdacht dat de Russische Federatie een multinationaal land is met verschillende religies en politieke partijen.
'Geluidswegen', festival voor moderne muziek *(Zvoekovyje Poeti)*, half november. De mogelijkheid om op de hoogte te raken van enkele avantgardetrends in Russische en Europese jazz en moderne klassieke muziek. Er zijn veel buitenlandse musici en veel van de beroemdste artiesten uit Rusland houden zich vrij om deel te kunnen nemen aan dit levendige festival.

Herfstkleuren in het park van Tsarskoje Selo

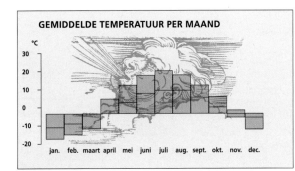

GEMIDDELDE TEMPERATUUR PER MAAND

°C
30
20
10
0
-10
-20

jan. feb. maart april mei juni juli aug. sept. okt. nov. dec.

Temperatuur

Sint-Petersburg heeft een tamelijk mild zeeklimaat. De zomers zijn warm en de eerste hete dagen doen zich vaak al in mei voor, maar in de wintermaanden daalt de temperatuur vaak tot ruim beneden nul. In de grafiek hiernaast worden de gemiddelde minimum- en maximumtemperaturen per maand getoond.

WINTER

Wanneer het ijs dikker wordt en de sneeuw dieper, trekken de mensen er weer op uit. Kindersleden zijn niet duur om te kopen en alle andere uitrusting is te huur. Langlaufen is ook leuk voor wie geen les heeft gehad. In de parken van Tsarskoje Selo *(blz. 152–155)* en Pavlovsk *(blz. 158–161)* zijn sleden en ski's te huur bij de skibases *(lizjnaja baza)*. Schaatsen huren kunt u bij de baan van Moskovski Park Pobedy, bij metrostation Park Pobedy in het zuiden van de stad en bij het Centrale Park van Cultuur en Rust (metrostation Krestovski Ostrov).
Geharde leden van de 'walrussen'-zwemclub maken dagelijks een wak in het ijs bij de Petrus en Paulusvesting *(blz. 66–67)* voor een vroege duik. De minder moedigen zijn welkom als toeschouwer. De grote feestdag midden in de winter is Nieuwjaar, en Kerstmis wordt volgens de orthodoxe kalender gevierd op 7 januari. Veel mensen vieren ook nog het Oude

Sleeën op de bevroren Neva voor de Hermitage (zie blz. 84–93)

Nieuwjaar, dat op 14 januari valt. Elk jaar met Kerstmis wordt in het Marijinskitheater *(blz. 119)* het ballet *De notenkraker* uitgevoerd.

DECEMBER

Grondwetsdag *(Den Konstitoetsi),* 12 december. Toen Jeltsins nieuwe grondwet die van Brezjnev verving, werd de oude grondwetsdag vervangen door een nieuwe. Door de hele stad wordt om 22.00 uur vuurwerk ontstoken.
Muzikale Ontmoetingen in de Noordelijke Palmira *(Moezikalnyje Vstretsji v Severnoj Palmire),* december–januari. Dit is het laatste klassieke-muziekfestival van het jaar.
Oudjaarsavond *(Novy God),* 31 december. Het grootste feest van het jaar wordt bij voorkeur gevierd met de plaatselijke 'champagne', *sjampanskoje (blz. 183)*. Het is bij uitstek een familiefeest. Sommige mensen verkleden zich als Grootvader Vorst (het Russische equivalent van de kerstman) en de Sneeuwmaagd, de traditionele brengers van geschenken.

Wie 's winters wil vissen boort een gat in het ijs

JANUARI

Russisch-orthodox Kerstfeest *(Rozjdestvo),* 7 januari. Kerstmis wordt minder uitbundig gevierd dan Pasen. Op kerstavond wordt er een traditionele kerstdienst gehouden en luiden in de hele stad de kerkklokken.

FEBRUARI

Dag van de Verdedigers van het Vaderland *(Den Zasjtsjitnikov Rodini),* 23 februari. Mannelijke tegenhanger van Vrouwendag. Mannen krijgen cadeaus en felicitaties.

FEESTDAGEN
Nieuwjaar (1 jan.)
Russisch-orthodox Kerstfeest (7 jan.)
Int. Vrouwendag (8 maart)
Pasen (maart/april)
Dag van de Arbeid (1 mei)
Dag van de Overwinning (9 mei)
Onafhankelijkheidsdag (12 juni)
Dag van nationale eenheid (4 nov.)
Grondwetsdag (12 dec.)

Watertaxi's varen toeristen langs het indrukwekkende Stroganovpaleis aan de Mojka ▷

SINT-PETERSBURG VAN BUURT TOT BUURT

VASILJEVSKI-EILAND

Het was de bedoeling van Peter de Grote om van Vasiljevski-eiland *(Vasilevski ostrov)*, het grootste eiland in de Nevadelta, het bestuurlijke hart van zijn nieuwe hoofdstad te maken, maar de slechte bereikbaarheid (de eerste permanente brug werd pas in 1842 gebouwd) en het gevaar van overstromingen gooiden roet in het eten. In

Allegorisch beeld van Neptunus op de gevel van het voormalige Beursgebouw

werkelijkheid begon het centrum zich te ontwikkelen rond de Admiraliteit *(blz. 78)*. Van noord naar zuid lopen er over het eiland genummerde straten, gebaseerd op nooit gegraven kanalen *(blz. 20)*, die 'lijnen' *(linii)* worden genoemd. De oostpunt van het eiland is het mooist: een fraai ensemble van openbare gebouwen op de Strelka of 'pijl'. De rest van het eiland kwam pas in de 19de eeuw, met de groei van de industrie, tot ontwikkeling en werd een typische middenklassewijk. Er leefde een bloeiende Duitse gemeenschap, waaraan de diverse lutherse kerken nog herinneren. De met bomen afgezette straten hebben iets bedaards. U vindt er aantrekkelijke 19de-eeuwse architectuur en musea.

BEZIENSWAARDIGHEDEN IN HET KORT

Historische gebouwen en monumenten
Academie voor Schone Kunsten ❾
Rostrazuilen ❶
Twaalf Colleges ❺

Straten en bruggen
Blagovesjtjenskibrug ❿
Bolsjoj Prospekt ❼

Kerken
Andreaskathedraal ❽

Musea
Kunstkammer ❹
Mensjikovpaleis ❻
Instituut voor Russische Literatuur ❷
Zoölogisch Museum ❸

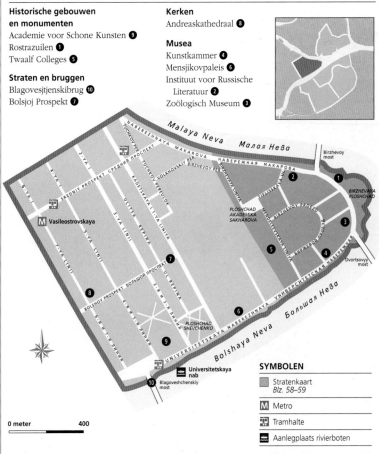

SYMBOLEN

▨	Stratenkaart *Blz. 58–59*
Ⓜ	Metro
🚋	Tramhalte
⛴	Aanlegplaats rivierboten

0 meter   400

◁ **Een van de twee indrukwekkende sfinxen (14de eeuw v.C.) bij de Academie van Schone Kunsten**

Onder de loep: de Strelka

De oostpunt van Vasiljevski-eiland staat bekend als de Strelka, de 'landtong', en was ooit het handelscentrum van Sint-Petersburg. Nu vindt men er de Academie van Wetenschappen, de Universiteit van Sint-Petersburg en verschillende musea, instituten en bibliotheken, ondergebracht in de voormalige pakhuizen en douanegebouwen. Het nautische element wordt vertegenwoordigd door de twee Rostrazuilen. Het gazon tussen deze vuurtorens is een populaire locatie voor trouwfoto's en biedt over de Neva heen uitzicht op de Petrus en Paulusvesting *(blz. 66–67)* en de Hermitage *(blz. 84–93).*

De voormalige Beurs en de Rostrazuilen gezien vanaf de Neva

Het Lomonosovmonument eert Michail Lomonosov (1711–1765), die les gaf aan de Academie van Wetenschappen.

Twaalf Colleges

Oorspronkelijk bedoeld als huisvesting voor de twaalf ministeries onder Peter de Grote, bieden ze nu plaats aan de universiteit ❺

De Academie van Wetenschappen is gesticht in 1724 en zetelt in een gebouw van Giacomo Quarenghi uit 1785.

★ Kunstkammer

De Kunstkammer herbergt Peter de Grotes verzameling biologische curiositeiten. De toren met zonnewijzer is een bekend oriëntatiepunt ❹

Paleiskade ↙

Zoölogisch Museum

Met een collectie van meer dan 1,5 miljoen exemplaren is dit een van de beste musea in zijn soort ter wereld. U vindt er opgezette dieren die van Peter de Grote zijn geweest en een beroemde collectie mammoeten ❸

STERATTRACTIES

★ Kunstkammer

★ Rostrazuilen

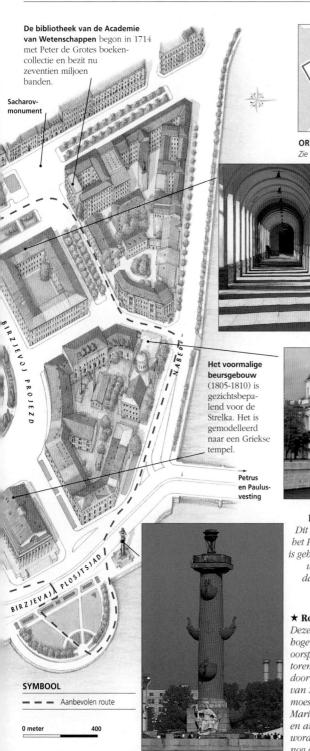

De bibliotheek van de Academie van Wetenschappen begon in 1714 met Peter de Grotes boekencollectie en bezit nu zeventien miljoen banden.

Sacharovmonument

ORIËNTATIEKAART
Zie Strategids, kaart 1

De Nieuwe Ruilbazaar is aan het begin van de 19de eeuw ontworpen door Quarenghi. De neoklassieke galerijen boden ooit plaats aan een drukke markt, maar tegenwoordig zijn in het gebouw afdelingen van de universiteit ondergebracht.

Het voormalige beursgebouw (1805-1810) is gezichtsbepalend voor de Strelka. Het is gemodelleerd naar een Griekse tempel.

Petrus en Paulusvesting

Het Instituut voor Russische Literatuur
Dit literaire museum, ook het Poesjkinhuis genoemd, is gehuisvest in een gebouw uit 1832 en toont meer dan 70 boeken, prenten en manuscripten ❷

★ Rostrazuilen
Deze opvallende 32 m hoge zuilen waren oorspronkelijk vuurtorens die de schepen door de drukke haven van Sint-Petersburg moesten leiden. Op Marinedag (blz. 51) en andere feestdagen worden hun lichten nog ontstoken ❶

SYMBOOL

– – – Aanbevolen route

0 meter   400

Rostrazuilen ❶

Ростральные колонны
Rostralnje kolonny

Birzjevaja Plosjtsjad. **Kaart** 1 C5.
🚌 *7, 10, 24, 47, 191, K-187,
K-209, K-252.* 🚊 *1, 7, 10, 11.*

De imposante roodbruine
tweelingzuilen op de Strelka, voor de voormalige
Beurs, zijn in 1810 door
Thomas de Thomon ont-
worpen als vuurtorens.
In de 19de eeuw zijn de
olielampen vervangen door
gaslampen, die bij ceremoniële gelegenheden nog
steeds worden ontstoken.
De zuilen zijn ter
ere van overwin-
ningen op zee ver-
sierd met scheeps-
boegen. De monu-
mentale figuren aan
de voet van de zui-
len stellen vier Russi-
sche rivieren voor:
Neva, Wolga, Dnjepr en
Volchov.

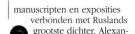

**Rostrazuil
op de Strelka**

Instituut voor Russische Literatuur (Poesjkinhuis) ❷

Институт русской
литературы (Пушкинский
Дом)

*Institut Russkoy Literatury
(Pushkinskiy Dom)*

Naberezjnaja Makarova 4. **Kaart** 1
C5. **Tel.** *3280502.* 🚌 *7, 10, 24, 47,
K-187, K-209, K-252.* 🚊 *1, 7, 10, 11.*
🕐 *ma–vr 11.00–16.00 uur.* 🖼 🎫
Engelstalig. **www**.pushkinskijdom.ru

Dit aan het begin van de
20ste eeuw opgerichte
museum herbergt talrijke
manuscripten en exposities
verbonden met Ruslands
grootste dichter, Alexan-
der Poesjkin. Het
museum, bekend
als het Poesjkinhuis,
is gericht op het
behoud van de Rus-
sische literaire cultuur
uit heden en verleden.
Het museum is
uitgegroeid tot een
ongeëvenaarde be-
waarplaats van zeld-
zame en ongewone
artefacten verbonden
met enkele van de
grootste schrijvers
van Rusland, waar-
onder Toer-
genjev, Gogol,
Dostojevski,
Tolstoj en
Blok. Een zaal
is gewijd aan
de Dichters
uit de Zilveren
Periode, zoals
Anna Achmatova en Mikhail
Boelgakov. Tegenwoordig
bevat het Poesjkin meer
dan 3 miljoen gesigneerde
manuscripten, waaronder
12.000 pagina's van Poesjkin
zelf. Naast meer dan 700.000
boeken en uitgaven op het
gebied van de Russische literatuur bewaart het museum
ook duizenden schilderijen,
tekeningen en objecten. Veel
van deze zijn te bekijken in
de galerijen, die zijn ingericht
met antieke meubelen. Als
aanvulling van het archief pu-
bliceert het instituut nieuwe
wetenschappelijke edities, die
te koop zijn in het museum.
Bezoekers die een rondleiding in het Engels willen,
moeten hier vantevoren over
opbellen.

Manuscripten tentoongesteld in het Instituut voor Russische Literatuur

Zoölogisch Museum ❸

Зоологический музей
Zoologitsjeski moezej

Oeniversitetskaja Naberezjnaja 1/3.
Kaart 1 C5. **Tel.** *3280112.* 🚌 *7,
10, 24, 47, 191, K-187, K-209, K-252.*
🚊 *1, 7, 10, 11.* 🕐 *za–do 11.00–
18.00 uur.* 🖼 *(do gratis)* 📷 🎫
🖼 *Engelstalig.* **www**.zin.ru

Dit voormalige pakhuis
van de douane, ontworpen
door Giovanni Lucchini in
1826, herbergt een van de
grootste natuurhistorische
collecties ter wereld, met ruim
1,5 miljoen exemplaren.
Sommige van de opgezette
dieren behoorden tot Peter de
Grotes Kunstkammercollectie,
zoals het paard dat hij bereed
in de Slag bij Poltava (*blz.* 18).
Diorama's tonen de leefomge-
ving van reusachtige krabben,
wezels, ijsberen en blauwe
vinvissen. Beroemd is de
collectie mammoeten. Het
waardevolste karkas is in 1902
opgegraven in de bevroren
vlakte van Siberië en is bijna
44.000 jaar oud.

Wezel in het Zoölogisch Museum

Kunstkammer ❹

Кунсткамера
Kunstkamera

Oeniversitetskaja Naberezjnaja 3.
Kaart 1 C5. **Tel.** *3280812.* 🚌 *7,
10, 24, 47, 191, K-187, K-191, K-209,
K-252.* 🚊 *1, 7, 10, 11.* 🕐 *di–zo
11.00–18.00 uur.* 🖼 🎫 *Engelstalig.*
www.kunstkamera.ru

De zeegroene toren van het
barokke Kunstkammer-
gebouw is een opvallend
oriëntatiepunt op dit deel van
het Vasiljevski-eiland. Het ontwerp is van Georg Mattarnovi
en de bouw duurde van 1718
tot 1734. Het gebouw bood
plaats aan Peter de Grotes beruchte Kunstkammercollectie.
In 1697 woonde Peter in

De ingetogen barokke gevel van de Kunstkammer (1718–1734), het oudste museum van Rusland

Holland lezingen bij van de beroemde anatomist Frederik Ruysch (1638–1731). Hij was zo onder de indruk van Ruysch' rariteitencollectie dat hij bij een tweede bezoek in 1717 de hele collectie van 2000 anatomische preparaten kocht. Hij stelde ze in Sint-Petersburg tentoon aan een verbluft publiek dat met gratis glazen wodka naar binnen was gelokt. Peters collectie omvatte destijds ook misvormde of anderszins afwijkende levende mensen, onder anderen een hermafrodiet. Bij dit eerste museum van Rusland hoorde ook een bibliotheek, een snijzaal en een observatorium. Tegenwoordig is in de Kunstkammer het Antropologisch en Etnografisch Museum ondergebracht. Het restant van Peters bizarre collectie is te zien in de centrale rotonde, onder andere het hart en skelet van zijn persoonlijke bediende Bourgeois, een 2,27 m lange reus, en een verzameling tanden die getrokken zijn door Peter de Grote zelf, die een verwoed amateurtandarts was. Het gruwelijkst is de verzameling wezens op sterk water, waaronder een Siamese tweeling en een schaap met twee koppen.
De overige zalen zijn gewijd aan de volken van de aarde. Op een prachtige manier tentoongesteld vindt u er uiteenlopende artefacten, variërend van een Inuitkajak tot Japanse schaduwpoppen.

Twaalf Colleges ❺
Двенадцать коллегий
Dvenadtsat kollegi

Oeniversitetskaja Naberezjnaja 7. **Kaart** 1 C5. 🚇 7, 24, 47, 129, K-187, K-209. 🚊 1, 10, 11. ⬤ *voor publiek.*

Dit barokke gebouw van met rood en wit stucwerk bekleed baksteen is bijna 400 m lang en was bedoeld als onderkomen voor Peter de Grotes nieuwe, twaalf colleges of ministeries tellende overheidsapparaat. De enkele, ononderbroken gevel symboliseerde de eendracht van het bestuur, en de haakse ligging op de oever kan worden verklaard uit Peters onuitgevoerde plannen voor een groot plein met on-

Michail Lomonosov (1711–1765)

belemmerd uitzicht over de Strelka. Een volksoverlevering wil dat vorst Mensjikov de plannen tijdens Peters afwezigheid wijzigde zodat het gebouw niet op zijn grond kwam te staan. Domenico Trezzini diende in 1723 het winnende ontwerp in, maar door bureaucratisch geharrewar liet de voltooiing twintig jaar op zich wachten. De functie van het gebouw veranderde geleidelijk en in 1819 werd een deel ervan aangekocht door de universiteit. Tal van revolutionairen, onder wie Lenin in 1891, volgden hier college.
Beroemde geleerden die hier les hebben gegeven zijn de scheikundige Dmitri Mendelejev (1834–1907) *(blz. 45)* en de fysioloog Ivan Pavlov (1849–1936) *(blz. 45)*.
Voor het gebouw, uitkijkend over de Neva, staat het bronzen beeld van de 18de-eeuwse geleerde Michail Lomonosov (onthuld in 1986). Visserszoon Lomonosov was het eerste in Rusland geboren lid van de nabijgelegen Academie van Wetenschappen. Hij schreef poëzie, systematiseerde de Russische grammatica en was een pionier op het gebied van de wis- en natuurkunde. Zijn ontdekkingen stonden aan de wieg van Ruslands glas- en porseleinproductie.

Een deel van de westgevel van Trezzini's Twaalf Colleges

De zuidgevel van het 18de-eeuwse paleis van vorst Mensjikov

Mensjikovpaleis ❻
Меншиковский дворец
Mensjikovski dvorets

Oeniversitetskaja Naberezjnaja 15.
Kaart 5 B1. *Tel.* 323 1112. 🚇 *7, 24, 47, 191, K-209.* 🚎 *1, 10, 11.* 🚊 *1, 10, 11.* ⭕ *di–za 10.30–18.00, zo 10.30–17.00 uur.* 📷 🎧 *verplicht (ook Engels-, Duits- en Franstalig).*

Het okerkleurige barokke Mensjikovpaleis met zijn fraai gebeeldhouwde pilasters was een van de eerste stenen gebouwen van Sint-Petersburg. Het werd door Giovanni Fontana en Gottfried Schädel ontworpen voor de beruchte vorst Mensjikov en kwam gereed in 1720. Het paleisterrein liep oorspronkelijk door tot de Malaja Neva in het noorden.
Vorst Mensjikov ontving hier op grote schaal gasten, vaak ook namens Peter de Grote,

VORST MENSJIKOV
Aleksandr Mensjikov (1673–1729), adviseur, wapenbroeder en vriend van Peter de Grote, was van eenvoudige komaf, maar werd de eerste gouverneur van Sint-Petersburg. Om zijn macht niet kwijt te raken, zorgde hij er na Peters dood in 1725 voor dat deze werd opgevolgd door Catharina I (Peters vrouw en Mensjikovs vroegere maîtresse). Mensjikov was berucht om zijn extravagante levensstijl en corruptie, en hij stierf uiteindelijk in ballingschap in 1729.

die het paleis als pied-à-terre gebruikte. De gasten staken per boot de Neva over en werden door een orkest verwelkomd. Het paleis is nu onderdeel van de Hermitage *(blz. 84–93).* De tentoonstellingen van vroeg-18de-eeuwse cultuurvoorwerpen laten zien hoezeer het hof van Peter de Grote was beïnvloed door de westerse smaak.
De verplichte rondleiding begint op de begane grond, waar behalve de keuken ook Peters timmermansgereedschap, kleding uit die tijd, eikenhouten kisten en scheepskompassen te zien zijn. In de prachtige gewelfde hal staan beelden uit Italië, waaronder een Romeinse Apollo uit de 2de eeuw n.C. Boven liggen de vertrekken van de secretaris, versierd met 17de-eeuwse Hollandse gravures van Leiden, Utrecht en Krakau. Een reeks schitterende kamers is betegeld met handbeschilderde 18de-eeuwse Hollandse tegels. Tegels waren niet alleen in de mode, ze waren ook makkelijk schoon te maken.
In de betegelde slaapkamer van Varvara (Mensjikovs schoonzus en vertrouwelinge) staat een Duits hemelbed met een Turkse sprei van katoen, zijde en zilverdraad. Erachter hangt een grandioos 17de-eeuws Vlaams wandtapijt.
Mensjikov en Peter ontvingen vaak gasten in de zogenoemde Noten Studeerkamer, met lambriseringen van notenhout en een prachtig uitzicht op de Neva. Zoals toen mode was hangen de schilderijen aan kleurige linten, onder andere

een laat-17de-eeuws portret van Peter de Grote door de Nederlandse schilder Jan Weenix. De spiegels waren een noviteit en vonden geen gratie bij de Orthodoxe Kerk.
In de met verguldsel en stucwerk versierde Grote Zaal vonden bals en banketten plaats, en ook de befaamde 'dwergenbruiloft' die Mensjikov organiseerde ter vermaak van zijn tsaar.

De style-moderne*apteka* in een zijstraat van Bolsjoj Prospekt

Bolsjoj Prospekt ❼
Большой проспект
Bolshoy prospekt

Kaart 1 A5. Ⓜ *Vasileostrovskaya.* 🚇 *6, 7, 41, 42, 128, 151, 152, K-124, K-183, K-346, K-350, K-690.* 🚎 *10, 11.*

Deze grote avenue werd aan het begin van de 18de eeuw aangelegd om het landgoed van Mensjikov te verbinden met de Finse Golf. Bekende gebouwen zijn de neoclassicistische lutherse Catharinakerk (1771) op nr. 1 en het eenvoudige barokke Trojekoerovhuis (nr. 13, 6–ja linija). Andere gebouwen zijn de overdekte Andreasmarkt (1790) en twee style-modernegebouwen. Een ervan is de voormalige apotheek of *apteka* (1907–1910) om de hoek op 7–ja linija, met mozaïeken en tegelwerk, het andere is Adolph Gavemans lutherse weeshuis op nr. 55 (1908).

De Academie van Schone Kunsten (1764–1788) aan de Neva, een voorbeeld van vroeg-Russisch neoclassicisme

Andreaskathedraal ⑧
Андреевский собор
Andrejevskiy sobor

6-Jalinija 11. **Kaart** 5 B1. **Tel.** *323 3418.* 🚍 *7, 24, 42, 100, 128, 151, K-62, K-154, K-183, K-200, K-349, K-690.* 🚋 *10.* ♿

De oorspronkelijke kerk op deze plaats, gebouwd op initiatief van Peter de Grotes tweede vrouw Catharina I, die een bedrag van 3000 roebel voor de bouw beschikbaar stelde, werd door brand verwoest. De huidige barokke kerk, met zijn opvallende klokkentoren, is in 1764–1780 gebouwd door Aleksandr Vist. Het opmerkelijkste element van het interieur is de gebeeldhouwde iconostase, waarin enkele iconen uit de oorspronkelijke kerk zijn ver-

Het pronkstuk van de Andreaskathedraal is de rijke barokke iconostase

werkt. Ernaast ligt Giuseppe Trezzini's kleine Kerk van de Drie Heiligen (1740–1760), gewijd aan Basilius de Grote, Johannes Chrysostomus en Gregorius van Nazianzus.

Academie van Schone Kunsten ⑨
Академия Художеств
Akademija Choedozjestv

Universitetskaya naberezhnaya 17. **Kaart** 5 B1. **Tel.** *3233578.* 🚍 *7, 47, K-62, -124, K-154, K-350.* 🚋 *10, 11.* ⏰ *wo–zo 11.00–18.00 uur.* 📷 🎫 **www**.rah.ru

De academie werd in 1757 opgericht om Russische kunstenaars op te leiden in de stijl en techniek van de westerse kunst. Leerlingen van de academie waren onder anderen de schilder Ilja Repin *(blz. 42)* en de architecten Andrej Zacharov (1761–1811) en Andrej Voronitsjin (1759–1814).
Het conservatisme van de academie stond vernieuwing in de weg en in 1863 stapte een groep van veertien leerlingen uit protest op tijdens het examen. Ze legden zich toe op het maken van realistische kunst en werden bekend als de Zwervers of *Peredvizjniki (blz. 106–107)*.
De academie is tussen 1764 en 1888 gebouwd door Aleksandr Kokorinov en Vallin de la

Mothe en laat mooi de overgang van barok naar neoclassicisme zien. Het is nog steeds een kunstacademie en er zijn schilderijen van vroegere en huidige leerlingen te zien en bouwtekeningen en schaalmodellen van bekende gebouwen uit de stad, zoals het prachtige Smolnyklooster *(blz. 128)*.
Van de ooit grandioze neoklassieke zalen en galerijen verdienen de Vergaderzaal op de eerste verdieping, met een plafondschildering van Vasili Sjeboejev, en de aangrenzende Rafaël- en Titiaangalerij, met kopieën van fresco's uit het Vaticaan, speciale aandacht. Opzij van de trap naar de rivier staan twee sfinxen uit de 14de eeuw v.C. Ze zijn afkomstig uit Thebe en zijn hier in 1832 geplaatst. De gezichten zouden gelijkenis vertonen met dat van farao Amenhotep III.

Blagovesjtsjenskibrug ⑩
Благовещенский Мост
Blagovesjtsjenski Most

Kaart 5 B2. 🚍 *6, K-154, K-350.*

Deze eerste vaste brug over de Neva werd in 1842 met deze naam geopend. In 1855 werd de brug omgedoopt tot Nikolaasbrug, maar in 1918, na de revolutie, werd hij Luitenant Shmidtbrug genoemd ter herinnering aan een zeeman die in 1905 een opstand op de Zwarte Zeevloot had geleid. Bij een renovatie in 1936–1938 bleven de leuningen met zeepaardjes en drietanden van Aleksandr Bryoellov behouden. In 2007 kreeg de brug zijn eerste naam weer terug.

PETROGRADSKAJA

Detail op de brug naar de Petrus en Paulusvesting

De stad werd in 1703, op het hoogtepunt van de oorlog met Zweden (*blz. 18*), gesticht op de noordelijke oever van de Neva. Allereerst werd er een houten vesting gebouwd, en in de periferie daarvan ontstond Petrogradskaja, of de Petrogradzijde, e) sig gebied met houten huisjes waarin de bouwvakkers woonden die aan de nieuwe stad werkten. De omgeving van het Drie-eenheidsplein was oorspronkelijk een handelswijk, opgetrokken rond een inmiddels gesloopte kerk en de eerste beurs van Sint-Petersburg. Petrogradskaja bleef spaarzaam bewoond, totdat de bouw van de Drie-eenheidsbrug (Troitskij Most) vlak voor 1900 het gebied toegankelijk maakte vanaf het stadscentrum. De brug veroorzaakte een grote bouwwoede, getuige de vele style-modernegebouwen in de wijk. De bevolking verviervoudigde en de wijk werd populair bij kunstenaars en ambachtslieden. Afgezien van de imposante Petrus en Paulusvesting is Petrogradskaja overwegend een woonwijk.

BEZIENSWAARDIGHEDEN IN HET KORT

Musea
Artilleriemuseum **7**
Commandantshuis **4**
Huisje van Peter de Grote **13**
Ingenieurshuis **2**
Kirovmuseum **10**
Kruiser Aurora **12**
Ksjesinskaja-huis **11**
Troebetskoj-bastion **6**

Poorten
Neva Gate **5**
Petruspoort **1**

Kathedraal
Petrus en Pauluskathedraal **3**

Straten, pleinen en parken
Aleksandrovskipark **8**
Drie-eenheidsplein **14**
Kamennojostrovski Prospekt **9**

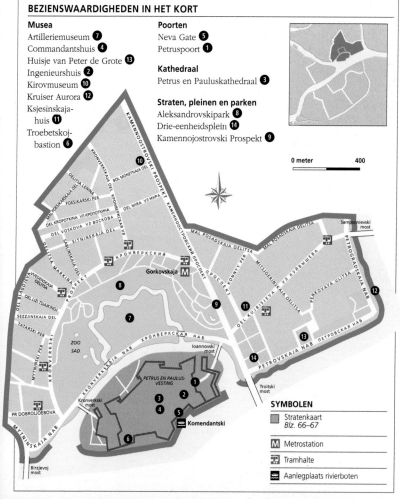

0 meter   400

SYMBOLEN

| | Stratenkaart *Blz. 66–67* |

M Metrostation

Tramhalte

Aanlegplaats rivierboten

◁ De barokke Petrus en Pauluskathedraal in de Petrus en Paulusvesting

Onder de loep: Petrus en Paulusvesting

Het begin van de bouw van de Petrus en Paulusvesting, op
27 mei 1703, geldt als het moment waarop de stad is gesticht. De
vesting werd eerst opgetrokken uit hout en later, deel voor deel,
door Domenico Trezzini nagebouwd in steen. Het
bouwwerk heeft een grimmig verleden:
honderden dwangarbeiders vonden de
dood bij de bouw ervan en in de bastions
zijn tal van politieke gevangenen opgesloten en gemarteld, onder wie Peter de
Grotes eigen zoon Alexej. De
kerkers zijn te be-
zichtigen, evenals
enkele musea en de
prachtige kathedraal
die de graftomben
van de Romanovs
herbergt.

**De archieven van het
Ministerie van Oorlog**
bevinden zich in het
'Geheime Huis', een
voormalige
gevangenis voor
politieke gevangenen.

Artilleriemuseum
(blz. 70)

Kronverkski
Most

Zotov-
bastion

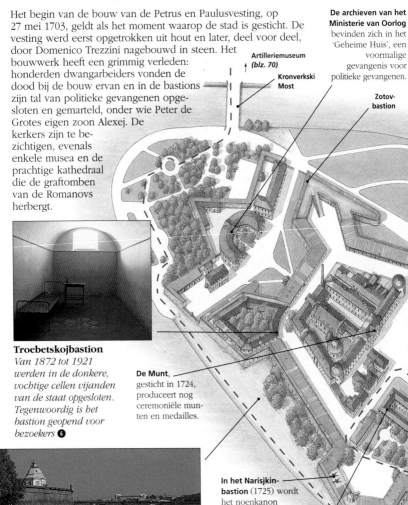

Troebetskojbastion
*Van 1872 tot 1921
werden in de donkere,
vochtige cellen vijanden
van de staat opgesloten.
Tegenwoordig is het
bastion geopend voor
bezoekers* ❻

De Munt,
gesticht in 1724,
produceert nog
ceremoniële mun-
ten en medailles.

**In het Narisjkin-
bastion** (1725) wordt
het noenkanon
afgevuurd. Deze
traditie begon in
1873, hield op na de
Revolutie en werd
hervat in 1957.

Het strand is niet alleen 's zomers populair, maar
ook 's winters, wanneer leden van de 'walrussen'-
zwemclub een wak slaan voor een frisse duik.

Nevapoort
*Deze poort, ook bekend
als 'Doodspoort', voert
naar de Comman-
dantspier, vanwaar
gevangenen werden
weggevoerd naar hun
executie of verbanning.
Onder de boog staan
de hoogwaterstanden
(blz. 37) van de Neva
aangegeven* ❿

Commandantshuis
*In dit aantrekkelijke
barokke huis werden
150 jaar lang politieke
gevangenen ondervraagd
en berecht. Nu biedt het
plaats aan een historisch
museum* ❹

★ Petrus en Paulus-kathedraal

De gemarmerde zuilen, schitterende kroonluchters en wandschilderingen vormen samen met Ivan Zaroedny's gebeeldhouwde en vergulde iconostase een magnifiek decor voor de graftomben van de Romanovs ❸

Het botenhuis is nu een kaartverkoopkantoor en souvenirwinkel.

Golovkin-bastion

Het groothertogelijk mausoleum is de laatste rustplaats van diverse door de bolsjewieken gedode groothertogen en van de in 1992 gestorven balling groothertog Vladimir.

ORIËNTATIEKAART
Zie stratengids, kaart 2

Petruspoort

Domenico Trezzini's ingang van de vesting, uit 1718, toont de dubbele adelaar van de Romanovs met een embleem van Sint-Joris en de draak ❶

STERATTRACTIE

★ Petrus en Paulus-kathedraal

---

0 meter   100

Kaartverkoop in **Ionnovskiy Ravelin**

De Ivanspoort, in de buitenste muur, dateert van 1740.

Ioannovski Most

Kamennojostrovski Prospekt, Gorkovskaja Metro en Drie-eenheidsbrug

Beeld van Peter de Grote van Michail Tsjemiakin (1991).

Peter I-bastion

Ingenieurshuis

In dit gebouw uit 1749 zijn tijdelijke tentoonstellingen te zien over het dagelijks leven in het Sint-Petersburg van voor de Revolutie ❷

SYMBOOL

− − − Aanbevolen route

Petruspoort ❶

Петровские ворота
Petrovskie vorota

Petropavlovskaja Krepost. **Kaart** 2 E3.
Ⓜ *Gorkovskaja.* 🚌 *46, 49, K-46,*
K-76, K-223.

Twee contrasterende poorten
vormen de hoofdingang van
de Petrus en Paulusvesting.
Achter de sobere Johannes-
poort (rond 1730) ligt de
imposante Petruspoort
(1708–1718), een rijk versierd
barok bouwwerk met gebogen
vleugels en een bewerkt tim-
paan. Domenico Trezzini gaf
de Petruspoort een nieuw aanzien, maar behield het basreliëf
van Karl Osner, dat de overwinning van Peter de Grote op
Karel XII van Zweden *(blz. 18)*
symboliseert. U ziet de apostel
Petrus die de gevleugelde tove-
naar Simon Magus neerslaat.

De Petruspoort bij de vesting

Ingenieurshuis ❷

Инженерный дом
Inzjenerny dom

Petropavlovskaja Krepost. **Kaart** 2 D3.
Tel. *2329454, 2300329.* Ⓜ
Gorkovskaja. ⭕ *do–ma 11.00–*
17.00, di 11.00–16.00 uur. 📷 📹
Engels. **www**.spbmuseum.ru

In het Ingenieurshuis, uit
1748–1749, is een wisselende
tentoonstelling te zien die een
fascinerend beeld geeft van
het dagelijks leven in het Sint-
Petersburg van voor de Revolutie. Historische schilderijen
maken plaats voor een boeien-
de verzameling voorwerpen
van vroeger, variërend van
modelboten tot duelleerpisto-
len en galakleding. In 1915
telde de stad meer dan 100
winkels waar muziekinstru-

**Een accordeon en een orgel te midden van style-
modernemeubelen, Ingenieurshuis**

menten werden verkocht, en
in het museum is een uitgebreide verzameling te zien,
waaronder fonografen, gram-
mofoons en accordeons uit die
tijd. Ook staan hier oude appa-
raten als Singernaaimachines,
schrijfmachines, bakelieten
telefoons en boxfototoestellen.

Petrus en Paulus-
kathedraal ❸

Петропавловский собор
Petropavlovski sobor

Petropavlovskaja Krepost. **Kaart** 2 D4.
Tel. *2306431.* Ⓜ *Gorkovskaja.*
⭕ *ma–vr 10.00–19.00, za 10.00–*
17.45, zo 11.00–19.00 uur. 📷 📹
Engels. **www**.spbmuseum.ru

Domenico Trezzini ontwierp
deze majestueuze kerk binnen
de vesting in 1712. In opdracht van Peter de Grote, die
wilde breken met de traditionele Russische kerkarchitec-

tuur, schiep Trezzini
een barok meester-
werk van uitzonder-
lijke schoonheid. De
klokkentoren, die
het eerst gereed
kwam, was een uit-
stekend uitkijkpunt
vanwaar Peter de
Grote de bouw-
werkzaamheden in
zijn nieuwe stad
kon overzien. De
kathedraal werd vol-
tooid in 1733, maar
raakte in 1756 zwaar
beschadigd door
brand, toen de 122 m hoge torenspits door de bliksem werd
getroffen. De vergulde spits,
die door een engel wordt bekroond, was het hoogste
bouwwerk van Sint-Peters-
burg, tot in de jaren 1960 de
televisiemast verrees. Het interieur van de kathedraal met
zijn glinsterende kroonluchters, roze en groene Korinthische zuilen en overkoepelen-
de gewelven lijkt weinig op
dat van een traditionele Russisch-orthodoxe kerk. Zelfs de
iconostase is een opmerkelijke
uiting van barokke fantasie.
Dit pronkstuk van verguld
houtsnijwerk werd ontworpen
door Ivan Zaroedny en rond
1720 vervaardigd door hand-
werkslieden uit Moskou.Na de
dood van Peter in 1725 werd
de kathedraal de laatste rustplaats van de tsaren. Alle sarcofagen zijn gemaakt van wit
Carraramarmer, behalve de
graftomben van Alexander II en

De Petrus en Pauluskathedraal met de Dvortsovy Most op de voorgrond

zijn vrouw Maria Alexandrovna, die van jaspis uit Altai en rodoniet uit de Oeral zijn vervaardigd. Rechts van de iconostase ligt de graftombe van Peter de Grote. De enige tsaren die hier niet zijn begraven, zijn Peter II, Ivan VI en Nicolaas II. In 1998 besloot men om de stoffelijke resten van de laatste Romanovtsaar en zijn vrouw en kinderen in een kapel bij de ingang van de kathedraal te herbegraven. Het Groothertogelijke Mausoleum ten noordoosten van de kathedraal, waar de familieleden begraven liggen, dateert uit de 19de eeuw.

De Nevapoort verschaft toegang tot de Petrus en Paulusvesting

Commandantshuis ❹
Комендантский дом
Komendantski dom

Petropavlovskaja Krepost. **Kaart** 2 D4.
***Tel.** 2306431.* Ⓜ *Gorkovskaja.*
🔴 *do–ma 11.00–19.00, di 11.00–18.00 uur.* 📷 ✔ *Engels.*

Dit eenvoudige bakstenen gebouw uit rond 1740 deed dienst als de residentie van de vestingcommandant en tevens als gerechtsgebouw. Jarenlang zijn hier politieke gevangenen, onder wie de Dekabristen *(blz. 23)*, naartoe gebracht om te worden ondervraagd en veroordeeld. Tegenwoordig is er een museum ingericht. De begane grond is gewijd aan de middeleeuwse nederzettingen in de omgeving van Sint-Petersburg en boven zijn wisselende tentoonstellingen te zien.

Nevapoort ❺
Невскине ворота
Nevskije vorota

Petropavlovskaja Krepost. **Kaart** 2 E4.
Ⓜ *Gorkovskaja.*

Deze strenge toegangspoort tot de vesting aan de rivier stond ooit bekend als de 'Doodspoort'. Gevangenen die werden afgevoerd naar de nog beruchtere Schlüsselburgvesting om ter dood te worden gebracht of dwangarbeid te verrichten, werden hier over de granieten trap omlaag geleid en per boot weggebracht. De sombere grijze poort dateert uit 1730–1740

(herbouwd in 1784–1787) en is onversierd, op het anker op het fronton na. Binnen geven bronzen plaquettes recordwaterstanden aan. In zijn gedicht *De bronzen ruiter (blz. 78)* memoreert Poesjkin aan de catastrofale overstroming van november 1824.

Troebetskojbastion ❻
трубецкой бастион
Troebetskoj bastion

Petropavlovskaja Krepost. **Kaart** 2 D4.
***Tel.** 2306431.* Ⓜ *Gorkovskaja.*
🔴 *dag. 10.00–19.00 uur.* 📷 ✔ *Engels.*

De zoon van Peter de Grote, tsaar Aleksej, was de eerste politieke gevangene die werd opgesloten in de vestinggevangenis, nadat zijn vader hem in 1718 ten onrechte had beschuldigd van verraad. Aleksej ontsnapte naar het buitenland, maar werd later teruggelokt naar Rusland, met de belofte dat zijn straf zou worden kwijtgescholden. In plaats daarvan werd hij gemarteld en gedood, vrijwel zeker met medewerking van zijn vader. De daaropvolgende 100 jaar werden gevangenen opgesloten in het gevreesde 'Geheime Huis', dat later is afgebroken. In 1872 werd er een nieuw gevangenisgebouw geopend in het Troebetskojbastion, dat sinds 1924 museum is. Op de begane grond ziet u een kleine tentoonstelling van oude foto's, gevangenisuniformen en een model van het vertrek van de wachters. Boven liggen 69 isoleercellen, die in de oude staat zijn teruggebracht, en beneden ziet u twee onverwarmde, onverlichte cellen, waar dwarsliggers 48 uur achtereen werden opgesloten. Gevangenen kwamen hier ook achter de tralies voordat ze als dwangarbeider werden afgevoerd naar Siberië.

POLITIEKE GEVANGENEN

Tot na de Russische Revolutie heeft de vesting dienstgedaan als gevangenis voor politieke activisten. Tientallen jaren zijn hier oproerlingen en anarchisten ondervraagd en opgesloten,

Lev Trotski (1879–1940) in het Troebetskojbastion

onder wie Lev Trotski aan de vooravond van de Revolutie in 1905. Andere prominente gevangenen waren de Dekabristenleiders in 1825 *(blz. 23)*, Dostojevski in 1849 *(blz. 123)* en de anarchist vorst Pjotr Kropotkin van 1874 tot 1876. In 1917 waren de ministers van de tsaar aan de beurt en daarna de leden van de Voorlopige Regering. Tijdens de Burgeroorlog *(blz. 27)* hielden de bolsjewieken hier vier Romanovs gevangen, die in 1919 werden geëxecuteerd *(blz. 27)*.

Raketlanceerinstallatie op de binnenplaats van het Artilleriemuseum

Artilleriemuseum ❼
Музей Артиллерии
Moezej Artillerii

Alexandrovski Park 7, Kronverkskaja
Naberezjnaja. **Kaart** 2 D3. *Tel. 232
0296.* Ⓜ *Gorkovskaja* ◯ *wo–zo
11.00–17.00 uur.* ⬤ *laatste do van de
maand.* 🖼

Dit hoefijzervormige gebouw
staat op het terrein van het
Kronverk, de buitenste bol-
werk van de Petrus en Paulusvesting *(blz. 66–67)*. Het
gebouw, ontworpen door
Pjotr Tamanski en tussen 1849
en 1860 gebouwd, werd ge-
bruikt als arsenaal. Onder de
meer dan 600 stukken artille-
rie en militaire voertuigen bevindt zich ook de pantserauto
waarmee Lenin op 3 april
1917 zegevierend van het Finlandstation *(blz. 126)* naar het
Ksjesinskajahuis *(blz. 72)*
reed. Er zijn uniformen, vlaggen, musketten en kleine wapens, sommige uit de middel-
eeuwen, en zalen gewijd aan
de Tweede Wereldoorlog.

Aleksandrovski-park ❽
Александровский парк
Aleksandrovski park

Kronverkski Prospekt. **Kaart** 2 D3 .
Ⓜ *Gorkovskaja.* ♿

Het unieke karakter van het
park als het centrum van
volkscultuur en amusement
dateert uit 1900, toen het
Volkshuis van Nicolaas II
werd geopend. Hier vermaak-
ten mimespelers, dierentem-
mers, goochelaars en circusar-
tiesten de grote massa,
terwijl het wat serieuzere publiek lezingen, de leeszalen
en de theesalons bezocht. Het
middelpunt vormde het
prachtige gekoepelde Operagebouw (1911), waar de legendarische bas Fjodor
Sjaljapin diverse keren optrad.
Tegenwoordig laat het
Operagebouw min-
der verheffend werk
zien, wat de naam
Muziekzaal al doet
vermoeden. De aan-
grenzende gebouwen
verrezen aan het ein-
de van de jaren
dertig, waaronder het
vernieuwende Balti-
sche huistheater, het
planetarium en het wassen-
beeldenmuseum.
Nog altijd trekt het park 's zomers in het weekeinde en op
feestdagen veel mensen, hoewel sommige attracties tamelijk smakeloos zijn.

Kamennoostrovski Prospekt ❾
Каменностровский проспект
Kamennoostrovski Prospekt

Kaart 2 D2. Ⓜ *Gorkovskaja of Petrogradskaja.* 🚌 *46, K-30, K-76, K-223.*

Deze opvallende laan met zijn
style-modernearchitectuur
dateert uit de tijd van de
bouwwoede aan het einde
van de 19de eeuw. Het huis
op nummer 1–3 (1899–1904)
is ontworpen door Fjodor
Lidval. Versierde gevels, ramen met contrasterende vormen en afmetingen, sierlijke
smeedijzeren balkons en fraai
beeldhouwwerk zijn de meest
typerende kenmerken van

**Griffioen, Kamen-
noostrovski Pr. 1–3**

deze Russische versie van de
art nouveau. In het huis op
nummer 5 heeft graaf Sergej
Witte gewoond, die in 1905
het vredesverdrag met Japan
(blz. 26) bewerkstelligde.
Vlak bij het begin van de laan
staat de enige moskee (1910–
1914) van de stad. De minaretten, tegels van majolica en
het ruwe graniet van de muren
sluiten goed aan bij de omringende architectuur. Het
bouwwerk was geïnspireerd
op het Mausoleum van
Tamerlan in Samarkand.
Op nummer 10 staan de Film-
studio's van Leningrad (Lenfilm). Op deze plek lieten de
gebroeders Lumière in 1896
de eerste bewegende film in
Rusland zien. Sinds 1918
hebben hier enkele van de
meest vernieuwende sovjet-
filmregisseurs gewerkt, onder
wie Leonid Trauberg en
Grigori Kozintsev *(blz. 45)*.
De huizen bij de
kruising met Oelit-
sa Mira worden
gekenmerkt door
verschillende soor-
ten torens, spitsen,
reliëfs en smeedijze-
ren balkons en vor-
men een fraai sa-
menspel van style-
moderne-elementen.
Ook interessant zijn nummer
24 (1896–1912), met zijn
gevel van rode baksteen met
majolica en terracotta, nummer 26–28, waar Sergej Kirov
heeft gewoond *(blz. 72)*, en
het 'Torenhuis', op de hoek
met Bolsjoj Prospekt, met zijn
neogotische portaal.

**Torenhuis (1913–1915),
Kamennoostrovski Prospekt**

De style-moderne in Sint-Petersburg

De art nouveau, de stroming die in heel Europa tussen 1890 en 1910 in zwang was, brak met de imitatie van het verleden. De stroming, die in Rusland bekendstond als style-moderne, begon in de beeldende kunst en kreeg daarna zijn weerslag in de architectuur, wat leidde tot een overvloed aan sierelementen. De kunstenaars en architecten, die zich lieten inspireren door industriële technieken, maakten weelderig gebruik van natuur- en bak-

Detail van hek van Ksjesinskajahuis

steen, smeedijzer, stuc, gekleurd glas en keramiektegels. Met gebogen en golvende lijnen, met name bloem- en plantmotieven, kregen zelfs traditionele elementen als deuren en ramen een heel ander aanzien. In het Sint-Petersburg van rond 1900, toen er in de stad enorm werd gebouwd, floreerde de style-moderne, met name in Petrogradskaja. De stad werd het werkterrein voor vooraanstaande architecten als Fjodor Lidval en Aleksandr von Gogen.

Het Ksjesinskajahuis *is opgetrokken in Von Gogens betrekkelijk strenge versie van de stijl. De asymmetrische compositie is verlevendigd met smeedijzer en glazen tegels (blz. 72).*

Jelisejevs *delicatessenzaak is ontworpen door Gavriil Baranovski, die uitstekend gebruikmaakte van industriële technieken bij zijn grote ramen. Het prachtige exterieur doet niet onder voor het sierlijke interieur met zijn kroonluchters (blz. 109).*

Bolsjaja Zelenina Oelitsa 28 *is een van de opvallendste voorbeelden van het gebruik van gestileerde dieren- en vismotieven en uiteenlopende technieken van oppervlaktedecoratie. Fjodor von Postels pand uit 1904–1905 lijkt veel op het werk van zijn tijdgenoot, de Catalaanse architect Gaudí.*

Kamennoostrovski Pr. 1–3 *is de schepping van Fjodor Lidval, een meester van de style-moderne. Verfijnde details als bloemen- en dierenreliëfs vallen op in een achtergrond van discreet uitgerekte proporties en bijzonder gevormde ramen.*

Het Singerhuis *(1910–1914) is een voorbeeld van Pavel Sjoezors gebruik van een bijzondere mengeling van bouwstijlen: rijk versierde smeedijzeren style-moderne-balkons en decoratieve houten raamkozijnen naast neorenaissancistische en neobarokke elementen.*

Portret van Sergej Kirov uit de jaren dertig in het Kirovmuseum

Kirovmuseum ⑩
Музей С. М. Кирова
Moezej S M Kirova

Kamennoostrovski Prospekt 26–28, 4de verdieping. **Kaart** 2 D1. *Tel. 346 0217, 3460289.* Ⓜ *Petrogradskaja.*
Ⓞ *do–ma 11.00–18.00 uur (di 17.00).*
🈂 🈂 *Engels.* **www.spbmuseum.ru**

In dit huis woonde van 1926 tot 1936 Stalins naaste politieke medewerker Sergej Kirov. Als de charismatische eerste secretaris van de communistische partij van Leningrad, werd Kirov al snel van groot belang voor het land. Zijn groeiende populariteit leidde ertoe dat Stalin hem als een politieke rivaal ging beschouwen. Op 1 december 1934 werd Kirov neergeschoten in zijn kantoor in het Smolnyinstituut *(blz. 128)* door Leonid Nikolajev, een ontevreden partijgenoot. Stalin gebruikte de moord als aanleiding voor de grote zuiveringen *(blz. 27)*, hoewel de meeste historici geloven dat Stalin zelf achter de moord zat. Kirov werd na zijn dood als een martelaar vereerd. Zijn appartement ziet er nog net zo uit als toen hij er woonde. Het is een voorbeeld van de cultusachtige status die aan partijleiders werd toegekend. Naast officiële documenten en foto's ziet u persoonlijke attributen, waaronder zijn kleding en favoriete boeken.

Ksjesinskajahuis ⑪
Особняк М. Кшесинской
Osobnjak M Ksjesinskoj

Oelitsa Koejbisjeva 4. **Kaart** 2 E3.
Tel. *2337052.* Ⓜ *Gorkovskaja.*
Ⓞ *dag. 10.00–18.00 uur.* ● *laatste ma van de maand.* 🈂 🈂 *Engels.*
www.polithistory.ru

Dit voorbeeld van style-modernearchitectuur werd in 1904 gebouwd in opdracht van de prima ballerina Matilda Ksjesinskaja door de hofarchitect Von Gogen. Het huis is op een haast speelse wijze asymmetrisch en heeft een achthoekige toren. Het opvallendst is de grote variatie aan bouwmaterialen: banen grijs en roze graniet, crèmekleurige bakstenen, smeedijzer en dakpannen van majolica.
Binnen is de recitalzaal met zijn zuilengang en palmen het indrukwekkendst. In de herdenkingszaal ziet u eigendommen van de danseres.
In maart 1917 werd het gebouw gevorderd door de bolsjewieken, die het tot hun hoofdkwartier maakten, en bij de terugkeer van Lenin in Rusland *(blz. 126)* sprak deze het volk hier toe vanaf het balkon. Het gebouw, waarin voorheen een museum over de Oktoberrevolutie was gevestigd, huisvest nu het Museum voor de Politieke Geschiedenis van Rusland. Op de eerste verdieping heeft men het secretariaat van de bolsjewistische partij en het kantoor van Lenin getrouw gerestaureerd. Boven ziet u een fascinerende verzameling voorwerpen uit de tijd van de Revolutie, waaronder communistische affiches, bekers ter ere van de kroning van Nicolaas II en zelfs een politierapport over de moord op Raspoetin *(blz. 121).*
Het museum volgt de politieke geschiedenis op de voet met tijdelijke tentoonstellingen over perestrojka en de huidige politieke partijen.

MATILDA KSJESINSKAJA

Matilda Ksjesinskaja (1872–1971), een van de beste prima ballerina's die ooit op het podium van het Marijinskitheater *(blz. 119)* hebben gestaan, studeerde in 1890 af aan de Keizerlijke Balletschool *(blz. 118).* Ze was ook beroemd om haar affaire met tsaar Nicolaas II, die kort nadat ze van school kwam begon. Ksjesinskaja emigreerde in 1920 naar Parijs, waar ze trouwde met groothertog Andrej Vladimirovitsj, ook een lid van de keizerlijke familie en de vader van haar elf jaar oude zoon.
In Parijs schreef ze haar controversiële memoires, *Dansen in Sint-Petersburg,* waarin ze over haar romance met de laatste Russische tsaar vertelt.

Von Gogens stijlvolle recitalzaal in het Ksjesinskajahuis

De historische kruiser Aurora (1900) ligt aangemeerd voor de neobarokke Nachimovzeevaartschool (1912)

Kruiser Aurora ⑫
Крейсер Аврора
Krejser Avrora

Petrogradskaja Naberezjnaja 3. **Kaart** 2 F3. **Tel**. 2308440. 🚇 49, K-30, K-183. 🚇 6, 40. ⭕ di–do, za en zo 10.30–16.00 uur. 🔲 Engels, Duits en Frans, tegen betaling. Telefonisch reserveren.

Op 25 oktober 1917 luidde de kruiser *Aurora* de bestorming van het Winterpaleis *(blz. 28)* in met het afvuren van één losse flodder. De kruiser, die uit 1900 dateert, werd in 1903 in gebruik genomen. Hij werd later omgebouwd tot opleidingsschip en aan het begin van het beleg van Leningrad *(blz. 27)* tot zinken gebracht om hem uit handen van de Duitsers te houden. Het schip werd in 1944 geborgen en is sinds 1956 een museum. U ziet het beroemde kanon en de hutten van de bemanning, en een tentoonstelling over de geschiedenis van de *Aurora*.

Huisje van Peter de Grote ⑬
Музей-домик Петра I
Moezej-domik Petra I

Petrovskaja Naberezjnaja 6. **Kaart** 2 F3. **Tel.** 2324576, 3140374. Ⓜ Gorkovskaja. ⭕ wo–zo 10.00–17.30 uur. ⬤ laatste ma van de maand 📷 ♿

Deze blokhut werd in 1703 in slechts drie dagen gebouwd door timmerlieden uit het leger. Peter woonde er zes jaar en kon hier goed toezicht houden op de bouw van zijn

stad *(blz. 20–21)*. Uit eerbied voor Peter liet Catharina een bakstenen omhulsel rond de hut bouwen.
Er zijn slechts twee kamers, ingericht met meubilair uit die tijd. De hal deed tevens dienst als slaapkamer. U ziet hier onder meer Peters kompas, zijn overjas en zijn roeiboot.
De trap buiten wordt verfraaid door twee beelden van mythische Sjih Tzekikkerleeuwen, die zijn meegenomen uit Mantsjoerije tijdens de Russisch-Japanse Oorlog (1904–1905).

Drie-eenheidsplein ⑭
Троицкая площадь
Troitskaja Plosjtsjad

Kaart 2 E3. Ⓜ Gorkovskaja. 🚇 46. 🚇 6, 40.

Begin 18de eeuw stond Petrogradskaja bekend als het Drie-eenheidseiland. De naam was afgeleid van de Drie-eenheidskerk (gebouwd in 1710 en

gesloopt rond 1930) op het Drie-eenheidsplein, die het middelpunt vormde van de handelswijk van de stad. In 2002–2003 werd hier ter gelegenheid van de 300ste verjaardag van de stad de Drie-eenheidskapel gebouwd. Hoewel de wijk tot aan het begin van de 20ste eeuw geen directe verbinding met het vasteland had, waren er talloze winkels, een drukkerij en de eerste beurs van de stad.
Tijdens de Revolutie van 1905 werden hier op 'Bloedige Zondag' 48 arbeiders door regeringstroepen gedood. In de communistische tijd werd het plein omgedoopt tot Plosjtsjad Revoljoetsii. Vanaf het plein steekt de Drie-eenheidsbrug *(blz. 35)* het breedste deel van de Neva over (bijna 600 m). De brug veroorzaakte een grote bouwwoede in Petrogradskaja *(blz. 65)*. De voltooiing in 1903 viel samen met de 200ste verjaardag van de stad.

De fraaie Drie-eenheidsbrug over de Neva, nabij het Drie-eenheidsplein

PALEISKADE

De schaal en grandeur van Petersburgs zuidelijke Neva-oever, met zijn granieten kades die zich over 2 km uitstrekken van het Senaatsgebouw in het westen tot het Zomerpaleis van Peter de Grote in het oosten en het gebied eromheen met zijn statige, adellijke paleizen en sierlijke bruggen die in de hele wereld beroemd zijn, is bijna onovertroffen.

Elk aspect van de geschiedenis van de stad is in dit gebied vertegenwoordigd. Falconets standbeeld van Peter de Grote, de Bronzen Ruiter, symboliseert de keizerlijke ambities en het plein waarop het staat is de

Alexanderzuil, Paleisplein

plaats waar de Dekabristen in 1825 tegen de tsaar in opstand kwamen. Rastrelli's Winterpaleis (nu deel van de Hermitage) aan het Paleisplein toont de rijkdom van het keizerlijke Rusland. De Eeuwige Vlam die op het Marsveld brandt, is een somberder herinnering aan revolutionaire opoffering.

Markante elementen in de skyline van Sint-Petersburg zijn de prachtige koepel van de Izaäkkathedraal en de vergulde spits van de Admiraliteit. Een boottocht over de kanalen *(blz. 226–227)* of een wandeling door de Zomertuin levert mooie uitzichten op.

BEZIENSWAARDIGHEDEN IN HET KORT

Paleizen en tuinen
Marmerpaleis ⑭
Zomerpaleis ⑰
Zomertuin ⑯

Musea
De Hermitage blz. 84–93 ⑫

Histirische gebouwen en monumenten
De Admiraliteit ❶
De Bronzen Ruiter ❸
Huis van Fabergé ❾
Manege van de Bereden Garde ❹

Kerken
Izaäkkathedraal blz. 80–81 ❺

Straten en pleinen
Senaatsplein ❷
Izaäkplein ❻
Malaja Morskaja Oelitsa ❽
Marsveld ⑮
Miljonairsstraat ⑬
Paleisplein Square ⑪

Hotels en cafés
Angleterre Hotel ❼
Literair Café ⑩

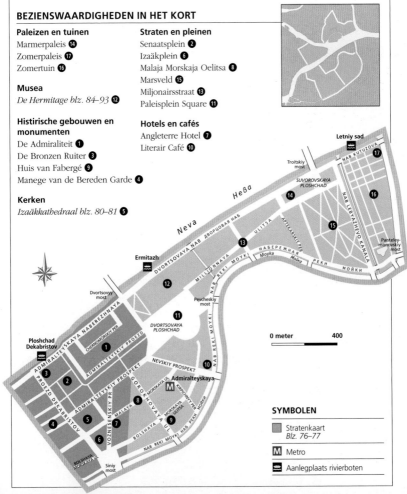

SYMBOLEN

▨	Stratenkaart *Blz. 76–77*
Ⓜ	Metro
⛴	Aanlegplaats rivierboten

0 meter — 400

◁ **De gouden koepel van de Izaäkkathedraal boven de stijlvolle gevels langs de Neva**

Onder de loep: Izaäkplein

Detail van de poorttoren van de Admiraliteit

Het hoogtepunt van het Izaäkplein is de indrukwekkende kathedraal in het midden. Deze werd geopend in 1858 en is de vierde kerk die op deze plek staat. De kathedraal en het plein zijn genoemd naar de heilige Izaäk van Dalmatië, omdat de verjaardag van Peter de Grote op zijn naamdag viel. Het plein werd in de eerste helft van de 19de eeuw als marktplein gebruikt en vormt nu het hart van een gebied vol belangrijke gebouwen en monumenten, onder andere de Admiraliteit, het Marijinskipaleis en de Bronzen Ruiter.

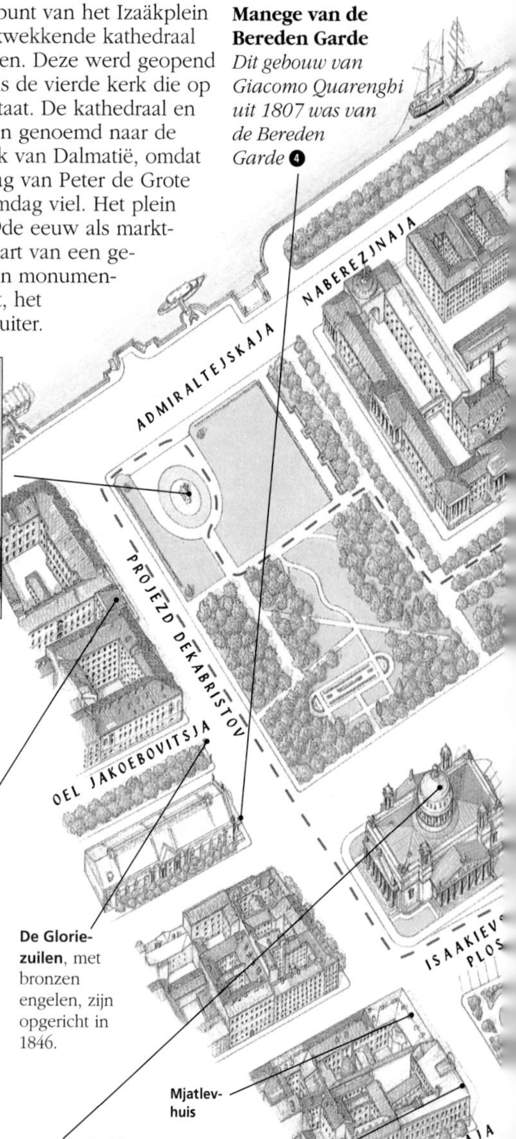

Manege van de Bereden Garde
Dit gebouw van Giacomo Quarenghi uit 1807 was van de Bereden Garde ❹

De Bronzen Ruiter
Étienne Falconets prachtige standbeeld van Peter de Grote – zijn paard vertrapt de verraderlijke slang – toont de vastberadenheid van de stichter van de stad ❸

Senaatsplein
De westkant van het plein wordt beheerst door Carlo Rossi's grootse, door een triomfboog verbonden Senaats- en Synodegebouw ❷

De Gloriezuilen, met bronzen engelen, zijn opgericht in 1846.

Mjatlevhuis

De voormalige Duitse ambassade is in 1911–1912 ontworpen door Peter Behrens.

★ Izaäkkathedraal
De prachtige gouden koepel van de kathedraal is in de hele stad te zien. Er is 100 kg bladgoud nodig om de koepel te bedekken ❺

0 meter   100

Hermitage en Winterpaleis

ORIËNTATIEKAART
Zie strategids, kaart 2, 5 en 6

De Admiraliteit
Beelden en reliëfs die de macht van de Russische marine eren, sieren de voorgevel van de Admiraliteit. De boog van de hoofdingang wordt geflankeerd door nimfen met wereldbollen ❶

ADMIRALTEJSKI PROSPEKT

GOROCHOVAJA OEL

Het voormalige huis van vorst Lobanov-Rostovsk is nu een designinstituut. De leeuwen voor de galerij zijn van de Italiaanse beeldhouwer Paolo Triscorni.

STERATTRACTIE

★ Izaäkkathedraal

VOZNESENSKI PROSPEKT

MAL MORSKAJA OEL

Nevski prospekt

Angleterre Hotel
Het in de jaren 1850 gebouwde Angleterre Hotel (zie blz. 174) was de plaats van het eerste grote publieke protest in de geschiedenis van de Sovjet-Unie. Het hotel is gerestaureerd tot zijn 19de-eeuwse pracht en praal ❼

Het voormalige Ministerie van Staatseigendommen van Nikolaj Jefimov (1844) is een fraai voorbeeld van neorenaissancistische architectuur.

MORSKAJA OEL

REKI MOJKI

Sini Most *(blz. 79)*

Het Marijinskipaleis, genoemd naar Maria, dochter van Nicolaas I, herbergt nu het stadhuis van Sint-Petersburg.

SYMBOOL

− − − Aanbevolen route

Izaäkplein
Het standbeeld van tsaar Nicolaas I van Pjotr Klodt kijkt uit over het plein. De reliëfs op het voetstuk tonen episoden uit zijn tijd. Twee ervan tonen de onderdrukking van opstanden ❻

De Admiraliteit ❶
Адмиралтейство
Admiraltejstvo

Admiraltejskaja Naberezjnaja 2.
Kaart 5 C1. 🚌 *7, 10, 24, 100, 191, K-169, K-209, K-252.* 🚎 *1, 5, 7, 10, 11, 17, 22.*

Na een vesting te hebben gebouwd en een stad te hebben gesticht, was de volgende prioriteit van Peter de Grote het scheppen van een Russische marine om de toegankelijkheid van de zee en de dominantie over Zweden te garanderen. De Admiraliteit begon als een gefortificeerde scheepswerf, die hier in 1704–1711 werd gebouwd. Twee jaar later werkten zo'n 10.000 man aan de eerste oorlogsschepen. Een van de beste Russische architecten, Andrej Zacharov, begon in 1806 aan de bouw van de Admiraliteit. De opmerkelijke voorgevel is 407 m lang en versierd met een overvloed aan beelden en reliëfs ter verheerlijking van de Russische vloot. Zacharov behield enkele oorspronkelijke kenmerken, zoals de centrale poorttoren en de spits, die hij in neoclassicistische stijl herbouwde. De verhoogde spits werd verguld en kreeg in de top het model van een fregat. Dit is een symbool van de stad geworden, net als het trompet blazende engelenpaar op de portalen van de gevel die uitkijkt op de Neva. Sinds 1925 wordt het gebouw gebruikt door de School voor Scheepsbouwkunde.

Toren van de Admiraliteit (1806–1823)

Senaatsplein ❷
Сенатская площадь
Sehatsjkaja Plosjtsjad

Kaart 5 C1. 🚌 *3, 10, 22, 27.* 🚎 *5, 22.*

De opstand van de Dekabristen die hier op 14 december 1825 plaatsvond, was een belangrijke gebeurtenis in de Russische geschiedenis *(blz. 23)*. Tijdens de inhuldiging van Nicolaas I probeerden liberale garde-officieren op het plein een staatsgreep te plegen met als doel het instellen van een constitutionele monarchie. De rebellen misten de leiding om de opstand tot een goed einde te brengen en werden door kartetsvuur uiteengeslagen. Vijf van de leiders werden later geëxecuteerd en 121 anderen werden naar Siberië verbannen.

De indrukwekkende neoklassieke gebouwen aan de westzijde van het plein waren bedoeld om met de Admiraliteit een harmonieus geheel te vormen. De door Carlo Rossi tussen 1829 en 1834 ontworpen gebouwen waren de hoofdkwartieren van twee belangrijke instellingen die oorspronkelijk door Peter de Grote waren opgericht: het Opperste Hof of Senaat en de Heilige Synode, die verantwoordelijk was voor het bestuur van de orthodoxe Kerk. De twee gebouwen, die nu archieven bevatten, zijn met elkaar verbonden door een triomfboog en versierd met vele beelden.

De Bronzen Ruiter (1766–1778)

De Bronzen Ruiter ❸
Медный Всадник
Medny Vsadnik

Senatskaja Plosjtsjad. **Kaart** 5 C1. 🚌 *3, 10, 22, 27, 71, 100, K-169, K-187, K-306.* 🚎 *5, 22.*

Het prachtige ruiterstandbeeld van Peter de Grote werd in 1782 op het Senaatsplein onthuld als de eersteton van Catharina de Grote. Het standbeeld staat bekend als de Bronzen Ruiter, naar het beroemde gedicht van Poesjkin. De Franse beeldhouwer Étienne Falconet besteedde meer dan twaalf jaar

---

DE BRONZEN RUITER DOOR POESJKIN

Postzegel uit 1956 van Poesjkin en het standbeeld uit zijn gedicht

Het beroemde standbeeld van Peter de Grote wordt in Alexander Poesjkins gedicht *De bronzen ruiter* (1833) tot leven gebracht. In dit visioen van de Grote Overstroming van 1824 *(blz. 37)* wordt de held in de mistige straten achtervolgd door het griezelige bronzen standbeeld. In Poesjkins woorden weerklinkt de onverzettelijke wil waar de tsaar beroemd om was: *'Hoe ontzagwekkend was hij in die omringende somberheid!… hoe krachtig! En op dat paard, hoe vurig!'*

aan het leiden van dit ambitieuze project. Het voetstuk alleen al weegt 1625 ton en werd gehouwen uit een enkel brok graniet uit de Finse Golf. De inscriptie luidt 'Aan Peter I van Catharina II' in het Latijn en Russisch. Een slang, symbool van verraad, wordt vertrapt door de hoeven van het paard.

Manege van de Bereden Garde ❹

Конногвардейский манеж
Konnogvardejski Manezj

Isaakievskaja Plosjtsjad 1. **Kaart** 5 C2. **Tel.** 3122243, 5714157 *(kaartverkoop).* ⬜ *variabel.* 🚌 *3, 22, 27, 71, 100, K-169, K-187, K-306.* 🚎 *5, 22.* 🖼 📷

De enorme overdekte rijschool van de bereden garde werd door Giacomo Quarenghi in 1804–1807 gebouwd naar het voorbeeld van een Romeinse basiliek. Verwijzingen naar de oorspronkelijke functie van het gebouw zijn de levendige fries van een paardenrace onder het fronton en de beelden aan weerszijden van de zuilengang. De beelden van de naakte tweelingzonen van Zeus zijn kopieën van die van het Palazzo Quirinale in Rome. De Heilige Synode, boos over deze naakten bij de Izaäkkathedraal, eiste hun verwijdering. In 1954 werden de beelden opnieuw geplaatst. Naast de manege, waarin nu moderne kunst wordt getoond, staan twee marmeren zuilen met marmeren engelenbeelden.

Izaäkkathedraal ❺

Blz. 80–81.

Izaäkplein ❻

Исаакиевская площадь
Issakijevskaja Plosjtsjad

Kaart 5 C2. 🚌 *3, 10, 22, 27, 71, 100, K-169, K-187, K-306.* 🚎 *5, 22.*

Dit indrukwekkende, door de majestueuze Izaäkkathedraal van Auguste de Montferrand gedomineerde plein werd geschapen tijdens de

Izaäkkathedraal, beeld van Nicolaas I en het Angleterre, Izaäkplein

heerschappij van Nicolaas I. Enkele oudere gebouwen stammen echter uit de 18de eeuw. Het monument van Nicolaas I uit 1859 in het midden werd door Montferrand ontworpen en door Pjotr Klodt gehouwen. Het toont de tsaar in het uniform van een van Ruslands meest prestigieuze regimenten, de Kavalergardski-garde. Het voetstuk is verfraaid met allegorische beelden van Nicolaas' dochters en vrouw, die voor geloof, wijsheid, recht en macht staan. Aan de westkant van het plein op nr. 9 staat het uit de jaren zestig van de 18de eeuw stammende neoclassicistische Mjatlevhuis, dat eigendom was van een van de beroemdste families van Rusland. De Fransman Denis Diderot verbleef er op uitnodiging van Catharina de Grote in 1773–1774. In de jaren twintig werd het de zetel van het Staatsinstituut voor de Artistieke Cultuur. Enkele van Ruslands invloedrijkste avant-gardisten, onder wie Kazimir Malevitsj en Vladimir Tatlin *(blz. 107)*, werkten er. Het granieten gebouw ernaast is de voormalige Duitse ambassade, in 1911–1912 gebouwd door Peter Behrens. Aan de overzijde van de 100 m brede Blauwe Brug (Sini Most), tot 1861 de plaats van een lijfeigenenmarkt, domineert het Marijinskipaleis *(blz. 77)* de zuidkant van het plein.

Angleterre Hotel ❼

Гостиница Англетер
Gostinitsa Angleter

Bolsjaja Morskaja Oelitsa 39. **Kaart** 6 D2. **Tel.** 4945757. 🚌 *3, 10, 22, 27, K-169, K-306.* 🚎 *5, 22. Zie Accommodatie blz. 180.*

Het zeven verdiepingen tellende Angleterre, nu een van de belangrijkste hotels van Sint-Petersburg, werd in 1910–1912 ontworpen door Fjodor Lidval in de style-moderne *(blz. 71)*.
De Amerikaanse schrijver John Reed, auteur van het beroemde ooggetuigenverslag van de Revolutie *Ten days that shook the world*, verbleef er toen de bolsjewieken de macht grepen. In 1925 hing de dichter Sergej Jesenin, echtgenoot van Isadora Duncan, zichzelf op in de aanbouw, nadat hij met zijn bloed op de kamermuren een afscheidsgedicht had geschreven: 'Sterven is niet nieuw – maar leven is ook niet nieuw.' De eetzaal van het hotel had Hitler voor zijn overwinningsfeest willen gebruiken.

Gerestaureerde foyer van het Angleterre Hotel, aan de oostelijke rand van het Izaäkplein

Izaäkkathedraal ❺

Исаакиевский собор

Isaakijevski Sobor

De Izaäkkathedraal, een van de grootste
kathedralen van de wereld, werd in 1818
ontworpen door de toen nog onbekende
architect Auguste de Montferrand. De
bouw van het kolossale gebouw was een
grote technische prestatie. Er waren vele
duizenden heipalen nodig om het gewicht
van 300.000 ton te kunnen dragen. De kathedraal werd in 1858 gewijd, maar werd
in het sovjettijdperk ontheiligd en gebruikt
als atheïstisch museum. De kerk, officieel
nog altijd een museum, bevat honderden
19de-eeuwse kunstvoorwerpen.

De koepel
*De koepel biedt een prachtig uitzicht over
de stad, onder andere op de Admiraliteit
(blz. 78) en de Hermitage (blz. 84–93).
Rond de vergulde koepel staan beelden
van engelen door Josef Hermann.*

De mozaïekiconen op de
iconostase zijn van Brjoellov,
Neff en Zjivago.

Engelen met fakkel
*Ivan Vitali schiep veel beelden voor de
kathedraal, waaronder de gasfakkels
dragende engelenparen op de vier
hoeken van het dak*

Deze kapel eert Alexander Nevski, die
in 1240 de Zweden versloeg *(blz. 17).*

**Het noorde-
lijke fronton** is ver-
sierd met een reliëf
(1842–1844) van de
Wederopstanding door
François Lemaire.

Uitgang

★ Iconostase
*Drie rijen iconen omgeven de konink-
lijke deuren waardoor een raam van
gekleurd glas (1843) te zien is. Erboven staat Pjotr Klodts vergulde beeld
Christus als koning (1859).*

Zuilen van malachiet
en lapis lazuli omlijs-
ten de iconostase. De
kathedraal is versierd
met 16.000 kg
malachiet.

De Catharinakapel heeft
een fraaie witmarmeren
iconostase met een *Wederopstanding* (1850–1854)
van Nikolaj Pimenov
erboven.

De zilveren duif (1850) in de koepel symboliseert de Heilige Geest.

★ Plafondschildering

De hemelse Maria in heerlijkheid van Karl Brjoellov (blz. 105), uit 1847, beslaat 816 m² en wordt omlijst door rijk verguld pleisterlofwerk en wit marmer.

Portretten van apostelen en evangelisten

Beeld van Mattheus

De ingang is het zijportaal aan het Izaäkplein.

Zuidelijke deuren

De drie grote deuren van eikenhout en brons (1846) wegen 20 ton en zijn versierd met reliëfs van Ivan Vitali. De buitenkant toont episoden uit het leven van Christus en heiligen, onder wie Alexander Nevski (blz. 130).

Het reliëf van de heilige Izaäk die keizer Theodosius en diens vrouw Flaccilla zegent, is van Ivan Vitali. Geheel links ziet u Montferrand die een model van zijn kathedraal vasthoudt.

De muren zijn versierd met veertien kleuren marmer en 43 soorten halfedelsteen en mineralen.

Het enorme interieur beslaat 4000 m².

De rode granieten zuilen, van elk 114 ton, werden uit Finland aangevoerd op speciaal gebouwde schepen.

STERATTRACTIES

★ Iconostasis

★ Plafondschildering

Malaja Morskaja Oelitsa met nr. 13 in het midden

Malaja Morskaja Oelitsa **❽**
Малая Морская у лица
Malaja Morskaja Oelitsa

Kaart 6 D1. 🚌 *3, 10, 22, 27, K-306.* 🚋 *5, 22.*

Malaja Morskaja Oelitsa werd ook wel Oelitsa Gogolja genoemd naar de grote prozaïst Nikolaj Gogol (1809–1852), die van 1833 tot 1836 op nr. 17 woonde. Hier schreef hij *Dagboek van een gek* en *De neus*, twee bijtende satiren over de archetypische Petersburgse bureaucraat 'die ten onder gaat aan de triviale, betekenisloze werkzaamheden waar hij zijn nutteloze leven aan wijdt'. Gogols bijtende, geestige, bizarre en groteske verhalen geven een naargeestig en uiterst pessimistisch beeld van het moderne stadsleven.
De componist Pjotr Tsjaikovski *(blz. 42)* stierf kort na de voltooiing van de symfonie *Pathétique* in november 1893 in het bovenste appartement van nr. 13. Officieel stierf hij aan cholera, maar men vermoedt dat hij zelfmoord pleegde onder druk van zijn collega's aan het conservatorium, die een schandaal na een vermeende homoseksuele affaire wilden vermijden.
Het huis op nr. 23 werd in 1848–1849 bewoond door de romanschrijver Fjodor Dostojevski *(blz. 123)*. Hij werd hier gearresteerd en beschuldigd van politieke samenspanning wegens zijn deelname aan de socialistische Petrasjevskikring *(blz. 123)*. Tegenwoordig doet de straat, ondanks de drukte, nog erg 19de-eeuws aan.

Huis van Fabergé **❾**
Дом Фаберже
Dom Faberzje

Bolsjaja Morskaja Oelitsa 24.
Kaart 6 D1. ⬤ *voor publiek.* 🚌 *3, 22, 27.* 🚋 *5, 22.*

De wereldberoemde juwelierswinkel Fabergé werd in 1842 in de Bolsjaja Morskaja Oelitsa gevestigd door Gustav Fabergé, afstammeling van Franse hugenoten. Pas in de jaren tachtig van de 19de eeuw stapten zijn zonen Carl en Agathon af van het maken van conventionele sieraden en begonnen ze exquise, vernieuwende *objets d'art* te maken. Het beroemdst zijn de fantasievolle paaseieren die zij voor de tsaren maakten. In 1900 verhuisde Carl het bedrijf van nr. 16–18 naar het daartoe gebouwde huis op nr. 24, waar het tot de Revolutie bleef. De buitenkant is ontworpen door zijn bloedverwant Karl Schmidt. De oorspronkelijke toonzaal, met zijn plompe roodgranieten pilaren, was op de begane grond. Het is nog altijd een juwelierszaak, maar niet van Fabergé. In de werkplaatsen erboven werden jonge leerlingen door meestervaklieden onderwezen in de kunst van het glazuren, graveren, steensnijden en edelsmeden.
In 1996 werd op de 150ste verjaardag van Carl Fabergé op nr. 24 een plaquette en op de hoek van Zanevski Prospekt en Prospekt Energetikov een door de beeldhouwer Leonid Aristov en anderen ontworpen monument onthuld.

FABERGÉ-EIEREN

Bonbonnière-ei van Kelch

In 1885 bestelde Alexander III bij de gebroeders Fabergé een paasei voor Tsarina Maria Fjodorovna. Binnen de schil van goud en wit glazuur zat een prachtig vervaardigde gouden kip. Er was een traditie ontstaan en tegen de tijd dat de Revolutie uitbrak bestonden er 54 verschillende paaseieren van Fabergé. Het pièce de résistance is het Siberische Spoorweg-ei, in 1900 besteld door Nicolaas II. Het Bonbonnière-ei werd in 1903 door Kelch, een rijke industrieel, besteld voor zijn vrouw Varvara. Helaas zijn op dit moment de enige tentoongestelde eieren in Rusland te zien in de Staatswapenkamer in het Kremlin in Moskou.

DOOD VAN EEN DICHTER

In november 1836 kreeg Poesjkin een anonieme brief waarin hij werd beloond met de titel 'grootmeester van de verheven orde van de bedrogen echtgenoten'. Deze was hem gestuurd door de cavalerie-officier Georges d'Anthès, een schuinsmarcheerder die een oogje had op Poesjkins vrouw, de mooie en deftige Natalja Gontsjarova. Poesjkin

Naumovs schilderij van de dodelijk gewonde Poesjkin

daagde d'Anthès uit voor een duel en op de middag van 27 januari 1837 ontmoette hij zijn tegenstander in het besneeuwde bos ten noorden van de stad. D'Anthès vuurde als eerste en Poesjkin raakte dodelijk gewond. Hij stierf twee dagen later, 38 jaar oud. D'Anthès werd uit Rusland verbannen.

Uithangbord van het Literair Café

Literair Café ❿
Литературное кафе
Literatoernoje kafe

Nevski Prospekt 18. **Kaart** 6 E1.
Tel. *312057.* ◻ *11.00–1.00 uur.*
Ⓜ *Nevski Prospekt.* ♿ *Zie Restaurants en cafés blz. 187.*

Dit café, ook wel bekend als het Café Wulf en Beranger, naar zijn oorspronkelijke eigenaren, is beroemd vanwege zijn associatie met Alexander Poesjkin, Ruslands grootste dichter *(blz. 43).* Poesjkin ontmoette hier zijn secondant Konstantin Danzas voor het noodlottige duel met baron d'Anthès. Het café was vanaf het begin populair bij schrijvers in Sint-Petersburg. Onder anderen Fjodor Dostojevski en de dichter Michail Lermontov (1814–1841) kwamen er. Ondanks het literaire belang en de stijlvolle locatie in Vasili Stasovs mooie gebouw uit 1815 is het café op zichzelf de hoge prijzen niet waard.

Paleisplein ⓫
Дворцовая площадь
Dvortsovaja Plosjtsjad

Kaart 6 D1. ▦ *7, 10, 24, 191, K-209.* ▦ *1, 7, 10, 11.*

Het Paleisplein vervult een unieke rol in de Russische geschiedenis. Vóór de Revolutie was het de locatie voor kleurrijke militaire parades. In januari 1905 was het de plek van 'Bloedige Zondag' *(blz. 26),* toen troepen van de tsaar op duizenden ongewapende demonstranten vuurden. Lenins bolsjewieken stelden op 7 november 1917 de Revolutie veilig toen zij het Winterpaleis *(blz. 28–29)* zowel vanaf het plein als uit het westen aanvielen. Het is nog altijd in trek voor politieke bijeenkomsten en culturele evenementen zoals popconcerten *(blz. 51).* Het glansrijke plein is het werk van de architect Carlo Rossi

(blz. 110). Tegenover het Winterpaleis, aan de zuidzijde, ligt Rossi's prachtige Generale Stafgebouw (1819–1829), hoofdkwartier van het Russische leger. Rossi sloopte een hele rij huizen om er plaats voor te maken. De twee gracieuze, gebogen vleugels (de oostvleugel is onderdeel van de Hermitage) zijn verbonden door een dubbele triomfboog die naar Bolsjaja Morskaja Oelitsa leidt. De boog wordt bekroond door een levendig beeld van Victoria in haar strijdwagen (1829) van Stepan Pimenov en Vasili Demut-Malinovski. Aan de oostzijde van het schitterende architectonische geheel staat het Hoofdkwartier van de Garde, door Aleksandr Brjoellov in 1837–1843 ontworpen. Aan de westkant ligt de Admiraliteit *(blz. 78).*
De Alexanderzuil in het centrum van het plein is opgedragen aan tsaar Alexander I voor zijn rol bij de overwinning op Napoleon *(blz. 22–23).* Op het voetstuk staan de woorden 'Aan Alexander I, van een dankbaar Rusland'. De roodgranieten pilaar weegt 600 ton: het grootste vrijstaande monument ter wereld. De zuil is in 1829 ontworpen door Auguste de Montferrand en er waren 2400 soldaten en arbeiders en twee jaar nodig voor het houwen en vervoeren van het graniet. Hij werd opgericht in 1830–1834. Op de zuil staat een bronzen engel met kruis. Samen zijn ze 47 m hoog.

De Alexanderzuil en het Generale Stafgebouw op het Paleisplein

De Hermitage⓬

Эрмитаж
Ermitazj

De Hermitage, een van de grootste musea ter wereld, bezit een grote groep gebouwen. Het indrukwekkendst is het Winterpaleis *(blz. 92–93),* waar Catharina de Grote de intiemere Kleine Hermitage aan toevoegde. In 1771–1787 liet ze de Grote Hermitage bouwen voor haar groeiende kunstverzameling. Het Theater werd in 1785–1787 toegevoegd, de Nieuwe Hermitage in 1839–1851. De Nieuwe en de Grote Hermitage werden door Nicolaas I in 1852 als openbaar museum geopend. Van 1918 tot 1939 werd het Winterpaleis bij de Hermitage gevoegd. Eind vorige eeuw werd het Generale-Stafgebouw gebouwd. Het herbergt de collecties uit de 19de en de 20ste eeuw.

De Nieuwe Hermitage (1839–1851) werd door Leo von Klenze ontworpen als onderdeel van de Grote Hermitage. Het is het enige deel dat speciaal als museum is gebouwd.

Hofministeries zaten hier tot de jaren tachtig van de 19de eeuw.

Atlanten
Tien granieten atlanten van 5 m hoog sieren wat van 1852 tot na de Revolutie de openbare ingang van het Hermitagemuseum was.

Het Winterkanaal (blz. 36)

Een galerij over het kanaal verbindt het Theater met de Grote Hermitage en vormt de theaterfoyer.

De Grote Hermitage werd door Joeri Velten ontworpen voor Catharina's schilderijen.

Theater
In Catharina's tijd vonden er in Quarenghi's theater regelmatig voorstellingen plaats. Nu worden er conferenties en concerten gehouden (blz. 202).

★ **Rafaëlloggia's**
Catharina was zo onder de indruk van gravures van Rafaëls fresco's in het Vaticaan dat zij in 1787 opdracht gaf voor kopieën op doek, met kleine aanpassingen: het wapen van de paus werd vervangen door de tweekoppige Romanovarend.

Hangende Tuinen

Deze ongebruikelijke verhoogde tuin is versierd met standbeelden en fonteinen. Tijdens het beleg van Leningrad (blz. 27) verbouwde het personeel hier groente.

De Kleine Hermitage
(1764–1775), door Vallin de la Mothe en Joeri Velten, was Catharina's schuilplaats voor de drukte aan het hof.

Winterpaleisgevel

Rastrelli verfraaide de paleisgevel met 400 zuilen en zestien verschillende vensterontwerpen.

STERATTRACTIES

★ Staatsievertrekken
  Winterpaleis

★ Paviljoenzaal

★ Rafaëlloggia's

Paleis-
plein

Hoofdingang
via binnenplaats

Generale-
Staf-
gabouw

Neva

Het Winterpaleis
(1754–1762) was tot
de Revolutie de offi-
ciële residentie van
de keizerlijke familie.

★ Paviljoenzaal (1858)

Andrej Stakenschneiders prachtige witmarmeren en gouden zaal verving Catharina's oorspronkelijke interieur. U vindt er de beroemde Pauwenklok (1772) van James Cox, ooit eigendom van Catharina's geheime echtgenoot, prins Grigoli Potemkin.

★ Staatsievertrekken

Voor de decoratie van de staatsievertrekken in het Winterpaleis, zoals de St.-Joriszaal, werden kosten noch moeite gespaard. Ze waren niet voor privégebruik, maar voor staatsieceremonies.

De Hermitagecollecties

Catharina de Grote kocht tussen 1764 en 1774 enkele van de beste collecties van West-Europa aan. Zij legde de hand op meer dan 2500 schilderijen, 10.000 beeldhouwwerken, 10.000 teke-ningen en een grote hoeveelheid zilver en porselein om haar paleizen te versieren. Geen van haar opvolgers schafte zoveel aan. Na de Revolutie bracht de nationalisatie van zowel keizerlijk als privébezit meer schilderijen en kunstwerken naar de Hermitage en werd deze een van de belangrijkste musea ter wereld.

De Ridderzaal (1842–1851) bevat harnassen en wapens uit het vroegere keizerlijke arsenaal.

Entrance for tours and gui-ded groups

Trappen naar begane grond

Eerste verdieping

Rafaëlloggia's *(blz. 84)*

De Galerij van de Antieken (1842–1851) is versierd met taferelen uit de antieke literatuur en herbergt een prachtige collectie 19de-eeuwse Europese beeld-houwkunst.

Dakraamzalen

★ **De Madonna Litta** (c.1491) *Dit meesterwerk, een van de twee schilderijen van Leonardo da Vinci in het museum, is talloze malen gekopieerd.*

Begane grond

Europese goud-verzameling

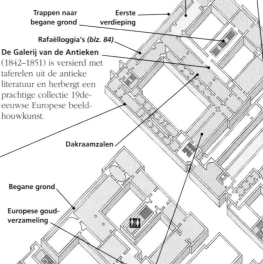

STERATTRACTIES

★ Abrahams offer van Rembrandt

★ Ea Haere Ia Oe van Gauguin

★ La Danse van Matisse

★ De Madonna Litta van Leonardo da Vinci

De zaal van de twintig zuilen (1851) is in Etruskische stijl beschilderd.

MUSEUMGIDS

Ga binnen vanaf het Paleisplein en steek de grote binnenplaats over. Groepen gebruiken een andere ingang. Begin met de Staatsievertrekken van het Winter-paleis op de eerste verdieping om een overzicht te krijgen van het museum. Gebruik voor de 19de- en 20ste-eeuwse Europese kunst de trappen aan de Paleispleinzijde van het Winterpaleis. Collecties kunnen worden verplaatst.

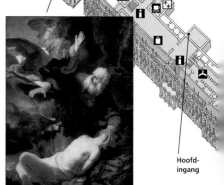

★ **Abrahams offer** (1635) *Vanaf ongeveer 1630 schilderde Rembrandt religieuze taferelen in een hoogbarokke stijl. Hij legde zich meer toe op dramatische gebaren dan op het detail.*

Hoofd-ingang

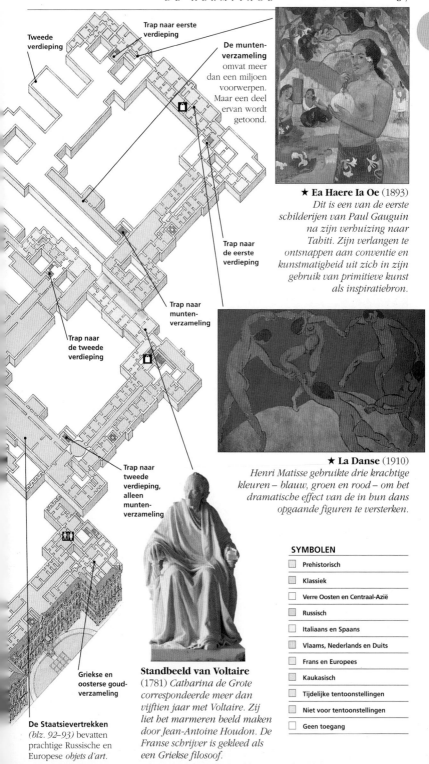

Tweede verdieping

Trap naar eerste verdieping

De munten-verzameling omvat meer dan een miljoen voorwerpen. Maar een deel ervan wordt getoond.

★ **Ea Haere Ia Oe** (1893)
Dit is een van de eerste schilderijen van Paul Gauguin na zijn verhuizing naar Tahiti. Zijn verlangen te ontsnappen aan conventie en kunstmatigheid uit zich in zijn gebruik van primitieve kunst als inspiratiebron.

Trap naar de eerste verdieping

Trap naar munten-verzameling

Trap naar de tweede verdieping

★ **La Danse** (1910)
Henri Matisse gebruikte drie krachtige kleuren – blauw, groen en rood – om het dramatische effect van de in hun dans opgaande figuren te versterken.

Trap naar tweede verdieping, alleen munten-verzameling

SYMBOLEN

☐	Prehistorisch
☐	Klassiek
☐	Verre Oosten en Centraal-Azië
☐	Russisch
☐	Italiaans en Spaans
☐	Vlaams, Nederlands en Duits
☐	Frans en Europees
☐	Kaukasisch
☐	Tijdelijke tentoonstellingen
☐	Niet voor tentoonstellingen
☐	Geen toegang

Griekse en oosterse goud-verzameling

Standbeeld van Voltaire
(1781) *Catharina de Grote correspondeerde meer dan vijftien jaar met Voltaire. Zij liet het marmeren beeld maken door Jean-Antoine Houdon. De Franse schrijver is gekleed als een Griekse filosoof.*

De Staatsievertrekken
(blz. 92–93) bevatten prachtige Russische en Europese *objets d'art.*

De Hermitagecollecties verkennen

Het is onmogelijk om de uitgebreide, encyclopedische verzameling van de Hermitage in één of zelfs twee bezoeken tot u te nemen. Of het nu Scythisch goud is, vazen en miniaturen uit de klassieke Oudheid, of Perzisch zilver, elke zaal heeft iets wat de aandacht trekt. De Russische afdeling, waar ook de prachtige staatsievertrekken onder vallen, bevat meubilair, toegepaste kunst, portretten en fraaie kleding van de keizerlijke familie. De collectie Europese schilderkunst geeft vooral de smaak van de tsaren weer. Het gros van de 19de- en 20ste-eeuwse Europese kunst, met name de impressionisten, Matisse en Picasso, is afkomstig van privécollecties.

Scythisch gouden hert uit de 7de–6de eeuw v.C.

PREHISTORISCHE KUNST

Tot de in heel het voormalige Russische rijk gevonden prehistorische kunstvoorwerpen behoren potten, pijlpunten en sculpturen uit de oude steentijd van soms bijna 24.000 jaar oud. De mooie gouden voorwerpen dateren uit de tijd van de Scythische nomaden uit de 7de–3de eeuw v.C.
Peter de Grotes beroemde Siberische collectie van fraaie gouden voorwerpen omvat Scythische broches (dieren), zwaardgevesten en gespen. Er werden voortdurend voorwerpen in Siberië gevonden en in 1897 vond men bij Kostromskaja een gestileerd hert, dat ooit een ijzeren schild sierde. Deze en andere gouden voorwerpen bevinden zich in de Europese goudverzameling (hier is een apart kaartje voor nodig). Kopieën zijn te zien in de Scythische zalen.
Ook Griekse meesters werkten voor de Scythen. Uit het Dnjeprgebied stammen een laat-5de-eeuwse kam die met verbazend natuurgetrouwe vechtende Scythische figuurtjes is versierd en de laat-4de-

eeuwse Tsjertomlikvaas, met beelden van het temmen van dieren. Bij opgravingen in de Altai, vooral bij Pazirik in 1927–1949, vond men bijna 2500 jaar oude graven. In de bevroren grond zijn veel zaken goed bewaard gebleven.

Gonzagacamee (285–246 v.C.), gemaakt in Alexandrië

KLASSIEKE KUNST

Er is een groot aantal Grieks-Romeinse marmeren beelden, variërend in de 1720 door Peter de Grote verworven beroemde Venus uit de 3de

eeuw v.C. tot Romeinse borstbeelden. De kleinere objecten zijn echter het bijzonderst van de klassieke afdeling.
De verzameling met rode figuren beschilderde Attische vazen uit de 6de–4de eeuw v.C. kent zijn gelijke in de wereld niet. De mooi geproportioneerde en van een schitterende glans voorziene vazen zijn versierd met plaatjes van bacchanalen, episoden uit de Trojaanse Oorlog en in één geval de beroemde afbeelding van de waarneming van de eerste zwaluw (510 v.C.).
In de 4de en 3de eeuw v.C. was Tanagra het centrum voor de productie van kleine, elegante terracottabeeldjes. Zij werden in de 19de eeuw ontdekt en waren zo populair dat op grote schaal namaak werd geproduceerd. De Russische ambassadeur in Athene, Pjotr Saboerov, stelde zijn collectie in de jaren tachtig van de 19de eeuw samen, voordat de kopieën verschenen. Catharina de Grote had een grote passie voor sieraden, die zij op grote schaal kocht. In tien jaar kocht zij zo'n 10.000 voorwerpen.
Het fraaiste sieraad uit de klassieke verzameling is de Gonzagacamee, een geschenk van Napoleons ex-vrouw Joséphine Beauharnais aan Alexander I. De Griekse en oosterse goudverzameling bevat 5de-eeuwse siersmeedkunst door Atheense vaklui. Zij gebruikten een zo fijne techniek voor de goudbewerking dat voor het zien van de details een vergrootglas nodig is.

VERRE OOSTEN EN CENTRAAL-AZIË

Deze verzameling van meer dan 180.000 voorwerpen is uiteenlopend: van het oude Egypte en Assyrië tot Byzantium, India, Iran, China, Japan en Oezbekistan en Tadzjikistan. De meest complete zijn die waarvan de opgravingen door de Hermitage werden verricht, met name in China en Mongolië vóór de Revolutie en in Centraal-Azië in de sovjetperiode. Een porfieren beeld van farao Amenemhet III stamt uit de 19de eeuw v.C., de tijd van het Middenrijk.

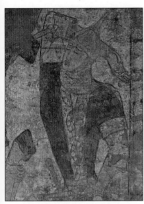

8ste-eeuws fresco van een gewonde soldaat uit Tadjikistan

Hoogtepunt van de Egyptische collectie is een extreem zeldzaam houten beeld van een staande man uit de 15de eeuw v.C. Uit het Verre Oosten – Japan, India, Indonesië, China en Mongolië – komt een reeks objecten die zich uitstrekt van boeddhistische beelden en stoffen tot een verzameling kleine netsukes (ivoren sluitingen). Opgravingen bij de grottempel van de Duizend Boeddha's bij Dun Huan in West-China leverden 6de–10de-eeuwse iconen, muurschilderingen en gipsen beelden, waaronder de leeuwen die eens de grot bewaakten, op. De tijdens de 13de-eeuwse Mongoolse invasie verwoeste stad Chara-Choto werd woestijn. Het zand conserveerde veel gewoonlijk bederfelijke objecten zoals 12de-eeuwse zijde en houtsnijwerk.

Uit Byzantium komen vroege religieuze voorwerpen zoals iconen en een ivoren tweeluik uit de 5de eeuw met beelden van een Romeins circus. Uit Iran komt een groot aantal zilveren en bronzen vaten, die door middeleeuwse handelaren naar Siberië en de Oeral werden meegenomen, waar zij in de 19de eeuw door specia-listen werden herontdekt. Er is ook een grote verzameling Perzische miniaturen en een rijke collectie 19de-eeuwse Perzische hofportretten, gemaakt van traditionele elementen en westerse olieverf, zoals bij het *Portret van Fatkh-Ali Sbah* (1813–1814). Opgravingen in

Oezbekistan en Tadzjikistan leverden prachtige fresco's in 8ste-eeuwse gebouwen in Varaksja, Adjina-Tepe en Pendzjikent. Zeldzame, met juwelen versierde Mogolvaten, Iraanse wapens en Chinese gouden objecten worden tentoongesteld in de Griekse en oosterse goudverzameling. Deze zalen zijn nu wegens renovatie voor drie jaar gesloten.

RUSSISCHE KUNST

Hoewel belangrijke Russische kunstwerken in 1898 van het Winterpaleis naar het Russisch Museum *(blz. 104–107)* werden overgebracht, werden alle overige bezittingen van de keizerlijke familie na de Revolutie genationaliseerd. Het betreft zaken als officiële portretten, tronen, vergrootglazen en jurken. Hiertoe behoren alleen al meer dan 300 bezittingen van Peter de Grote. Later verkreeg het museum ook middeleeuwse Russische kunst, waaronder iconen en kerkelijke gebruiksvoorwerpen. Sinds Peter de

Universele zonnewijzer (1714–1719) van Peter de Grote

Grote nodigden de tsaren buitenlandse vaklui en kunstenaars uit om lokale talenten op te leiden. Peter was zelf een ijverige leerling. Zijn fascinatie voor praktische zaken blijkt uit zijn collectie zonnewijzers, instrumenten en draaibanken, waaronder de universele zonnewijzer van John Rowley. Een buste van Bartolomeo Carlo Rastrelli (1723–1730) toont Peter als een machtige, wrede keizer. Russische kunstenaars combineerden al gauw traditionele kunstvormen met Europese technieken en maakten objecten als de vaas van walrusivoor door Nikolaj Veresjtsjagin (1798) en de grote zilveren sarcofaag als gedenkteken voor Alexander Nevski (1747–1752).

De wapensmeden van Tula vervolmaakten hun techniek en begonnen unieke stalen meubels met inlegwerk van verguld brons te maken, zoals de decoratieve kaptafel (1801) in empirestijl. De staatsievertrekken *(blz. 92–93)*, de trots van de Russische afdeling, tonen werk van Russische en buitenlandse vaklui van de 18de tot het begin van de 20ste eeuw. De ontdekking van kleurig gesteente in de Oeral inspireerde Russische kunstenaars tot het decoreren van hele kamers met malachiet en het plaatsen van marmeren vazen in elke hoek van het paleis. Door deze vertrekken paradeerde de keizerlijke familie tijdens belangrijke staatsaangelegenheden.

Stalen kaptafel uit Tula, gemaakt in 1801

ITALIAANS EN SPAANS

De collectie Italiaanse kunst omvat fraaie stukken. Enkele vroege werken tonen de opkomst van de renaissance in de 14de en 15de eeuw en de stijlen die toen in waren. De stijve *Madonna* (1340–1344) van Simone Martini contrasteert met Fra Angelico's menselijker fresco van de *Madonna met Kind* (1430). In de late 15de en vroege 16de eeuw discussieerde men over de voordelen van het lijngebruik van de Florentijnen en de voordelen van het kleurgebruik van de Venetiërs. Het eerste kan worden gezien in de *Madonna Litta* (ca 1491) en de *Madonna Benois* (1478) van Leonardo da Vinci, een marmeren *Gehurkte knaap* van Michelangelo (1530) en twee vroege portretten van Maria door Rafaël (1502 en 1506). Venetië wordt vertegenwoordigd met *Judith* van Giorgione (1478–1510) en werken van Titiaan (ca 1490–1576). De Dakraamzalen staan vol enorme barokke doeken, van onder meer Luca Giordano (1634–1704) en Guido Reni (1575–1642) en nog grotere 18de-eeuwse werken van Tiepolo. Het werk van de Italiaanse beeldhouwer Antonio Canova (1757–1822) *(Cupido en Psyche, De drie gratiën)* staat in de Galerij van de Antieken.
De Spaanse collectie is

kleiner, maar de grootste schilders zijn er, van El Greco met *De apostelen Petrus en Paulus* (1587–1592) tot Ribera, Murillo en Zurbarán met *St.-Laurentius* (1636). Van Velázquez vindt u onder andere een portret van de hoveling *Graaf Olivares* (1640).

Venus en Cupido (1509) van Lucas Cranach de Oudere

VLAAMSE, NEDERLANDSE EN DUITSE KUNST

De kleine collectie vroege Vlaamse, Nederlandse en Duitse schilderijen omvat een prachtige, sieraadgelijke

Madonna met kind (1430–1439) van de man van Flemalle. Men denkt dat hij de leraar was van Rogier van der Weyden, vertegenwoordigd met *Lucas schildert de Heilige Maagd* (ca 1435).
Tot de meer dan 40 werken van Rubens horen religieuze onderwerpen (*Kruisafneming*, 1617–1618) en scènes uit de klassieke mythologie *(Perseus en Andromeda*, 1620–1621), alsook landschappen en een uiterst corpulente *Bacchus* (1636–1640). Zijn portretten, zoals dat van de *Kamenier van Infanta Isabella* (1625), tonen de band aan met zijn beroemde leerling Van Dyck, die zelf ook vertegenwoordigd is met diverse portretten.
De Nederlandse afdeling telt veel Rembrandts. In korte tijd produceerde hij het dramatische *Abrahams offer* (1636), de milde *Flora* (1634) en de briljante effecten van de *Kruisafneming* (1634). Een van zijn laatste werken was de *Terugkeer van de verloren zoon* (1668–1669), met een tot dan toe ongekende emotionele diepte.
Tot de vele stillevens behoort Gerard Terborchs *Glas limonade* uit het midden van de 17de eeuw. De gangbare kenmerken van het genre zijn verrijkt met psychologische spanning en zware symboliek. Bij de Duitse collectie valt vooral Lucas Cranach de Oudere op. Zijn *Venus en Cupido* (1509), het stijlvolle *Vrouwenportret* (1526) en het tedere *Madonna met Kind onder de appelboom* tonen de vele aspecten van zijn talent.

FRANSE EN ENGELSE KUNST

Franse kunst was in de 18de eeuw bijzonder geliefd. Belangrijke 17de-eeuwse kunstenaars, onder wie Louis Le Nain en de twee briljante, contrasterende schilders Claude Lorrain en Nicolas Poussin, zijn goed vertegenwoordigd. Antoine Watteaus *Een verwarrend aanzoek* (1716), *Gestolen kus* (omstreeks 1780) door Jean Honoré Fragonard en de vlezige en zeker verre van eerbare heldinnen door François

De luitspeler, door Michelangelo Caravaggio (1573–1610)

Stilleven met kunstattributen (1766) van Jean-Baptiste Chardin

Boucher vertegenwoordigen de verdorvener kant van de 18de-eeuwse smaak, maar Catharina de Grote gaf de voorkeur aan didactische of educatieve werken. Zij kocht *Stilleven met kunstattributen* (1766) van Chardin en, op advies van Denis Diderot, het moraliserende *Vruchten van een goede opvoeding* (1763) van Jean-Baptiste Greuze. Zij nam ook beeldhouwers onder haar hoede en kocht werk van Étienne-Maurice Falconet (*Winter,* uit 1771) en Jean-Antoine Houdon (*Voltaire,* uit 1781). Catharina kocht ook Engels werk, waaronder een portret van de filosoof John Locke (1697) door Godfrey Kneller, tevens de schilder van een portret van Pjotr Potemkin (1682) in 17de-eeuwse Russische hofkleding. Van Joshua Reynolds kocht Catharina *Het kind Hercules worstelend met slangen* (1788). Haar meest gewaagde aanschaf waren enkele werken van de nog altijd grotendeels onbekende Joseph Wright uit Derby. *De smidse* (1773) is een meesterwerk qua lichtbehandeling en *Vuurwerk bij het Castel Sant'Angelo* (1774–1775) is een zeer romantisch tafereel. Zij leverde ook de Engelse kastenbouwers en cameeënsnijders veel werk en bij Josiah Wedgwood bestelde zij het beroemde Groene Kikkerservies.

19DE- EN 20STE-EEUWSE EUROPESE KUNST

Hoewel de keizerlijke familie in de 19de eeuw geen nieuwe kunststromingen onder haar hoede nam, waren er vooruitziende particulieren van wie de verzamelingen werden genationaliseerd. Na de Revolutie van 1917 belandden deze in de Hermitage. Zo is de Barbizon-school vertegenwoordigd met werken zoals Camille Corots charmante zilverachtige

Het Groene Kikkerservies, Wedgwood (1774)

Landschap met een meer en de Franse romantiek met twee zeer kleurrijke Marokkaanse taferelen uit de jaren vijftig van de 19de eeuw door Delacroix. Nicolaas I verwierf werken van de Duitse romantische schilder Caspar David Friedrichs, zoals *Op het zeilschip* (1818–1820). Ivan Morozov en Sergej Sjtsjoekin, waren verantwoordelijk voor de schitterende verzameling impressionistische en post-impressionistische schilderijen, waaronder Monets vroege *Dame in de tuin* (omstreeks 1860) en zijn latere *Waterloobrug, effect van mist* (1903). Renoir en Degas schilderden

veel vrouwen, getuige Renoirs bekoorlijke *Portret van de actrice Jeanne Samary* (1878) en pastelschilderingen van badende vrouwen (1880–1890). Pissarro's *Boulevard Montmartre in Parijs* (1897) richt zich op de stad en Alfred Sisley schilderde weerseffecten en licht op het Franse platteland. Een verandering van kleur en techniek ontstond toen kunstenaars nieuwe mogelijkheden begonnen te onderzoeken. Van Gogh gebruikte diepere tonen in zijn *Vrouwen uit Arles* (1888) en krachtiger penseelstreken in *Hutten* (1890). Gauguin liet zich door een andere cultuur inspireren en zijn Tahitiaanse periode is vertegenwoordigd met raadselachtige werken als *Ea Haere Ia Oe* (1893). In *De roker* (1890–1892) en *Mont Ste-Victoire* (1896–1898) introduceerde Cézanne experimenten met vlakken die een grote invloed hadden. Matisse speelde met zowel kleur als oppervlak en het tapijtachtige effect van *De rode kamer* (1908–1909) en de vlak aandoende panelen *La Musique* en *La Danse* (1909–1910). Zijn bezoek aan Marokko leverde nieuwe lichteffecten, zoals in *Arabisch koffiehuis* (1913). Picasso ging verder dan Cézanne in zijn experimenten, getuige het stemmige *Bezoek* (1902) uit zijn blauwe periode en een hele kamer hangt vol met kubistisch werk als *L'Homme aux Bras Croisés* (1909).

L'Homme aux Bras Croisés, geschilderd door Pablo Picasso in 1909

Het Winterpaleis

Het huidige Winterpaleis (1762), voorafgegaan door drie eerdere versies, is een prachtig voorbeeld van Russische barok. De voor tsarina Elisabeth gebouwde winterresidentie was Bartolomeo Rastrelli's grootste prestatie. Ofschoon de buitenkant weinig is veranderd, is het interieur door verschillende architecten gewijzigd en vervolgens grotendeels verwoest tijdens een brand in 1837. Na de moord op Alexander II in 1881 woonde de keizerlijke familie hier nog maar zelden. In de Eerste Wereldoorlog werden de Nicolaaszaal en andere zalen ingericht als ziekenhuis en in juli 1917 vestigde de Voorlopige Regering hier haar hoofdkwartier, wat leidde tot de bestorming door de bolsjewieken *(blz. 28–29)*.

De 1812-galerij (1826) toont portretten (vooral door George Dawe) van Russische helden uit de oorlog tegen Napoleon.

De Wapenzaal (1839) met zijn grote vergulde zuilen meet 800 m². Tijdens de Eerste Wereldoorlog werden hier ziekenhuisbedden neergezet.

★ **Kleine Troonzaal**
In deze zaal, die in 1833 werd opgedragen aan Peter de Grote, staat een verzilverde Engelse troon uit 1731.

De Veldmaar-schalkenzaal (1833) was de ontvangstzaal waar de grote brand van 1837 uitbrak.

De St.-Joriszaal (1795) heeft monolithische zuilen en muren bekleed met Italiaans Carraramarmer

De Nicolaaszaal, de grootste zaal van het paleis, werd gebruikt voor het eerste bal van het seizoen.

Noordgevel met uitzicht op de Neva

★ **Hoofdtrap**
Deze grote trap (1762) was Rastrelli's meesterwerk. Van hier zag de keizerlijke familie tijdens Driekoningen toe op de doopceremonie in de Neva, waarmee de doop van Christus in de Jordaan werd gevierd.

★ **Malachietzaal**
In deze weelderige zaal (1839) is meer dan twee ton siersteen gebruikt. Hij is versierd met zuilen en vazen van malachiet, vergulde deuren, een verguld plafond en een prachtige parketvloer.

Alexanderzaal
Architect Aleksandr Brjoellov ontwierp gotische gewelven en neoclassicistische reliëfs met militaire thema's voor deze ontvangstzaal uit 1837.

BARTOLOMEO RASTRELLI

De Italiaanse architect Rastrelli (1700–1771) kwam in 1716 met zijn vader naar Rusland om voor Peter de Grote te werken. Zijn rijke barokke stijl raakte zeer in zwang en hij werd in 1738 benoemd tot hofarchitect. Tijdens de regering van Elisabeth ontwierp Rastrelli verscheidene gebouwen, waaronder het Winterpaleis, het paleis van Tsarskoje Selo *(blz. 152–157)* en het Smolnyklooster *(blz. 128)*. Catharina de Grote prefereerde klassieke eenvoud en na haar machtsovername ging Rastrelli in 1763 met pensioen.

De Franse Zalen, door Brjoellov in 1839 ontworpen, bevatten een collectie 18de-eeuwse Franse kunst.

De Witte Zaal werd in 1841 verfraaid voor de bruiloft van de latere Alexander II.

Zuidgevel aan het Paleisplein

Donkere Gang
Een van de wandtapijten is Keizer Constantijns bruiloft, in de 17de eeuw in Parijs gemaakt naar een ontwerp van Rubens.

De rotonde
(1830) verbindt de privévertrekken aan de westkant met de staatsievertrekken aan de noordkant.

Westvleugel

De Gotische Bibliotheek en andere zalen in het noordwestelijke deel van het paleis werden aan de burgerlijke levensstijl van Nicolaas II aangepast. De bibliotheek (1894) is van Meltzer.

STERATTRACTIES

★ Hoofdtrap

★ Kleine Troonzaal

★ Malachietzaal

De Gouden Salon
De muren en het plafond van deze zaal van rond 1850 zijn in de jaren zeventig van de 19de eeuw geheel verguld. U vindt er een collectie sieraden uit West-Europa.

Miljonairsstraat ⑬

Миллионная y лица

Millionnaja Oelitsa

Kaart 2 E5.

De Miljonairsstraat dankt zijn naam aan de aristocraten en keizerlijke familieleden die de dure huizen ooit bewoonden. Omdat de voorgevels en ingangen op de rivier uitkijken corresponderen sommige huisnummers met de kadezijde.

Vlak voor de Revolutie was nr. 26 (aan de kade) het huis van groothertog Vladimir Aleksandrovitsj, die verantwoordelijk was voor het schieten op Bloedige Zondag *(blz. 26)*. Zijn vrouw, Maria Pavlovna, was een van Ruslands belangrijkste societyvrouwen. Ze organiseerde soirees en bals die zelfs het keizerlijk hof versteld deden staan. Het gebouw (1867–1872), dat door Aleksandr Rezanov in de stijl van de Florentijnse renaissance was ontworpen, is nu het Huis der Geleerden.

Poetjatins huis op Miljonairsstraat nr. 12 zag het einde van de Romanovdynastie. Hier tekende Michail Aleksandrovitsj, de broer van Nicolaas II, in maart 1917 het troonsafstandsdecreet. Op nr. 10 verbleven in 1843 de Franse schrijver Honoré de Balzac en zijn toekomstige vrouw gravin Eveline Hanska. Het huis was halverwege de 19de eeuw door Andrej Stakenschneider voor eigen gebruik ontworpen.

De fraai vormgegeven gevel van Miljonairsstraat 10

Galatrap van het Marmeren Paleis

Marmeren Paleis ⑭

Мраморный дворец

Mramornyj Dvorets

Millionnaja Oelitsa 5 (ingang op het Marsveld). **Kaart** 2 E4. *Tel.* 3129054. 🚌 46, 49, K-46, K-76. ⏰ wo–zo 10.00–18.00, ma 10.00–17.00 uur. 🎧 📷 *Engels.* **www**.rusmuseum.ru

Het Marmeren Paleis is gebouwd als een cadeau van Catharina de Grote aan haar minnaar Grigori Orlov, die een rol had gespeeld bij haar machtsovername in 1762 *(blz. 22)*. Het gebouw (1768–1785) is een vroeg voorbeeld van neoclassicistische architectuur en wordt gezien als Antonio Rinaldi's meesterwerk.

Het paleis dankt zijn naam aan het marmer die bij de bouw ervan werden gebruikt. Het grootste deel van het interieur is in de jaren veertig van de 19de eeuw ontworpen door Aleksandr Brjoellov. De galatrap en de Marmeren Zaal zijn allebei van Rinaldi. De laatste heeft muren van marmer in vele kleuren, en een plafondschildering van Stefano Torelli, *De triomf van Venus* (omstreeks 1780). Het paleis is 55 jaar lang het Leninmuseum geweest en is nu onderdeel van het Russisch Museum *(blz. 104–107)*. Het bevat tijdelijke tentoonstellingen van buitenlandse

kunstenaars en moderne kunst verzameld door de Duitsers Peter en Irene Ludwig. Hun collectie omvat een Picasso, *Grote hoofden* (1969), en werk van de naoorlogse kunstenaars Jean-Michel Basquiat, Andy Warhol, Ilja Kabakov en Roy Lichtenstein.

Voor het paleis staat een ruiterstandbeeld van Alexander III door vorst Pavel Troebetskoj. Het in 1911 op Plosjtsjad Vosstanija onthulde beeld werd in 1937 verplaatst.

Marsveld ⑮

Марсово Поле

Marsovo Pole

Kaart 2 F5. 🚌 46, 49, K-46, K-76.

Dit gebied, ooit een uitgestrekt moeras, werd in de 19de eeuw drooggelegd en gebruikt voor militaire oefeningen en parades, markten en andere feesten. Het werd genoemd naar de Romeinse oorlogsgod Mars. Tussen 1917 en 1923 werd het gebied, toen een zandvlakte, ook wel 'Petersburg-Sahara' genoemd. Later werd het omgevormd tot een oorlogsmonument.

Eeuwige Vlam, Marsveld

Het granieten *Monument voor de Revolutionaire Strijders* (1917–1919) van Lev Roednev en de Eeuwige Vlam (1957) gedenken de slachtoffers van de Revolutie van 1917 en de Burgeroorlog *(blz. 27)*.

De westkant van het plein wordt gedomineerd door een indrukwekkend neoclassicistisch gebouw van Vasili Stasov uit 1817–1819. Dit was de kazerne van de door tsaar Paul I in 1796 opgerichte Pavlovskigarde. De militaristische tsaar schijnt alleen gardisten gerecruteerd te hebben die net als hij een stompe neus hadden. De Pavlovskiofficieren behoorden tot de eersten die zich in 1917 tegen de tsaar keerden *(blz. 28–29)*. Tegenwoordig is het plein op heldere zomeravonden populair bij de bevolking.

Zomertuin ⓰
Летний сад
Letni Sad

Letni Sad. **Kaart** 2 F4. 🚌 *46, 49, K-46, K-76, K-212.* ⏲ *mei–sept.: dag. 10.00–22.00; okt.–maart: dag. 10.00–18.00 uur.* 🚻 🖼

In 1704 liet Peter de Grote deze prachtige formele tuin aanleggen. Hij behoorde tot de eerste van de stad. De door een Fransman in de stijl van Versailles ontworpen lanen werden beplant met geïmporteerde iepen en eiken en versierd met fonteinen, paviljoenen en zo'n 250 Italiaanse beelden uit de 17de en 18de eeuw. Een overstroming in 1777 verwoestte het grootste deel van de Zomertuin en de Engelse tuin die er nu ligt is het resultaat van de soberdere smaak van Catharina de Grote. Het ijzeren traliehek met filigraanwerk langs de Nevakade (1771–1784), door Joeri Velten en Pjotr Jegorov, is erg mooi.

Een eeuw lang was de Zomertuin het exclusieve domein van de adel. Toen de tuin door Nicolaas I voor 'gepast geklede lieden van het publiek' werd opengesteld, werden er twee neoclassicistische paviljoenen gebouwd, het Theehuis en het Koffiehuis, die uitzien op de Fontanka. Deze worden nu gebruikt voor tijdelijke kunsttentoonstellingen. Het nabijgelegen bronzen beeld van Ivan Krilov, Ruslands beroemdste fabelschrijver, is populair bij Russische kinderen. Het werd in 1854 door Pjotr Klodt gemaakt en de reliëfs op het voetstuk tonen dieren uit zijn fabels.

Ivan Krilovs standbeeld tussen de herfstkleuren in de Zomertuin

Zomerpaleis ⓱
Летний дворец
Letni Dvorets

Naberezjnaja Koetoezova. **Kaart** 2 F4. **Tel.** *3140374.* ⏲ *mei–nov.: wo–ma 11.00–17.30 uur.* ⚫ *laatste ma van de maand.* 🚌 *46, 49, K-46, K-76, K-212.* 📷 🚫

Het voor Peter de Grote gebouwde twee verdiepingen tellende bescheiden Zomerpaleis is het oudste stenen gebouw van de stad. Het werd door Domenico Trezzini in Hollandse stijl ontworpen en in 1714 voltooid. De beroemde Pruisische beeldhouwer Andreas Schlüter maakte de reliëfs (1713), die een allegorisch commentaar op Ruslands maritieme triomfen onder Peter de Grote vormen. Hoewel grootser dan zijn houten huisje *(blz. 73)*, is de tweede residentie van Peter de Grote nog steeds allerminst te vergelijken met de luister-rijke paleizen die door zijn opvolgers werden gebouwd. De ontvangstzaal op de begane grond hangt vol met portretten van de tsaar en zijn ministers en bevat Peter de Grotes eiken Admiraliteitsstoel. De slaapkamer van de tsaar bevat zijn hemelbed met een sprei van Chinese zijde en een 18de-eeuwse plafondschildering waarop de overwinning van Morpheus, de god van de slaap, te zien is. Ernaast ligt de draaierij, met enkele Russische draaibanken en een houten meteorologisch instrument dat in 1714 in Dresden is ontworpen.

Het paleis was het eerste gebouw in de stad met een waterleiding die het water direct naar de keuken leidde. De originele zwartmarmeren gootsteen, het tegelwerk, de oven en het vroeg-18de-eeuwse kookgerei kunnen nog altijd worden bewonderd. De keuken geeft toegang tot de fraaie eetzaal, die fantasievol is gemeubileerd om een huiselijke sfeer te scheppen. Deze werd alleen voor kleine familiebijeenkomsten gebruikt: grote feesten hield men in het Mensjikovpaleis *(blz. 62)*. Een trap leidt naar de eerste etage en de rijkere suite van Peters tweede vrouw Catharina. De troon in de troonzaal is versierd met Nereïden en andere zeegoden. De Groene Kamer bevatte ooit Peters verzameling curiosa voordat deze naar de Kunstkammer werd overgebracht *(blz. 60)*.

De fraaie oven in de betegelde keuken van het Zomerpaleis

GOSTINY DVOR

De Grote Bazaar, Gostiny Dvor, was begin 18de eeuw het commerciële hart van Sint-Petersburg en bruist nog steeds van leven. Op en rond Nevski Prospekt verscheen al snel een overvloed aan winkels en tegelijkertijd vestigde zich een levendige gemeenschap van buitenlandse handelaren en zakenlieden in de omgeving. Tot het midden van de 19de eeuw waren in dit gebied alleen luxewinkels te vinden, die voorzagen in de onbeperkte behoefte aan goud en zilver, juwelen en haute couture van de keizerlijke en adellijke huishoudens. De toenemende commerciële

Beelden op de gevel van het Russisch Museum

en financiële activiteit bracht een nieuwe middenklasse van ondernemers voort. Tegen de tijd dat de Revolutie uitbrak, waren er rond Nevski Prospekt veel banken gekomen en hun indrukwekkende nieuwe kantoren lieten diverse nieuwe architectuurstijlen zien in een tot dan toe grotendeels neoclassicistische omgeving. Tegenwoordig viert het kapitalisme weer hoogtij en Nevski Prospekt trekt nog altijd rijkelui. De kalme oase van het Kunstenplein, met het Russisch Museum en andere culturele instituten, contrasteert met de drukke commerciële sfeer in een groot deel van het gebied.

BEZIENSWAARDIGHEDEN IN HET KORT

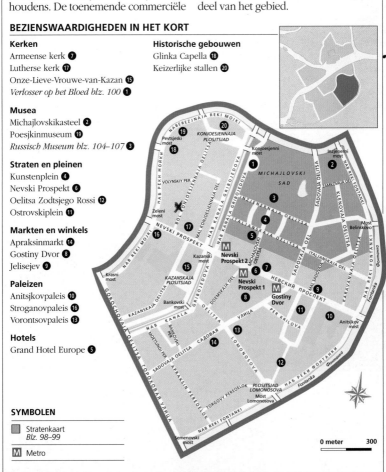

SYMBOLEN

Stratenkaart
Blz. 98–99

M Metro

◁ Zijaanzicht van het indrukwekkende Michailovskikasteel *(blz. 101)*, een filiaal van het Russisch Museum

Onder de loep: rondom het Kunstenplein

Peter de Grote

Het Kunstenplein, een van de mooiste creaties van Carlo Rossi, wordt omringd door gebouwen die het imposante culturele erfgoed van de stad tonen. Het grootse paleis dat het Russisch Museum huisvest wordt geflankeerd door theaters en het Philharmonia. Erachter ligt de Michajlovski-tuin, favoriet bij de intelligentsia van Sint-Petersburg. De tuin strekt zich uit tot de rivier de Mojka, die samen met twee andere waterwegen, het Gribojedov en de Fontanka, dit pittoreske gebied omzoomt.

★ Kerk van de Verlosser op het Bloed
De buitenkant van deze kerk bestaat uit kleurrijk mozaïek en bewerkt steen. Hij is gebouwd in traditionele 17de-eeuwse Russische stijl ❶

Michailovskituin

NABEREZJNAJA REKI MOJK

MOJK

★ Russisch Museum
Het in Rossi's Michajlovskipaleis gevestigde museum bezit een prachtige verzameling Russische schilderijen, beelden en toegepaste kunst. De grote trap en de Witte Zaal zijn origineel ❸

KANAL GRIBOJEDOVA

KANALA GRIBOJEDOVA

NAB KANALA GRIBOJEDOVA

INZJENERNAJA OELITS

ITALJANSKAJA OELTSA

Standbeeld van Poesjkin (1957)

Nevski Prospekt

Het Kunstenplein
De huidige naam van het plein is te danken aan het aantal culturele instituten dat hier ligt. Het Michailovskitheater aan de westzijde opende in 1833 zijn deuren voor operavoorstellingen ❹

De Grote Zaal van het Philharmonia is een van de belangrijkste concertzalen in Sint-Petersburg *(blz. 202).*

Grand Hotel Europa
Dit beroemde Petersburgse hotel werd door Ludwig Fontana in 1873–1875 gebouwd. De eclectische façade, die zich uitstrekt tot Nevski Prospekt, is versierd met grote atlanten ❺

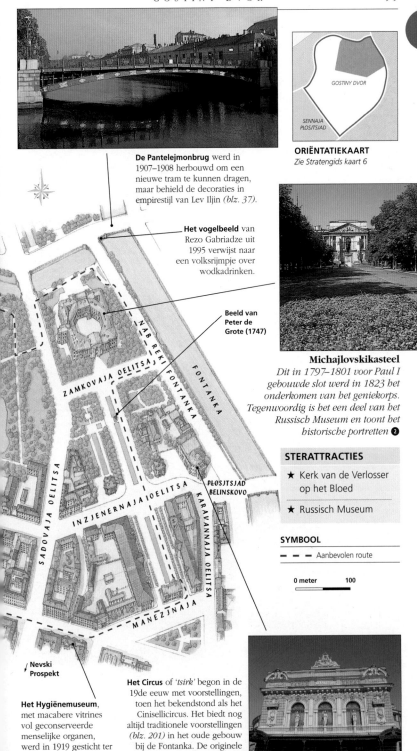

De Pantelejmonbrug werd in 1907–1908 herbouwd om een nieuwe tram te kunnen dragen, maar behield de decoraties in empirestijl van Lev Iljin *(blz. 37)*.

Het vogelbeeld van Rezo Gabriadze uit 1995 verwijst naar een volksrijmpje over wodkadrinken.

Beeld van Peter de Grote (1747)

ORIËNTATIEKAART
Zie Strategids kaart 6

GOSTINY DVOR

SENNAJA PLOSJTSJAD

Michajlovskikasteel
Dit in 1797–1801 voor Paul I gebouwde slot werd in 1823 het onderkomen van het geniekorps. Tegenwoordig is het een deel van het Russisch Museum en toont het historische portretten ❷

STERATTRACTIES

★ Kerk van de Verlosser op het Bloed

★ Russisch Museum

SYMBOOL

– – – Aanbevolen route

0 meter 100

NAB REKI FONTANKA

ZAMKOVAJA OELITSA

FONTANKA

PLOSJTSJAD BELINSKOVO

INZJENERNAJA IOELITSA

KARAVANNAJA OELITSA

SADOVAJA OELITSA

MANEZJNAJA

Nevski Prospekt

Het Hygiënemuseum, met macabere vitrines vol geconserveerde menselijke organen, werd in 1919 gesticht ter educatie van het publiek.

Het Circus of '*tsirk*' begon in de 19de eeuw met voorstellingen, toen het bekendstond als het Cinisellicircus. Het biedt nog altijd traditionele voorstellingen *(blz. 201)* in het oude gebouw bij de Fontanka. De originele gevel werd in 2003 herbouwd.

Kerk van de Verlosser op het Bloed ❶

Храм Спаса-на-Крови
Chram Spasa-na-Krovi

De Kerk van de Verlosser op het Bloed, of de Opstandingskerk van Onze Heiland, werd gebouwd op de plek waar tsaar Alexander II op 1 maart 1881 *(blz. 26)* werd vermoord. In 1883 schreef zijn opvolger Alexander III een prijsvraag uit voor een permanent gedenkteken. Het winnende ontwerp, in de oud-Russische stijl waar de tsaar zelf de voorkeur aan gaf, was van Parland en Malisjev. De fundering werd gelegd in oktober 1883, maar de voltooiing van het gebouw duurde bijna 25 jaar. Het kleurrijke effect van de kerk wordt veroorzaakt door de vele materialen. Binnen zijn meer dan twintig soorten mineralen (jaspis, rhodoniet, porfier en Italiaans marmer) gebruikt voor de mozaïeken van iconostase, icoonlijsten, baldakijn en vloer. De kerk werd in 1998 heropend na ruim twintig jaar restauratiewerkzaamheden.

TIPS VOOR DE TOERIST

Kanala Gribojedova 2b. **Kaart** 2 E5. **Tel.** 3151636. Ⓜ *Gostiny Dvor, Nevski Prospekt.* ☐ *mei-sept.: do-di 10.00–23.00 uur (okt.–april: 11.00–19.00).* 🎫 ⦸ ♿

Timpaanmozaïek
De mozaïekpanelen op de gevels tonen taferelen uit het Nieuwe Testament, gebaseerd op ontwerpen van kunstenaars als Viktor Vasnetsov en Michail Nesterov.

De centrale toren
is 81 m hoog.

Wapenschilden
De 144 wapenschilden in mozaïek op de klokkentoren vertegenwoordigen de regio's, dorpen en provincies van het Russische rijk. Ze moesten de rouw van alle Russen weergeven na de moord op tsaar Alexander II.

Juweliersglazuur werd gebruikt om het 1000 m² grote oppervlak van de vijf koepels te bedekken.

Geglazuurde tegels sieren de voorgevel.

Op twintig donkerrode platen Noors graniet staan met gouden letters de belangrijkste gebeurtenissen van de regering van Alexander II (1855–1881) vermeld, waaronder de afschaffing van de lijfeigenschap in 1861 en de verovering van Centraal-Azië (1860–1881).

Rijk aan details
De flamboyante oud-Russische stijl van de kerk contrasteert met de neoclassicistische en barokke architectuur die de rest van het centrum van Sint-Petersburg domineert.

Heiligenportretten in mozaïek sieren tal van *kokosjniki-*bogen. Bijna 7000 m² mozaïek bedekt de extravagante buitenkant van de kerk.

Raamomlijsting
De ramen worden geflankeerd door bewerkte pilasters van Estlands marmer. Erboven zijn dubbele en driedubbele kokosj-nikibogen aangebracht.

Zuidgevel van het Michajlovskikasteel en standbeeld van Peter de Grote

Michajlovski-kasteel ❷
Михайловский замок
Michailovski Zamok

Sadovaja Oelitsa 2. **Kaart** 2 F5. **Tel.** 5705112. 🚌 46, K-46, K-76, K-212. ⏱ wo–zo 10.00–18.00, ma 10.00–17.00 uur. 📷 (telefonisch reserveren). ♿

Het rode bakstenen kasteel dat uitkijkt op de Mojka en de Fontanka staat ook bekend als het Ingenieursslot. Het werd in 1797–1801 door Vasili Bazjenov en Vincenzo Brenna voor tsaar Paul I gebouwd. De obsessieve angst van de tsaar om te worden vermoord leidde ertoe dat hij zijn nieuwe woning omringde met grachten en ophaalbruggen en een geheime ondergrondse gang naar de kazerne op het Marsveld (*blz. 94*) liet graven. Helaas bleken al deze voorzorgsmaatregelen voor niets: na slechts 40 dagen in zijn slot te hebben gewoond, werd Paul het slachtoffer van een militair komplot dat leidde tot zijn dood (*blz. 22*). In 1823 werd het slot opleidingsinstituut van het geniekorps. De beroemdste leerling was de schrijver Fjodor Dostojevski (*blz. 123*). Tegenwoordig is het slot een afdeling van het Russisch Museum. Hier worden tijdelijke tentoonstellingen gehouden. Ook de Kerk van de Aartsengel Michaël, een goed voorbeeld van Brenna's neoclassicistische stijl, is te bezichtigen. Voor het slot staat een bronzen ruiterstandbeeld van Peter de Grote door Bartolomeo Carlo Rastrelli uit 1747.

Russisch Museum ❸

Blz. 104–107.

Kunstenplein ❹
Площадь Искусств
Plosjtsjad Iskoesstv

Kaart 6 F1. Ⓜ *Nevski Prospekt, Gostiny Dvor.*

Aan dit lommerrijke neoclassicistische plein liggen verscheidene belangrijke culturele instituten. Het plein is aan het begin van de 19de eeuw ontworpen door Carlo Rossi om te harmoniëren met het prachtige Michailovski-paleis (nu het Russisch Museum), dat aan de noordzijde staat. Aan de andere kant van het plein ligt de Grote Zaal van het Philharmonia van Sint-Petersburg, ook bekend als de Sjostakovitsjzaal (*blz. 43*). Dit is waar het Philharmonisch Orkest sinds ongeveer 1920 (*blz. 202*) zetelt. Het door Paul Jacot in 1834–1839 opgetrokken gebouw begon als een adellijke club waar concerten werden gehouden. Er vonden premières plaats, zoals van Beethovens *Missa Solemnis* in 1824 en Tsjaikovski's (*blz. 42*) *Pathétique* in 1893.

Aan de westzijde staat het Michailovskitheater (*blz. 202*), halverwege de 19de eeuw door Albert Kavos gebouwd. In het midden van het plein staat een beeld van een van Ruslands grootste schrijvers, Alexander Poesjkin (*blz. 43*). Het beeld is gemaakt door Michail Anikoesjin.

Het style-modernerestaurant van Grand Hotel Europa (*blz. 188*)

Grand Hotel Europa ❺
Гранд Отель Европа
Grand Otel Evropa

Michajlovskaja Oelitsa 1/7. **Kaart** 6 F1. **Tel.** 3296000. Ⓜ *Nevski Prospekt, Gostiny Dvor.* ♿ *Zie Accommodatie blz. 175.*

Een van Ruslands beroemdste hotels, het Grand Hotel Europa (1873–1875), werd ontworpen door Ludwig Fontana. Het gebouw dankt veel van zijn karakter aan latere aanpassingen door style-moderne-architect Fjodor Lidval.

Vóór de Revolutie was het prachtige restaurant van het hotel een populaire plek voor leden van de diplomatieke dienst en van de geheime politie. In de jaren zeventig werd het hotelcafé populair bij intellectuelen en kunstenaars.

Poesjkins beeld voor het Russisch Museum, Kunstenplein

De Kerk van de Verlosser op het Bloed roept het oude Rusland in herinnering ▷

Russisch Museum ❸

Русский Музей
Roesski Moezej

Het museum is gehuisvest in het Michajlovskipaleis, een van Carlo Rossi's mooiste neoklassieke scheppingen, in 1819–1825 voor groothertog Michail Pavlovitsj gebouwd. Het plan van Alexander III om een openbaar museum te stichten werd uitgevoerd door Nicolaas II. Het Russisch Museum ging in 1898 open en bezit nu een van de grootste collecties Russische kunst ter wereld.

De Benoisvleugel, genoemd naar zijn architect Leonti Benois, is toegevoegd in 1913–1919.

Trap naar begane grond

★ **Prinses Olga Konstantinovna Orlova** *(1911)*
Valentin Serov was aan het begin van de 20ste eeuw een van de succesvolste portretschilders van Rusland.

Tijdelijke exposities van 20ste-eeuwse kunst zijn hier vaak te zien.

Ingang

Een maaltijd in het klooster (1865–1876)
Vasili Perov toont de hypocrisie van de orthodoxe kerk door rijk en arm, goed en kwaad, valse vroomheid en waar geloof naast elkaar te plaatsen.

Trap naar eerste etage Benoisvleugel

STERATTRACTIES

★ Boottrekkers van de Wolga, Repin

★ De laatste dag van Pompeï, Brjoellov

★ Prinses Olga Konstantinovna Orlova, Serov

MUSEUMWIJZER
De hoofdingang aan het Kunstenplein leidt naar de kaartverkoop op de benedenverdieping. De tentoonstelling begint op de eerste etage. De inrichting is chronologisch en begint met iconen in Zaal 1, dan verder over de begane grond en de Rossivleugel. Daarna de eerste etage van de Benoisvleugel. Wisselende tentoonstellingen.

Volkskunstspeelgoed (rond 1930)
Dit speeltje van klei uit Dikomovo behoort tot de afdeling volkskunst, die ook lakdozen, beschilderd keramiek en textiel omvat.

★ **De laatste dag van Pompeï** (1833)
*Karl Brjoellovs klassieke onderwerp
belichaamde de esthetische beginselen
van de Academie van Schone Kunsten. Met dit werk won hij de Grand
Prix van de Parijse Salon.*

TIPS VOOR DE TOERIST

Inzjenernaja Oelitsa 4. **Kaart**
6 F1. **Tel.** 5954248. Ⓜ *Nevski
Prospekt, Gostiny Dvor.* 🚌 *3, 7,
22, 24, 27, 191, K-212, K-289.* 🚊
1, 5, 7, 10, 22. ⬜ *ma 10.00–
17.00, wo–zo 10.00–16.00 uur
(laatste kaartje uur voor sluiting).*
📷 ♿ *bel voor info.* 🎧 *Engels
(tel.: 3143448).* 📷 📷 📷 📷
Engels. **www**.rusmuseum.ru

★ **Boottrekkers van de Wolga**
(1870–1873)
*Ilja Repin was het beroemdste lid van de
Zwervers, een groep kunstenaars die zich
toelegde op realisme en Russische
thema's. Zijn veroordeling van
dwangarbeid geeft de onderdrukten
een grimmige waardigheid.*

De Witte Zaal
bevat meubilair
in empirestijl
van Carlo Rossi.

Rossivleugel

**Begin van
expositie**

**Trap naar
begane grond**

**Ingang vanaf
kaartverkoop
op beneden-
verdieping**

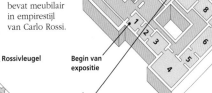

**Fryne op het feest van Poseidon
in Eleusin** (1889)
*Het werk van Henryk Siemiradzki is een
goed voorbeeld van het late Europese
neoclassicisme. Siemiradzki is beroemd
om zijn Griekse en Romeinse taferelen.*

14 15 12 16 17 13 11 10 9 8 7 6 1 2 3 4 5

44 43 42 41 40 39 49 52 53 54 55 56 57 58 33 34 35 36 37 38 32 31 30 29 28 27 26 25 24 23 22 21 20 19 18

De porticus met acht
Korinthische zuilen
is het centrale onder-
deel van Rossi's
gevel. De fries met
klassieke beelden
erachter is ontworpen
door Rossi en uitge-
voerd door Demoet-
Malinovski.

**Trap naar
eerste
etage**

**De hoofd-
ingang** is een
kleine deur die toe-
gang geeft tot de bene-
denverdieping met de
kaartverkoop, een garderobe, toiletten en een café.

SYMBOLEN

Oud-Russische kunst

☐ 18de-eeuwse kunst

☐ Begin-19de-eeuwse kunst

☐ Eind-19de-eeuwse kunst

☐ Eind-19de–begin-20ste-eeuwse kunst

☐ 20ste-eeuwse kunst

☐ 18de–20ste-eeuwse beeldhouwkunst

☐ Volkskunst

☐ Tijdelijke tentoonstellingen

☐ Niet voor tentoonstellingen

Russisch Museum

Het museum bezat oorspronkelijk alleen officieel goedgekeurde werken afkomstig van de Academie van Schone Kunsten *(blz. 63)*, maar na de Revolutie werd de collectie uitgebreid met kunst uit paleizen, kerken en privécollecties. In de jaren dertig werd het sociaal-realisme de officiële kunst en avant-gardistische werken werden opgeslagen, om na de perestrojka in de jaren tachtig weer terug te komen.

Portret van E. I. Nelidova (1773), door Dmitriy Levitski

De engel met het gouden haar, een vroeg-12de-eeuwse icoon

OUD-RUSSISCHE KUNST

De fraaie collectie begint met iconen uit de 12de–17de eeuw. Russische iconen stammen uit de orthodoxe traditie en neigen, net als Byzantijnse iconen, naar somberheid, bewegingloosheid en een soort mystieke karakterisering van de heiligen. Een subliem voorbeeld is een van de vroegste iconen, *De engel met het gouden haar*, waarin de grote, expressieve ogen en het delicate gezicht van de aartsengel Gabriël een min of meer etherische gratie overbrengen. De Novgorodschool *(blz. 165)* pleitte voor een veel vrijer en helderder stijl met een groter gevoel voor drama en beweging. Toch beschouwen velen het poëtisch expressieve en technisch hoogstaande werk van Andrej Roeblev (1340–1430) als het hoogtepunt van Russische icoon-schilderkunst.

18DE–19DE-EEUWSE KUNST

De eerste wereldlijke portretten (die veel dankten aan de statische kwaliteit van de iconen) verschenen in de tweede helft van de 17de eeuw. Pas onder Peter de Grote zou de Russische schilderkunst zich echter van zijn Byzantijnse oorsprong losmaken. Peter de Grote was zelf de eerste beschermheer die jonge kunstenaars, vaak lijfeigenen, uitzond om in het buitenland te studeren. Met de oprichting van de Academie van Schone Kunsten *(blz. 63)* in 1757, die veel nadruk op klassieke en mythologische onderwerpen legde, won de wereldlijke kunst aan belang. Het werk van Ruslands eerste belangrijke portretschilders, Ivan Nikitin (1688–1741) en Andrej Matvejev (1701–1739), verraadt Europese invloed. De portretkunst werd volwassen met Dmitri Levitski (1735–1822) en diens vermaarde serie portretten van adellijke meisjes van het Smolny-instituut.

De Russische landschapsschilderkunst werd gestimuleerd door de romantiek, met name bij de kunstenaars die hun inspiratie in het buitenland zochten, zoals Silvestr Sjtsjedrin (1791–1830) en Fjodor Matvejev (1758–1826). De romantiek beïnvloedde ook historieschilders als Karl Brjoellov (1799–1852), getuige zijn weergave van *De laatste dag van Pompeï*.

In 1863 rebelleerde een groep leerlingen, onder leiding van Ivan Kramskoj (1837–1887), tegen het conservatisme van de Academie van Schone Kunsten. Zeven jaar later zetten zij de Associatie van Reizende Kunsttentoonstellingen op en werden bekend als de Zwervers (*Peredvizjniki*). Zij eisten dat de schilderkunst grotere sociale relevantie zou krijgen en richtten zich sterk op Russische onderwerpen.

De veelzijdigste van de Zwervers was Ilja Repin *(blz. 43)*, wiens doek *Boottrekkers van de Wolga* een

Ridder bij het kruispunt (1882), door Viktor Vasnetsov

De zesvleugelige serafijn (1904), door Michail Vroebel

visueel krachtige aanval op de dwangarbeid combineerde met een romantische blik op het Russische volk. *Een maaltijd in het klooster* van Vasili Perov (1833–1882) is een satirische en effectieve aanval op sociaal onrecht.

Het nationalisme deed historieschilders als Nikolaj Ge (1831–1894) en Vasili Soerikov (1848–1916) teruggrijpen op de Russische geschiedenis. Hun onderwerpen behandelden ze met een nieuwe psychologische begrip, zoals in Ge's doek uit 1871–1872, waarop Peter de Grote zijn stuurse, opstandige zoon ondervraagt. De algehele Slavische renaissance gaf ook een nieuwe impuls aan de landschapsschilderkunst, die zich op de schoonheid van het Russische platteland concentreerde. De meester van dit genre was Izaäk Levitan (1860–1900), wiens bijna impressionistische *Gouden herfstdorp* uit 1889 liet zien dat de invloed van de Zwervers ten einde liep. Viktor Vasnetsov (1848–1926) wendde zich tot Ruslands heroïsche, vaak legendarische, pre-Europese verleden met realistisch geschilderde doeken als *Ridder bij het kruispunt*. Met dit werk, een metafoor voor Ruslands onzekere toekomst, laat Vasnetsov al iets zien van de melancholie en het mysticisme die de latere fin-de-sièclekunstenaars, met name de symbolisten, zouden kenmerken.

20STE-EEUWSE KUNST

De donkere doeken van de symbolist Michail Vroebel (1856–1910) combineren Russische en religieuze thema's met internationalere visies. Vroebel gebruikte kleur en vorm om emotie uit te drukken. In *De zesvleugelige serafijn* gebruikt hij een gebroken, vibrerend vlak om spanning uit te drukken.

Een belangrijke bijdrage aan de 20ste-eeuwse kunst leverde ook de 'Wereld van de kunst'-beweging, die in de jaren negentig van de 19de eeuw werd opgericht door Alexandre Benois en Sergej Diaghilev *(blz. 26)*. Deze beweging verwierp het idee van een 'maatschappelijk nuttige kunst' ten gunste van het 'l'art pour l'art'-

Portret van regisseur Vsevolod Meyerhold (1916), Boris Grigorev

principe en stelde de Russische schilderkunst open voor westerse invloeden. Veel leden van de groep, zoals Benois en Leon Bakst, ontwierpen decors en kostuums voor Diaghilevs Ballets Russes *(blz. 119)*. De Russische avant-garde kwam voort uit deze invloeden en uit de kunst van Cézanne, Picasso en Matisse. Michail Larionov (1881–1964) en Natalja Gontsjarova (1881–1962) gebruikten beiden de Russische volkskunst als inspiratiebron voor primitieve werken als Gontsjarova's *Blekend doek* (1908). Zij veranderden vaak hun stijl en gingen later over tot een futuristische aanbidding van de techniek, zoals in Gontsjarova's *Fietser* (1913) *(blz. 40)*.

Het verband tussen innovatie in de schilderkunst en die in de kunst in het algemeen in die tijd wordt gesymboliseerd door Boris Grigorevs portret van Meyerhold, zelf bekend vanwege zijn radicale benadering van theater. Kazimir Malevitsj' (1878–1935) fascinatie voor de combinatie van simpele geometrische vormen inspireerde de suprematisten. Ook Vasili Kandinsky (1866–1944), van de Münchense Blaue Reitergroep, was een belangrijk abstract kunstenaar. Andere grootheden in het museum zijn Marc Chagall (1887–1985), El Lissitski (1890–1941) en Alexander Rodtsjenko (1891–1956).

VOLKSKUNST

Volkskunst kreeg in de jaren zestig van de 19de eeuw een grote invloed op de ontwikkeling van de moderne Russische kunst, toen de rijke industrieel en mecenas Savva Mamontov een kunstenaarskolonie bij Abramtsevo, nabij Moskou, vestigde. Onder anderen Vasili Polenov (1844–1927), Ilja Repin en Viktor Vasnetsov werden er aangemoedigd van lijfeigenen te leren. De verzameling volkskunst is wonderlijk divers en omvat geborduurde wandtapijten, traditionele hoeden, beschilderde tegels, porseleinen speelgoed en gelakte lepels en borden.

Nevski Prospekt ❻

Невский проспект
Nevski Prospekt

Kaart 6 D1–8 D3. Ⓜ *Nevski Prospekt, Gostiny Dvor. Zie ook blz. 46–49.*

Ruslands beroemdste straat, Nevski Prospekt, is ook de belangrijkste verkeersader van Sint-Petersburg. In de jaren dertig van de 19de eeuw riep de romanschrijver Nikolaj Gogol (*blz. 42*) met grote trots: 'Er is niets mooiers dan Nevski Prospekt… in Sint-Petersburg is hij alles… is er iets vrolijker, schitterender, glansrijker dan deze mooie straat van onze hoofdstad?' Wat dit betreft is er weinig veranderd, want Nevski Prospekts intrinsieke waarde bestaat vandaag de dag nog steeds. De avenue stond ooit bekend als de Weg van het Grote Vergezicht en strekte zich in de begintijd van de stad uit over 4,5 km, van de Admiraliteit (*blz. 78*) tot het Alexander Nevskiklooster (*blz. 130–131*). Ondanks de wolven en de overstromingen van de Neva (*blz. 37*), waar-

door de laan in 1721 zelfs bevaarbaar werd, verrezen er prachtige herenhuizen, zoals het Stroganovpaleis (*blz. 112*). Op de adel gerichte winkels en bazaars en herbergen voor handelsreizigers volgden. De laan werd een magneet die zowel rijk als arm aantrok en was in het midden van de 18de eeuw dé plek om te zien en gezien te worden. Nog steeds is het op de avenue het hele jaar door tot laat in de nacht een drukte van belang. Veel van de bezienswaardigheden liggen vlak bij het deel tussen de Admiraliteit en de Anitsjkovbrug (*blz. 46–47*). Enkele van de beste winkels (*blz. 194–195*) vindt u op het gedeelte tussen Fontanka en Vosstanija. Nevski Prospekt biedt ook een rijkdom aan cultuur: de kleine zaal van het Philharmonia (*blz. 202*), de Russische Nationale Bibliotheek, Beloski-Belozerskipaleis (*blz. 49*) en zeer diverse musea, theaters, kerken, waaronder de Catharinakerk (*blz. 48*), winkels, bioscopen en restaurants.

De Armeense Kerk (1771–1779)

Armeense Kerk ❼

Армянская церковь
Armjanskaja Tserkov

Nevski Prospekt40–42. **Kaart** 6 F1.
Tel. 7105061. Ⓜ *Gostiny Dvor.*
🕐 9.00–21.00 uur.

De mooie blauw met witte Armeense Catharinakerk, met zijn neoclassicistische poort en enkele koepel, werd ontworpen door Joeri Velten. De kerk is in 1780 gewijd en werd gefinancierd door de Armeense zakenman Ioakim Lazarev met geld dat hij verdiende met de verkoop van een Perzische diamant. Deze werd gekocht door graaf Grigori Orlov als geschenk voor Catharina de Grote (*blz. 22*). Het gebouw, dat in 1930 werd gesloten, is nu aan de Armeniërs teruggegeven. Bezoekers kunnen een dienst bijwonen.

Gostiny Dvor ❽

Гостиный двор
Gostiny Dvor

Nevski Pr. 35. **Kaart** 6 F2.
Tel. 7105408. Ⓜ *Gostiny Dvor.*
🕐 vr–di 10.00–22.00, wo & do
10.00–22.30 uur. **www**.bgd.ru

De term *gostiny dvor* betekende oorspronkelijk 'postkoetssherberg', maar toen zich rond deze herbergen kleine handelscentra begonnen te ontwikkelen, werd de betekenis zoiets als 'handelsplek'. Het oorspronkelijke houten gebouw van deze *gostiny dvor* werd in 1736 door een

Gezicht op de drukke Nevski Prospekt, de as van Sint-Petersburg

brand verwoest. Twintig jaar later ontwierp Bartolomeo Rastrelli een nieuw gebouw, maar het project bleek te kostbaar en te ambitieus. Het bouwen begon opnieuw in 1761 en ging door tot 1785. Vallin de la Mothe schiep de indrukwekkende reeks zuilengalerijen en enorme portieken. Het prominente gele gebouw vormt een onregelmatige vierhoek die aan één kant door Nevski Prospekt wordt begrensd. De gezamenlijke lengte van de gevels is bijna 1 km. In de 19de eeuw werd de winkelpassage een populaire promenade waar meer dan 5000 mensen werkten. Na ernstige beschadiging tijdens het beleg van Leningrad *(blz. 27)* volgde een verbouwing, waardoor het bouwwerk nu meer op een modern warenhuis lijkt. Het is echter nog steeds onderverdeeld in afzonderlijke winkels. Gostiny Dvor is een centraal punt voor souvenirs en eenvoudige goederen *(blz. 195)*.

Glas-in-loodramen van Jelisejev, in style moderne

style-modernegebouw van de stad, een ontwerp van Gavriil Baranovski uit 1901–1903, is versierd met beelden en grote ramen. Een plaquette herinnert nog aan de kleinzonen. Nu bevindt zich op de tweede verdieping van het gebouw het Akimov-komedietheater, de begane grond herbergt een aantal luxe levensmiddelen- en delicatessenwinkels.

Anitsjkovpaleis ❿
Аничков дворец
Anitsjkov Dvorets

Nevski Prospekt 39. **Kaart** 7 A2.
Ⓜ *Gostiny Dvor.* 🚌 *3, 7, 22, 24, 27, 191.* 🚎 *1, 5, 7, 10, 11, 22.* ⬤ *voor publiek, behalve bij speciale evenementen.*

In het begin lagen langs de brede Fontanarivier paleizen die hoofdzakelijk per boot bereikbaar waren. Een ervan was het Anitsjkovpaleis (1741–1750), dat in 1754 in barokstijl werd herbouwd. Het paleis was een geschenk van tsarina Elisabeth aan haar minnaar Aleksej Razoemovski. Het werd genoemd naar luitenant-kolonel Michail Anitsjkov, die in de tijd van de stichting van de stad op deze plek een

kamp had opgezet. In de loop der jaren is het paleis aangepast aan de smaak van de opeenvolgende eigenaars. Na de dood van Razoemovski gaf Catharina de Grote het gebouw op haar beurt aan haar minnaar vorst Potemkin *(blz. 25)*. Begin 19de eeuw werden door Carlo Rossi neoclassicistische details toegevoegd. Het paleis werd later de traditionele winterresidentie va de troonopvolger. Toen Alexander III in 1881 tsaar werd, bleef hij er wonen in plaats van naar het Winterpaleis te verhuizen. Na zijn dood verbleef zijn weduwe Maria Fjodorovna er tot de Revolutie. Het paleis bezat oorspronkelijk grote tuinen aan de westkant, maar deze werden in 1816 verkleind toen het Ostrovskiplein *(blz. 110)* werd aangelegd en er twee paviljoenen werden toegevoegd. Het gebouw aan de oostkant dat uitkijkt op de Fontanka is een toevoeging uit 1805 van Giacomo Quarenghi. Het was oorspronkelijk een zuilengalerij waar goederen uit de keizerlijke factorijen werden opgeslagen, maar deze werd na een verbouwing in gebruik genomen als het cultureel centrum voor creatief werk van kinderen.

Zuilengalerij, Gostiny Dvor

Jelisejev ❾
Елисеевский гастроном
Jelisejevski Gastronom

Nevski Prospekt 56. **Kaart** 6 F1.
Ⓜ *Gostiny Dvor.*

De succesvolle Jelisejev-dynastie werd opgericht door Pjotr Jelisejev, een ambitieuze pachter die in 1813 op Nevski Prospekt een wijnwinkel opende. Aan het einde van de eeuw bezaten zijn kleinzonen een chocoladefabriek, talloze huizen, herbergen en deze beroemde voormalige kruidenierszaak. Het mooiste

Quarenghi's toevoeging aan het Anitsjkovpaleis, Nevski Prospekt

Gevel van het Aleksandrinskitheater (1828–1832), Ostrovskiplein

Ostrovskiplein ⓫
Площадь Островского
Plosjstsjad Ostrovskovo

Kaart 6 F2. Ⓜ *Gostiny Dvor.* 🚌 3, 7, 22, 24, 27. 🚎 1, 5, 7, 10, 11, 22. **Russische Nationale Bibliotheek Tel.** *310 7137.* ⬜ *dag. 9.00–21.00 uur.* **Theatermuseum Tel.** *5712195.* ⬜ *do–ma 11.00–18.00, wo 13.00–19.00 uur.* ⬛ *laatste vr van de maand en feestd.* 🚫📷 **www**.theatremuseum.ru

Carlo Rossi, een van Ruslands briljantste architecten, was de schepper van dit vroeg-19de-eeuwse plein dat naar de toneelschrijver Aleksandr Ostrovski (1823–1886) is genoemd. Het middelpunt van het plein is het elegante Aleksandrinskitheater *(blz. 202)*, ontworpen in de neoclassicistische stijl waaraan Rossi de voorkeur gaf. De porticus met zes Korinthische zuilen wordt bekroond door een door Stepan Pimenov gemaakte strijdwagen van Apollo.
Het gebouw was het nieuwe onderkomen van Ruslands oudste theatergezelschap, opgericht in 1756, en zag de première van onder andere Nikolaj Gogols *De revisor* (1836) en Anton Tsjechovs *De meeuw* (1901). In de communistische tijd heette het Poesjkintheater. In de tuin staat het enige monument in de stad voor Catharina de Grote. Het is ontworpen door Michail Mikesjin en in 1873 onthuld. Het beeld toont Catharina omringd door staatslieden en andere hoogwaardigheidsbekleders, onder wie de vrouwelijke voorzitter (1783–1796) van

de Academie van Wetenschappen, prinses Jekaterina Dasjkova. Achter het monument zitten de banken 's zomers vol met schaakspelers en toekijkend publiek. Aan de westkant van het plein, tegenover het Anitsjkovpaleis *(blz. 109)*, staat een zuilengalerij met classicistische beelden. Dit is de uitbreiding van de Russische Bibliotheek, door Rossi gemaakt in 1828–1834. De in 1795 opgerichte bibliotheek bezit momenteel meer dan 28 miljoen banden. Een waardevol bezit is de persoonlijke bibliotheek van de Franse filosoof Voltaire, die Catharina de Grote kocht om haar waardering voor haar mentor en penvriend te tonen.
In de zuidoostelijke hoek van het plein, op nr. 6, staat het Theatermuseum, dat de ontwikkeling van het Russische keizerlijke en lijfeigenentoneel toont sinds het midden van de 18de eeuw. Tussen de kaartjes, foto's, kostuums en decorontwerpen zijn ook enige gedurfde decorontwerpen van de vernieuwer Vsevolod Meyerhold (1874–1940).

Oelitsa Zodtsjego Rossi ⓬
У лица Зодчего Росси
Oelitsa Zodtsjevo Rossi

Kaart 6 F2. Ⓜ *Gostiny Dvor.*

Er is geen beter monument voor Carlo Rossi denkbaar dan het bijna perfecte architectonische ensemble van identieke zuilengalerijen dat de 'Architect Rossistraat' vormt. De 22 m hoge gebouwen staan precies 22 m van elkaar en zijn 220 m lang. In 2008 vierde de straat zijn 180ste verjaardag. Vanaf Plosjtsjad Lomonosova dwingt het hypnotiserende perspectief de blik in de richting van het Aleksandrinskitheater. Op nr. 2 staat het gebouw van de voormalige Keizerlijke Balletschool, nu genoemd naar de docente Agrippina Vaganova (1879–1951). De school dateert van 1738, toen Jean-Baptiste Landé begon met het opleiden van wezen en kinderen van paleisbedienden ter vermaak aan het hof, en verhuisde in 1836 naar het huidige gebouw. Veel van Ruslands beroemdste dansers *(blz. 118)*, onder wie Anna Pavlova en Rudolf Noerejev, hebben hier hun opleiding genoten.

19de-eeuwse foto van Oelitsa Zodtsjego Rossi (1828–1834)

ARCHITECT CARLO ROSSI

Carlo Rossi (1775–1849) was een van de laatste grote exponenten van het neoclassicisme in Sint-Petersburg. Hij vond een ideale opdrachtgever in Alexander I, die zijn geloof in het gebruik van architectuur als machtsuitdrukking deelde. Toen hij stierf had Rossi niet minder dan twaalf indrukwekkende straten en dertien pleinen, waaronder het Paleisplein *(blz. 83)*, in Sint-Petersburg gebouwd. Zijn status van favoriete architect leidde tot het gerucht dat hij het onwettige kind zou zijn van tsaar Paul I en Rossi's moeder, een Italiaanse ballerina.

Het Vorontsovpaleis

Vorontsovpaleis ⑬
Воронцовский дворец
Vorontsovski dvorets

Sadovaja Oelitsa 26. **Kaart** 6 F2.
⬛ *voor publiek.* Ⓜ *Gostiny Dvor,
Sennaja Plosjtsjad.*

Het Vorontsovpaleis werd van
1810 tot 1918 gebruikt door de
exclusiefste militaire school
van het Russische rijk. Tot
hen die het privilege genoten
hier te studeren hoorden diverse Dekabristen *(blz. 22–
23)* en vorst Felix Joesoepov
(blz. 121). Tegenwoordig
huisvest het paleis de Militaire
Academie Soevorov.
Het mooie, door Bartolomeo
Rastrelli *(blz. 93)* ontworpen
paleis werd in 1749–1757
gebouwd voor vorst Michail
Vorontsov, een van de be-
langrijkste ministers van tsarina Elisabeth.
De sierlijke smeedijzeren
hekken die Rastrelli ontwierp,
zijn een van de eerste in hun
soort in Rusland.

Apraksinmarkt ⑭
Апракин двор
Apraksin Dvor

Sadovaja Oelitsa. **Kaart** 6 E2.
Ⓜ *Gostiny Dvor, Sennaja Plosjtsjad,
Sadovaja, Spasski.*

Deze eind 18de eeuw opge-
zette markt ontleent zijn naam
aan de familie Apraksin, die
het land bezat waarop hij werd
gehouden. Toen een brand in
1862 de houten kraampjes verwoestte, werd de zuilengalerij
gebouwd. In 1900 waren er
meer dan 600 kramen die alles
verkochten van eten, wijn,
specerijen en bont tot meubels
en kleding. De grote markt is
nu verhuisd naar de
Roestavellistraat, ver buiten het
centrum. De oude Apraksin-
markt wordt herbouwd, on-
dertussen komen er steeds
meer winkels in de galerijen.

Onze-Lieve-Vrouwe-van-Kazan-kathedraal ⑮
Собор Каэанской
Богоматери
Sobor Kazanskoi Bogomateri

Kazanskaja Pl. 2. **Kaart** 6 E1. *Tel.*
314 4663. Ⓜ *Nevski Prospekt.* 🚌 *3,
7, 22, 24, 27, 191.* 🚎 *1, 5, 7, 10, 11,
22.* ⭕ *dag. 9.00–19.30 uur.* ▮ ▮

De Onze-Lieve-Vrouwe-van-
Kazankathedraal, een van de
meest majestueuze kerken
van Sint-Petersburg, werd gesticht door Paul I en de bouw
duurde meer dan tien jaar
(1801–1811). Het indrukwekkende ontwerp van Andrej
Voronitsjin (een lijfeigene)
greep terug op de Sint-Pieter
in Rome. Zijn 111 m lange, gebogen zuilengalerij maskeert
de ligging van het gebouw, dat
parallel aan Nevski Prospekt
loopt, opdat volgens religieus
gebruik het hoofdaltaar op
het oosten is gericht. In het
ontwerp van Voronitsjin is
nog te zien dat er een tweede
zuilengalerij aan de zuidkant
gebouwd behoorde te worden.
De kathedraal is genoemd
naar de icoon van Onze-Lieve-Vrouwe van Kazan, die nu
her bewaard wordt.
De meeste decoraties in het
interieur zijn ingetogen. Het
indrukwekkendst zijn de 80 m
hoge koepel en de roze zuilen van Fins graniet met bronzen kapitelen en voetstukken.
Het voormalige Atheïstisch
Museum uit de communisti-
sche tijd wordt sinds 1999
weer voor louter religieuze
aangelegenheden gebruikt.
De voltooiing van de kathedraal viel samen met de oorlog tegen Napoleon *(blz. 22).*
In 1813 werd veldmaarschalk
Michail Koetoezov (1745–
1813), die de terugtrekking uit
Moskou bedacht, hier met
volledig militair eerbetoon in
de noordkapel begraven.
Koetoezov is onsterfelijk gemaakt in Tolstojs *Oorlog en
vrede* (1865–1869). Zijn standbeeld en dat van zijn wapen-
makker, Michael Barclay de
Tolly (1761–1818), beide door
Boris Orlovski, staan sinds
1837 buiten de kathedraal.

Roze granieten zuilen en mozaïekvloer in het schip, Kazankathedraal

Stroganovpaleis ⓰
Строгановский дворец
Stroganovski Dvorets

Nevski Prospekt 17. **Kaart** 6 E1. *Tel.*
5718238. Ⓜ *Nevski Prospekt.* 🚌 *3,*
7, 22, 24, 27, 191. 🚎 *1, 5, 7, 10, 11,*
17. ⭘ *wo–zo 10.00–18.00 uur (ma*
10.00–17.00 uur). 📷

Dit barokke meesterwerk werd
in 1752–1754 ontworpen door
Bartolomeo Rastrelli *(blz. 93).*
Het paleis is gebouwd in opdracht van graaf Sergej Stroga-
nov en werd tot de Revolutie
door zijn afstammelingen bewoond. De Stroganovs dankten hun fortuin aan hun mo-
nopolie op zout, dat uit de
mijnen in hun uitgestrekte gebieden in het noorden kwam.
Het roze-witte paleis, dat uitziet op Nevski Prospekt en de
rivier de Mojka, was een van
de indrukwekkendste privé-
residenties van de stad. De
prachtige gevel aan de rivier
is versierd met Dorische zuilen, kroonlijsten, frontons en
ingenieuze raamomlijstingen.
De Stroganovs waren bekende verzamelaars van alles van
Egyptische oudheden tot Romeinse munten en oude
meesters. Het paleis werd na
de Revolutie genationaliseerd
en fungeerde vervolgens tien
jaar als museum over de deca-
dente aristocratie. Toen het
werd gesloten werden sommige voorwerpen in het Westen

**Neoromaans portaal van de
Lutherse Kerk (1832–1838)**

geveild en de rest overgebracht
naar de Hermitage *(blz. 84–
93).* Het gebouw is nu van het
Russisch Museum *(blz. 104–
107),* er vinden wisseltentoon-
stellingen plaats en er is ook
een collectie wassen beelden
van historische figuren.

Lutherse Kerk ⓱
Лютеранская церковь
Ljoeteranskaja Tserkov

Nevski Prospekt 22–24. **Kaart** 6 E1.
Ⓜ *Nevski Prospekt.*

De aantrekkelijke Lutherse
Kerk met twee torens is gewijd aan Petrus. De kerk, in
zijn huidige vorm stammend
uit de jaren dertig van de 18de
eeuw, bediende de gestaag

groeiende Duitse gemeen-
schap van de stad *(blz. 57).*
Het ontwerp van Aleksandr
Brjoellov is van een ongebruikelijke, neoromaanse stijl.
Vanaf 1936 werd de kerk gebruikt als groenteopslagplaats,
tot hij eind jaren vijftig tot een
zwembad werd verbouwd.
Het bad werd in de vloer van
het schip uitgehakt en in de
galerij werden banken voor
de toeschouwers neergezet.
Er was een hoge duikplank in
de apsis. Het gebouw is nu
teruggegeven aan de Duits-
Lutherse Kerk van Rusland.
De kerk is volledig gerestaureerd en er vinden nu kerk-
diensten plaats.

Academische Capella

Academische Capella ⓲
Академическая капелла
Akademitsjeskaja Kapella

Naberezjnaja Reki Mojki 20. **Kaart**
2 E5. *Tel. 3141058.* Ⓜ *Nevski
Prospekt.* ⭘ *alleen voor concerten.*
📷 🚫 *Zie Amusement, blz. 194.*

Dit okerkleurige concertge-
bouw, met een gevel in de
Franse klassieke stijl van
Lodewijk XV, ligt op een binnenhof vlak bij de Mojka. De
Academische Capella werd in
1887–1889 door Leonti Benois
ontworpen voor het Koor van
het Keizerlijk Hof. Het koor is
tijdens de regering van Peter
de Grote opgericht en is net
zo oud als de stad zelf. Tot de
dirigenten behoorden de
grote Russische componisten
Michail Glinka (1804–1857)
en Nikolaj Rimski-Korsakov
(1844–1908).
Door zijn uitstekende akoes-
tiek hoort de Academische
Capella tot de beste concert-
gebouwen van de wereld.
Buiten ligt de in 1837–1840
door Jegor Adam ontworpen
Zangersbrug *(Pevtsjeski Most).*

De westelijke gevel van het Stroganovpaleis kijkt uit op de rivier de Mojka

Persoonlijke bezittingen in Poesjkins studeerkamer, Poesjkinmuseum

meer dan 4500 werken in veertien oosterse en westerse talen omvat. Tot de schrijvers die Poesjkin het meest bewonderde hoorden Shakespeare, Byron, Heine, Dante en Voltaire.

Keizerlijke Stallen ⓴
Конюшенное Ведомство
Konjoesjennoje Vedomstvo

Konjoesjennaja Plosjtsjad 1.
Kaart 2 E5. **Kerk** ⬜ *dag.*
10.00–19.00 uur. ⬜ ⬜

Poesjkinmuseum ⓳
Музей-квартира
А. С. Пушкина
Moezej-kvartira AS Poesjkina

Naberezjnaja Reki Mojki 12. **Kaart** 2
E5. **Tel.** *5713531.* ⬜ *wo–ma*
10.30–18.00 uur. ⬤ *laatste vr van
de maand en feestdagen.* ⬜ ⬜

Elk jaar tijdens de herdenking van Alexander Poesjkins dood (29 januari 1837) komen bewonderaars van Ruslands grootste dichter bloemen bij het appartement leggen. Poesjkin werd in 1799 in Moskou geboren, maar bracht vele jaren in Sint-Petersburg door. Het museum is een van de vele plekken in de stad die met de dichter worden geassocieerd. Vanaf de herfst van 1836 tot aan zijn dood woonde Poesjkin met zijn vrouw Natalja en hun vier kinderen en Natalja's twee zussen in dit tamelijk chique appartement met uitzicht op de Mojka. Op de slaapbank hier in de studeerkamer bloedde hij dood na zijn noodlottige duel met d'Anthès *(blz. 83).*
Zes kamers op de eerste verdieping zijn heringericht in de empirestijl van die tijd. Het interessantst is Poesjkins studeerkamer, die nog precies zo is als toen hij stierf. Op de schrijftafel liggen een ivoren briefopener – een geschenk van zijn zus –, een bronzen bel en een door Poesjkin gekoesterde inktpot *(blz. 39).* De inktpot met het beeld van een Ethiopische jongen is een herinnering aan Poesjkins overgrootvader Abram Hannibal, die in 1706 door de Russische ambassadeur in Constantinopel als slaaf was

gekocht en als generaal diende onder Peter de Grote. Hij vormde de inspiratie voor de onvoltooide roman *De neger van Peter de Grote,* waaraan Poesjkin werkte vlak voordat hij stierf.
Op de muur tegenover zijn bureau hangt een Turkse sabel, die Poesjkin in de Kaukasus kreeg toen hij daar in 1820 vanwege zijn radicale denkbeelden in ballingschap leefde. Ironisch genoeg beleefde hij daar enkele van zijn gelukkigste jaren. Het was ook daar dat hij begon met zijn werk *Jevgeni Onegin,* een in 1823–1830 in versvorm geschreven roman. Het indrukwekkendst is de bibliotheek van de dichter, die

Het lange, zalmkleurige gebouw parallel aan de Mojka is het voormalige gebouw van de Keizerlijke Stallen. De stallen dateren oorspronkelijk van het begin van de 18de eeuw, maar zijn in 1817–1823 door Vasili Stasov herbouwd. Het enige deel dat open is voor het publiek ligt achter het centrale deel van de lange zuidgevel, en wordt bekroond door een zilveren koepel en een kruis. Dit is de kerk waarin op 1 februari 1837 Alexander Poesjkin werd begraven. Het neoclassicistische interieur heeft de vorm van een basiliek en is versierd met gele marmeren pilaren. Het is nu een orthodoxe kerk.

Noordgevel van de Keizerlijke Stallen (links) en de Kleine-Stalbrug

SENNAJA PLOSJTSJAD

Het westelijk deel van Sint-Petersburg is contrastrijk. Er staan zowel weelderige als armoedige gebouwen. De paleisarchitectuur aan de Engelse Kade toont een heel andere wereld dan die van de afgeleefde woonwijken rond het Sennaja Plosjtsjad, die weinig zijn veranderd sinds Dostojevski *(blz. 123)* ze beschreef. Ertussenin ligt de maritieme wijk waar ooit de scheepswerven van Peter de Grote lagen. Dit gebied strekte zich uit van de pakhuizen van Nieuw-Holland tot de Nicolaaskathedraal, die op de

Wapen op het Joesoepovpaleis

marineparadeplaats staat. Het Theaterplein is al sinds de 18de eeuw een uitgaanscentrum. Het wordt gedomineerd door het Marijinskitheater en het Rimski-Korsakovconservatorium, waar veel van Ruslands grootste kunstenaars hun carrière begonnen. In de omliggende straten woonden voor 1917 veel acteurs, ballerina's, kunstenaars en musici, en tegenwoordig is de wijk opnieuw populair aan het worden onder uitvoerend kunstenaars, die worden aangetrokken door de rust van de door bomen omzoomde grachten.

BEZIENSWAARDIGHEDEN IN HET KORT

Kathedraal
Nikolaaskathedraal ❷

Historische gebouwen
Choral Synagoge ❺
Hoofdpostkantoor ❽
Nieuw-Holland ❻
Rimsky-Korsakov-
conservatorium ❸

Theater
Marijinskitheater ❶

Paleis
Joesopovpaleis ❹

Straten en pleinen
Bolsjaja Morskaja Oelitsa ❾
De Engelse Kade ❼
Sennaja Plosjtsjad ❿

Museum
Spoorwegmuseum ⓫

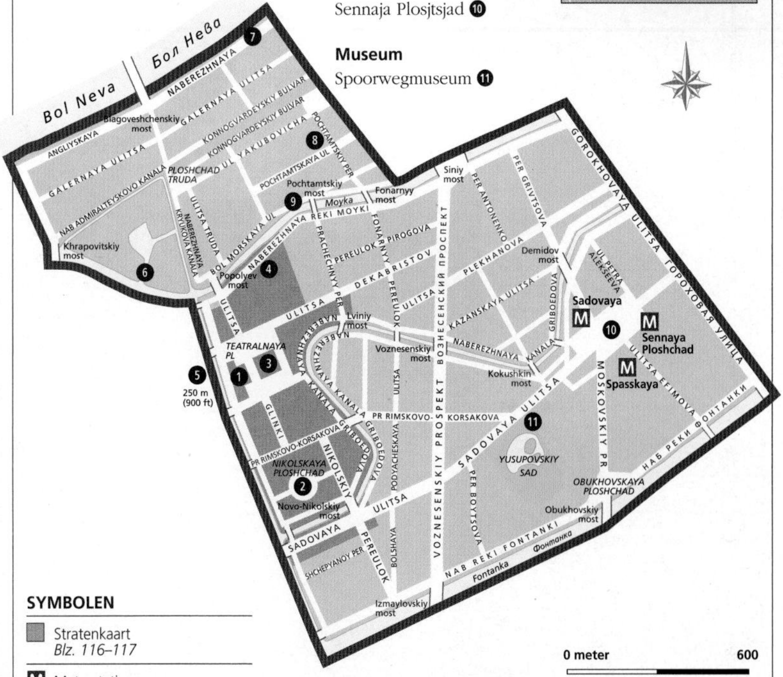

SYMBOLEN

Stratenkaart
Blz. 116–117

Ⓜ Metrostation

0 meter   600

250 m
(900 ft)

◁ Het vergulde barokke interieur van de bovenkerk van de Nicolaaskathedraal

Onder de loep: Theaterplein

Het Theaterplein heette ooit Carrouselplein en werd regelmatig gebruikt als plek voor feesten. In de 19de eeuw, toen Sint-Petersburg de culturele hoofdstad van Rusland werd, werden het Marijinskitheater en het Rimski-Korsakov-conservatorium opgericht en woonden er veel kunstenaars in de wijk. De amusements-traditie leeft hier nog volop en nog altijd is het Theaterplein het centrum van het theater- en muziekleven *(blz. 202)*. De

Atlas op Prospekt Rimskovo-Korsakova

nabijgelegen, door bomen omzoomde grachtenkaden en de tuinen rond de Nicolaaskathedraal zijn aangename locaties voor een wandeling.

Het monument voor Rimski-Korsakov, die 37 jaar les gaf op het conservatorium, werd ontworpen door Venjamin Bogoljoebov en Vladimir Ingal en opgericht in 1952.

Joesoepovpaleis
Dit grote paleis, de plek van de vreselijke moord op Raspoetin (blz. 121), boorde toe aan de rijke familie Joesoepov. Het rijke interieur omvat deze marmeren trap en een piepklein rococotheater **❹**

Rimski-Korsakov-conservatorium
Tsjaikovski, Prokofjev en Sjostako-vitsj (blz. 43) studeerden aan Ruslands eerste conservatorium, in 1862 opgericht door pianist en componist Anton Rubinstein **❸**

Michail Glinka-monument (blz. 44)

★ Marijinskitheater
Dit theater is sinds 1860 het gebouw van het beroemde Marijinski (Kirov) Opera- en Balletgezelschap. Achter de indrukwekkende gevel ligt het weelderige auditorium waar veel van Ruslands grootste dansers (blz. 118) hebben opgetreden **❶**

NAB REKI MOJKI

OELITSA DEKABRISTOV

TEATRALNAJA PL

NAB KRIJOEKOVA KANALA

PRO

KRIJO

De Leeuwenbrug *(Lvini Most)* is een van die typische ophaalbruggen over het smalle, door bomen omzoomde Gribojedovkanaal *(blz. 36),* die een zekere reputatie genieten als ontmoetingsplaats voor geliefden.

ORIËNTATIEKAART
Zie stratengids, kaart 5

In het huis van Michail Fokin op nr. 109 woonde voor de Revolutie de beroemde balletmeester en choreograaf.

Het Benoishuis was van de familie waartoe de medeoprichter van de 'Wereld van Kunst'-beweging, Alexandre Benois *(blz. 107),* behoorde.

STERATTRACTIE

★ Marijinskitheater

De klokkentoren, vier verdiepingen hoog en met een vergulde spits, markeerde de ingang van de Nicolaaskathedraal.

Nicolaaskathedraal
De bovenkerk, een fraai voorbeeld van 18de-eeuwse Russische barok, is rijkelijk versierd met iconen, verguldsel en deze rijk bewerkte iconostase. Ook de door kandelaars verlichte benedenkerk is de moeite waard ❷

NAB KANALA GRIBOJEDOVA

GLINKI

PSKOVO-KORSAKOVA

NIKOLSKI PEREOELOK

KANAL GRIBOJEDOVA

SYMBOOL

– – – Aanbevolen route

SADOVAJA OELITSA

0 meter   100

De voormalige Nicolaasmarkt, met zijn lange arcade en oplopende dak, werd gebouwd in 1788–1789. In de 19de eeuw werd het een informele arbeidsbeurs omdat veel werkloze arbeiders hier bijeenkwamen.

Ballet in Sint-Petersburg

Het in de hele wereld bewonderde Russische ballet ontstond in 1738 toen een Franse dansleraar, Jean-Baptiste Landé, in Sint-Petersburg een school opzette om de kinderen van paleisbedienden op te leiden. De Keizerlijke Balletschool, zoals de naam al gauw luidde, bloeide onder een serie buitenlandse leraren van naam. Het beroemdst is Marius Petipa (1818–1910). Petipa kwam in 1847 als danser bij de school en deed later de choreografie van meer dan 60 balletten. Hij inspireerde groten als Matilda Ksjesinskaja *(blz. 72)*.

Balletschoenen van Matilda Ksjesinskaja

Na de revolutie van 1905 deed zich een reactie tegen het classicisme voor en een groeiend aantal dansers verruilde de keizerlijke theaters voor nieuwe privégezelschappen als de Ballets Russes van Sergej Diaghilev. De verstrooiing van talent werd groter toen na de bolsjewistische machtsovername in 1917 veel artiesten naar het buitenland vluchtten. Gelukkig bleef prima ballerina Agrippina Vaganova achter om de volgende generatie dansers op te leiden. De balletacademie draagt nu haar naam *(blz. 110)*.

Anna Pavlova's (1885–1931) beroemdste rol, de Stervende Zwaan, werd speciaal voor haar geschapen door Michail Fokin. In 1912 verliet Pavlova Rusland om haar eigen gezelschap te beginnen. Ze verspreidde haar enthousiasme voor ballet in heel Europa en elders in de wereld.

Vaslav Nijinski *(1890–1950) veroverde in 1910 Parijs met zijn grootse rol als de gouden slaaf in* Scheherazade. *Als danser bij de Ballets Russes vóór de Eerste Wereldoorlog vernieuwde hij de mannelijke rollen. Zijn onvergelijkbare techniek en expressie beïnvloedden toekomstige generaties dansers.*

Rudolf Noerejev *(1938–1993), hier in* Sneeuwwitje *bij het Marijinski, liep in 1961 over naar het Westen. Als danser en als choreograaf bleef Noerejev het publiek 30 jaar lang, tot aan zijn dood in 1993, betoveren.*

Het Marijinskiballet, *in het buitenland beter bekend als het Kirov, blaast nu enkele producties van de Ballets Russes nieuw leven in, waaronder hun versie van Giselle, in Rusland niet eerder uitgevoerd.*

DE BALLETS RUSSES

Het legendarische reizende gezelschap dat tussen 1909 en 1929 een revolutie in het ballet teweegbracht, was het geesteskind van de impresario en kunst-criticus Sergej Diaghilev *(blz. 43)*. Diaghilev vond een geestverwant in de choreograaf Michail Fokin, die net als hij streefde naar een schouwspel waarin muziek, ballet en decor samen het kunstwerk vormen. Diaghilev kon dansers van het Marijinski kiezen en in 1909 bracht hij zijn Ballets Russes naar Parijs. Het gezelschap boekte wereldwijd succes. De invloed van de Ballets Russes op de kunstwereld van die tijd was opmerkelijk. Vooral de balletten van Fokine bereidden het publiek voor op grotere vernieuwing en experimenten. Interessante bijdragen van kostuum- en decorontwerpers Léon Bakst en Alexandre Benois, de componist Igor Stravinsky en de dansers Vaslav Nijinski, Anna Pavlova en Tamara Karsavina hadden elk hun deel in het verleggen van artistieke horizons. Na Diaghilevs dood in 1929 viel de Ballets Russes uiteen, maar de geest en traditie ervan zijn in de belangrijke gezelschappen van nu bewaard gebleven.

Programma voor de Ballets Russes, begin 20ste eeuw

Een van Ruslands belangrijkste culturele instituten, het Marijinskitheater

Marijinskitheater ❶
Мариинский театр
Marijinski Teatr

Teatralnaja Plosjtsjad 1 en Dekabris-tov Oelitsa 37. **Kaart** 5 B3. *Tel.* 346 4141. 🚇 2, 3, 6, 22, 27, 71, K-1, K-2, K-62, K-124, K-154, K-169, K-186, K-350. 🚋 5, 22. ◯ *Voor informatie over uitvoeringen zie blz. 202.* 📷 ▢ 🏛 ✉ www.mariinsky.ru

Het naar tsarina Maria Alexandrovna, de vrouw van Alexander II, genoemde theater is in het buitenland bekender onder zijn sovjetnaam, het Kirov. In eigen land is men echter naar de oorspronkelijke naam, Marijinskitheater, teruggekeerd. In 2007 werd hier een nieuwe concertzaal geopend; er zijn plannen om meer podia te bouwen.

Het gebouw uit 1860 is van de architect Albert Kavos, die ook het Bolsjojtheater in Moskou ontwierp. Het staat op de plek van een eerder theater, dat door brand was verwoest. In 1883–1896 werd de neo-renaissancistische gevel door Viktor Schröter opnieuw vormgegeven. Hij voegde de meeste ornamenten toe. De weelderige licht-blauwe en gouden zaal waar zo veel beroemde dansers debuteerden is dui-zelingwekkend. De

Keizerlijke arend van de loge

versiering met gedraaide zuilen, atlanten, engelen en cameeën is bewaard gebleven, en de keizerlijke arenden zijn aan de keizerlijke loge toegevoegd. De plafondschildering van dansende meisjes en cupido's van de Italiaan Enrico Franchioli stamt uit 1856. Het fraaie toneelgordijn is toegevoegd tijdens de bloeitijd van het Russisch ballet in 1914. Even opmerkelijk is de met gegroefde pilasters, reliëfs van Russische componisten en spiegeldeuren versierde foyer.

Hoewel het Marijinski in het buitenland vooral bekend is vanwege zijn balletgezelschap, is het ook een van de belangrijkste operage-bouwen van het land. De meeste grote 19de-eeuwse Russische opera's beleefden hier hun première, zoals Moessorgski's *Boris Godoenov* (1874), Tsjai-kovski's *Schoppenkoningin* (1890) en Sjostakovitsj' controversiële opera *Lady Macbeth van Mtsensk* (1934).

Het toneelgordijn van het Marijinski werd in 1914 door Aleksandr Golovin ontworpen

Nicolaaskathedraal ❷
Никольский собор
Nikolski Sobor

Nikolskaja Plosjtsjad 1/3. **Kaart**
5 C4. *Tel.* 7140862. 🚌 *2, 3, 22, 27,
49, 71, 181, K-2, K-19, K-154, K-212.*
⭕ *dag. 7.00–19.00 uur.*

Deze prachtige barokke kathedraal van Savva Tsjevakinski,
een van de grootste 18de-
eeuwse architecten van Rusland, is gebouwd in 1753–
1762. De kathedraal werd opgericht voor de in de buurt
wonende zeelui en het personeel van de Admiraliteit en
genoemd naar de heilige
Nicolaas, de beschermheilige
van de zeelui. Het gebouw
werd bekend als de 'zeeman-
nenkerk'.
Het indrukwekkende exterieur
is versierd met witte Korinthische pilasters en gekroond
met vijf vergulde koepels. Op
het terrein van de kerk staat
een slanke vier verdiepingen
tellende toren die uitkijkt op
de kruising van het Krjoekov-
en Gribojedovkanaal. Naar
Russische traditie zijn er twee
kerken binnen in de kathedraal.
De benedenkerk, die voor dagelijks gebruik is bedoeld,
wordt verlicht door icoonlam-
pen, kandelaars en kroonluchters, wat een magisch effect
geeft. De iconen (1755–1757)
zijn het werk van de broers
Fedot en Menas Kolokolnikov.
De bovenkerk, die op zonda-
gen en voor bruiloften wordt
gebruikt, is lichter en heeft
een typisch barokke uitbun-

Islamitische bogen en plafond in de Moorse Zaal, Joesoepovpaleis

digheid. Het indrukwekkendst
is de uit 1755–1760 stammende vergulde iconostase.

Rimski-Korsakov-conservatorium ❸
Консерватория имени
Римского-Корсакова
*Konservatorija imeni
Rimskovo-Korsakova*

Teatralnaja Plosjtsjad 3. **Kaart** 5 B3.
Tel. 5718574. 🚌 *2, 3, 6, 22, 27, 71,
K-1, K-2, K-62, K-124, K-154, K-169,
K-186, K-350.* 🚃 *5, 22.* ⭕ *alleen
voor uitvoeringen.* 📷 📹 *na afspraak
(Tel. 3122507).*

Ruslands oudste muziek-
school, het conservatorium,
werd in 1862 opgericht door
de pianovirtuoos Anton
Rubinstein (1829–1894). Het
huidige gebouw is in 1896
ontworpen door Vladimir
Nicolas. Voor de Revolutie
studeerden Tsjaikovski
(blz. 42) en Sergej Prokofjev
hier af. In de sovjettijd was de
school niet minder belangrijk
en het belangrijkste muzikale
talent uit deze periode was de
componist Dmitri Sjostakovitsj
(1906–1975) *(blz. 43)*.
Op het voorplein staan twee
standbeelden. Links eert een
beeld uit 1952 de invloedrijke
leraar van het conservatorium,
Nikolaj Rimsky-Korsakov. Het
standbeeld van Michail Glinka
(1906) door Robert Bach,
rechts, herinnert eraan dat het

conservatorium op de plaats
van het oude Kamennytheater
(of Stenen Theater) staat,
waar in 1836 Ruslands eerste
opera, Glinka's *Een leven voor
de tsaar*, in première ging.

Joesoepovpaleis ❹
Юсуповский дворец
Joesoepovski Dvorets

Naberezjnaja Reki Mojki 94. **Kaart** 5
B3. *Tel.* 3149883. 🚌 *3, 22, 27.*
⭕ *dag. 11.00–17.00 uur.* 📷 *Engels
(alleen audiorondleidingen).*

Dit gele gebouw met zijn
colonnade en uitzicht op de
Mojka is omstreeks 1760 ontworpen door Vallin de la
Mothe. Het paleis werd in
1830 gekocht door de adellijke
familie Joesoepov als onderkomen voor hun schilderijen-
verzameling, waarna het
interieur werd verbouwd door
Andrej Michajlov en Ippolito
Monighetti. Het gebouw, met
onder andere de exotische
Moorse Zaal met zijn fontein,
mozaïeken en bogen, kan
alleen tijdens zijn (audio-)
rondleiding worden bezocht.
Voor een rondleiding door de
kelders, met een tentoonstelling over Grigori Raspoetin, de
beruchte 'gebedsgenezer' die
hier door vorst Felix Joesoepov werd vermoord, is een
apart kaartje nodig. In het
rococotheater vinden
concerten plaats *(blz. 202)*.

**De lichtblauw met witte barokke
gevel van de Nicolaaskathedraal**

DE GRIMMIGE DOOD VAN RASPOETIN

De Russische boer en mysticus Grigori Raspoetin (1869–1916) had grote invloed aan het keizerlijke hof *(blz. 26)*. Het vreemde verhaal van zijn dood op 17 december 1916 is legendarisch. Na voor een feestje naar Joesoepovs paleis te zijn gelokt, werd Raspoetin vergiftigd, vervolgens door vorst Felix Joesoepov neergeschoten en voor dood achtergelaten. Na terugkomst zag de vorst dat Raspoetin nog leefde en er volgde een worsteling, waarna Raspoetin naar de binnenplaats vluchtte. Tijdens een achtervolging werd hij nog drie keer beschoten en ongenadig geslagen voordat hij in de rivier werd gegooid. Toen men zijn lichaam drie dagen later vond, zat er water in zijn longen, wat aangaf dat hij door verdrinking was gestorven.

Choral Synagoge ❺
Хоральная Синагога
Khoralnaya Sinagoga

Lermontovski Prospekt 2. **Kaart** 5 B3. **Tel.** 7138186. 🚌 *3, 6, 22, 27, K-1, K-169.*

In 1826 werden alle joden bij decreet van tsaar Nicolaas I verbannen uit de stad, behalve 29 die aan het hof werkten. Verdere 'zuiveringen' vonden plaats rond 1835. Na de dood van Nicolaas in 1855 groeide de joodse populatie snel en in 1879 werd een plaats aangewezen voor een permanent gebedshuis. De architecten Ivan Sjaposjnikov en Viktor Sjreter ontwierpen een synagoge in Moorse stijl die in 1893 werd geopend. De joodse gemeenschap telde toen 16.500 leden, bijna 2 procent van het aantal inwoners van de stad. De synagoge bood plaats aan meer

Vallin de la Mothes indrukwekkende boog over de Mojka naar Nieuw-Holland

dan 1200 mensen en was de enige plaats om de onderdrukking van de jaren dertig te overleven. Hij behield zijn functie gedurende het beleg van 1941. De gemeenschap bleeft grotendeels behouden, terwijl andere joodse gemeenschappen in Oost-Europa voor een groot deel uitgeroeid werden. De synagoge heeft nog steeds een actieve gemeenschap.

Nieuw-Holland ❻
Новая Голландия
Novaja Gollandija

Naberezjnaja Reki Mojki. **Kaart** 5 B3. 🚌 *3, 6, 22, 27, 70, 100, K-169, K-350.* ⬤ *wegens restauratie tot 2015.*

Dit driehoekige eiland, dat in 1719 werd aangelegd tussen de rivieren de Mojka en de Neva, werd oorspronkelijk gebruikt voor de opslag van scheepshout. De naam eert de Nederlandse scheepsbouwers die voor Peter de Grote zo'n lichtend voorbeeld zijn geweest. In 1765 werden de houten pakhuizen door Savva Tsjevakinski in rood baksteen herbouwd. In diezelfde

tijd ontwierp Vallin de la Mothe de strenge maar romantische boog over de Mojka. Schepen voeren onder de boog door naar een keerbassin erachter en keerden vervolgens met hout beladen naar de scheepswerven van Admiraliteit. Er wordt hier nu een cultureel complex gebouwd, dat in de zomer gedeeltelijk is geopend.

De Engelse Kade ❼
Английская набережная
Angliskaja Naberezjnaja

Kaart 5 A2. 🚇 *6, 11, K-124, K-154, K-350.*

Engelse kooplieden vestigden zich hier rond 1730 en werden gevolgd door ambachtslieden, architecten, kunstenaars, herbergiers en fabriekseigenaren. Tegen het eind van de 18de eeuw was het een van de populairste delen van de stad. Er staan nog steeds indrukwekkende gebouwen. Het neoclassicistische herenhuis op nr. 10 was het fictieve decor van het debutantenbal van Natasja Rostova in Tolstojs *Oorlog en Vrede*. Op nr. 28 woonde de balletdanseres Matilda Ksjesinskaja *(blz. 72)*, en het is het voormalige hoofdkwartier van de Socialistische Revolutionaire Partij. Op Plosjtsjad Troeda staat het voormalige paleis van groothertog Nikolaj Nikolajevitsj (zoon van Nicolaas I), dat in 1917 aan de vakbonden werd gegeven.

Quarenghi's fraaie gevel van nr. 32 op de Engelse Kade

Hoofdpostkantoor ❽
Главпочтамт
Glavpotsjtamt

Potsjtamtskaja Oelitsa 9. **Kaart** 5 C2.
Tel. 3158022. 🚌 *3, 22, 27, 70, 100,
K-169, K-187, K-36.* 🚎 *5, 22.*
⭕ *dag. 9.00–21.00 uur.*

De booggalerij van dit gebouw die de Potsjtamtskaja
Oelitsa overspant is het opmerkelijkst. De galerij werd in
1859 door Albert Kavos aan
het hoofdgebouw van Nikolaj
Lvov toegevoegd. De klok onder het bord met *Potsjtamt*
(postkantoor) op de boog
toont de tijd in belangrijke
steden van de wereld.
Binnen, achter Lvovs neo-
classicistische gevel uit 1782–
1789, vindt u een prachtige
style-modernehal met decora-
tief siersmeedwerk en een
glazen overkapping. De hal
dateert van het begin van de
20ste eeuw, toen er een overkapping boven de voormalige
stallen op de binnenplaats
werd gemaakt.

Zuilengevel, Hoofdpostkantoor

Bolsjaja Morskaja Oelitsa ❾
Большая Морская улица
Bolsjaja Morskaja Oelitsa

Kaart 5 C2. 🚌 *3, 22, 27, K-187,
K-209.* 🚎 *5, 22.*

De schaduwrijke Bolsjaja
Morskaja Oelitsa, een van de
chicste straten van Sint-Petersburg, heeft nu de voorkeur
van de artistieke elite. Er staan
enkele prachtige 19de-eeuwse
herenhuizen, verborgen tussen
het Izaäkplein *(blz. 79)* en de

**Stenen atlant op Bolsjaja Morskaja
Oelitsa nr. 43 (1840)**

Postkantoorbrug (Potsjtamtski
Most). Het huis op nr. 61 is in
de jaren veertig van de 19de
eeuw door Albert Kavos gebouwd voor de Petersburgse
Postkoetsmaatschappij. Nr. 52
werd in 1932 door de Russische Unie van Architecten gekocht. Deze voormalige residentie van de mecenas
Aleksandr Polovtsov, die de
indrukwekkende verzameling
van het Stieglitzmuseum
(blz. 127) opbouwde, werd in
1835–1836 door Aleksandr Pel
gebouwd. Het laat-19de-eeuw-
se interieur, met mahoniehouten lambriseringen, wandkle-
den en versierde plafonds, is
ontworpen door Maximiliaan
Messmacher en Nikolaj Broel-
lov en kan worden bewonderd
in restaurant Osobnjak Po-
lovtseva. Aan de overkant bevindt zich een mooi voor-

beeld van
style-moderne-architectuur
met gebeeldhouwde rozetten
en siersmeedwerk, het werk
van Michail Geisler en Boris
Goeslisti (1901–1902). In dit
huis groeide de schrijver Vladimir Nabokov (1899–1977)
op. Op de eerste verdieping is
nu een klein museum gevestigd. De zowel in het Engels
als het Russisch vaardige Nabokov deed veel stof opwaai-
en met *Lolita*, zijn *succès de
scandale* uit 1959.
Op nr. 45 zit de Unie van
Componisten, in het voor-
malige huis van prinses Ga-
garina, die hier in de jaren
zeventig van de 19de eeuw
woonde. Het huis werd rond
1850 verbouwd door Auguste-
Ricard de Montferrand,
maar heeft elementen van
het originele 18de-eeuwse
gebouw behouden. Mont-
ferrand ontwierp ook het
voormalige huis van industrieel Pjotr Demidov op
nr. 43. De gevel, met vele
elementen uit de renaissance
en de barok, toont ook
Demidovs wapen.

Sennaja Plosjtsjad ❿
Сенная площадь
Sennaja Plosjtsjad

Kaart 6 D3. Ⓜ *Sennaja Plosjtsjad,
Sadovaja., Spasskaja.*

Dit is een van de oudste
pleinen van Sint-Petersburg.
De naam van het plein,
hooimarkt, komt van de oorspronkelijke markt die in de
jaren dertig van de 18de
eeuw werd gehouden en
waar vee, veevoeder en
brandhout werden verkocht.
Het gebied rond de markt,
op 10 minuten lopen van de
Nevski, werd bewoond door
de armen en de markt was de
goedkoopste en drukste van

Style-modernemozaïekfries op Bolsjaja Morskaja Oelitsa nr. 47 (1902)

FJODOR DOSTOJEVSKI

Fjodor Dostojevski, een van Ruslands grootste schrijvers *(blz. 43–44)*, werd in 1821 in Moskou geboren, maar bracht het grootste deel van zijn leven door in Sint-Petersburg, waar veel van zijn romans en korte verhalen zich afspelen. In 1849 werd hij gearresteerd en van revolutionaire samenzwering beticht. Na acht maanden eenzame opsluiting in de Petrus en Paulusvesting *(blz. 66–67)* werden hij en 21 andere 'samenzweerders' uit de socialistische Petrasjevskikring aan een macabere schertsexecutie onderworpen voordat zij tot 1859 naar Siberië werden verbannen. Deze ervaring is beschreven in *De idioot* (1868). Hij overleed in 1881.

de stad (de zogenaamde 'buik van Sint-Petersburg'). Het oudste gebouw, midden op het plein, is het voormalige wachthuis, een één verdieping tellend neoclassicistisch bouwwerk uit 1818–1820. De taken van de wachters varieerden van het toezicht houden op de handelaren tot het afranselen van lijfeigenen, meestal voor kleine vergrijpen. In die tijd stond de buurt bekend als louche. Op nr. 3 stond het 'Vjazemskiklooster', de bijnaam voor een in de periode 1850–1870 berucht gebouw vol cafés, goklokalen en bordelen. Dit was de smerige wereld die zo levendig werd beschreven in Fjodor Dostojevski's meesterwerk *Schuld en boete*.

Wachthuis aan het drukke Sennaja Plosjtsjad

Wanneer de hoofdpersoon van de roman, Raskolnikov, over de markt loopt, neemt hij de 'hitte van de straat… de mufheid, het gewoel en het gips, de steigers, stenen en stof… die speciale Petersburgse stank… en de talloze dronkaards' in zich op die 'de walgelijke ellende van het beeld' completeren. De roman werd voltooid in 1866, toen Dostojevski in het Alonkinhuis (nr. 7 Przjevalskovo Oelitsa) aan de westkant van het plein woonde. In de sovjettijd kreeg het plein een nieuw imago, kraamhouders moesten verdwijnen, er werden bomen geplant en het werd optimistisch omgedoopt tot Vredesplein (Plosjtsjad Mira). De vijf verdiepingen tellende geel-witte appartementenblokken rond het plein zijn in deze periode gebouwd, in Stalins versie van neoclassicisme. Helaas werd het mooiste monument, de barokke Maria-Hemelvaartkerk uit 1765, gesloopt om ruimte te maken voor een van de allereerste metrostations van de stad.

Spoorwegmuseum ⓫
Музей железнодорожного транспорта
Moezej Zjeleznodorozjnovo Transporta

Sadovaja Oelitsa 50. **Kaart** 6 D4. *Tel.* 3151476. Ⓜ *Sennaja Plosjtsjad, Sadovaja, Spasskaja.* ⬜ *zo–do 11.00–17.00 uur.* ⬤ *laatste do van de maand.* ✎ *Engels.*

De geschiedenis van de Russische spoorwegen sinds 1813 wordt geïllustreerd door meer dan 6000 fascinerende voorwerpen. De interessantste delen van het museum behandelen de eerste spoorlijnen, waaronder die van Tsarskoje Selo naar Sint-Petersburg uit 1837 en de 650 km lange spoorlijn van Moskou naar Sint-Petersburg (1851). Er staan modellen van de eerste Russische stoommachine, die in 1834 door de Tsjerepanovs werd gebouwd, en van een gepantserde trein die door Trotski werd gebruikt om de stad te verdedigen in de Burgeroorlog *(blz. 27)*. Een eersteklas slaapcoupé met style-moderne decoraties toont het luxe reizen in de tijd van de tsaren.

Model van een locomotief (rond 1835) van de Tsarskoje Selospoorweg

BUITEN HET CENTRUM

Tegel van een oven (1770), Stieglitzmuseum

Hoewel het gros van de bezienswaardigheden van Sint-Petersburg in het centrum ligt, zijn er daarbuiten ook enkele plaatsen van architectonisch, cultureel en historisch belang. In het oosten ligt het Smolny-district, dat zijn naam dankt aan de teerwerf die een rol speelde in de scheepsbouwindustrie in de 18de eeuw. Hoogtepunt in dit gebied is Rastrelli's barokke Smolnyklooster. Het nabijgelegen Smolnyinstituut is beroemd om zijn historische rol als hoofdkwartier van de bolsjewieken tijdens de Oktoberrevolutie *(blz. 28–29)*. In het zuid-

oosten ligt het Aleksander Nevskiklooster, waar veel van Ruslands gevierde kunstenaars, architecten en componisten zijn begraven.

De zuidelijke buitenwijken tellen rijen grandioze huizen uit 1930–1950, die herinneren aan Stalins poging om het historische hart van de stad te verwoesten door het centrum te verplaatsen van het oude keizerlijke district naar het gebied rond Moskovskaja Plosjtsjad. In het zuiden liggen ook de Tsjesmakerk en het Monument van de Overwinning, dat herinnert aan het beleg van Leningrad.

BEZIENSWAARDIGHEDEN IN HET KORT

Paleizen
Jelaginpaleis **1**
Sjeremetevpaleis **9**
Taurisch Paleis **6**

Musea
Dostojevskimuseum **10**
Stieglitzmuseum **4**

Kerken en kloosters
Aleksander Nevskiklooster **11**
Kathedraal van de Verheerlijking van Christus **5**
Smolnyklooster **7**
Tsjesmakerk **12**

Historische gebouwen en monumenten
Finlandstation **3**
Monument van de Overwinning **13**
Piskarevskojebegraafplaats **2**
Smolnyinstituut **8**

SYMBOLEN

Centrum van Sint-Petersburg

Groot Sint-Petersburg

Luchthaven

Spoorwegstation

Veerboothavenport

Hoofdweg

Secundaire weg

0 kilometer   3

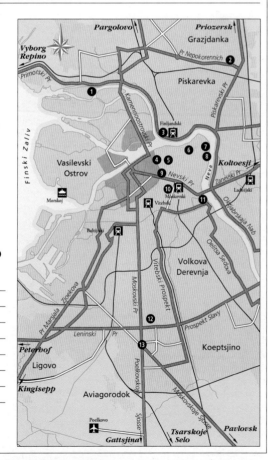

◁ **Het barokke Sjeremetevpaleis op de oostoever van de Fontanka**

Oostgevel van het Jelaginpaleis en de Srednaja Nevka op de voorgrond

Jelaginpaleis ❶
Елагин дворец
Jelagin Dvorets

Jelagin Ostrov 1. **Tel.** *4301131.*
Ⓜ *Krestovski Ostrov.* ◯ *di–zo*
10.00–18.00 uur.
● *laatste di van de maand.*
▨ ♿ *begane grond.* ☑

Jegalineiland, een van de noor-
delijkste eilanden van Sint-Petersburg, is genoemd naar de
hoveling die hier eind 18de
eeuw een paleis liet bouwen.
Alexander I kocht het eiland
vervolgens in 1817 voor zijn
moeder en vroeg Carlo Rossi
om het paleis te herbouwen.
Bij het schitterende neoclassicistische paleis (1818–1822),
met aan de oostgevel een
halve, door Korinthische zui-
lengangen geflankeerde rotonde, horen ook een oranjerie,
een hoefijzervormig stallenblok
en keukens. Het interieur van
het paleis werd tijdens de
Tweede Wereldoorlog door
een brand verwoest maar is nu
gerestaureerd. De Ovale Zaal is
verfraaid met beelden en trom-
pe-l'oeils en de kamers die
erop uitkomen zijn fraai gedecoreerd met sierstucwerk, *faux
marbre* en geschilderde friezen
door een collectief van begaafde kunstenaars. In de sovjetpe-

riode werd het hele beboste eiland met Centrale Park van Cultuur en Rust *(blz. 136–137)*. Er
worden nu festivals gehouden
en in de voormalige stallen van
het paleis is een tentoonstelling
over decoratieve kunst.

Oorlogsbegraafplaats Piskarevskoje ❷
Пискаревское мемориальное
кладбище
*Piskarevskoje Memorialnoje
Kladbisjtsje*

Prospekt Nepokorennitsj 72–74.
Tel. *2475716.* Ⓜ *Akademitsjeskaja.*
🚌 *80, 123, 138, 178.* ◯ *dag. 24
uur per dag. Herdenkingszalen dag.
10.00–17.00 uur.* ♿ ☑

Deze uitgestrekte sombere
begraafplaats is een indrukwekkend monument voor de
twee miljoen mensen die tijdens het beleg van Leningrad
in 1941–1944 om het leven
kwamen *(blz. 27)*. Door een
tekort aan voedsel en een gebrek aan elektriciteit, water
en verwarming kwamen vele
burgers van Leningrad om.
Lijken werden op sleden naar
verzamelpunten gesleept,
waarna zij in massagraven
werden begraven. Piskarevskoje was met 490.000 doden
het grootst. Tegenwoordig is
de begraafplaats een pel-
grimsoord voor hen die destijds verwanten en vrienden
verloren. Het herden-
kingscomplex, dat door Jevgeni
Levinson en Aleksandr Vasiljev
werd ontworpen, ging open
in 1960, op de 15de verjaardag
van het einde van de oorlog.
Twee herdenkingszalen, waarvan er één een tentoonstelling
over het beleg bevat, liggen
langs de trappen die naar een
300 m lange laan leiden. Deze
eindigt bij een hoog heroïsch

bronzen standbeeld van Moeder Rusland door Vera Isajeva
en Robert Taoerit. Op de muur
erachter staan gedichten van
Olga Bergholts, zelf een over-
levende van het beleg. De be-
grafenismuziek, die op de hele
begraafplaats weerklinkt, ver-
sterkt de sombere sfeer. Aan
elke kant van de laan liggen
186 heuvels met granieten
stenen met het jaartal en een
rode ster voor soldaten of een
hamer met sikkel voor burgers.

Locomotief 293, Finlandstation

Finlandstation ❸
Финляндский вокзал
Finljandski Vokzal

Plosjtsjad Lenina 6. **Kaart** 3 B3.
Ⓜ *Plosjtsjad Lenina.*
Zie ook blz. 221.

In de nacht van 3 april 1917
kwamen de verbannen Vla-
dimir Lenin en zijn bolsjewieken aan op het Finlandstation na een reis in een
dichte trein uit Zwitserland.
Hun terugkeer naar Rusland
was een triomf en bij het
verlaten van het station sprak
Lenin de juichende menigte
soldaten, zeelui en arbeiders
toe. In 1926 werd buiten het
station een standbeeld van de
orerende Lenin neergezet.
Het moderne station werd in
de jaren zestig geopend. Op
spoor 5 staat een enorme glazen vitrine met locomotief 293,
waarmee Lenin reisde toen hij
in juli 1917 voor de tweede
keer de hoofdstad ontvluchtte.
Na de zomer als vluchteling in
Russisch Finland te hebben
doorgebracht, keerde Lenin
met dezelfde trein terug voor
de Revolutie *(blz. 28–29)*.

Beeld van Moeder Rusland (1956–
1960), Piskarevskoje

Stieglitzmuseum ❹
Музей Штиглица
Moezej Sjtiglitsa

Soljanoj Pereoelok 13–15. **Kaart** 3 A5. **Tel.** 2733258. 🚌 46, K-76, K-100, K-217. ◯ sept.–juli: di–za 11.00–16.30 uur. ◉ laatste vr van de maand. ♿ 📷

De industrieel baron Aleksandr Stieglitz stichtte in 1876 de Centrale School voor Industrieel Ontwerp. Het was zijn doel om Russische studenten op te leiden in de toegepaste kunsten door hen te omringen met een verzameling topstukken om te bestuderen.

19de-eeuwse kristallen vaas, Stieglitzmuseum

Dankzij een groot budget en de goede smaak van Stieglitz' schoonzoon Aleksandr Polovtsov (*blz. 122*), werd de verzameling, die zowel West-Europese als oosterse kunst bevatte, al gauw te groot voor de school en in 1896 werd ernaast een Museum voor Toegepaste Kunst geopend. Dit prachtige, door Maximiliaan Messmacher ontworpen gebouw was geïnspireerd op de palazzo's van de Italiaanse renaissance. De zalen en galerijen werden versierd met een indrukwekkende variëteit aan nationale en periodestijlen. Ze doen denken aan de Franse en Duitse barok, maar vooral aan monumenten uit de Italiaanse renaissance, zoals de San Marcobibliotheek in Venetië, de Rafaëlzalen in het Vaticaan en de Villa Madama, ook in Rome.

Na de Revolutie werd de school gesloten en werd het museum een afdeling van de Hermitage (*blz. 84–93*). Tijdens het beleg van Leningrad raakte het gebouw ernstig beschadigd (*blz. 27*). Aan het eind van de oorlog werd de school gebruikt voor het opleiden van vergulders en beeldhouwers voor de restauratie van de beschadigde stad. De tentoonstelling op de begane grond omvat glaswerk, keramiek en majolica, alsook porselein van alle grote Europese producenten. Een zaal in de stijl van het middeleeuwse Terempaleis in het Kremlin toont een verzameling door Russische boerenvrouwen gemaakte kleurrijke geborduurde kleren en hoeden.

Enkele voorwerpen, waaronder sloten, sleutels en gereedschappen, zijn middeleeuws. Het vakmanschap van de houten meubels is adembenemend. De neogotische kast met ingelegde deuren en bijbelse taferelen aan de binnenkant is een mooi voorbeeld. Uw rondleiding kunt u afsluiten in de sublieme Grote Tentoonstellingszaal, met een gebogen marmeren trap en een schitterend glazen dak.

Kathedraal van de Verheerlijking van Christus ❺
Спасо-Преображенский собор
Spaso-Prejobrazjenski Sobor

Prejobrazjenskaja Plosjtsjad 1. **Kaart** 3 B5. **Tel.** 5796010. Ⓜ Tsjernisjevskaja. 🚌 46, K-46, K-76, K-90, K-177, K-258. 🚎 3, 8, 15. ◯ dag. 8.00–20.00 uur.

Ondanks zijn neoklassieke monumentaliteit en zijn hek van omgesmolten kanonnen uit de Russisch-Turkse oorlogen (*blz. 22*) heeft de kerk van Vasili Stasov iets intiems. De oorspronkelijke kerk hier werd door tsarina Elisabeth gebouwd ter ere van de Prejobrazjenskigardisten. Deze moest na een brand in 1825 worden herbouwd. Het koor van de kerk wordt slechts overtroffen door dat van het Alexander Nevskiklooster (*blz. 130–131*).

Poppen in 17de–19de-eeuwse Russische klederdracht bij de Teremzaal, Stieglitzmuseum

Taurisch Paleis ❻
Таврический дворец
Tavritsjeski Dvorets

Sjpalernaja Oelitsa 47. **Kaart** 4 D4.
Ⓜ *Tsjernisjevskaja.* 🚌 *46, 136.*
⚫ *voor publiek.*

Dit fraai geproportioneerde paleis van Ivan Starov werd in 1783–1789 gebouwd als een cadeau van Catharina de Grote aan haar invloedrijke minnaar vorst Grigori Potemkin *(blz. 25)*. Potemkin had in 1783 de Krim (Tauris) geannexeerd en droeg de titel Prins van Tauris, vandaar de naam van het paleis.
Het lange, gele, vanbuiten nauwelijks gedecoreerde gebouw met de zes zuilen tellende porticus was een van de eerste neoclassicistische ontwerpen van Rusland. Helaas is het prachtige interieur door Catharina's zoon Paul I, die van het paleis een kazerne maakte, en door latere verbouwingen zwaar beschadigd.
Het paleis speelde in het culturele en politieke leven van de 20ste eeuw een belangrijke rol. In 1905 organiseerde de impresario Sergej Diaghilev *(blz. 43)* er de allereerste tentoonstelling van 18de-eeuwse Russische portretkunst. Het jaar daarna bood het plaats aan Ruslands eerste parlement, de Staatsdoema. Na de Februarirevolutie van 1917 werd het de zetel van de Voorlopige Regering, en vervolgens van Petrograds Sovjet van Arbeiders en Soldaten. Het is ook nu nog een regeringsgebouw.
De fraaie tuin met beekjes, bruggen en een kunstmatig meer behoort tot de populairste parken van de stad.

De Smolny-kathedraal met aan weerszijden de kloostergebouwen

Smolnyklooster ❼
Смольный монастырь
Smolny Monastir

Plosjtsjad Rastrelli 3/1. **Kaart** 4 F4.
Tel. 7103159. 🚌 *46, 136.* ⚪ *mei–sept.: do–di 10.00–19.00, sept.–april: do–di 11.00–19.00 uur.* 🚻 ♿ 🅿
Engels.

Het mooiste van dit complex is de kathedraal met zijn centrale koepel en vier kleinere koepeltjes met gouden bollen. Tsarina Elisabeth stichtte het klooster, waar jonge adellijke vrouwen moesten worden onderwezen. Het werd in 1748 ontworpen door Bartolomeo Rastrelli *(blz. 93)*, die een briljante mengeling van Russische en westerse barokstijlen gebruikte. Het werk vorderde extreem langzaam. Er waren 50.000 houten palen nodig om een stevig fundament in de moerasbodem te verkrijgen en alleen al het bouwen van het model van de architect, te zien in de Academie van Schone Kunsten *(blz. 63)*, kostte meer dan zeven jaar.
Catharina de Grote hield niet van Rastrelli's werk en mocht wijlen Elisabeth niet erg. Toen zij in 1762 aan de macht kwam werd de financiering stopgezet. In 1835 droeg Nicolaas I de neoclassicistische architect Vasili Stasov op de kathedraal af te maken. Zijn strenge witte interieur contrasteert sterk met de drukke buitenkant. Er worden nu exposities en wekelijkse concerten *(blz. 202)* gehouden. De toren biedt een groots uitzicht op de stad.

Smolnyinstituut ❽
Смольный Институт
Smolny Institut

Smolny Projezd 1. **Kaart** 4 F4. **Tel.** 7103159, 7103143. 🚌 *46, 54, 74, 136, K-15, K-76, K-136.* 🚊 *5, 7, 11, 15, 16.* **Smolnymuseum** ⚪ *ma–vr 11.00–18.00 uur na afspraak.* 🚻 ♿ 🅿 *Engels.*

Giacomo Quarenghi zag dit neoclassicistische gebouw als zijn meesterwerk. Het werd in 1806–1808 gebouwd als school voor jonge adellijke vrouwen. Hier pleegde Lenin op 25 oktober 1917 zijn bolsjewistische staatsgreep, op het moment dat het tweede Groot-Russische Sovjetcongres in de Vergaderzaal bijeenkwam. Het congres steunde Lenin en het instituut werd tot maart 1918 zijn regeringszetel. Terwijl de Duitsers oprukten en de Burgeroorlog uitbrak *(blz. 27)*, verhuisde de regering naar Moskou en werd het instituut overgenomen door de plaatselijke afdeling van de Communistische Partij. Op 1 december 1934 werd de eerste secretaris van de partij, Sergej Kirov *(blz. 72)* hier omgebracht, waarna Stalins zuiveringen van eind jaren dertig *(blz. 27)* volgden.

Blik op de Taurische Tuin en het Taurisch Paleis achter het meer

Izaäk Brodski's schilderij van Lenin (1927), Vergaderzaal Smolnyinstituut

De kamers waarin Lenin tijdens de Revolutie verbleef kunnen op afspraak worden bezichtigd. De rest is kantoor van de burgemeester. De keizerlijke arend vervangt de hamer en sikkel op het fronton. Het beeld van Lenin uit 1927 staat nog buiten.

Sjeremetevpaleis ❾
Шереметевский дворец
Sjeremetevski Dvorets

Naberezjnaja Reki Fontanki 34.
Kaart *7 A1.* Ⓜ *Majakovskaja, Gostiny Dvor.* 🚎 *15, 22, 27, K-15, K-90, K-187, K-258.* 🚊 *3, 8, 15.* **Anna Achmatovamuseum Tel.** *5717239.* 🕐 *di–zo 10.30–18.30 uur.* 🎫 🖼 *Engels.* **Museum van het Muzikale Leven Tel.** *2724441.* 🕐 *wo–zo 11.00–19.00 uur.* ● *laatste wo van de maand.* 🎫 🖼

De familie Sjeremetev woonde op deze plek vanaf 1712, toen het paleis hier door veldmaarschalk Boris Sjeremetev werd gebouwd, tot de Revolutie. Het paleis staat ook bekend als het Fonteinenhuis of *Fontanni Dom*, vanwege de vele fonteinen op het terrein. Het barokke gebouw correspondeert met het ontwerp van Savva Tsjevakinski en Fjodor Argoenov uit de jaren vijftig van de 18de eeuw, maar er zijn later wijzigingen in aangebracht.

De Sjeremetevs waren schatrijk en bezaten op een gegeven moment 200.000 lijfeigenen. Ze hoorden tot Ruslands belangrijkste mecenassen en het paleis huisvest nu het Museum van het Muzikale Leven. In de 18de en 19de eeuw verzorgden lijfeigenen van de landgoederen van de familie vele concerten en toneelstukken op het paleis. Franz Liszt prees het uitstekende Sjeremetevkoor.

Het museum bezit een aantal antieke instrumenten en vele partituren, waaronder enkele composities van de Sjeremetevs zelf.

Anna Achmatova, een van Ruslands grootste 20steeeuwse dichters, woonde van 1933 tot 1941 in de dienstvertrekken van het paleis en vervolgens opnieuw tussen 1944 en 1954. Haar appartement staat als Anna Achmatovamuseum (*Moezej Anni Achmatovoj*) open voor publiek en kan via de binnenplaats van Litejni Prospekt 53 worden bereikt. Toen zij haar intrek in het paleis nam was dit onderverdeeld in armoedige appartementen. In de kamers waar zij woonde en werkte staan enkele van haar persoonlijke eigendommen. U kunt er luisteren naar opnamen van de dichteres die uit haar eigen werk voordraagt.

ANNA ACHMATOVA

In 1914 was Anna Achmatova (1889–1966) een belangrijk dichteres in Ruslands 'zilveren tijdperk' van de poëzie *(blz. 44)*. Haar werk kreeg een nieuwe dimensie toen haar man door de bolsjewieken werd neergeschoten en haar zoon en haar minnaar tijdens Stalins zuiveringen werden gearresteerd. Anna zelf kwam onder politietoezicht en werd meer dan vijftien jaar het zwijgen opgelegd. Haar beroemdste werk, *Requiem* (1935–1961), ingegeven door de arrestatie van haar zoon, werd in delen opgeschreven en door vrienden uit het hoofd geleerd. Anna werd later deels gerehabiliteerd en ze ontving buitenlandse prijzen.

Gevel met pilasters van het Sjeremetevpaleis aan de Fontanka

Dostojevski-museum ❿

Музей Достоевского
Moezej Dostojevskovo

Koeznetsjni Perejoelok 5/2. **Kaart 7**
B3. **Tel.** *5714031.* Ⓜ *Vladimirskaja.*
🚌 *3, 8, 15.* 🚎 *49.* 🕐 *di–zo*
11.00–18.00 uur. 📷 🎫 *Engels.*

Dit museum was het laatste huis van de beroemde Russische schrijver Fjodor Dostojevski (*blz. 44*), die er van 1878 tot zijn dood in 1881 woonde. Dostojevski stond toen op het hoogtepunt van zijn roem. Hier voltooide hij zijn laatste grote roman, *De gebroeders Karamazov*. Door gokken en schulden was hij in dit vijfkamerappartement tot een bescheiden levensstijl veroordeeld. Hoewel Dostojevski in het openbaar stug en humorloos was, was hij een toegewijde en liefhebbende echtgenoot en vader. De leuke kinderkamer bevat een hobbelpaard, silhouetten van zijn kinderen en het sprookjesboek waaruit hij hen voorlas. In Dostojevski's studeerkamer bevinden zich een schrijftafel en een reproductie van Rafaëls *Sixtijnse Madonna*.

Tsjesmakerk (1777–1780), een vroeg voorbeeld van neogotiek in Rusland

Tsjesmakerk ⓬

Чесменская церковь
Tsjesmenskaja Tserkov

Oelitsa Lensoveta 12. Ⓜ *Moskovskaja.* 🚌 *16.* 🚎 *29, 45.* 🕐 *dag. 10.00–19.00 uur.*

Er is weinig Russisch aan de zeer ongebruikelijke Tsjesmakerk, die door Joeri Velten in 1777–1780 werd ontworpen. De groteske terracottakleurige gevel is versierd met dunne verticale strepen wit lijstwerk die het oog recht omhoog naar de zigzagkroon en neogotische koepeltjes leiden. De naam verwijst naar Ruslands overwinning ter zee op de Turken bij Tsjesma in 1770. In de communistische tijd werd de kerk een museum over deze zeeslag, maar tegenwoordig is het gebouw weer een kerk.

Aan de overzijde van de Oelitsa Lensoveta staat het neogotische Tsjesmapaleis (1774–1777), vroeger *Kekerekeksinen*, of Kikkermoeraspaleis, ook van Velten. Het diende als halteplaats voor Catharina de Grote op de weg naar Tsarskoje Selo (*blz. 152–155*). Wedgwoods beroemde dinerservies met kikkerembleem, nu in de Hermitage (*blz. 91*), was speciaal voor het Tsjesmapaleis ontworpen.

Het paleis werd berucht toen Raspoetins lichaam hier lag opgebaard na de moord in 1916 (*blz. 121*). Het nu flink aangepaste gebouw fungeert tegenwoordig als een bejaardenhuis.

Alexander Nevski-klooster ⓫

александро-Невская лавра
Aleksandro-Nevskaja Lavra

Plosjtsjad Aleksandra Nevskovo. **Kaart 8** E4. **Tel.** *2742635.* Ⓜ *Plosjtsjad Aleksandra Nevskovo.* 🚌 *8, 24, 27, 46, 55, 58, 191, K-156, K-187, K-209.* 🚎 *1, 14, 16, 22.* 🚃 *7, 65.* **Kathedraal van de Heilige Drie-eenheid** 🕐 *dag. 6.00–20.00 uur.* **Kerk van de Mariaboodschap**
Tel. *2742635.* 🕐 *dag. 9.30–17.00 uur ('s zomers tot 18.00 uur).* 🚫 *ma en do.* 📷 *begraafplaats en Kerk van de Mariaboodschap.* 🎫

Dit door Peter de Grote in 1710 gestichte klooster gedenkt Alexander Nevski, de vorst van Novgorod, die de Zweden in 1240 versloeg. Peter versloeg hen in 1709 (*blz. 18*). Van de ingang loopt een pad tussen twee grote,

Dostojevski's grafsteen

ommuurde kerkhoven en dan over een beekje en naar het hoofdcomplex van het klooster. Het oudste gebouw, links van de poort, is de Kerk van de Mariaboodschap (1717–1722) van Domenico Trezzini. De kerk, waarvan de begane grond voor het publiek is geopend, was eens de begraafplaats voor niet-regerende leden van de Russische keizerlijke familie. Een serie rood-witte, midden-18de-eeuwse kloostergebouwen, waaronder het Huis van de Metropoliet (1755–1758), omringen de binnenhof. Tussen de bomen liggen de graven van atheïstische sovjetgeleerden en belangrijke communisten. Het barokke complex wordt gedomineerd door de twee torens tellende neoclassicistische Kathedraal van de Heilige Drie-eenheid,

van architect Ivan Starov uit 1776–1790. Het brede schip binnen wordt geflankeerd door Korinthische zuilen met beelden van Fedot Sjoebin. Deze leidt naar de indrukwekkende iconostase van rood agaat en wit marmer met werken van Van Dyck, Rubens en

Alexander Nevski's relikwieschrijn, Kathedraal van de Drie-eenheid

Monument van de Overwinning ⓭

Монумент защитникам
Ленинграда
Monument zasjtsjitnikam Leningrada

Plosjtsjad Pobedy. **Tel.** 3712951, 3736563. Ⓜ *Moskovskaja.* 🚌 *3, 11, 13, 39, 59, 90, 150, 187, K-13, K-100, K-350.* 🚎 *27, 29, 45.* **Herdenkingszaal** ◯ *do en za–ma 11.00–18.00, di en vr 11.00–17.00 uur.* ⬤ *laatste di van de maand.* 🗂 *telef. reserveren.*

Dit sombere monument dat in 1975, dertig jaar na het einde van de Tweede Wereldoorlog, werd opgericht, staat op de plek van een tijdelijke triomfboog die was gebouwd ter begroeting van de terugkerende troepen. Het aan de verdedigers van Leningrad gewijde monument gedenkt niet alleen de ca. 670.000 slachtoffers van het beleg *(blz. 27)*, maar ook de overlevenden. Het is ontworpen door Sergej Speranski en Valentin Kamenski en door Michail Anikoesjin gehouwen. Een 48 m hoge obelisk van rood graniet staat bij een grote ronde omheining die het beleg symboliseert. Heroïsche beelden van soldaten, zeelui en rouwende moeders omringen het monument. Een tunnel op Moskovski Prospekt leidt naar de Herdenkingszaal. Er klinkt muziek op de aanhoudende maat van een metronoom, het radiosignaal in de oorlog, bedoeld om de hartslag van de stad weer te geven. De verlichting bestaat uit 900 oranje lampen, een voor elke dag van het beleg. Plaquettes bevatten de namen van 650 Helden van de Sovjet-Unie.

Op een mozaïek begroeten vrouwen hun mannen aan het einde van de strijd. Enkele expositiestukken, zoals de viool van Sjostakovitsj *(blz. 43)*, herinneren aan de oorlogsbijdrage van bekende Petersburgers; op een reliëfkaart zijn de gevechtslinies aangegeven. Het stukje brood, het dagrantsoen voor velen, is het indrukwekkendst.

Heroïsche partizanen kijken naar de vijand tijdens het beleg van Leningrad, Monument van de Overwinning

anderen. Rechts van de iconostase staat een zilveren relikwieschrijn met de resten van Alexander Nevski, die in 1724 naar de eerdere kerk op deze plek werden overgebracht. Achter de relikwieschrijn hangt een schilderij van Nevski. Veel belangrijke culturele figuren van het land liggen op de twee kloosterbegraafplaatsen bij de hoofdingang begraven. Het oudste kerkhof van de stad, de Lazarusbegraafplaats in het oosten, bevat de graven van de veelzijdige geleerde Michail Lomonosov (blz. 45), een aantal prominente architecten, onder wie Andrej Zacharov, Thomas de Thomon, Giacomo Quarenghi, Carlo Rossi *(blz. 110)* en Andrej Voronitsjin. Bij de noordmuur van de westelijke Tichvinbegraafplaats liggen de graven van beroemde componisten. Ook Fjodor Dostojevski *(blz. 44)* ligt hier.

INTERESSANTE GRAVEN TICHVIN-KERKHOF

1 Michail Glinka
(componist, 1804–1857)
2 Ivan Krilov
(dichter, 1769–1844)
3 Marius Petipa
(choreograaf, 1818–1910)
4 Pjotr Klodt
(beeldhouwer, 1805–1867)
5 Ivan Kramskoj
(schilder, 1837–1887)
6 Pjotr Tsjaikovsky
(componist, 1840–1893)
7 Modest Moessorgski
(componist, 1839–1881)
8 Nikolaj Rimski-Korsakov
(componist, 1844–1908)
9 Fjodor Dostojevski
(schrijver, 1821–1881)

Hoofdingang

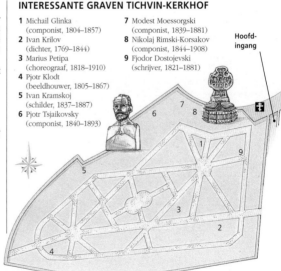

SYMBOOL

🏛 Poortkerk

0 meter — 50

DRIE WANDELINGEN

Sint-Petersburg kan heel goed te voet worden verkend. De hier beschreven wandelingen tonen verschillende kanten van de stad, maar het water neemt bij alle een centrale plaats in. De eerste wandeling volgt de Mojka-rivier en het Gribojedovkanaal, die door het hart van de stad lopen en Sint-Petersburg laten zien zoals het is gebouwd in de 18de en 19de eeuw. U zult het contrast zien tussen weelderige paleizen en overbevolkte appartementenblokken, vergulde bruggen en het verval van het gebied rond Sennaja Plosjtsjad. Een andere manier om de kanalen te bekijken is door middel van een boottocht *(blz. 226–227)*. De tweede wandeling voert langs de eilan-

19de-eeuwse urn op de trap van het Jelaginpaleis

den Jelagin en Kamenny, waar de Petersburgers veel vrije tijd doorbrengen. De eilanden ten noorden van het centrum waren eens het domein van de rijken, die er de zomer doorbrachten in hun datsja's. Tegenwoordig zijn ze het domein van iedereen. Nu komt de plaatselijke bevolking er het hele jaar door om te wandelen, te roeien, te skiën en te schaatsen. De derde wandeling voert langs de rivier de Neva aan de zijde van Petrograd, van waaruit er prachtige uitzichten zijn op de zuidelijke waterkant van de stad en op de rivier. De wandeling omvat enkele prachtige historische plaatsen zoals het Drie-eenheidsplein, het Huisje van Peter de Grote en de kruiser Aurora.

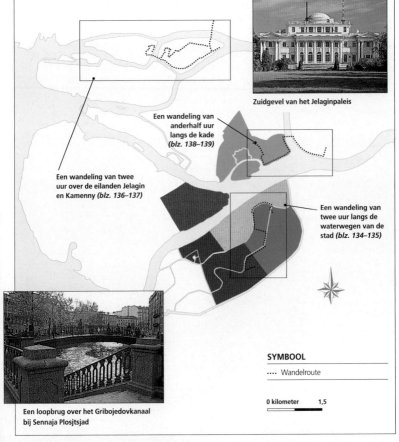

Zuidgevel van het Jelaginpaleis

Een wandeling van anderhalf uur langs de kade *(blz. 138–139)*

Een wandeling van twee uur over de eilanden Jelagin en Kamenny *(blz. 136–137)*

Een wandeling van twee uur langs de waterwegen van de stad *(blz. 134–135)*

SYMBOOL

···· Wandelroute

0 kilometer   1,5

Een loopbrug over het Gribojedovkanaal bij Sennaja Plosjtsjad

◁ Rust en vrede op een meertje op het Jelagineiland

Langs de waterwegen van Sint-Petersburg

Tijdens een wandeling langs de kaden van de Mojka en het Gribojedovkanaal kan men de geschiedenis en de prachtige architectuur van deze mooie stad leren kennen. De twee waterwegen contrasteren op interessante wijze. De Mojka loopt langs het keizerlijke Zomer- en Winterpaleis en de herenhuizen van de adel, en langs het Gribojedov liggen de 19de-eeuwse appartementen waar ooit kooplui en ambtenaren woonden, en, verder richting Sennaja Plosjtsjad *(blz. 122)*, arbeiders. De tocht voert ook langs de majestueuze Nevski Prospekt.

WANDELTIPS

Vertrek: *Kerk van de Verlosser op het Bloed.*
Lengte: *5,8 km.*
Bereikbaarheid: *Metro Nevski Prospekt.* **Rustpunten:** *Bistro Lajma, Nab Kanala Gribojedova 16.*

Kerk van de Verlosser op het Bloed
① **aan het Gribojedovkanaal**

De Mojka

Begin de tocht bij de prachtige Kerk van de Verlosser op het Bloed ① *(blz. 100)*, gebouwd op de plek waar in 1881 Alexander II werd vermoord *(blz. 26)*. Wandel om de kerk heen langs het park en steek de brug naar Konjoesjennaja Plosjtsjad over. Aan dit plein ziet u de lange gevel van de voormalige Keizerlijke Stallen ② *(blz. 113)*. Op de kruising van het Gribojedovkanaal en de Mojka liggen twee ingenieus verbonden bruggen, Malo-Konjoesjenny Most (Kleine-Stalbrug) en Teatralni Most (Theaterbrug) *(blz. 37)*. Ga over deze bruggen naar de noordoever van de Mojka met de enorme gevel van het Adaminihuis ③, dat door Domenico Adamini in 1823-1827 werd ontworpen. Tussen 1916 en 1919 werd

de kelder gebruikt door een kunstenaars- en schrijversclub die zich 'Bivak der Komedianten' noemde. Tot de gasten behoorden de toneelregisseur Vsevolod Meyerhold en de dichters Aleksandr Blok en Anna Achmatova *(blz. 44)*. Sla links af naar Naberezjnaja Reki Mojki en loop langs de Ronde Markt ④, gebouwd in 1790 door Giacomo Quarenghi, die in winkelgalerijen was gespecialiseerd. Loop verder langs de kade en over Adams Bolsjoi Konjoesjenny Most (Grote-Stalbrug) naar het in 1913-1915 gebouwde huis ⑤ van vorst Abamelek-Lazarev. De gevel met Korinthische pilasters en sierlijke reliëfs van dansende figuren is van Ivan Fomin. Op de oever aan de overzijde staat het 18de-eeuwse appartementenblok waar Poesjkin de laatste maanden van zijn leven doorbracht. Zijn woning is nu een museum ⑥ *(blz. 113)*.
Bij de kruising van Millionaja Oelitsa en het mooie Winterkanaal (Zimnaja Kanavka) ligt de voormalige kazerne van het keurkorps der Prejobrazjenskigardisten. Dit korps werd rond 1690 door Peter de Grote gesticht.
Aan de overkant van het

Quarenghi's Ronde Markt (1790) ④, die uitkijkt op de Mojka

0 meter   300

SYMBOLEN

• • • Wandelroute

M Metrostation

Gezicht op het door bomen omzoomde Gribojedovkanaal

Winterkanaal ligt de Nieuwe Hermitage ⑦ *(blz. 84)*. Tien granieten atlanten dragen het gewicht van het portaal. Op weg terug naar de Mojka komt u langs een groen, drie verdiepingen tellend huis ⑧, door F. Demertsov gebouwd voor Aleksander I's militaire adviseur en eerste minister, graaf Aleksej Araktsjejev. De Mojka maakt nu een bocht achter de majestueuze gebouwen van het Paleisplein *(blz. 83)*, waaronder dat van de Staf der Gardisten ⑨ en Carlo Rossi's indrukwekkende gele Generale Stafgebouw ⑩. Steek Pevtsjeski Most (Zangersbrug) *(blz. 37)* ⑪ over en volg de Mojka naar Zeleny Most (Groene Brug). Het gele gebouw aan de andere kant van de Mojka is het Literair Café ⑫, ten tijde van Poesjkin een ontmoetingsplek voor schrijvers *(blz. 83)*.

Nevski Prospekt

Sla links af de hoofdstraat van Sint-Petersburg in, waar diverse architectonische stijlen te zien zijn. Links ziet u de gevel van Paul Jacots Hollandse Kerk ⑬ *(blz. 47)*, met daarachter een aantal winkels.

Aan de overzijde staat de gevel van het barokke Stroganovpaleis ⑭ *(blz. 112)*, dat sterk contrasteert met het Modehuis in style moderne ⑮ *(blz. 47)*, met zijn gevel met drie immense boogramen. Het voorplein van de Onze-Lieve-Vrouwe-van-Kazankathedraal ⑯ *(blz. 111)* is iets verderop te zien.

Het Gribojedovkanaal

Steek Nevski Prospekt over bij het aantrekkelijke Singerhuis *(blz. 47)* en volg de Gribojedov zuidwaarts. Bij Georg von Traitteurs Bankovski Most) (Bankbrug) *(blz. 35)* ⑰, die met gouden griffioenen is versierd, moet u het kanaal oversteken en doorlopen langs het water en de smeedijzeren relingen naar de achterkant van de voormalige Kredietbank ⑱ (nu de zetel van een financiële en economische hogeschool). De bultige Kamenny Most (Stenen Brug) bestaat al sinds 1776, ondanks de poging van een groep revolutionairen om hem op te blazen toen Alexander II in 1881 in zijn koets passeerde. Aan de andere kant van Demidov Most, op de hoek van Kaznatsjejskaja Oelitsa ⑲ (nr. 1), ligt het appartement waar Dostojevski *Aantekeningen uit het dodenhuis* (1861) schreef. In het voormalige Zverkovhuis ⑳ woonde de schrijver Nikolaj Gogol *(blz. 44)*.

De tocht eindigt op Sennaja Plosjtsjad *(blz. 122)*, waar drie metrostations zijn.

Nevskiy Prospekt 2

Nevskiy Prospekt 1

Gostinyy Dvor

Hier woonde Dostojevski ⑲, aan het Gribojedovkanaal

Griffioenen (1826), Bankovskibrug

Wandeling over het Kamenny- en Jelagineiland

De noordelijke eilanden van de Nevadelta, een gebied met berken- en lindebomen en mooie uitzichten over de rivier, vormen een uitwijkplaats voor het drukke stadsleven. Aan het eind van de 18de eeuw liet de keizerlijke familie paleizen bouwen op het Kamenny- en Jelagineiland, waar zich al gauw ook aristocratische families vestigden. Voor de Revolutie hadden veel industriëlen en beroemdheden hier een datsja. Nu worden deze huizen, in stijl variërend van neogotisch tot neoclassicistisch en style moderne, door de zakelijke elite in hun vroegere staat teruggebracht.

men bij het houten Kamennoostrovskitheater ⑤, dat in 1827 in slechts 40 dagen werd gebouwd. De neoclassicistische porticus, die in 1844 door Albert Kavos werd herbouwd, is nog steeds indrukwekkend. Op de oevers van de Krestovkarivier, met uitzicht op de scheepswerven van het Krestovski-eiland, zijn vele plekken uitgelezen voor een picknick (maar houd er rekening mee dat het in het weekeinde niet gratis is). Keer terug naar het pad om weer op de wandelroute te komen en loop over 1-y Jelagin Most naar het Jelagineiland.

Jelagineiland

Dit eiland, populair bij degenen die de stad willen ontvluchten, is een oase van rust. Bij de ingang van het terrein van Carlo Rossi's Jelaginpaleis

Houten gevel van het Dolgoroekovhuis ③

3-Y JELAGIN MOST
4-Y Severny proed
2-Y Severny proed
5-Y Severny proed
Srednaja Nevka
Средняя Невка
4-Y Joezjny proed
JELAGIN OSTROV
TSENTRALNI PARK KOELTOERI I OTDJECHA IM KIROVA
3-Y Joezjny proed
2-Y Joezjny proed
2-Y JELAGIN MOST
1-Y Joezjny proed
⑥

Zuidkant
Kamennyeiland

Begin bij het Tsjernaja Retsjkametrostation en ga zuidwaarts naar de Bolsjaja Nevka, steek dan de Usjakovski Most (Usjikovbrug) over naar het Kamennyeiland, een recreatiegebied. Net over de hoofdweg ligt de kleine bakstenen Johannes de Doperkerk ①, door Joeri Velten in 1776–1778 in neogotische stijl ontworpen. Vlakbij leidt een gele poort naar het terrein van het Kamennoostrovskipaleis ② (dat nu een bejaardenhuis is), vanwaar Alexander I de veldtocht van 1812 tegen Napoleon leidde (*blz. 26*).
Volg Kamennoostrovski Prospekt naar de Malaja Nevka en ga dan rechtsaf naar Naberezjnaja Maloj Nevki, waar op nr. 11 een indrukwekkend houten herenhuis met een portaal met witte zuilen ③ staat: het Dolgoroekovhuis, in 1831–1832 door Smaragd Sjoestov

gebouwd voor de Dolgoroekovs, een van Ruslands oudste adellijke families.
Vanaf dit punt kunt u het Aptekarski-eiland zien, dat is genoemd naar de door Peter de Grote gestichte medische kruidentuin. De botanische tuinen liggen hier nog altijd. Volg het pad, dat uitkomt bij Naberezjnaja Reki Krestovki. Het huis links, richting Malo Krestovski Most (Kleine Krestovskijbrug), is het voormalige huis van Sergej Tsjajev ④, die de belangrijkste ingenieur van de trans-Siberische spoorlijn was. Tsjajev droeg de modieuze architect Vladimir Apsjkov in 1913–1914 op dit redelijk mooie style-moderneherenhuis te bouwen. Ga door in westelijke richting en steek de kanaalbrug over om uit te ko-

De toren van de Johannes de Doperkerk (1776–1778) ①

De indrukwekkende gevel van het Kamennoostrovskitheater (1827) ⑤

⑥ *(blz. 126)* staat een tolhek. De westelijke punt van het eiland is ideaal om te genieten van zonsondergangen boven de Finse Golf, vooral tijdens de Witte Nachten *(blz. 51)*. Naar het zuiden gaat u over de 2-y Jelagin Most naar het Krestovski-eiland, het Kirovstadion, het Park van de Overwinning ter Zee en Primorski Prospekt. Naar het noorden gaat u over de 3-y Jelagin Most naar Primorski Prospekt en de door Gavriil Baranovski in 1909–1915 gebouwde boeddhistische tempel.

Noordkant Kamennyeiland
Keer terug naar het Kamennyeiland over 1-y Jelagin Most en neem de linkerweg naar Teatralnaja Alleja, vanwaar u het voormalige landhuis ziet van Aleksandr Polovtsov ⑦, minister van Buitenlandse Zaken onder Nicolaas II. Dit schitterende neoclassicistische huis met style-moderne-elementen werd in 1911–1913 door Ivan Fomin gebouwd. Verlaat Teatralnaja Alleja en loop door het rustige park, tussen de vijvers en het kanaal door. Bij de kruising met Bolsjaja Alleja staan nog twee vroeg-20ste-eeuwse landhuizen. Het linker is Follenveiders landhuis ⑧, met zijn opval-

Het vroeg-20ste-eeuwse Polovtsovhuis ⑦

lende toren. Het werd in 1904 gebouwd door Roman Meltzer en hoort nu bij het Deense consulaat. De datsja van Jevgenija Gausvald ⑨ stamt uit 1898 en is een van de eerste style-modernegebouwen in Sint-Petersburg, ontworpen door Vasili Schöne en Vladimir Tsjagin.

Keer ten slotte over de 2ya Berezovaja Alleja terug naar het vertrekpunt bij Oesjakovski Most en metrostation Tsjernaja Retsjka.

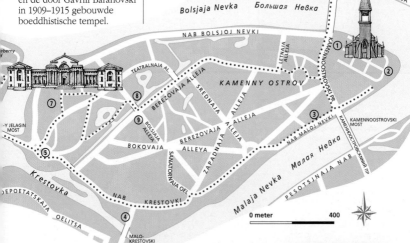

SYMBOLEN

••• Wandelroute

Ⓜ Metrostation

WANDELTIPS

Vertrek: metrostation Tsjernaja Retsjka (blz. 215). **Lengte:** 6 km. *Rustpunten:* Café in de voormalige stallen van het Jelaginpaleis (alleen 's zomers) en er zijn genoeg plekken waar u aangenaam kunt picknicken.

De lommerrijke oevers van de Krestovkarivier

Wandeling langs de kade

Moskovieten zijn jaloers op de spectaculaire, weidse contouren van Sint-Petersburg en deze tocht over de noordelijke Nevaoever biedt een fraai uitzicht op de prachtige zuidelijke waterkant en ook op de Petrogradskajazijde, vanaf de Drie-eenheidsbrug die de rivier kruist op haar breedste punt. 's Winters bevriest de Neva tot één witte vlakte. In de warme maanden golft het water hypnotiserend door de stad. De wandeling gaat langs de mooiste style-modernebouwkunst, het Huisje van tsaar Peter, de kruiser Aurora, die het startschot gaf voor de revolutie van 1917, **Mantsjoerijse leeuw** ⑦ en de trein die Lenin naar Rusland bracht.

scherpe spits is van de barokke Petrus en Pauluskathedraal ⑤. De brug werd in 1903 voltooid voor het tweede eeuwfeest van de stad door de Franse firma Batignol, die ook de Eiffeltoren gebouwd had. Keer terug naar de oever en loop oostwaarts langs Petrovskajakade en het Huisje van Peter de Grote ⑥ *(blz. 73)*. De hut werd in mei 1703 in drie dagen gebouwd van dennenbalken. Peter

Kamennoostrovski Prospekt
Ga vanuit het Gorkovskaja-metrostation onder de weg door. Loop zuidwaarts via de Konverski prospekt, een boulevard die bekend is om zijn style-modernebouwkunst. Bijna direct vallen de minaretten op van de enige moskee in de stad. De Sobornajamoskee ① *(blz. 70)*, een van de grootste

Drie-eenheidsplein
Tot de val van de Sovjet-Unie heette dit het Revolutieplein, ter ere van de 48 arbeiders die hier door regeringssoldaten werden neergemaaid. Loop de style-moderne-Drie-eenheidsbrug ④ *(blz. 35)* op, die de Neva overspant op haar breedste punt en uitzicht biedt op de rivier en de Petrus en Paulusvesting *(blz. 66–67)*. De naald-

Interieur van het Huisje van Peter de Grote ⑥

Petrus en Paulusvesting en de Petrus en Pauluskathedraal ⑤

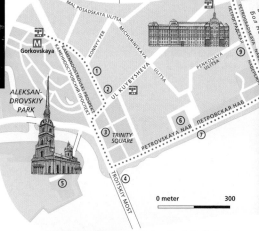

van Europa, verrees in 1913. Iets verder, bij de kruising met de ulitsa Koejbisjeva, ligt de Ksjesinskajavilla ② *(blz. 72)*, een verfijnd, asymmetrisch style-modernehuis dat de ballerina Matilda Ksjesinskaja (ex-minnares van Nicolaas II) in 1906 liet bouwen. Het was het bolsjewiekenhoofdkwartier en Lenin sprak er de massa toe, maar het is nu het Museum voor Russische Politieke Historie, met voorwerpen uit de Revolutietijd.
Sla rechts af, de Oelitsa Koejbisjeva in, ga dan links de Kamennoostrovski Prospekt op *(blz. 70)*. Links liggen het Drie-eenheidsplein ③ *(blz. 72)*, hart van de kooptiedenwijk, toneel van de 'Bloedige Zondag'-slachting tijdens de revolutie van 1905, en de vrij nieuwe Drie-eenheidskapel.

De kruiser Aurora (1900) afgemeerd voor de Nachimovzeevaartschool ⑨

Blik op de bevroren Neva en de gouden koepel van de Izaäkkathedraal op de zuidoever

woonde er zes jaar om toe te zien op de bouw van zijn stad. Catharina de Grote voegde later het bakstenen omhulsel toe. Op de trappen voor de hut staan de Mantsjoerijse Leeuwen ⑦, twee beelden die in de rampzalige (voor Rusland) Japans-Russische oorlog (1904–1905) uit Mantsjoerije werden gehaald.

loste als signaal voor bestorming van het Winterpaleis. Die gebeurtenis bracht de bolsjewieken aan de macht. Het oorlogsschip bevat ook een museum.
Het neobarokke gebouw verderop aan de kade links is de Nachimovzeevaartschool ⑨, gebouwd in 1910–1911. Steek nu de Sampsonjevski Most over naar de Pirogovskaja naberezjnaja. Hier kunt u, als u wilt, tram 6 nemen naar het eind van de wandelroute.

WANDELTIPS

Beginpunt: *Sobornajamoskee*
Bereikbaar: *Metrostation Gorkovskaja* (blz. 223)
Afstand: *3,5 km.*
Rustplaatsen: *Langs de noordkade zijn er gelegenheden die snacks verkopen, vooral bij de kruiser Aurora en het Huisje van Peter de Grote.*

Plosjtsjad Lenina

De meeste beelden van Lenin werden neergehaald na de ondergang van de Sovjet-Unie. Dit beeld is uit 1926. Let op de beroemde 'Taxi!'-pose die zo geliefd was bij ontwerpers van monumenten voor 'grootvader Lenin', zoals Sovjetkinderen hem moesten noemen. Pal tegenover het plein, aan de andere kant van de rivier, rijst het 'Bolsjoi Dom' op, het sombere voormalige KGB-hoofdkwartier. Hier werd voor naar schatting 47.000 burgers het doodvonnis uitgevoerd door vuurpelotons. Het is nu het hoofdkwartier van de FSB (opvolger van de KGB) en een gevangenis.
Loop ten slotte de Plosjtsjad Lenina over naar het Finlandstation ⑫ *(blz. 126)*, waar de trein staat die Lenin naar Rusland bracht om de Oktoberrevolutie van 1917 te leiden – en de lotsbestemming te veranderen van het grootste land ter wereld. Het Finlandstation herbergt ook het metrostation Plosjtsjad Lenina.

SYMBOLEN

Ⓜ	Wandelroute
🚇	Metrostation
🚊	Tramhalte
🚉	Spoorwegstation

De kruiser *Aurora*

Volg de kade naar Petrogradskaja Nab en de historische kruiser Aurora ⑧ *(blz. 73)*, beroemd om de schoten die hij

Gaat u te voet verder, dan leidt de kade naar Arsenalnaja naberezjnaja en langs de Militaire Medische Academie ⑩ – gebouwd in de tijd van tsaar Paul I in neoklassieke stijl. Ga linksaf de Plosjtsjad Lenina ⑪ op. Op het plein staat een van de weinige overgebleven Leninbeelden van de stad.

Leninbeeld op Plosjtsjad Lenina ⑪, dicht bij het Finlandstation

BUITEN SINT-PETERSBURG

BUITEN SINT-PETERSBURG

Het gebied rond Sint-Petersburg is typerend voor het noordwesten van Rusland. Het vlakke land, met zijn dennenbossen en meren, biedt tevens plaats aan een aantal interessante culturele bezienswaardigheden, waaronder de keizerlijke paleizen en de ommuurde middeleeuwse stad Novgorod.

Voordat Sint-Petersburg in 1703 werd gesticht, was het omliggende land een moerassige en onherbergzame wildernis, waar wolven leefden. Niettemin was het gebied van de Finse Golf tot het Ladogameer van strategisch belang voor de handel en dus een terugkerende reden voor oorlogen tussen Zweden en Rusland. De enige belangrijke stad in het gebied was Novgorod, een onafhankelijk en tamelijk rijk vorstendom *(blz. 17)*. Het heeft zijn bijna middeleeuwse sfeer behouden, heel anders dan bij de keizerlijke paleizen in het gebied ten zuiden van Sint-Petersburg. Zij weerspiegelden de smaak van hun eigenaars. De fraaie residentie Peterhof, van Peter de Grote, wordt beheerst door water: de Golf en de fonteinen weerspiegelen Peters belangstelling voor de zeevaart. Elisabeth wilde le-

Muze van liefde en poëzie, Pavlovsk

vendige kleuren en overdaad voor haar extravagante bals, vandaar het barokke paleis bij Tsarskoje Selo. Catharina de Grotes voorliefde voor intimiteit resulteerde in de toevoeging van privévertrekken aan Tsarskoje Selo en het Chinese Paleis aan Oranienbaum. De militaire obsessie van Paul I deed hem Gattsjina in een kasteel veranderen en zijn vrouw Maria Fjodorovna schiep een vrouwelijke, elegante residentie bij Pavlovsk. Alle paleizen, behalve Oranienbaum, raakten in de Tweede Wereldoorlog *(blz. 27)* zwaar beschadigd. Men is al 60 jaar bezig met de restauratie.

De middenklasse bouwde bescheidener landhuizen. De datsja van de schilder Repin, ten noordwesten van de stad, geeft bezoekers een indruk van een meer bohemienachtige levensstijl.

Het Novgorodkremlin met de Sophiakathedraal en het belfort

◁ Verguldsels sieren de belangrijkste trap van het Grote Paleis van Peterhof

De omgeving van Sint-Petersburg

Veel Petersburgers verlaten in het weekeinde en in de vakanties de stad om naar hun datsja te gaan. Er zijn echter ook andere manieren om het gebied rond Sint-Petersburg te leren kennen. Er zijn vele prachtige keizerlijke paleizen, die als parels aan een ketting ten zuiden van de stad liggen, elk met schitterende interieurs en prachtige parken en tuinen met meren. Rond het kunstenaarsatelier in Repino ligt een meer Baltisch landschap, met naaldbossen tot aan de kiezelstranden van de Finse Golf. Verder zuidwaarts ligt de middeleeuwse stad Novgorod, een schitterend voorbeeld van een oude Russische stad, inclusief een ommuurd kremlin en kerken met uivormige koepels.

Gevel van het Chinese Paleis bij Oranienbaum

VERVOER

Met een georganiseerde excursie per trein of per bus *(blz. 229)* is het niet zo moeilijk om alle keizerlijke paleizen en Repino te bereiken. Zelf rijden gaat minder gemakkelijk en duurt vaak langer dan met de trein. 's Zomers is de draagvleugelboot een alternatieve manier om Peterhof *(blz. 228-229)* te bereiken. Elk van deze bezienswaardigheden kan op één dag worden bezocht. Novgorod ligt echter verder en het is zinvol er langer te blijven. Er vertrekken treinen vanaf het Moskoustation *(blz. 229)* naar Novgorod.

Kustlandschap langs de Finse Golf

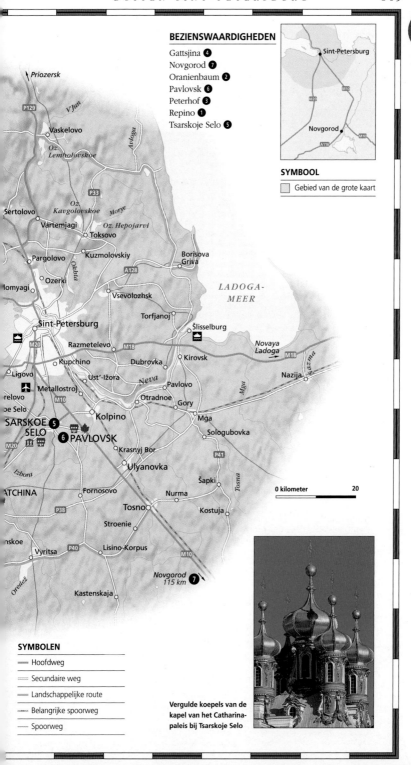

BEZIENSWAARDIGHEDEN

Gattsjina ④
Novgorod ⑦
Oranienbaum ②
Pavlovsk ⑥
Peterhof ③
Repino ①
Tsarskoje Selo ⑤

SYMBOOL

☐ Gebied van de grote kaart

Priozersk

P129

V'jun

Vaskelovo

Avloga

Oz. Lembolovskoe

P33

Oz. Kavgolovskoe

Morye

Sertolovo

Vartemjagi

Toksovo

Oz. Hepojarvi

Pargolovo

Kuzmolovskiy

Borisova Griva

Okbta

Ozerki

A128

Vsevolozhsk

LADOGA-MEER

Iomyagi

Sint-Petersburg

Torfjanoj

Šlisselburg

Novaya Ladoga →

M20

Razmetelevo

M18

M18

Kupchino

Dubrovka

Kirovsk

Nazija

Kazua

Ligovo

Ust'-Ižora

Neva

Metallostroj

Pavlovo

Mga

relovo

M10

Otradnoe

Gory

oe Selo

Kolpino

Mga

SARSKOE SELO ⑤

Sologubovka

M20

⑥ PAVLOVSK

Izbora

Krasnyj Bor

P41

ATCHINA

Ulyanovka

Fornosovo

Šapki

Tosna

Nurma

0 kilometer   20

P38

Tosno

Kostuja

Stroenie

nskoe

Vyritsa

P40

Lisino-Korpus

M10

Oredez

Novgorod 115 km ⑦

Kastenskaja

SYMBOLEN

━━ Hoofdweg

═══ Secundaire weg

━━ Landschappelijke route

⚬━ Belangrijke spoorweg

─── Spoorweg

Vergulde koepels van de kapel van het Catharina-paleis bij Tsarskoje Selo

Repino ❶
Репино
Repino

47 km ten noordwesten van Sint-Petersburg. 🚉 *van Finlandstation.*
🚌 *211 vanaf Tsjernaja Retsjka.*
Penaty Primorskoje Sjosse 411.
Tel. *4320834.* ⏱ *wo–zo 10.30–16.00 uur.* 🇬🇧 *Engels.* ♿ *begane grond.*

Ongeveer een uur rijden van
Sint-Petersburg ligt, langs de
noordelijke kustweg, Primorskoje Sjosse, een gebied met
meren, dennenbossen en
stranden. Tussen de groen-
geverfde datsja's en sanatoria
ligt Repino, een naar de kunstenaar Ilja Repin genoemd
vakantieoord *(blz. 106–107)*.
Deze woonde hier meer dan
30 jaar, tot zijn dood in 1930
op 86-jarige leeftijd. Zijn bui-
tengewone datsja, met glazen
dak en onder een hoek
geplaatste ramen, is nu een
museum. Het huis werd
Penaty genoemd, naar de
Romeinse huisgoden, penaten,
en door Repin zelf herbouwd.
Hij heeft het voorzien van alle
faciliteiten die een kunstenaar
maar nodig kan hebben. Er is
beneden een veranda met
glazen panelen die in de
winter als atelier werd
gebruikt. In het atelier op de
eerste etage worden
de werken en een aantal
werken van de kunstenaar
getoond, waaronder een
onvoltooid portret van Poesjkin *(blz. 44)* en Repins laatste
zelfportret. De eetzaal is
versierd met werken van de
kunstenaar, waaronder portretten van de zanger Fjodor
Sjaljapin en de schrijver
Maxim Gorki, die Repin
regelmatig bezochten. Een
speciaal geconstrueerde

Het atelier van de kunstenaar Ilja Repin in zijn huis in Repino

eettafel stelde gasten in staat
om zichzelf te bedienen en
de vaat op te bergen. Iedereen die deze huishoudregel
niet gehoorzaamde diende
een toespraak te houden vanaf de spreekstoel in de hoek.
In de tuin markeert een eenvoudig kruis op een heuveltje
het graf van Repin.

Oranienbaum ❷
Ораниенбаум
Oranienbaum

Oranienbaum, 40 km ten westen
van Sint-Petersburg. **Tel.** *4223753,
4231627 of 4228016 (excursies).*
🚉 *van het Baltisch Station.*
Terrein ⏱ *9.00–20.00 (gratis vanaf
17.00 uur).* **Chinees Paleis en
Paleis van Peter III** ⏱ *juni–sept.:
wo-ma. 10.30–18.00 uur.*
Sleeheuvelpaviljoen 🔘 *tijdelijk.*
🇬🇧 🎫

Oranienbaum, het extrava-
gante project van Peter de
Grotes beste vriend en belangrijkste adviseur Aleksandr
Mensjikov *(blz. 62)*, was
qua opzet veel ambitieuzer
dan Peters paleis Peterhof
(blz. 148–151), dat maar

12 km westwaarts ligt.
Mensjikov ging er zelfs failliet
aan en toen hij in 1727 uit de
gratie viel, verdween het complex naar de schatkist. Het barokke uiterlijk van het Grote
Paleis van Oranienbaum is
weinig veranderd sinds de
bouw in 1710–1725. De vleugels van het door Gottfried
Schädel en Giovanni-Maria
Fontana gebouwde paleis
monden uit in twee prachtige
paviljoenen. Delen van het
paleis en het oostelijke
(Japanse) paviljoen zijn geopend voor het publiek. Van
1743 tot 1761 was Oranienbaum de residentie van de
troonopvolger, de latere Peter
III, die een miniatuurfort met
een klein meer voor zijn 'marine' liet aanleggen en een pa-
radeplaats waar hij met soldaten oorlogsspelletjes speelde.
Peter liet ook door Antonio
Rinaldi een bescheiden paleis
voor zichzelf bouwen.
Peters vrouw Catharina haatte
het geïsoleerde bestaan op
Oranienbaum, maar na de
moord op Peter *(blz. 22)*
maakte zij er haar 'persoonlijke datsja' van. Het rond
1760 gebouwde Chinese
Paleis is beroemd vanwege
het rococo-interieur en de
Chinese spullen. Het vreemd-
ste gebouw van Oranienbaum
is Rinaldi's Sleeheuvelpaviljoen, dat in 1762 werd gebouwd. Houten sleeheuvels
waren populair bij de Russische adel. Catharina's gasten
beklommen het blauw-witte
paviljoen om er vervolgens
met een slee af te glijden.
Langs de 500 m lange baan
stond eerst een colonnade.
Deze stortte in 1813 in, maar
er is een schaalmodel te zien

Mensjikovs Grote Paleis (1710–1725), Oranienbaum

in het paviljoen.

Men kan enkele aangename uren doorbrengen met wandelen over het uitgestrekte terrein met zijn afgeschermde paadjes, dennenbossen, vijvers en bruggen.

Oranienbaum was het enige paleis in het gebied dat in de Tweede Wereldoorlog aan de Duitse bezetting ontsnapte *(blz. 27)*. In 1948 werd het landgoed Lomonosov genoemd, naar de beroemde 18de-eeuwse geleerde *(blz. 45)*, die vlakbij een glasen mozaïekfabriek stichtte, maar nu is de oorspronkelijke naam weer in ere hersteld.

Het centrale deel van het Gattsjinapaleis

1781 werd voltooid. Toen Orlov twee jaar later stierf gaf Catharina het landgoed aan haar zoon en erfgenaam Paul (de latere Paul I). Deze gaf zijn favoriete architect Vincenzo Brenna opdracht om het paleis aan te passen. De grootschalige aanpassingen van Brenna omvatten de bouw van een extra verdieping en de aanleg van een gracht met ophaalbrug.

De volgende Romanov die hier verbleef was Alexander III, die er eind 19de eeuw de permanente residentie van zijn gezin van maakte. Gattsjina was een veilige plaats waar men zich ver wist van de sociale onrust die de hoofdstad bedreigde *(blz. 26)*. De keizerlijke familie leidde hier een eenvoudig en afgezonderd bestaan. Naar de steeds burgerlijker voorkeuren van de adel in heel Europa versmaadden zij de staatsievertrekken en trokken zich terug in de intiemere

personeelsvertrekken.

In 1917, vlak na de machtsovername door de bolsjewieken, vluchtte de leider van de Voorlopige Regering, Aleksandr Kerenski, naar Gattsjina, waar hij probeerde aanhangers om zich heen te verzamelen. Na een week liet hij zijn troepen in de steek en ging in ballingschap. In de Tweede Wereldoorlog werd het paleis zwaar beschadigd en na de oorlog werd Gattsjina jarenlang als militaire academie gebruikt. De drie mooiste gerestaureerde zalen zijn de Marmeren Eetzaal, de sombere slaapkamer van Paul I boven in een van Brenna's torens en de schitterende Witte Balzaal. Op de begane grond is een wapenexpositie ingericht.

Het omliggende terrein van 700 ha is aan het einde van de 18de eeuw aangelegd. Het biedt attracties als de ronde Tempel van Venus (1793) op het afgezonderde Eiland der Liefde en het Berkenhuis (1790), dat niet veel meer lijkt dan een stapel blokken, maar een paar prachtige kamers bevat. Op het meer kunnen boten worden gehuurd en in het schone water is het goed zwemmen. Ook kunt u hier goed picknicken.

Chinese decoraties in Catharina de Grotes Chinese Paleis, Oranienbaum

Peterhof ❸

Zie blz. 148–151.

Gattsjina ❹

Гатчина

Gatsjina

45 km ten zuidwesten van Petersburg. 🚆 *van het Baltisch Station.* 🚌 *431, K-18, K-18a van metrostation Moskovskaja.* **Tel.** *8-8137193492.* 🕐 *dizo 10.00–18.00 uur.* ⬤ *eerste di van de maand.* 📷 🎫 *Engels (bel voor afspraak).* 📧
www.gatchinapalace.ru

In 1765 gaf Catharina de Grote het dorp Gattsjina cadeau aan haar minnaar Grigori Orlov. Deze droeg Antonio Rinaldi op er een neoclassicistisch paleis te bouwen, dat in

Tsarskoje Selo ❺

Zie blz. 152–155.

Gattsjina's weelderige Witte Balzaal met pseudo-Egyptische beelden

Peterhof ❸

Петергоф

Petergof

Peterhof, dat uitziet op de Oostzee, is een perfecte uitdrukking van triomfalisme. Het Grote Paleis (1714–1721), oorspronkelijk ontworpen door Jean-Baptiste Le Blond, kreeg tijdens de regering van tsarina Elisabeth een ander aanzien toen Bartolomeo Rastrelli een derde verdieping en vleugels met paviljoenen aan de uiteinden toevoegde. Hij probeerde Le Blonds vroeg-barokke buitenkant te bewaren, maar richtte het interieur opnieuw in. Peterhof staat midden in een prachtig park, met zowel Franse als Engelse tuinen.

Uitzicht op de Grote Cascade, die naar de Finse Golf leidt

Neptunus-fontein

Eik-fontein

Mezjeoemny-fontein

De boventuinen worden omlijst door borders en heggen en zijn verfraaid met kleine siervijvers.

De keizerlijke suite

De keizerlijke suite ligt in de oostvleugel. Peters eiken studeerkamer is een van de weinige kamers die niet afwijken van het ontwerp van Le Blond. Enkele van de eiken panelen zijn originelen (1718–1721) van Nicolas Pineau.

Cottage-paleis

Oranjerie

Romeinse Fontein

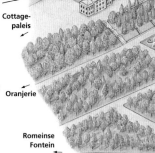

★ De Grote Cascade

De imposante cascade (1715–1724) voert langs 37 vergulde bronzen beelden, 64 fonteinen en 142 waterspuwers (blz. 151) en loopt van de terrassen van het Grote Paleis naar het Zeekanaal en de zee.

Piramide-fontein

Monplaisi

Adams-fontein

0 meter   25

HET PALEIS VAN DE PETER DE GROTE

Na zijn overwinning op de Zweden bij Poltava in 1709 besloot Peter de Grote tot de bouw van een paleis 'passend voor de hoogste der vorsten'. Een bezoek aan Versailles in 1717 vergrootte Peters ambities. Hij zette 5000 arbeiders, slaven en soldaten in, plus een klein legertje architecten, waterbouwkundigen, tuiniers en beeldhouwers. Vanaf 1714 werd er extra spoed achter gezet en in 1723 werd Peterhof officieel geopend. Le Blonds Grote Paleis werd in 1721 voltooid, maar is later flink veranderd. Rond 1770 droeg Catharina de Grote Joeri Velten op enkele van Rastrelli's vertrekken, waaronder de Troonzaal en de Tsjesmazaal, opnieuw in te richten.

Jean-Baptiste Le Blonds originele Grote Paleis (twee etages)

TIPS VOOR DE TOERIST

Petrodvorets, 30 km ten westen van St.-Petersburg. *Tel. 4200073.* van Baltisch Station (blz. 220) naar Novyy Petergof. Hermitage (mei–okt.) (blz. 220). **Grote Paleis** di–zo 10.30–18.00 uur. laatste di van de maand. **Andere paviljoenen** mei–sept.: di–zo 11.00–17.00; okt.–april: za en zo 11.00–17.00 uur. **Fonteinen** mei–begin okt.: 10.30–17.00 uur.

★ Hoofdtrap
Rastrelli's trapportaal is versierd met kariatiden en verguld houtsnijwerk. Het plafondfresco toont Aurora en Genius die de nacht verjagen.

Gouden Heuvelcascade

Marly en Hermitage

Eva-fontein

Samson-fontein

STERATTRACTIES

★ Grote Cascade

★ Hoofdtrap

★ Staatsievertrekken

Draagvleugelboot en Finse Golf

Het Zeekanaal stelde de tsaren in staat om van de Finse Golf naar het Grote Paleis te varen.

★ Staatsievertrekken
Het hoogtepunt van de staatsievertrekken is de rijke Troonzaal, die in 1770 door Joeri Velten werd heringericht. Sierstucwerk, roodfluwelen gordijnen en parketvloer vormen samen een goed decor voor de portretten van de keizerlijke familie.

Het Peterhofpark verkennen

Het terrein van Peterhof omvat de boven- en onder-
tuinen en het Alexandriapark, een gebied van in totaal
607 ha. Behalve de talloze paleizen en fonteinen zijn er
met bomen afgezette lanen, bospaden en de Oostzee-
kust. Le Blond ontwierp het terrein naast het Grote
Paleis in de formele Franse stijl, met geometrisch ge-
rangschikte bloembedden, beelden, zomerhuisjes en
pergola's. De bomen en struiken, waaronder linden,
elzen, esdoorns en rozen, werden uit heel Rusland en
uit het buitenland geïmporteerd.

Cottagepaleis, Alexandriapark

het publiek zijn de Eiken- en
Plataanstudeerkamer, Peters
slaapkamer en de eetzaal. De
tuin is verfraaid met beelden,
fonteinen, een grote vijver en
Niccolò Michetti's Gouden
Heuvelcascade, die in 1731–
1737 werd toegevoegd.

Paleis Monplaisir (1714–1722), uitkijkend op de Finse Golf

Monplaisir

Dit aangenaam onpretentieu-
ze paleis werd in 1714 door
Johann Braunstein ontworpen.
Zelfs na de bouw van het Grote Paleis bleef Peter in Monplaisir wonen, waar zijn gasten
gewoonlijk werden onderworpen aan een straf regime van
zwaar drinken. Bij het ontbijt
werden de koffiekopjes gevuld met cognac en tegen de
avond trof men de gasten
vaak dronken in het park aan.
Het interieur, hoewel minder
weelderig dan dat van het
Grote Paleis, is niettemin indrukwekkend. De plafond-
schildering van de Ceremo-
niezaal toont Apollo omringd
door personages van een ge-
maskerd bal. Russische icoon-
schilders voerden de decoratie van de studeerkamer uit in
de Chinese stijl die toen in
was. Peters schilderijenverza-
meling van Nederlandse en
Vlaamse meesters hangt verspreid over de kamers en vanuit de Zeevaartkamer van de
tsaar heeft men een prachtig
uitzicht op de Golf.
Naast Monplaisir ligt de Catha-
rinavleugel, die in 1747–1754
door Rastrelli werd gebouwd.

Catharina de Grote verbleef
hier in 1762 toen haar minnaar graaf Orlov haar vertelde
over de coup die haar de troon
zou bezorgen (blz. 24).

Marlypaleis

Dit mooi geproportioneerde
landhuis, genoemd naar
Marly-le-Rois, het jachtslot van
de Franse koning dat Peter de
Grote tijdens zijn rondreis
door Europa in 1717 bezocht,
werd gebouwd voor de gas-
ten van de tsaar. Open voor

Betegelde keuken in het Marly-
paleis (1720–1723)

De Hermitage

Dit stijlvolle paviljoen (1721–
1725) van Braunstein, dat
geheel afgezonderd aan de
Golfkust staat, was bedoeld
als privé-eethuis voor de tsaar
en zijn vrienden. Om de af-
zondering te versterken werd
het gebouw op een door een
gracht met ophaalbrug om-
ringde verhoging geplaatst.
De gestucte gevel is versierd
met Korinthische pilasters,
smeedijzeren balkons en ver-
grote ramen. De bedienden
zaten op de begane grond
en een mechanisch apparaat
bracht de maaltijden uit de
keuken naar boven.

Cottagepaleis

Het romantisch vormgegeven
Alexandriapark, genoemd
naar Alexandra, de vrouw
van Nicolaas I, vormt een
volmaakt decor voor het
Cottagepaleis. Dit neogotische
huis is indrukwekkender dan
het woord 'cottage' sugge-
reert. De Schotse architect
Adam Menelaws ontwierp het
in 1826–1829 voor Nicolaas I
en zijn vrouw, die een huiselijke omgeving wensten. De
gotische stijl keert overal terug, het meest effectief in de
Grote Salon, met het rozet-
venstermotief in het tapijt en
het kantachtige sierstucwerk
op het plafond. Het prachtige
5200-delige kristallen en porseleinen dinerservies in de
eetzaal is voor het keizerlijk
paar gemaakt in de Keizerlijke
Porseleinfabriek.

De fonteinen van Peterhof

Jean-Baptiste Le Blond toonde zijn 'waterplan' aan Peter de Grote in 1717, toen de tsaar al was begonnen zijn eigen ideeën uit te tekenen. Centraal stond de Grote Cascade, die moest worden gevoed door de ondergrondse bronnen in de Ropsja-heuvels, ongeveer 22 km verderop. De cascade verwijst naar de overwinning van Rusland op Zweden *(blz. 19)*,

Detail van de Mezjeoemny-fontein

die wordt gesymboliseerd door Michail Kozlovski's glorieuze beeld van Samson die de kaken van een leeuw openspert. In de beneden-tuinen vindt men triton-, leeuwen- en drakenfon-teinen met dambord-trappen en kleinere fonteinen met waterspu-wende jongelingen. Leuk zijn de 'bedriegertjes', zoals de paraplu die regent op hen die te dichtbij komen.

De Romeinse Fonteinen *zijn in 1738–1739 ontworpen door Ivan Blank en Ivan Davidov. De marmeren fonteinen grepen terug op een fontein op het St.-Pietersplein in Rome.*

De Adamsfontein, *van Giovanni Bonazza, werd in 1718 door Peter besteld, samen met een soortgelijk beeld van Eva. De twee fonteinen sugge-reren het aardse paradijs dat Peterhof in zekere zin was.*

De Neptunusfontein *is ruim 50 jaar ouder dan Peterhof. Het barokke beeld werd in 1658 in Neurenberg opgericht vanwege het einde van de Dertigjarige Oorlog. In 1782 werd het verkocht aan tsaar Paul I omdat er niet genoeg water was om het te laten werken.*

De Grote Cascade *was oorspronkelijk versierd met loden beelden, die erg verweerden en na 1799 opnieuw in brons gegoten en verguld werden. Sjoebin, Martos en an-dere bekende beeldhouwers werkten aan deze cascade.*

De Piramidefontein *(rond 1720) is een van de fonteinen waarvan de stralen een speciale vorm aannemen. Ruim 500 waterstralen creëren samen een 'obelisk' ter nagedachtenis van Ruslands overwinning op Zweden.*

Tsarskoje Selo ❺
Царское Село
Tsarskoje Selo

Het weelderige keizerlijke paleis van Tsarskoje Selo is in 1752 door Rastrelli *(blz. 93)* ontworpen voor tsarina Elisabeth. Zij gaf er de naam Catharinapaleis aan, ter ere van haar moeder Catharina I, die het landgoed oorspronkelijk bezat. De volgende heerser die een stempel op het paleis drukte was Catharina de Grote. Zij droeg de Schot Charles Cameron op het barokke interieur opnieuw vorm te geven naar haar meer neoclassicistische smaak. Cameron bouwde ook het deel bestemd voor de traditionele koude en warme baden, met de Agaatkamers en de Camerongalerij. Het paleis wordt nog gerestaureerd, maar 35 kamers en de tuin zijn geopend voor het publiek.

★ De Grote Zaal
Er valt volop licht op de spiegels, het vergulde houtsnijwerk en G. Valeriani's grote plafondschildering De triomf van Rusland (1755) in Rastrelli's schitterende zaal.

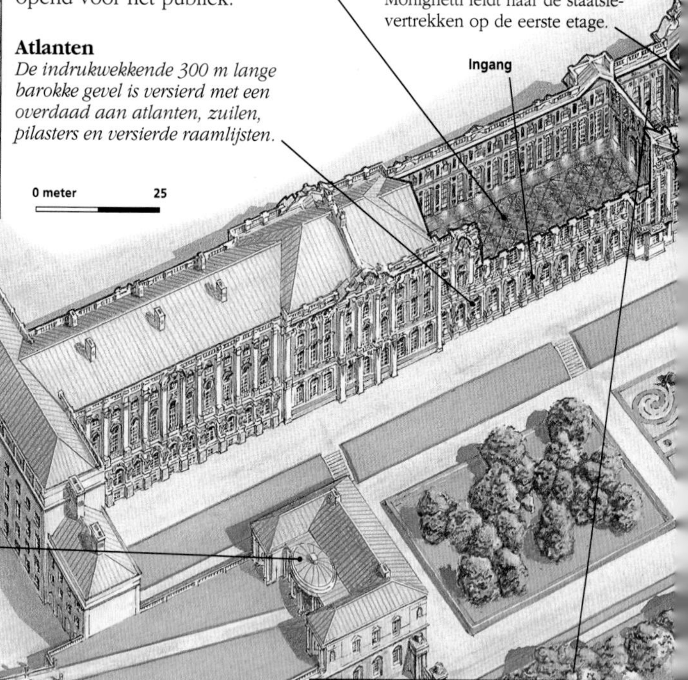

De Grote Trap (1860) van Ippolito Monighetti leidt naar de staatsievertrekken op de eerste etage.

Ingang

Atlanten
De indrukwekkende 300 m lange barokke gevel is versierd met een overdaad aan atlanten, zuilen, pilasters en versierde raamlijsten.

0 meter — 25

De Agaatkamers
(blz. 154), deel van de keizerlijke baden, zijn versierd met halfedelstenen uit de Oeral. (Tijdelijk gesloten.)

De Camerongalerij *(blz. 154)*

De Cavalierseetzaal
De tafel in de fraaie goud-witte zaal van Rastrelli is gedekt voor de kamerheren van tsarina Elisabeth.

De Keizerlijke Kapel, rijk versierd met blauw en goud, is rond 1740 gebouwd door Tsjevakinski en bevat een iconostase van zes etages.

★ **Amberzaal**
De originele amberhouten panelen (1709) van Andreas Schlüter waren een geschenk van Friedrich Wilhelm I van Pruisen aan Peter de Grote. De zaal werd aan de hand van foto's hersteld, compleet met reliëfs en panelen van Florentijns mozaïek.

De Blauwe Salon wordt gekenmerkt door op zijde geschilderde blauwe bloemmotieven. Er hangt ook een portret van Peter de Grote door Ivan Nikitin uit omstreeks 1720.

Naar het Lycée en de Kerk van het Teken (blz. 155)

De Schilderijengalerij toont 17de- en 18de-eeuwse Italiaanse, Franse, Nederlandse en Vlaamse meesters.

De formele tuinen in Franse stijl zijn omstreeks 1740 aangelegd en contrasteren met de natuurlijke Engelse stijl van het park *(blz. 154)*, dat in 1768 werd aangelegd.

★ **Groene Eetzaal**
Camerons ingetogen neoclassicistische stijl contrasteert met de barokke zwierigheid van Rastrelli's werk. De geraffineerde stucreliëfs van Ivan Martos zijn gebaseerd op motieven van de fresco's die in Pompeji zijn gevonden.

Kleine Enfilade
In deze ongerestaureerde kamers wordt een verzameling meubels en objets d'art tentoongesteld. Tot de schatten waarmee het paleis in de 19de eeuw werd ingericht behoren Chinese lakmeubels en oosterse tapijten.

TIPS VOOR DE TOERIST

Tsarskoje Selo, 25 km ten z van Sint-Petersburg. 🚉 van station Vitebsk naar Detskoje Selo, dan 🚌 371 of 382. **Paleis Tel.** 4652024. ⬜ vr–wo 10.00–17.00 ; do 12.00–14.00 & 16.00–17.00 uur. ⬤ laatste ma van de maand. 📷🚫📱🛒🍴 **Agaatkamers** ⬤ tijdelijk. **Camerongalerij** ⬤ vr–wo 10.00–17.00 uur. **Park** ⬜ dag. 📷 half mei–sept. **www**.tzar.ru

STERATTRACTIES

★ Amberzaal

★ De Grote Zaal

★ Groene Eetzaal

Tsarskoje Selo verkennen

De prachtige parken en tuinen van Tsarskoje Selo (het 'dorp van de tsaar') zijn door duizenden soldaten en arbeiders aangelegd op de plaats van een dicht bos. In 1744 begon het werk aan de formele tuinen, en in 1768 liet Catharina de Grote een van de eerste landschapsparken van Rusland aanleggen. Het 567 ha grote terrein is verfraaid met paviljoenen rond een centraal meer. De omgeving en het stadje Tsarskoje Selo, ten noordoosten van het paleis, zijn ook aangenaam om in te wandelen.

Formele tuinen voor het Catharinapaleis, Catharinapark

Catharinapark

De formele tuinen ten zuiden van het paleis zijn geometrisch aangelegd, met uitgestrekte lanen, bloemperken en terrassen, siervijvers, hagen, stijlvolle paviljoenen en klassieke beelden. Het dichtst bij het paleis liggen Camerons **Agaatkamers** (1780–1787) die momenteel gesloten zijn. De gebosseerde benedenverdieping contrasteert met de bovenverdieping in de stijl van een renaissancevilla. Het gebouw dankt zijn naam aan het agaat, jaspis en malachiet die het interieur bedekken.

Het Meisje met de kruik van Pavel Sokolov (1816)

De indrukwekkende **Cameron-galerij** uit 1783–1787 bestaat uit een gebosseerd basement en daarop een neoclassicistische zuilengalerij met 44 Ionische zuilen. Langs de galerij staan bronzen borstbeelden van klassieke filosofen, dichters en heersers. In 1792–1794 voegde Cameron een lange stenen oprijlaan toe om de ouder wordende Catharina de Grote beter toegang tot de tuinen te geven.

De neoclassicistische **Beneden- en Bovenbaden** zijn in 1777–1780 gebouwd door Ilja Nejelov. De Benedenbaden waren voor de hovelingen en de verfijnde Bovenbaden voor de leden van de keizerlijke familie. De bouw van Rastrelli's **Grot** begon in 1749, maar de decoratie van het interieur met meer dan 250.000 schelpen ging door tot in de jaren zeventig van de 18de eeuw. De hoofdlaan in de tuin leidt naar de **Hermitage** (1756), een barok paviljoen van Rastrelli, waar Elisabeth kleine groepen gasten verwelkomde voor diners.

De aanleg van de landschapstuin in het benedenpark begon in 1768, door meestertuiniers als John Bush, die onder supervisie van de architect Vasili Nejelov werkten. Een 16 km lange waterweg werd aangelegd om de talrijke kanalen, cascaden en aangelegde meren van water te voorzien, waaronder het pièce de résistance, de **Grote Vijver**. Muzikanten in Giacomo Quarenghi's paviljoen (1786) op het eiland speelden voor Catharina en haar hovelingen wanneer die in hun vergulde gondels voorbij kwamen.

Vasili Nejelovs Hollandse neogotische **Admiraliteit** (1773–1777) en de 25 m hoge **Tsjesmazuil**, die met scheepsboegen is versierd, hebben beide een maritiem thema. De zuil werd in 1771 door Antonio Rinaldi ontworpen en gedenkt de Russische overwinning op de Turken in de Egeïsche Zee.

De weerspiegeling van de roze koepel en minaret van het **Turkse Bad** glanst in het vredige water aan de andere kant van het meer. Vlakbij staat Nejelovs **Marmeren Brug** (1770–1776). Op een rots uitziend over de vijver staat het **Meisje met de kruik**, een beeld van Pavel Sokolov. Het beeld inspireerde Poesjkin tot het schrijven van zijn gedicht *Fontein van Tsarskoje Selo*, waarin het meisje haar kruik breekt en dan 'tijdloos droef bij de tijdloze stroom zit'.

De 18de-eeuwse voorliefde voor Chinese zaken blijkt uit Camerons **Chinese dorp** (1782–1796), op de rand van het wildere Alexanderpark. Joeri Veltens **Krakende Paviljoen** was zo gebouwd dat het kraakte wanneer er bezoekers kwamen.

Het Turkse Bad (1852) in Moorse stijl door Ippolito Monighetti

Krakende Paviljoen (1778–1786)

Het stadje Tsarskoje Selo

Dit 99.000 inwoners tellende stadje ontstond in de 19de eeuw als een zomerverblijf voor de aristocratie. In 1937 werd het hernoemd naar de dichter Alexander Poesjkin (blz. 43), die in 1811–1817 een opleiding volgde aan het plaatselijke **Lycée**. De stad wordt ook wel Poesjkinstad genoemd. Dit lyceum, een van

de meest prestigieuze scholen van Rusland, werd in 1811 door Alexander I gesticht om leden van de adel op te leiden. De aantrekkelijke **Kerk van het Teken** (1734) is een van de oudste gebouwen van de stad. In een tuin ernaast staat een standbeeld door Roman Bach van de in het lyceumuniform geklede Poesjkin. Poesjkin en zijn bruid Natalja brachten de zomer van 1831 door in het mooie houten huis dat nu **Poesjkins Datsja** heet. Nikolaj Gogol was een van de vrienden die hier kwamen. Aan de westelijke rand van de stad staat het **Alexanderpaleis**, gebouwd in opdracht van Catharina voor haar kleinzoon, de latere Alexander I. Het streng neoclassicistische gebouw is in 1792 ontworpen door Giacomo Quarenghi. Het was de residentie van Nicolaas II en zijn gezin van 1904 tot hun arrestatie in 1907 (blz. 28). Binnen is een tentoonstelling.

🏛 Lycée Sadovaya 2. *Tel. 476 6411.* ◐ wo–ma 10.30–17.00 uur. ● laatste vr van de maand. ▨

🏛 Poesjkins Datsja Poesjkinskaja 2/19. *Tel. 4766990.* ◐ wo–zo 10.30–17.30 uur. ● laatste vr vd maand. ▨

🏛 Alexandepaleis Dvortsovaja 2. *Tel. 4666669.* ◐ wo–ma 10.00–18.00 uur. ● laatste wo van de maand. ▨ ▨ **www.tzar.ru**

Beeld van Alexander Poesjkin (1900), door Roman Bach

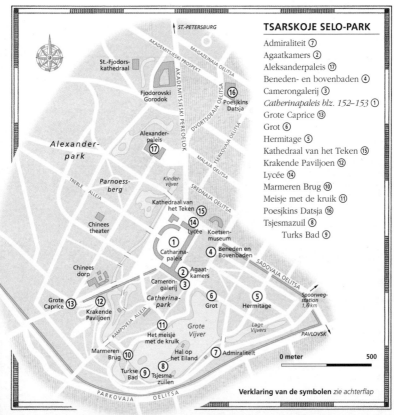

TSARSKOJE SELO-PARK

Verklaring van de symbolen zie achterflap

De keizerlijke vlag van de Romanovs wappert op het Catharinapaleis ▷

Pavlovsk ⑥
Павловск
Pavlovsk

Catharina de Grote gaf haar zoon, groothertog Paul in 1777 deze landgoederen cadeau voor de geboorte van zijn erfgenaam. Zij 'gaf' hem ook haar favoriete architect Charles Cameron, om zowel het paleis als het park te ontwerpen. Het werk aan Pavlovsk (van 'Pavel' of Paul) begon in 1780 en werd tot lang na zijn dood voortgezet door Pauls rouwende weduwe Maria Fjodorovna. In de stijl van de 'Engelse tuin' ontwierp Cameron een ogenschijnlijk natuurlijk landschap met paviljoenen, romantische ruïnes en aantrekkelijke vergezichten rond de Slavjankarivier.

Koude Baden
Cameron bouwde dit sobere paviljoen in 1799 als zomer-zwembad, met een elegante vestibule, schilderijen, meubels en rijke muur-stoffering.

De Apollocolonnade
Camerons zuilengang (1782–1783) omringt een kopie van de Apollo Belve-dere, boven een roman-tisch vervallen cascade.

Drie Gratiënpaviljoen

De Centaurbrug van Voronitsjin (1805) ligt in een bocht van de Slavjankarivier.

Vogelhuis

Camerons melkerij (1782) omvat een melk-schuur en een salon.

★ **Pavlovskpaleis**
Camerons palladiaans ogende land-huis (1782–1786) is het centrale deel van het huidige paleis (blz. 160–161). In 1789 voegde Pauls favoriete archi-tect Vincenzo Brenna vleugels toe.

★ **Vriendschaps-tempel**
Deze Dorische tem-pel (1780) was het eerste Griekse ont-werp in Rusland.

Groene Vrouw-
laan

Pavlovsk-
treinstation

Viscontibrug
*Dit is een van de beroemdste
bruggen over de slingeren-
de Slavjanka. Hij werd
in 1807 door
Andrej Voro-
nitsjin ont-
worpen.*

TIPS VOOR DE TOERIST

Pavlovsk. **Tel.** 4521536. 🚇 van
het Vitebskij- of Kuptsjinostation,
dan 🚌 370, 383, 493, K-286,
K-299, K-513 (blz. 228). **Terrein**
⬜ dag. 🎫 mei– nov.: 10.00–
17.00 uur. **Paleis** ⬜ za–do
10.00–17.00 uur. ⬤ 's winters
eerste ma van de maand. 🎫 🍴
⬜ ⬜ 📷 Engels.
www.pavlovskmuseum.ru

De Étoile
*De Étoile, het eerst ont-
worpen deel van het park,
werd door Cameron in
1780 aangelegd. De ring
van beelden stelt de negen
Muzen, beschermsters van
kunst en wetenschap, voor.*

De Mooie Vallei
was de favoriete
plek van Elisa-
beth, de vrouw
van Alexander I.

0 meter   200

Pauls mausoleum
(1808–1809) draagt
de inscriptie
'Aan mijn weldoen-
de gemaal'.

**Het Rozenpavil-
joen** (1812) was
de favoriete plek
van Maria Fjodo-
rovna. Zij hield
in dit huis veel
concerten en
literaire soirees.

STERATTRACTIES

★ Grote Paleis

★ Vriendschapstempel

Piltoren en brug
*Brenna's toren (1795–1797) had een wen-
teltrap, zitkamer en bibliotheek. De brug
werd in 1808 toegevoegd.*

Het Pavlovskpaleis verkennen

Laat-18de-eeuwse klok, Griekse zaal

Catharina droeg Charles Cameron op om het Grote Paleis (1782–1786) te bouwen terwijl Paul en zijn vrouw Maria Fjodorovna incognito als de *comte* en *comtesse du Nord* door Europa reisden. Zij kochten alles op wat zij zagen, van Franse klokken en Sèvresporselein tot wandtapijten en meubels, om hun nieuwe huis te vullen. Terug in Rusland gaven zij Brenna opdracht om hogere en rijkere vleugels toe te voegen aan Camerons palladiaanse landhuis, zodat het een echt paleis werd.

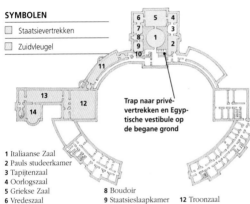

Westgevel van het palladiaanse huis

PLATTEGROND PAVLOVSKPALEIS, EERSTE ETAGE

SYMBOLEN
- ☐ Staatsievertrekken
- ☐ Zuidvleugel

Trap naar privé-vertrekken en Egyptische vestibule op de begane grond

1 Italiaanse Zaal
2 Pauls studeerkamer
3 Tapijtenzaal
4 Oorlogszaal
5 Griekse Zaal
6 Vredeszaal
7 Maria Fjodorovna's bibliotheek
8 Boudoir
9 Staatsieslaapkamer
10 Kleedkamer
11 Schilderijengalerij
12 Troonzaal
13 Ridderzaal
14 Kapel

STAATSIEVERTREKKEN

De Italiaanse Zaal, van Cameron en Brenna, 1789

Bijna alle vertrekken van het Pavlovskpaleis, ook de officiële, zijn relatief bescheiden van afmetingen. Ze weerspiegelen Maria Fjodorovna's zeer vrouwelijke smaak, die Pavlovsk eerder een soort charme dan grandeur geven. Een brand maakte in 1803 herinrichting van het interieur door Andrej Voronitsjin noodzakelijk. Hij gaf de toegangshal of Egyptische vestibule zijn huidige uiterlijk door toevoeging van de beschilderde bronzen beelden en dierenriemmedaillons. Boven de trap vindt u Brenna's staatsievestibule, met militaire reliëfs. Deze leidt naar de Italiaanse Zaal, met zijn zware deuren van rozenhout en mahonie, die onder de centrale koepel ligt. De noordelijke kamers op deze verdieping waren voor Paul, de zuidelijke voor Maria. Pauls studeerkamer wordt gedomineerd door Johann Lampi's mooie portret van Maria (1794), die een tekening van zes van hun kinderen vasthoudt. Eronder staat een door

Maria zelf gemaakte modeltempel van amber, ivoor en verguld brons. De Tapijtzaal ernaast is genoemd naar de Don Quichotwandtapijten van Gobelin die door Lodewijk XVI aan Paul werden gegeven. De mahoniehouten schrijftafel was gemaakt voor het nieuwe Michajlovskikasteel *(blz. 101)*, maar nadat Paul daar in 1801 was vermoord *(blz. 22)*, verhuisde Maria veel van het speciaal ontworpen meubilair naar het Pavlovskpaleis. De hoekkamers zijn Pauls Oorlogszaal en Maria's Vredeszaal, die beide met reliëfs en verguldsel zijn versierd. Ertussenin ligt de prachtige Griekse Zaal, een neoclassicistisch meesterwerk van Cameron.

De kamers van Maria beginnen met een kleine comfortabele bibliotheek. De stoel bij het bureau werd door Voronitsjin voor haar ontworpen: let op de ingebouwde bloemvaasjes in de rugleuning. Haar boudoir bevat motieven uit de Rafaëlzalen in het Vaticaan, beschilderde pilasters en een mooie porfieren open haard. In de Staatsieslaapkamer werd nooit

Maria Fjodorovna's boudoir, ontworpen door Brenna, 1789

Brenna's Schilderijengalerij (1789), met kroonluchters van Johann Zeck

geslapen. Tegenover het bed staat een door Marie-Antoinette geschonken 64-delig Sèvres-toiletstel met onder andere een oogbad. In de Kleedkamer staan prachtige door de bekende wapensmeden van Tula gemaakte stalen meubels (1789), waaronder een kaptafel, een stoel, vazen en een inktstel: een geschenk van Catharina de Grote.

ZUIDVLEUGEL

De stijlvolle Schilderijengalerij uit 1798 biedt een schitterend uitzicht. Slechts enkele schilderijen – de meeste zijn door het jonge stel tijdens hun reis door Frankrijk gekocht – zijn de moeite waard. Hun voorkeur ging meer uit naar toegepaste kunst.
De grootste zaal is de Troonzaal van Brenna (1797). Deze werd over het algemeen voor bals en banketten gebruikt. De tafels zijn nu gedekt met een deel van een 606-delig verguld servies. Op de lateien staan grote blauwe Sèvresvazen die

rechtstreeks van de fabriek werden gekocht (Paul en Maria besteedden daar grote sommen geld). Het plafond is tijdens de naoorlogse restauratie *(blz. 26)* beschilderd aan de hand van een origineel ontwerp dat nooit werd gebruikt. De Johannieters kozen Paul als Grootmeester toen zij in 1798 voor Napoleon van Malta vluchtten. Dit paste helemaal bij Pauls militaire obsessie en hij liet meteen lampen, tronen en decoratieve voorwerpen (nu in de Hermitage) maken en ook de Ridderzaal bouwen, voor ceremonies van de orde. De lichtgroene zaal is versierd met klassieke beelden die in de Tweede Wereldoorlog werden begraven. De serie kamers eindigt met de keizerlijke Petrus en Pauluskapel, een zeer onorthodox ontwerp van Brenna (1797–1798), versierd met kopieën van Europese schilderijen.

PRIVÉVERTREKKEN

Op de begane grond liggen de privévertrekken. De Pilasterkamer (1800), met zijn gouden pilasters, is met donker mahonie gemeubileerd. De Lantaarnstudeerkamer, een paar jaar later door Voronitsjin ontworpen, heeft een erker in de vorm van een 'lantaarn'. Maria Fjodorovna's Kleedkamer leidt naar de slaapkamer (1805). Stukjes originele zijde werden tijdens de oorlog gered en gebruikt voor de zomen van de nieuwe gordijnen. De kleine roze en blauwe Balzaal was bedoeld voor privéfeesten en hing vol met schilderijen van de toen populaire Hubert Robert. In de Algemene Studeerkamer, die als zitkamer fungeerde, hangen familieportretten, en de Frambozenkamer, Pauls privéstudeerkamer, bevat voor het Michajlovskikasteel gemaakte schilderijen gewijd aan Gattsjina.

De Lantaarnstudeerkamer, een van Voronitsjins mooiste interieurs, 1804

MARIA FJODOROVNA (1759–1828)

Pauls vrouw, Maria Fjodorovna, kreeg tien kinderen, en Pavlovsk werd als haar elfde kind gezien. Paul zelf prefereerde Gattsjina *(blz. 147)* en in 1788 werd Pavlovsk toevertrouwd aan Maria. Zij wijdde al haar energie aan het verfraaien van het paleis en het park, en gaf precieze richtlijnen aan ontwerpers en architecten, die klaagden over hun gebrek aan onafhankelijkheid. Maria maakte goed gebruik van haar praktische Duitse opvoeding. Overal in het paleis staat overigens werk van haar eigen hand, van meubilair tot familieportretten.

Inktstel (1795) gemaakt naar een ontwerp van Maria Fjodorovna

Novgorod ❼

Detail van bronzen deur van de Sophiakathedraal

De oude stad Novgorod ('nieuwe stad') werd in 859 gesticht door de Viking-vorst Rurik *(blz. 17)*. De trotse traditie van zelfbestuur van de stad begon in de 11de eeuw en duurde tot 1478, toen Ivan III de stad onderwierp. Door zijn gunstige ligging aan de Voltsjovrivier, met handige verbindingen naar Scandinavië en de Egeïsche Zee, werd Novgorod in deze periode een machtige handelsstad. In 1570 hield Ivan de Verschrikkelijke vreselijk huis in Novgorod, waarbij duizenden inwoners werden gemarteld en vermoord, omdat de stad tegen hem had samengespannen. Het was echter de opkomst van Sint-Petersburg die het verval van Novgorod bezegelde. Een groot deel van het culturele erfgoed – de middeleeuwse kerken en pittoreske straten van de stad – werd in de Tweede Wereldoorlog beschadigd, maar is nu gerestaureerd.

Het Kremlin
De op de linkeroever of Sofiskaja Storona (Sophiazijde) van de Voltsjovrivier gelegen imposante muren en torens van rood baksteen van het ovaalvormige Detinets, of Kremlin, stammen uit de 11de tot de 17de eeuw. Zoals in die tijd gebruikelijk was werd de eerste steen van de oorspronkelijke muren op het lichaam van een levend kind gelegd. Van de vele torens is de 17de-eeuwse Koekoej het opmerkelijkst met zijn 32 m tevens het hoogst. De benedenverdiepingen omvatten een wijnkelder en een schatkamer, terwijl de achthoekige kamer onder de koepel volgens de kronieken werd gebruikt 'voor het overzien van de hele stad'.

Kremlinmuren, met de zilveren koepel van de Sophiaklokkentoren (15de eeuw)

Midden in het fort staat Novgorods oudste en grootste kerk, de sterk Byzantijnse **Sophia-kathedraal** (1045–1062). Hij werd ontworpen naar de kathedraal met dezelfde naam in Kiev, maar heeft, wat typerend is voor de Novgorodschool, minder versiering en ramen. Dat was vanwege de kou

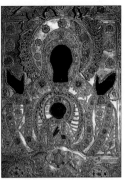

Versierd metalen icoonluik, te zien in de Facettenzaal

noodzakelijk. Op de noordmuur is kalk weggehaald om het oorspronkelijke mozaïek-effect van de grijsgele en natuur- en baksteengevel te tonen. De fraai gebeeldhouwde en zeer zeldzame deuren aan de westkant werden in 1187 als buit meegenomen uit de Zweedse plaats Sigtuna. In de linker benedenhoek ziet u portretten van de makers ervan, in de Latijnse inscriptie aangeduid als Riquin and Weissmut. Het interieur wordt door pilaren in vijf beuken verdeeld, waarvan er drie eindigen in een apsis. Er zijn fragmenten van vroege fresco's bewaard gebleven en de iconostase is een van de oudste in Rusland; hij bevat iconen uit de 11de tot de 17de eeuw.

Ten oosten van de kathedraal staat de **klokkentoren**, die sinds de bouw in 1439 veel veranderd is. De klokken, die nu beneden worden getoond, zijn eind 16de, begin 17de eeuw gegoten.

In de noordwestelijke hoek van het Kremlin bevindt zich het **Aartsbisschoppelijk Hof**, dat in zijn glorietijd een machtige instantie was, met zijn eigen schatkamer, politiemacht en militaire wacht. Onder de 15de-eeuwse klokkentoren leidt een aantrekkelijke trap naar de **bibliotheek**, die prachtige middeleeuwse manuscripten bevat. De **Facettenzaal**, grenzend aan de kathedraal, is het beroemdste deel van dit ensemble. De sublieme ontvangstzaal met stergewelf dateert uit 1433 en

De 11de-eeuwse Sophiakathedraal, het symbool van Novgorod

toont schatten uit de kathedraal, waaronder met juwelen afgezette mijters en icoonluiken van edele metalen.

Binnen het Kremlin bevindt zich het **Museum van Geschiedenis, Architectuur en Kunst**, dat een prachtige verzameling 12de–17de-eeuwse iconen met de Novgorodschool bevat. Een van de opmerkelijkste is de 12de-eeuwse draagbare icoon van Maria van het Teken, wier miraculeuze beeltenis Novgorod in 1169 van de legers van vorst Andrej Bogoljoebski van Soezdal zou hebben gered. Op een 15de-eeuws icoon *(blz. 165)* staan beelden van deze slag. Er zijn ook werken van belangrijke 18de- en 19de-eeuwse kunstenaars als Dmitri Levitski, Karl Brjoellov en Vasili Serov *(blz. 106)*. Het museum bezit een aantal kostbare, op berkenbast geschreven documenten en brieven, waarvan sommige uit de 11de eeuw stammen.

Op het centrale plein staat het enorme, klokvormige **Millenniummonument** van Michail Mikesjin. Het werd onthuld in 1862, 1000 jaar na Ruriks komst naar Novgorod. De figuur die knielt voor het orthodoxe kruis is Moedertje Rusland en op de fries daaronder zijn Rurik, Ivan III, Michail (de eerste Romanovtsaar), Peter de Grote en vele anderen te zien. De fries rond de sokkel toont meer dan 100 figuren: helden, staatslieden, kunstenaars, componisten, vorsten en kroniekschrijvers.

Deel van een iconostase in het Museum van Geschiedenis, Architectuur en Kunst

Jaroslavshof

Aan de overkant van de Voltsjov lag Jaroslavshof, de officiële zetel van de vorsten. Het paleis van Jaroslav de Wijze (1019–1054) is verdwenen, maar verscheidene kerken bestaan nog. Vlakbij ligt ook het commerciële centrum van

🏛 **Sophiakathedraal**
Tel. 8162-773556. ⬜ dag. 10.00–18.00 uur.

🏛 **Facettenzaal**
Tel. 8162-773608. ⬜ do–di 10.00–18.00 uur. 🈴 🏴 Engels, op afspraak.

🏛 **Museum van Geschiedenis, Architectuur en Kunst**
Tel. 8162-773770. ⬜ wo–ma 10.00–18.00 uur. 🈴 🏴 Engels, op afspraak.

TIPS VOOR DE TOERIST

190 km ten zuiden van Sint-Petersburg. 🚗 240.000. 🚉 van Moskoustation. 🚌 van Busstation (blz. 221). 🛈 Intourist Hotel, Oelitsa Velikaja 16, 8162-775089.

Novgorod, op de plaats van de vroegere middeleeuwse markt, waarvan de muren deels nog overeind staan. De oudste kerk aan deze kant van de rivier is de **Nicolaaskathedraal** (1113–1136), gebouwd door vorst Mstislav als symbool van zijn macht. De kooplieden van Novgorod herkenden de hand van God in hun welvaart en financierden vele kerken van de stad. De **Paraskeva Pjatnitsakerk**, uit 1207 en in 1345 herbouwd, was gewijd aan de schutspatroon van de handel. De mooiere **Kerk van de Heilige Vrouwen** en de **Procopiuskerk**, beide uit de 16de eeuw, zijn gefinancierd door rijke Moskouse kooplieden, wier voorkeur voor ornamentiek het loslaten van de strenge stijl van de school van Novgorod inluidde.

Millenniummonument, gewijd aan Novgorods 1000-jarige geschiedenis

Muren en klokkentoren van het Joerjevklooster, met op de achtergrond de Sint-Joriskathedraal

Voorbij Jaroslavshof

In de 12de eeuw bezat Novgorod meer dan 200 kerken. Er zijn er nu nog maar 30. Veel ervan liggen verscholen in de rustige 19de-eeuwse straten ten oosten van Jaroslavshof. Het arrangement van ramen, nissen en kruisen op de gevel van de **Kerk van de Verlosser van de Transfiguratie** (1374) op Iljina Oelitsa is bijna grillig. De kerk bevat fresco's van een van Ruslands grootste middeleeuwse kunstenaars, Theophanes de Griek (1335–ca. 1410), die 40 Russische kerken versierde. Andrej Roeblev (1360–1430), de beroemdste icoonschilder van Rusland, werkte aan het begin van zijn carrière onder Theophanes.

In dezelfde straat staat de vijfkoepelige **Znamenskikathedraal**, of Kathedraal van het Teken (1682–1688), met een mooie poort en verbleekte fresco's op de buitenmuren. Het interieur werd in 1702 door Ivan Batsjmatov gedecoreerd.

De **Theodoor Stratilateskerk** in de Mstinskaja Oelitsa is in 1360–1361 gebouwd in opdracht van de weduwe van een rijke koopman uit Novgorod. De delicate paarsroze fresco's contrasteren met de rauwere kleuren in andere 14de-eeuwse fresco's in Novgorod. *De annunciatie* bijvoorbeeld combineert gevoeligheid met religieuze intensiteit.

Fresco in de Znamenskikathedraal

Buiten het centrum

Een 3 km lange wandeling zuidwaarts langs de rivier leidt naar het **Joerjevklooster**. Dit is het grootste en belangrijkste klooster in dit gebied. Het werd in 1030 gebouwd op bevel van vorst Vsevolod. De indrukwekkende Sint-Joriskathedraal is in 1119–1130 gebouwd door 'Meester Peter', de eerste architect die in Russische kronieken wordt genoemd. Deze kerk met zijn drie asymmetrische koepels is in de 19de eeuw gerestaureerd. Helaas gingen daarbij de meeste muurschilderingen verloren. Het complex telde ooit twintig gebouwen, voornamelijk uit de 19de eeuw. In de bossen aan de overkant van de weg ligt het **Museum van Houten Architectuur**, met kerken en pachtershutten die uit plaatselijke dorpen zijn overgeplaatst. Interessant zijn de 17de-eeuwse Maria-Hemelvaartkerk uit Koeritsko en de kleine houten Nicolaaskerk uit het dorp Toechel.

✚ Joerjevklooster
Joerevskaja Nab. *Tel. 8162-773020.*
⬜ dag. 10.00–18.00 uur.

🏛 Museum van Houten Architectuur *(Vitoslavlitsi)*
Joerevo. *Tel. 8162-773770.* ⬜ mei–sept.: dag. 10.00–20.00; okt.–april: dag. 10.00–18.00 uur 🖼 📷

19de-eeuwse pachtershut *(izba)*, **Museum van Houten Architectuur**

Russische icoonschilderkunst

De Russische orthodoxe kerk gebruikte iconen voor zowel aanbidding als onderwijs, maar nooit zomaar als versiering. Er bestaan strikte regels voor het maken van elk beeld. Men geloofde dat iconen de kracht van de afgebeelde heilige bezaten en ze werden daarom als bescherming tijdens oorlogen aangeroepen. Omdat de inhoud belangrijker werd geacht dan de stijl, werden oude iconen regelmatig overgeschilderd.

In Novgorod gevonden vroege stenen icoon

De eerste iconen werden uit Byzantium naar Rusland gebracht. Er kwamen ook Griekse meesters om plaatselijke schilders op te leiden. De noordelijke scholen, die zich in de 13de–15de eeuw ontwikkelden, werden minder beperkt door de Byzantijnse regels en bezitten een aardse, met het Russische boerenleven verbonden stijl. In Novgorod werden vele van de mooiste iconen voor de noordelijke kloosters gemaakt.

Maagd van Vladimir
Dit 12de-eeuwse werk, de meest aanbeden icoon in Rusland, komt uit Constantinopel en had een enorme invloed op de Russische icoonschilderkunst.

Slag tussen Novgorod en Soezdal
Dit midden-15de-eeuwse werk uit de Novgorodschool wordt gezien als Ruslands vroegste historiestuk. Iconen konden een politiek doel dienen – in dit geval om Novgorods grote verleden te gebruiken als rechtvaardiging voor zijn onafhankelijkheid van Moskou. Let op het vele rood – een centrale kleur in het dagelijks leven in Rusland en typisch voor de Novgorodschool.

DE ICONOSTASE

De iconostase schermt de altaarruimte af van de rest van de kerk, alsof het een grens tussen hemel en aarde betreft. Hij is bedekt met iconen, die op strikte wijze in maximaal zes reeksen boven elkaar zijn onderverdeeld, elk met een eigen dogmatisch doel.

De feestenreeks toont de twaalf belangrijkste kerkfeesten, zoals de intocht in Jeruzalem en de kruisiging. Dergelijk beeldmateriaal ondersteunde de analfabeten in hun geloof.

De Koninklijke Deuren vormen de ingang van de tijdelijke wereld naar de spirituele, waar de priesters tijdens de dienst doorheen lopen.

Tronende Christus

De Deësisreeks, boven de Koninklijke Deuren, toont de Tronende Christus geflankeerd door Maria en Johannes die bemiddelen voor de zondaars.

De lokale reeks is voor lokale heiligen en voor de beschermheiligen van kerk en donateurs.

Drievuldigheid van Roeblev
Andrej Roeblev was een van de grootste kunstenaars van de Moskouse school. Hij werd sterk beïnvloed door de laatste ontwikkelingen in de Byzantijnse schilderkunst. Zijn Drievuldigheidsicoon stamt uit het begin van de 15de eeuw.

TIPS VOOR DE REIZIGER

ACCOMMODATIE

Hoewel de grond in het historische centrum zeer kostbaar is, komen er toch steeds weer nieuwe hotels bij. De stad heeft veel 'minihotels' gekregen (particuliere vestigingen in of bij het centrum, met vier tot vijftien kamers) en investeerders hebben grote luxehotels geopend op voortreffelijke locaties. De kwaliteit van de service is even goed als die in hotels in West-Europa wordt geboden. Veel toeristen die in de zomer komen met georganiseerde reizen worden echter ondergebracht in grote, wat anonieme hotels buiten het centrum. Deze bieden redelijke service en alle voorzieningen, zoals restaurants, bars en fitnessfaciliteiten. Reizen buiten de Witte Nachtenperiode reduceert de kosten en geeft u de gelegenheid gebruik te maken van de vele speciale aanbiedingen bij de meer centrale hotels. Reserveringen kunnen individueel of via een reisbureau worden geregeld. In de zomermaanden, vooral tijdens de Witte Nachten, is lang tevoren reserveren noodzakelijk voor alle prijsklassen. Er staat een selectie hotels op de bladzijden 174–177.

Portier van Hotel Europa

Park Inn Pribaltiskaja, een populair charterhotel *(blz. 177)*

LIGGING

Er zijn weinig grote goedkope hotels in het centrum van Sint-Petersburg. Veel in dit hoofdstuk genoemde hotels liggen verspreid over de stad. Toeristen van georganiseerde reizen komen gewoonlijk terecht in een voormalig Intouristhotel zoals het Park Inn Pribaltiskaja of Poelkovskaja, gesitueerd in moderne hoogbouw aan de stadsrand. Minihotels en pensions liggen daarentegen vaak in stille straten dicht bij het centrum. De individuele reiziger moet vanaf het begin bepalen waar zijn prioriteit ligt: bij de beste locatie, de beste prijs of de beste geboden voorzieningen.

RESERVEREN

Hotelreserveringen voor de Witte Nachten *(blz. 51)* moeten enkele maanden van tevoren worden gedaan en zo vroeg mogelijk voor de populairste adressen. In bijna alle hotels kunt u nu boeken via internet of fax. De grotere hotels zullen reizigers vragen om een creditcardnummer te geven en brengen u kosten in rekening als u minder dan 72 uur van tevoren afzegt. In sommige kleinere hotels kunt u boeken via de reisbureaus op bladzijde 171. Alle aanbevolen hotels en reisbureaus helpen met visa *(blz. 208)*, tenzij anders wordt aangegeven.

VOORZIENINGEN

De kamers in alle vermelde hotels hebben minstens een douche, televisie en een telefoon. De meeste hebben airconditioning. Grotere hotels hebben een bagagekamer om bagage op te slaan na de uitchecktijd. Bars zijn dikwijls 's nachts open en uitgebreide fitness- en saunafaciliteiten zijn min of meer standaard in grotere hotels.

PRIJZEN

Het belangrijkste om te onthouden in Sint-Petersburg is dat de prijzen in de grote hotels meer dan verdubbelen in de zes weken van de Witte Nachten en tijdens het Wereld Economisch Forum begin juni. Deze hogere prijzen staan ook vermeld in het hoteloverzicht *(blz. 174–177)*. De prijzen worden weer normaal in 'midseason', gewoonlijk april–mei en eind juli–eind september. Buiten die periode, vooral tijdens de 'Witte Dagen' van de winter, zijn er vaak heel goede aanbiedingen. Grote, centraal gelegen hotels vallen bijna alle in de luxecategorie en bieden alles van exclusieve eenpersoonskamers tot keizerlijke suites voor duizenden euro's per dag. Door te kiezen voor een kleiner hotel met minder faciliteiten of

Fitnesscentrum in het Grand Hotel Europa *(blz. 175)*

◁ **Drijvende cafés op de Mojkarivier**

voor een pension (veeleer een klein, simpel hotel) kunt u gewoonlijk even centraal zitten voor veel minder geld. Veel kleinere hotels hebben alleen een douche, geen bad. Houd er rekening mee dat prijzen niet worden aangegeven in hotels en dat slechts enkele kleinere hotels creditcards accepteren. U kunt gedoe vermijden door contant te betalen.

Ingang van het luxueuze moderne Corinthia Nevski Palace *(blz. 176)*

VERBORGEN KOSTEN

Grote hotels, die gratis met visa en de verplichte paspoortregistratie *(blz. 208)* helpen, nemen vaak niet de lokale belasting of het ontbijt mee in hun prijsopgave. Beide kunnen behoorlijk aantikken op de eindafrekening. (De prijscategorieën in de hotellijsten op de bladzijden 174–177 zijn inclusief ontbijt en belastingen.) Een waarschuwing: de kosten van een internationaal of zelfs een lokaal telefoongesprek vanuit uw kamer in een groot hotel vallen waarschijnlijk buiten uw budget. Anderzijds is bellen via telefoons van het lokale net relatief goedkoop en u kunt telefoonkaarten kopen voor telefooncellen of vaste telefoons *(blz. 216)*. In kleinere hotels is de prijs van het ontbijt meestal inbegrepen, maar u betaalt dan wel voor hulp met uw visum. Gesprekken via telefoons in kleine hotels en jeugdherbergen zijn vrij goedkoop als ze het lokale net gebruiken. Met telefoonkaarten kunt u hier internationale telefoontjes plegen.

VEILIGHEID

De topadressen hebben metaaldetectoren en laten tassen controleren bij de ingangen. Kleinere hotels hebben een portier die misschien vraagt om een visitekaartje of legitimatie. Omdat dit gewoon voorzorg is ter bescherming van de gasten, is er geen reden om te protesteren. De meeste hotels hebben kluisjes in de kamers of bergruimte bij de receptie. Grote geldbedragen en kostbaarheden kunnen daar altijd worden achtergelaten.

GEHANDICAPTEN

Vanwege de dikke sneeuw in de winter hebben de meeste gebouwen in de stad trapjes naar de deur, wat de toegang voor gehandicapten erg bemoeilijkt. Slechts enkele tophotels zijn geheel toegankelijk voor rolstoelen en hebben getraind personeel om te helpen, al krijgen andere hotels nu vaker rolstoeloprittten en brede deuren en proberen ze tegemoet te komen aan de behoeften van gehandicapten.

Kamer in het Grand Hotel Europa *(blz. 175)*

Wie bijzondere eisen heeft moet vóór het boeken contact opnemen met het hotel.

KINDEREN

Sint-Petersburg wordt nooit aangeprezen als geweldige kinderbestemming, en weinig hotels richten zich op gezinnen. In alle grote hotels zijn echter babysitters te regelen en ook in steeds meer kleinere. Het is de moeite waard om even navraag te doen voor u boekt.

Het elegante restaurant Winter Garden in het Astoriahotel *(blz. 174)*

MINIHOTELS

Sint-Petersburg heeft een erg goed assortiment minihotels; veel te veel om allemaal op te noemen. De beste zijn echter opgenomen in de hotel-overzichten van deze gids *(blz. 174–177)*.
De minihotels zijn niet noodzakelijkerwijs goedkoop – enkele zijn erg luxueus – maar in de ruime variatie, van vier tot vijftien of twintig kamers, vindt u soms de comfortabelste en plezierigste accommodatie van de stad. De persoonlijke service is vaak niet te overtreffen.
Veel minihotels zijn te boeken via reisbureaus, met name **Ostwest**, **City Realty** en **Eridan Travel Company**, die een selectie geven op hun website.

Interieur van het Petro Palacehotel *(blz. 174)*

GOEDKOPE ACCOMMODATIE

Echt goedkope accommodatie is moeilijk te vinden in Sint-Petersburg. Als jeugdherbergen niets voor u zijn, maar uw budget krap is, kies dan een van de minihotels, die zich doorgaans omschrijven als 'bed-and-breakfast'. Normaliter hebben ze een paar kamers in een verbouwd appartement in een gewoon gebouw, met een huishoudster die het ontbijt bereidt in de keuken. Mogelijk is er een gezamenlijk toilet in plaats van een op elke kamer. Accommodatiebemiddelaars als **Ostwest**, **STN** en **City Realty** bieden ook huurappartementen aan, die erg goedkoop kunnen zijn als een groep vrienden die deelt. De appartementen zijn gemeubileerd, liggen centraal en hebben één tot vijf kamers en gewoonlijk satelliettelevisie.

Het efficiënte en behulpzame Sindbadreis-bureau in de internationale jeugdherberg

Ook al is het appartement opgeknapt, het gezamenlijke trappenhuis van het gebouw is vaak vies. Dat kan eerst een tegenvaller zijn, maar het geeft wel de sfeer van wonen in het echte Sint-Petersburg.
De beste manier om geld te besparen is natuurlijk de Witte Nachten te laten voor wat ze zijn en buiten het seizoen te komen. Minihotels en vakantieappartementen zijn zeer goedkoop in deze tijd van het jaar, en vaak hebben zelfs de grote hotels mooie aanbiedingen. April kan droog en zonnig zijn, zij het nog koud, en oktober kan prachtig zijn, vooral als u de korte noordelijke herfst treft.
Als u in februari komt bent u vrijwel zeker van het beeld van besneeuwd Rusland.

JEUGDHERBERGEN

De toerist met een kleine beurs die comfortabel onderdak zoekt op een redelijk centrale locatie, kan nu kiezen uit diverse centraal gelegen jeugdherbergen. Alle helpen ze met visa, registratie en zijn ze uiterst vriendelijk. Het **St Petersburg**

International Youth Hostel met het eraan verbonden reisbureau voor budgetreizen, **Sindbad**, is het bekendst en al lang de tevoren volgeboekt. Het goedkope maar schone en comfortabele **Nord Hostel**, heeft daarentegen een ongeëvenaarde locatie. U kunt ook **CubaHostel Backpackers** proberen, met een ruime keuze aan goedkope accommodatie.
Wees erop verdacht dat geen van deze 'jeugd'-herbergen echt voor de jeugd zijn, al domineren jongere mensen in de zomermaanden het beeld. Buiten het seizoen is meestal 50 procent van de gasten ouder dan 40.

LOGEREN BIJ FAMILIES

Logeer bij een gezin voor een goed beeld van het Russische leven – een interessante, goedkope mogelijkheid. Het systeem werkt net als bij de pensions in Europa, waarbij de prijzen inclusief ontbijt zijn en exclusief andere maaltijden. Extra maaltijden krijgt u voor lage prijzen.
De **HOFA** (Host Families Association) en **Ostwest** hebben een ruime keus aan families in hun boeken en genieten hierin een goede reputatie. Waarschijnlijk krijgt u een uiterst gastvrij adres en krijgt u er eerder teveel dan te weinig te eten. Veel HOFA-gastheren zijn academici, goed opgeleid en meertalig. Over het algemeen zullen gastheren graag met u spre-

De indrukwekkende gevel van het Oktjabrskajahotel uit 1847 *(blz. 176)*

ken over hun leven in Rusland en het beeld dat hun land in het westen oproept. Veel Russische woningen zijn te bereiken via een sjofele entreehal of haveloze binnenplaats, maar laat dat u niet ontmoedigen, want het is nauwelijks een graadmeter voor de kwaliteit van de accommodatie binnen.

KAMPEREN EN BUITENLEVEN

Russen gaan graag de stad uit om te wandelen, te zwemmen en paddenstoelen te zoeken. Het kan allemaal met dagtochtjes vanuit de stad, maar logeren op het land is lastiger. De koude winter van Sint-Petersburg maakt het niet ideaal om te kamperen, maar ín de warmere seizoenen zijn de bossen ten noorden van de Golf van Finland heerlijk. Wie een datsja of huisje op het land wil huren, zal ontdekken dat dit moeilijk is. De meeste eigenaars van beschei-

den datsja's verhuren ze aan bekenden. Geen van de firma's die zich specialiseren in verhuur aan toeristen doet in datsja's, en binnen 100 km van de stad overtreft de vraag het aanbod verre. Daardoor kan de huur exorbitant hoog zijn (zo'n US$5000 per week). Boek om hoe dan ook iets te vinden al in februari. De beste keus in datsja's (van ongeveer US$500 per week) is er via **Alexander**, maar u moet Russisch spreken of boeken via een reisbureau.

Datsja in dennenbos bij Repino aan de Golf van Finland (*blz. 146*)

De beste kans op een goedkoper verblijf met moderne faciliteiten is het huren van een huisje dat gekoppeld is aan een motel. **Retur Camping** biedt huisjes, kampeerplekken, een zwembad, sauna, tennisbaan en paardrijden.

LANGER VERBLIJF

Wie een maand of langer in Sint-Petersburg wil blijven, zal ontdekken dat de huur van appartementen dan veel lager is. Jeugdherbergen geven geen korting voor langdurig verblijf, maar bedrijven als City Realty hebben veel woningen die goedkoper zijn dan die voor kortstondig verhuur. Let op: toeristenvisa kunnen gewoonlijk voor maximaal drie maanden worden geregistreerd (*blz. 208*); een langer verblijf vereist een niet-toeristenvisum dat geregeld kan worden via een firma die u wettig registreert voor de periode dat u in het land zal zijn.

ADRESSEN

VERHUURBUREAUS

Alexander
Potemkinskaja Oel. 13.
Kaart 3 C4.
Tel. 3271616.
www.anspb.ru

City Realty
Moetsjnoi Per 2.
Kaart 6 E2.
Tel. 5706342.
Fax 3159151.
www.cityrealtyrussia.com

Eridan Travel Company
Oel. Artilleriskaja 1,
Business Centre Europa House, kantoor 619.
Kaart 3 B5.
Tel. 3242305.
Fax 3225738.
www.rus-tours.com

HOFA Host Families Association
Tavritsjeskaja Oel. 5,
Appt. 25.
Kaart 4 D5.
Tel. 7911-7665464.
Fax 2751992.
www.hofa.ru

MIR Travel Company
Nevski Pr. 11/2.
Kaart 6 D1. **Tel.** 3252595.
Fax 3153001.
www.mir-travel.com

Ostwest
Logovskij Pr. 10.
Kaart 7 C2.
Tel. 3273416.
Fax 3273417
www.ostwest.com

Sindbadreisbureau
2-ya Sovetskaja Oel. 12.
Kaart 7 C2. **Tel.** 3322020.

STN
Nevski Pr. 66/29. **Kaart** 7 A2. **Tel.** 3322020.

MINIHOTELNETWERKEN

Anabel
Tel. 7170800.
www.mini-hotel.com

Filippov Hotels
Tel. 2745363.
Fax 2749084.
www.filippovhotel.ru

Hotels op Nevski
Tel. 7033860.
Fax 7033861.
www.hon.ru

Rinaldi Bed & Breakfast
Tel. 3254188.
Fax 3254189.
www.rinaldi.ru

JEUGDHERBERGEN

CubaHostel Backpackers
Kazanskaja Oel. 5.
Kaart 6 E2. **Tel.** 9217115.
www.cubahostel.ru

Hostel All Seasons
Jakovlevski Per. 11.
Tel. 3271070.
Fax 3271033.
www.hostel.ru

Na Muchnom
Sadovaja Oel. 25.
Kaart 6 E2.
Tel. / Fax 3100412.
www.namuchnom.ru

Nord Hostel
Bolsjaja Morskaja Oel. 10.
Kaart 6 D1.
Tel. / Fax 5710342.
www.nordhostel.com

Prima Sport Hotel
Nevski Prospekt 5.
Kaart 6 D1.
Tel. / Fax 3465049.
www.comfitelhotel.com

St Petersburg International Youth Hostel
3-ya Sovetskaja Oel. 28.
Kaart 7 C2.
Tel. 7170569.
Fax 3298018.
www.ryh.ru

Handige website
www.russia-hostelling.ru

CAMPING

Retur Camping
Bolsjaja Koepalnaja Str. 28,
Sestroretsk.
26 km ten noordwesten van Sint-Petersburg.
Tel. 4345022.
Fax 4377533
www.retur-motel.ru

Populaire hotels in Sint-Petersburg

De accommodatie in Sint-Petersburg is
zeer gevarieerd en er zijn zeer veel
hotels om uit te kiezen. Slechts enkele
van de meest betaalbare liggen in
het centrum. U moet bepalen wat u
het belangrijkst vindt: locatie, prijs,
atmosfeer, service of voorzieningen.
Hieronder een selectie van de meest
bezochte hotels van de stad.

Prestigehotel
*Dit hotel (blz. 174) is weggestopt
in een woonstraat. Hier voelt u
zich een inwoner, maar voorzien van al het moderne comfort.*

**Rennaisance
Sint-Petersburg Baltic**
*Centraal en prestigieus,
maar verwijderd van
het rumoer van Nevski
Prospekt. Het Baltic
heeft de sfeer van een
klein hotel, maar biedt
de service van een groot
hotel (blz. 174).*

Azimut Hotel St Petersburg
*Dit hotel uit de jaren zeventig (blz. 176)
biedt vanuit de bar prachtig uitzicht over
het centrum, vooral bij zonsondergang en
tijdens de Witte Nachten.*

Astoriahotel
*Een van de meest luxueuze en
centraal gelegen hotels van de
stad (blz. 174). Uitstekend om
Sint-Petersburg te voet te leren
kennen. Het mooie gebouw kijkt
uit op de Izaäkkathedraal.*

Sankt-Peterboerg
De groepsreizigers die hier vaak verblijven, kunnen genieten van een van de mooiste uitzichten over de weidse Neva en de Paleiskade vanaf het café op de bel-etage (blz. 177).

Grand Hotel Europa
Dit historische hotel (blz. 175), gelegen in het hart van de stad, is een van de meest luxueuze van Sint-Petersburg. Het paart een elegant interieur en goede service aan veel faciliteiten.

Hotel Dostojevski
Het Dostojevski (blz. 176), gelegen op een steenworp afstand van het toeristische hart van Sint-Petersburg, combineert oud en nieuw, historisch en modern, zowel in ontwerp als service.

Park Inn Poelkovskaja
Comfortabel, schoon en modern hotel (blz. 176) met veel zakelijke faciliteiten, waaronder een auditorium. Grootste voordeel van dit hotel is dat het dicht bij het vliegveld ligt.

0 kilometer   2

Een hotel kiezen

De hotels zijn gekozen uit een breed scala van prijzen om hun voorzieningen, prijs-kwaliteitsverhouding en ligging. Alle kamers hebben douche, tv, telefoon en wi-fi. De hotels zijn per wijk gegroepeerd en dan alfabetisch geordend binnen hun prijsklasse, van de goedkoopste tot de duurste. Voor kaartverwijzingen, zie blz. 238–245.

PRIJSKLASSEN
Prijzen voor een tweepersoonskamer per nacht, belasting en ontbijt in het hoogseizoen. In het laagseizoen kunnen de prijzen dalen tot de helft.
Ⓡ Tot 3000 roebel
ⓇⓇ 3000–5200 roebel
ⓇⓇⓇ 5200–7500 roebel
ⓇⓇⓇⓇ 7500–9700 roebel
ⓇⓇⓇⓇⓇ boven de 9700 roebel

STADSCENTRUM

VASILJEVSKI-EILAND Prestige Hotel Престиж отель ⓇⓇ
Malyy Prospekt 27, Vaselivski Ostrov. **Tel.** *3285011.* **Fax** *3285011.* **Kamers** *10.*   **Kaart** *1 A4*

Dit moderne hotel in een gerestaureerd 19de-eeuws gebouw ligt aan een woonstraat op het Vasilevski-eiland, even lopen van de Strelka en haar bezienswaardigheden, en de winkels en levendige sfeer rond metrostation Vasileostrovskaya. Er is geen lift, maar er zijn weinig etages. **www.prestige-hotels.com**

VASILJEVSKI-EILAND Shelfort Шелфорт ⓇⓇⓇ
3-ya linia 26, Vasilevski Ostrov. **Tel.** *3280555.* **Fax** *3235154.* **Kamers** *15.*   **Kaart** *1 A5*

Het Shelfort, gelegen aan een stille straat met huizen dicht bij de Strelka, heeft goede, eenvoudige interieurs met gerestaureerde tegelkachels. Twee luxesuites hebben een open haard en eentje heeft een balkon. Er is geen lift, maar het hotel telt twee etages (rolstoelgebruikers kunnen vragen om een kamer beneden). **www.shelfort.ru**

PALEISKADE Prestige Hotel Centre Престиж отель центр 🔲 🔽 ⓇⓇ
Gorotsjovaja Oelitsa 5. **Tel.** *3120405.* **Fax** *3159357.* **Kamers** *45.*   **Kaart** *6 D1*

Een bescheiden hotel in een eenvoudig gebouw, verscholen bij de Admiraliteitstuinen. De kamers zijn ingericht met simpel, goedkoop meubilair van plastic; de meeste hebben een douche maar geen bad. De bistro en de bar serveren een variëteit van Russische gerechten. **www.prestige-hotels.com**

PALEISKADE Comfort Комфорт 🔲 🗐 🔟 ⓇⓇⓇ
Bolsjaja Morskaja Oelitsa 25. **Tel.** *5706700.* **Fax** *5706700.* **Kamers** *18.*   **Kaart** *6 D2*

Ondanks beperkte faciliteiten biedt het Comfort veel waarde voor zijn geld dankzij het behulpzame personeel en de ongeëvenaarde ligging in het oude stadshart, dat bezaaid is met restaurants. De kamers zijn strak en fris. Er zijn wiegen beschikbaar. Een suite is aangepast voor gebruik als kantoor door zakenreizigers. **www.comfort-hotel.org**

PALEISKADE Casa Leto 🗐 ⓇⓇⓇⓇ
Bolsjaja Morskaja Oelitsa 34. **Tel.** *6001096.* **Fax** *3146639.* **Kamers** *5.*   **Kaart** *6 D2*

Dit kleine hotel van een Italiaans-Russisch echtpaar, is aantoonbaar het beste 'minihotel': lichte kamers, veel gratis extra's en een ideale centrale ligging. De persoonlijke service omvat hulp bij zaken en met boeken van tours en kaartjes. De Trezzini-suite heeft alleen een douche, de andere hebben ook een bad. **www.casaleto.com**

PALEISKADE Petro Palace Отель Петро палас 🔲 🍴 🗐 🔟 ⓇⓇⓇⓇ
Malaja Morskaja Oelitsa 14. **Tel.** *5712880.* **Fax** *5711686.* **Kamers** *193.*   **Kaart** *6 D1*

Een smaakvol hotel dat opening in 2005 en veel rijke Russen en toeristen trekt. De uitgebreide voorzieningen zijn voor de prijs onovertroffen, vooral in het centrum, en omvatten een fitnessruimte, zwembad en massage. Het gerenoveerde en uitgebreide gebouw heeft een mooi uitzicht vanaf de zevende etage. **www.petropalacehotel.com**

PALEISKADE Angleterre Отель Англетер 🔲 🍴 🎭 🗐 🔟 ⓇⓇⓇⓇ
Malaja Morskaja Oelitsa 24. **Tel.** *4945666.* **Fax** *4945125.* **Kamers** *193.*   **Kaart** *6 D2*

Het Angleterre is het stijlvol verbouwde, door westerlingen gedreven zusterhotel van het iets betere Astoria ernaast, waarmee het voorzieningen deelt. Er is een tamelijk goede lunchbrasserie. De goede centrale ligging aan het Izaäkplein is even lopen vanaf Hermitage en Nevski Prospekt. **www.angleterrehotel.com**

PALEISKADE Astoria Отель Астория 🔲 🍴 🎭 🗐 🔟 ⓇⓇⓇⓇⓇ
Isaakievskaja Plostsjad, Bolsjaja Morskaja Oelitsa 39. **Tel.** *4945750.* **Fax** *4945059.* **Kamers** *188.*   **Kaart** *6 D2*

Het Astoria heeft een historisch interieur dat de rust en elegantie heeft van een hotel met geschiedenis. Kamers aan de voorkant hebben uitzicht op de Izaäkkathedraal en Izaäkplein, en langs de rivier de Mojka. Ook niet-gasten kunnen hier thee drinken in de lounge beneden. **www.thehotelastoria.com**

PALEISKADE Renaissance St Petersburg Baltic 🔲 🍴 🗐 🔟 ⓇⓇⓇⓇ
Potsjtamtskaja Oelitsa 4a. **Tel.** *3804000.* **Fax** *3804001.* **Kamers** *102.*   **Kaart** *5 C2*

Een prima adres, volgens het thema 'oud Sint-Petersburg' versierd met ouderwetse materialen en modern design. Sommige kamers bieden uitzicht over het Izaäkplein en de buurt is erg rustig. Ondanks de luxestatus, en een van de beste fitnessclubs in de stad, doet het hotel intiem aan. **www.marriot.com/ledbr**

Voor verklaring symbolen *zie achterflap*

PALEISKADE Taleon Imperial Hotel Тапион империал отель ▨ ▥ ▦ ▤ ▨   ⓡⓡⓡⓡⓡ

Naberezjnaja Reki Mojki 59. **Tel.** *3249911.* **Fax** *3249957.* **Kamers** *89.*   **Kaart** *6 D1*

Dit luxehotel, restaurant en fitnesscomplex van de Taleon Club biedt extra's aan leden. Het biedt allerlei diensten en een persoonlijke bediende voor elke gast. Het organiseert evenementen voor kinderen. De kamers kijken uit op de Mojkarivier. **www.taleonimperialhotel.com**

GOSTINY DVOR Polikoff   ⓡⓡⓡ

Karavannaja 11/64, apt. 24–26. **Tel.** *9953488.* **Fax** *3147925.* **Kamers** *15.*   **Kaart** *7 A2*

Het interieur is schoon, strak – alles blank hout en metaal – en erg licht, ook al zien sommige kamers uit op een binnenplaats. Enkele kamers hebben airconditioning. Grootste nadeel is de ontbrekende lift – alle kamers zijn op de derde en vierde etage. De service is efficiënt en vriendelijk. **www.polikoff.ru**

GOSTINY DVOR Poesjka Inn   ▨ ▥ ▤   ⓡⓡⓡ

Naberezjnaja Reki Mojki 14. **Tel.** *3120913.* **Fax** *3141055.* **Kamers** *33.*   **Kaart** *2 E5*

Dit historische gebouw, pal aan de Mojkarivier en naast het Poesjkinmuseum, is veranderd in een comfortabel, modern hotel. De eenvoudige inrichting en interieur hebben geen valse pretenties van rijkdom en grandeur. Dichter bij de Hermitage slapen kan bijna niet! Er zijn vier 'appartementen' of gezinssuites. **www.pushkainn.ru**

GOSTINY DVOR Grand Hotel Europa Гранд отель Европа ▨ ▥ ▩ ▦ ▤ ▨   ⓡⓡⓡⓡⓡ

Michajlovskaja Oelitsa 1/7. **Tel.** *3296000.* **Fax** *3296001.* **Kamers** *301.*   **Kaart** *6 F1*

De faciliteiten van het Europa zijn niet langer uniek in Sint-Petersburg, maar de locatie bij Nevski Prospekt is dicht bij de voornaamste attracties en het dagelijks leven van de stad. Er zijn historische interieurs en een heerlijk, open café op de tussenverdieping met koffie en gebak na een lange dag rondkijken. **www.grandhoteleurope.com**

GOSTINY DVOR Kempinski Hotel Mojka 22   ▨ ▥ ▩ ▦ ▤ ▨   ⓡⓡⓡⓡⓡ

Naberezjnaja Reki Mojki 22. **Tel.** *3359111.* **Fax** *3359190.* **Kamers** *197.*   **Kaart** *2 E5*

Verwen uzelf hier en neem een kamer met uitzicht op de Hermitage, lunch in het restaurant met uitzicht over de stad en neem dan misschien een Turks bad om te ontspannen na alle bezichtigingen, voordat u een concert bijwoont in de naburige Capella. Een conciërge helpt met reserveringen. **www.kempinski.com**

SENNAJA PLOSJTSJAD Alexander House Club   ▥ ▤ ▨   ⓡⓡⓡ

Naberezjnaja Krioekova Kanala 27. **Tel.** *5753877.* **Fax** *5753879.* **Kamers** *19.*   **Kaart** *5 C4*

In dit familiepension is elke kamer vernoemd naar en ingericht in de stijl van een hoofdstad. De meeste hebben een uitzicht en de gemeenschappelijke ruimtes hebben een werkende open haard. Ontbijt op de kamer is mogelijk. Er is geen lift, maar de kamers op de begane grond zijn toegankelijk met een rolstoel. **www.a-house.ru**

SENNAJA PLOSJTSJAD Ambassador Hotel   ▨ ▥ ▩ ▦ ▤ ▨   ⓡⓡⓡⓡ

Rimskovo-Korsakova Prospekt 5–7. **Tel.** *3318844.* **Fax** *3319300.* **Kamers** *251.*   **Kaart** *6 D3*

De luxueuze kamers zijn ingericht in pastelkleuren en alle bieden goed uitzicht op de stad. Het hotel bevindt zich nabij verschillende bezienswaardigheden, waaronder de Nicolaaskathedraal, het Marijinskitheater en het Joesoepovpaleis. Sommige kamers zijn toegankelijk voor rolstoelen. Fitnesscentrum met zwembad. **www.ambassador-hotel.ru**

BUITEN HET CENTRUM

TEN OOSTEN VAN DE FONTANKA Arbat Nord Арбат Норд   ▨ ▥ ▤ ▨   ⓡⓡⓡ

Artilleriskaja Oelitsa 4. **Tel.** *7031899.* **Fax** *7031898.* **Kamers** *33.*   **Kaart** *3 B5*

Het Arbat Nord ligt dicht bij de Zomertuinen en het Marsveld, in een woon- en zakenwijk, en werd oorspronkelijk gebouwd voor zakenlui. Nu richt het zich op groepen toeristen en individuele reizigers. De kamers zijn modern, met donker hout en lichte muren; sommige zijn gereserveerd voor niet-rokers. Gratis parkeren. **www.arbat-nord.ru**

TEN OOSTEN VAN DE FONTANKA Brothers Karamazov Дратья Карамазовы ▨ ▥ ▤ ▨   ⓡⓡⓡ

Sotsialistitsjeskaja Oelitsa 11a. **Tel.** *3351185.* **Fax** *3351186.* **Kamers** *28.*   **Kaart** *7 A4*

In de buurt van Dostojevski, dicht bij het appartement (nu museum, *blz. 130*) waar hij *De gebroeders Karamazov* schreef. Elke kamer is vernoemd naar een van zijn heldinnen. Het hotel is fris, vooral ingericht in wit en crème – geen Dostojevskiaanse tragedie hier! **www.karamazovhotel.ru**

TEN OOSTEN VAN DE FONTANKA Fifth Corner Business Hotel Пятый угол   ▨ ▤ ▨   ⓡⓡⓡ

Zagorodni Pr. 13. **Tel.** *3808181.* **Fax** *3808181.* **Kamers** *34.*   **Kaart** *7 A3*

Het Fifth Corner verkoopt zich als zakenhotel, met nadruk op service in zakensfeer, en heeft veel Russische klanten. Het hotel verzorgt echter visa en andere hulp aan toeristen, inclusief excursies. Alle kamers zijn ruim en kijken uit op straat, maar sommige hebben alleen een douche in plaats van een bad. **www.5ugol.ru**

TEN OOSTEN VAN DE FONTANKA Moskva Москва   ▨ ▥ ▦ ▤ ▨   ⓡⓡⓡ

Aleksandra Nevskogo Plosjtsjad 2. **Tel.** *2740022.* **Fax** *2742130.* **Kamers** *825.*   **Kaart** *8 E3*

Het Moskva heeft de beste centrale ligging van de charterhotels, het ligt naast een metrostation en bushaltes, en tegenover het Alexander Nevskiklooster. Het heeft een bar in de lobby met 24-uursservice, een buffetrestaurant en een meer formeel restaurant op de 8e verdieping met uitzicht op de stad. **www.hotel-moscow.ru**

TEN OOSTEN VAN DE FONTANKA Oktiabrskaja Октябрьская   🏨 🍴 📺 📋 ♿   ®®®

*Ligovski Prospekt 10. **Tel.** 5781144. **Fax** 3157501. **Kamers** 484.*   **Kaart 7 C2**

Een duur hotel, gezien de faciliteiten, maar de locatie is groots. De uitbreiding tegenover het Moskoustation is gerenoveerd, dus alle kamers zijn nu van redelijk niveau. In het hoofdblok is het een geweldige wirwar van gangen en
heerst een sfeer van vergane glorie. **www.oktober-hotel.spb.ru**

TEN OOSTEN VAN DE FONTANKA Hotel Dostojevski Отель Достоевский   🏨 🍴 📺 📋 ♿   ®®®®

*Vladimirski Prospekt. 19 **Tel./Fax** 3313203. **Kamers** 218.*   **Kaart 7 A3**

Onderdeel van het 24 uur per dag geopende winkelcentrum Vladimirski Passazj, maar een erg modern elitehotel met
eigen ingang. De meeste kamers kijken uit op binnenplaatsen, sommige op de Vladimirkathedraal. Goede ligging
voor sightseeën (bij Nevski Prospekt) en winkelen rond de Koeznetsjnimarkt. **www.dostoevsky-hotel.ru**

TEN OOSTEN VAN DE FONTANKA Novotel Новотель   🏨 🍴 📺 📋 ♿   ®®®®

*Majakovskovo Oelitsa 3a. **Tel.** 3351188. **Fax** 3351180. **Kamers** 233.*   **Kaart 7 B2**

Ultramodern blok, verscholen op een steenworp van Nevski Prospekt. De zakensuites op de negende etage bieden
fraai uitzicht en restaurant Côte Jardin serveert een Russische variant op de mediterrane keuken. De zakenfaciliteiten
zijn goed en – bijzonder in deze stad – drie kamers zijn aangepast voor gehandicapte gasten. **www.novotel.spb.ru**

TEN OOSTEN VAN DE FONTANKA Radisson Royal Hotel   🏨 🍴 📺 📋 ♿   ®®®®

*Nevski Prospekt 49/2. **Tel.** 3225000. **Fax** 3225001. **Kamers** 164.*   **Kaart 7 A2**

Het Radisson is een modern hotel in een historisch gebouw op de drukke Nevski Prospekt. Het ligt op korte afstand
van de Fontanka. De kamers en de Cannelle Bar and Café op de begane grond bieden uitzicht op de hoofdstraat, die
het hele jaar krioelt van winkelende en wandelende mensen. **www.radissonsas.com**

TEN OOSTEN VAN DE FONTANKA Corinthia Nevski Palace   🏨 🍴 📺 📋 ♿   ®®®®

*Nevski Prospekt. 57 **Tel.** 3802001. **Fax** 3801937. **Kamers** 380.*   **Kaart 7 B2**

In dit strakke, moderne hotel komen vaak hoogwaardigheidsbekleders en Russische popsterren. Met drie bars en een
dj in de lobby in het weekend, is het een bezoek waard, zelfs als je hier niet verblijft. Door de vergaderzalen en de
centrale ligging is dit een goede plek om zaken en plezier te combineren. **www.corinthia.com**

TEN OOSTEN VAN DE FONTANKA Grand Hotel Emerald   🏨 🍴 📺 📋 ♿   ®®®®

*Suvorovski Prospekt 18. **Tel.** 7405000. **Fax** 7405001. **Kamers** 90.*   **Kaart 8 D2**

Een postmodern uiterlijk verbergt een pseudohistorisch interieur vol pianomuziek en potplanten. Er is een goed fitnesscentrum met een grote sauna en een Turks bad. De middagthee wordt geserveerd in het atriumcafé op een binnenplaats onder glas. De ligging is niet echt centraal, maar het openbaar vervoer is hier uitstekend. **www.grandhotelemerald.com**

TEN ZUIDEN VAN HET CENTRUM Azimut Hotel St Petersburg   🏨 🍴 ♿ 📺 📋   ®®

*Lermontovski Prospekt 43/1. **Tel.** 7402640. **Fax** 7402688. **Kamers** 1026.*   **Kaart 5 B5**

Azimut Hotel St Petersburg, het oude Sovetskaja, biedt veel faciliteiten met lage prijzen en prachtig uitzicht over de
rivier. Het is geliefd bij toeristen die standaardruimte zoeken. Ondanks de naamsverandering blijft de service nog
steeds redelijk 'sovjet' en laat dus nog te wensen over. **www.azimuthotels.com**

TEN ZUIDEN VAN HET CENTRUM German Club Немецкий клуб   🏨 📋

*Gastello Oelitsa 20. **Tel.** 3715104. **Fax** 3715690. **Kamers** 16.*

German Club, een van de eerste 'minihotels' van de stad, is bescheiden maar intiem, op een stille plek en een kleine
wandeling van metrostation Moskovskaja. Het personeel is erg vriendelijk en biedt veel individuele service, van het
regelen van rondleidingen en tickets tot advies over attracties. **www.hotelgermanclub.com**

TEN ZUIDEN VAN HET CENTRUM Rossia Россия   🏨 🍴 📺 📋   ®®

*Tsjernisjevskovo Plosjtsjad 11. **Tel.** 3293932. **Fax** 3293902. **Kamers** 413.*

Het Rossia, enigszins afgezonderd tussen de stalinistische gebouwen van de Moskovski Prospekt en opgeknapt naar
Europese maatstaven, blijft pretentieloos. Het heeft tien etages en de kamers bieden een weids uitzicht op het zuiden
van de stad. Russische gasten en toeristen zorgen voor een levendige sfeer in het restaurant. **www.rossiya-hotel.ru**

TEN ZUIDEN VAN HET CENTRUM Neptun Нептун   🏨 🍴 📺 📋   ®®®

*Naberezjnaja Obvodnovo Kanala 93a. **Tel.** 3244610. **Fax** 3244611. **Kamers** 150.*   **Kaart 7 A5**

Dit betrouwbare Best Westernhotel zonder opsmuk hoort bij het eerste handelscentrum van Sint-Petersburg. Neptun, in
een modern gebouw in de zakenwijk, biedt keurige maar pretentieloze kamers en efficiënte service. Het is een kwartier
lopen vanaf de metro en er is een goed sport- en recreatiecomplex. **www.neptun.spb.ru**

TEN ZUIDEN VAN HET CENTRUM Holiday Inn St Petersburg   🏨 🍴 ♿ 📺 📋   ®®®

*Moskovski Prospekt 97a. **Tel.** 4487171. **Fax** 4487172. **Kamers** 557.*

Dit moderne hotel ligt halverwege de Pulkovo luchthaven en het stadscentrum. Het hotel is populair bij zakenlieden,
maar de goede verbindingen maken het ook een prima uitvalsbasis voor het verkennen van de stad. De kamers zijn in
minimalistische stijl ingericht. Ontbijt is mogelijk en het restaurant serveert grillgerechten. **www.holidayinn.com**

TEN ZUIDEN VAN HET CENTRUM Park Inn Poelkovskaja Парк Инн Пулковская   🏨 🍴 📋   ®®®®

*Pobedi Plosjtsjad 1. **Tel.** 7403900. **Fax** 7403948. **Kamers** 840.*

Dit hotel, dicht bij het vliegveld, ligt gunstig voor bezoek van de paleizen van Tsarskoe Selo, Pavlovsk en Gattsjina.
Het is daarom populair bij toeristengroepen en zakenreizigers. Het hotel heeft een aantal bars en restaurants, waarvan
er een populair is voor het vieren van bruiloften. **www.rezidorparkinn.com**

Voor prijzen *zie blz. 174* **Verklaring van symbolen** *zie achterflap*

TEN WESTEN VAN HET CENTRUM Park Inn Pribaltiskaja   🖥 🍴 📋 🛗   ®®®

Korablestroitelej Oelitsa 14. **Tel.** *3292626.* **Fax** *3566094.* **Kamers** *1200.*

Park Inn Pribaltiskaja is een groot hotel uit de jaren tachtig voor groepen, dat aan de Golf van Finland ligt. U vindt er een fraai uitzicht over het water en een waterpark met zwembad en sportfaciliteiten. Het is ver lopen naar de metro – en erg winderig in de winter – maar er zijn bussen en taxi's. **www.rezidorparkinn.com**

TEN NOORDEN VAN DE NEVA Kronverk Кронверк   🖥 🍴 📋 🛗   ®®

Blotsjina Oelitsa 9. **Tel.** *7033663.* **Fax** *4496701.* **Kamers** *26.*   **Kaart** *1 C3*

Dit hotel ligt op een bijzondere, plezierige locatie op Petrogradskaja, bij de Petrus en Paulusvesting; een mooie wandeling over twee bruggen vanaf de Hermitage. Het hoort bij een hightechzakencentrum en is dus geliefd bij zakenmensen én toeristen. Appartementen zijn beschikbaar voor langer verblijf. Geen hulp bij visa. **www.kronverk.com**

TEN NOORDEN VAN DE NEVA Andersen Hotel   🖥 🍴 📋 🛗   ®®®

Tsjapigina Oelitsa 4A. **Tel.** *7405140.* **Fax** *7405142.* **Kamers** *140.*

Het Andersen Hotel heeft prettig ingerichte kamers en biedt accommodatie voor redelijke prijzen op de Petrogradskaja-oever, vanwaar u goed bij alle bezienswaardigheden kunt komen. Het hotel organiseert tochten door het centrum en de buitenwijken. Een restaurant en lobbybar zijn tot laat in de avond open. **www.andersenhotel.ru**

TEN NOORDEN VAN DE NEVA Sankt-Petersboerg Санкт-Петербург   🖥 🍴 🛗   ®®®

Pirogovskaja Naberezjnaja 5/2. **Tel.** *3801919.* **Fax** *3801920.* **Kamers** *401.*   **Kaart** *3 A2*

Een modern hotel voor groepsreizen op een centrale locatie, maar afgesneden van het openbaar vervoer. Het sterke punt zijn de verbluffende uitzichten van de kamers aan de zuidzijde en de ontbijtzaal op de bel-etage. In de zomer, als de zon nauwelijks ondergaat, hebt u misschien liever een donkere kamer dan een uitzicht. **www.hotel-spb.ru**

TEN NOORDEN VAN DE NEVA Stony Island Hotel   🖥 🍴 📋   ®®®

Kamennoostrovski Prospekt 45. **Tel.** *3372434.* **Fax** *3461920.* **Kamers** *50.*   **Kaart** *2 D1*

Het historische gebouw van het Stony Island Hotel is in minimalistische stijl gerenoveerd, met rechte lijnen en primaire kleuren. Het ligt aan de mooie hoofdstraat van de Petrogradzijde, dicht bij metrohalte Petrogradskaja. Het richt zich niet op toeristen maar meer op vaste gasten en mensen die geen zin hebben in het centrum. **www.stonyisland.ru**

TEN OOSTEN VAN DE NEVA Ochtinskaja Охтинская   🖥 🍴 🛗   ®®

Bolsjeotsjtinski Prospekt 4. **Tel.** *3180038.* **Fax** *2272514.* **Kamers** *294.*   **Kaart** *4 F3*

De kamers kijken uit op de rivier bij de Smolnykathedraal, wat de ligging buiten de stad enigszins compenseert. Openbaar vervoer is er genoeg, maar 's zomers gaan om 2 uur 's nachts de bruggen omhoog, dus zorg voor voldoende tijd om terug te komen na een avond stappen. Modern gebouw met luchtige kamers en openbare ruimten. **www.okhtinskaya.com**

BUITEN SINT-PETERSBURG

NOVGOROD Volchov Волхов   🖥 🍴 🛗   ®

Predtetsjenskaja Oelitsa 24. **Tel.** *8162-225548.* **Fax** *8162-229067.* **Kamers** *127.*

Voltsjov is verreweg het best gelegen van alle hotels in Novgorod, in het oude hart bij het Detinets of Kremlin. Het gebouw heeft vijf etages en een simpel interieur. De kamers hebben een douche in plaats van een bad en de faciliteiten zijn bescheiden, al is er een sauna. Er zit veel nylon in de aankleding. **www.hotel-volkhov.ru**

NOVGOROD Park Inn by Radisson Veliky Novgorod Hotel   🖥 🍴 📺 🛗   ®®

Stoedentsjeskaja Oelitsa 2. **Tel.** *8162-940910.* **Fax** *8162-940925.* **Kamers** *226.*

Het Beresta Palace is het best uitgeruste hotel in Novgorod en bestaat uit een groot, modern complex met conferentiezalen, tennisbanen en een mooi zwembad. Veel kamers hebben uitzicht over de Voltsjovrivier en zelfs de semiluxueuze appartementen zijn niet erg duur. **www.parkinn.com**

POESJKIN Natali Натали   🅿 📺 📶   ®®

Malaja Oelitsa 56a. **Tel.** *4662768.* **Fax** *4660277.* **Kamers** *47.*

Een particulier hotel aan een stille woonstraat in de groene plaats Poesjkin, niet ver van het Tsarskoe Selopaleis. Het gebouw is modern. Er is geen lift maar het Natali telt slechts drie etages en er zijn enkele kamers op de begane grond. Er zijn 'romantische' kamers onder het dak. Geen hulp met visum. **www.hotelnatali.ru**

STRELNA Baltic Star Hotel Отель Балтийская звезда   🖥 🍴 📺 📋 🛗   ®®®

Berezovaja Alleja 3. **Tel.** *4385700.* **Fax** *4385888.* **Kamers** *106 en 20 huisjes.*

Het Baltic Star is populair bij officiële delegaties; het ligt op het platteland tussen Sint-Petersburg en Peterhof, naast het 'gerecreëerde' presidentiële Constantijnpaleis, dat dient voor staatssiegelegenheden en recepties. Het moderne gebouw heeft interieurs in oude stijl en twintig 'huisjes' voor wie meer privacy wil. **www.balticstar-hotel.ru**

ZELENOGORSK Gelios Гелиос отель   🖥 🍴 ⛷ 📺 🛗   ®

Primorskoe Sjosse 593. **Tel.** *7022626.* **Fax** *7022622.* **Kamers** *195 en 3 huisjes.*

Ongeveer 50 km ten noorden van de stad, aan de Golf van Finland, ligt dit moderne hotel, omgeven door bomen en geschikt voor gezonde wandelingen, skiën in de winter en voor kuren met modder, bronwater, hydromassage en gymnastiek. Huisjes op het terrein moet u ruim tevoren reserveren. **www.gelios-otel.ru**

RESTAURANTS EN CAFÉS

Een enorme verscheidenheid aan restaurants met internationale keukens is bijna overal in het centrum te vinden. De meeste serveren eenvoudige menu's tijdens lunch en diner, en bieden de bezoekers een kans om duurdere gelegenheden uit te proberen. De Russische keuken is nog altijd populair en kan in een groot aantal traditionele restaurents genuttigd worden.

Bord van Noble Nest

Traditioneel eten uit de vroegere Sovjetrepublieken en het buitenland zorgt voor veel keus in vegetarische schotels. In kleine cafés kunt u ontkomen aan de toeristenfuiken bij sommige attracties. Hoewel een groene salade soms moeilijk te krijgen is, vindt u genoeg andere salades bij de meeste restaurants en goede cafés. Voor een lijst van aanbevolen restaurants en cafés, *zie bladzijden 184–191.*

(blz. 185) of Lagidze Waters *(blz. 189)* voor Georgisch eten, Erivan *(blz. 187)* voor Armeens, en Apsheron *(blz. 188)* voor een Azeri-maaltijd. Aziatische restaurants zijn talrijk, maar zelden opwindend; het sushi-restaurant Yakitoriya *(blz. 185)* is een uitzondering.

Restaurant Podvorie, een gereconstrueerd 17de-eeuws houten huis *(blz. 191)*

RESTAURANTS EN CAFÉS

Restaurants aan de Nevski Prospekt zijn vaak duurder dan die in andere straten. Om de hoek van de Nevski vindt u allerlei eethuizen in de straten – Bolsjaja Konjoesjennaja, Rubinshtejna, Vladimirski Prospekt en Oelitsa Vosstanija – iets voor elke portemonnee en smaak. Waagt u zich iets verder, dan vindt u in de korte Oelitsa Belinskovo bijvoorbeeld ten minste vijf zeer aanbevolen eetgelegenheden.

SOORTEN RESTAURANTS

Alle grote hotels hebben goede eetgelegenheden, maar hotelrestaurants staan alleen in de lijst als ze uitblinken of zich ergens bevinden waar weinig eetgelegenheden zijn. Stijl en mode domineren nu in sommige restaurants, waar de prijs en de kwaliteit dan te veel onder lijden. Andere gelegenheden spelen het echter klaar eten, ambiance en service in fraaie Russische stijl te

combineren. Enkele eettrends zijn 'tsaristisch-Russisch', in historisch interieur (Oude Douanehuis, *blz. 184*) en exotisch Kaukasisch (Baky, *blz. 188)*. Toprestaurants serveren naast elkaar Europese en Russische schotels, met enkele Aziatische elementen. De ex-Sovjetrepublieken Georgië en Armenië drukten hun stempel op de Russische keuken. Probeer Salchino

Terras onder de bogen van Gostiny Dvor *(blz. 108)*

HET MENU

Grote restaurants en sommige cafés hebben menukaarten in het Engels. Elk restaurant dat creditcards accepteert, zal meestal Engelstalige obers hebben en waar dat niet zo is, proberen de meeste obers taalbarrières te overwinnen.

BETALING EN FOOIEN

Alle restaurants en cafés geven hun prijzen in roebels. De lijsten in deze gids geven een prijsindicatie in roebels, omdat het restaurants bij wet verboden is buitenlandse valuta te accepteren *(blz. 214–215)*. Gasten moeten betalen met contante roebels of met een creditcard.

Grote restaurants accepteren de meeste creditcards, maar het is aan te raden vantevoren te informeren. Amex en Diners Club kaarten worden bijna nooit geaccepteerd. Betalen met creditcard is in Rusland nog beperkt, met name in kleinere eetgelegenheden, zodat het raadzaam is om altijd contant geld op zak te hebben.

Fooien zijn meestal 10–15 procent tenzij de service inbegrepen is. Om te zorgen dat uw ober de fooi krijgt, is het beter die contant te geven.

OPENINGSTIJDEN

De meeste restaurants gaan open op het middaguur en blijven open tot 23 uur of middernacht. De duurdere restaurants, vooral die zijn verbonden aan een casino of een nachtclub (*blz. 204–205*), blijven steeds vaker open tot in de kleine uurtjes. Cafés sluiten vroeg, gewoonlijk rond 22 uur.

Voor wie nog wil eten na een avondvoorstelling: veel restaurants blijven open tot de laatste klant is verdwenen. Een aantal bars, bijvoorbeeld Zjili-bili (*blz. 193*), serveert eten tot in de kleine uurtjes. Als u echt niets anders kunt vinden, blijven in veel fastfoodzaken, zoals Lajma (*blz. 193*), nog vaak de lichten branden na middernacht.

Het fraai versierde interieur van de Russische Zaal in het Demidoff (*blz. 190*)

Bord van Pirosmani (*blz. 191*)

RESERVEREN

Reserveren is verstandig, vooral in de Witte Nachten (*blz. 51*) wanneer de betere restaurants al weken van tevoren reserveringen noteren. Uw hotelconciërge kan helpen. In kleinere restaurants en cafés is reserveren niet nodig, maar omdat die drijven op speciale gelegenheden als bruiloften en verjaardagen kunnen ze onverwacht dicht zijn.

KINDEREN

De Russen beginnen hun kinderen mee uit eten te nemen. Over het algemeen zijn Russen dol op kinderen, weinig restaurants weigeren ze en het personeel past vaak de schotels aan hun behoeften aan. Een aantal eethuizen in de stad, zoals Tres Amigos (*blz. 189*), Botanica en Il Patio (*blz. 193*) heeft kinderfeestjes en zelfs kindermeisjes in het weekend. Een ruimte in Botanica is uitgerust met spelletjes, boeken en een tv-toestel met tekenfilms. Sommige op toeristen gerichte gelegenheden – niet die in deze gids – hebben 'amusement' dat niet geschikt is voor kinderen.

LIVEMUZIEK

De meeste restaurants en cafés hebben muziek op vrijdag of zaterdag – livemuziek of dj's die muziek draaien. De lijsten op de bladzijden 184 tot 191 geven alleen die welke ook livemuziek hebben op andere dagen.

VEGETARIËRS

Traditioneel Russisch eten draait om vlees, maar het groeiende aantal eethuizen dat zich ook op westerlingen richt, bijvoorbeeld Krokodil (*blz. 186*), serveert ook vegetarische gerechten. De Georgische en de Armeense keuken kennen beide veel groente- en bonenschotels. Bij het schrijven van deze gids waren er slechts enkele vegetarische restaurants in Sint-Petersburg en een klein aantal vegetarische cafés. Voor wie vis eet, is er echter altijd keuze te over.

ROKEN

In de meeste restaurants mag u nog roken, maar steeds meer gelegenheden hebben een niet-rokengedeelte of – zeldzamer – verbieden het roken helemaal. Een paar hebben een kleine aparte kamer die gereserveerd en tot 'niet-rokengedeelte' verklaard kan worden. Het nadeel is dat u dan bent afgesneden van de sfeer van de rest van het restaurant.

KLEDING

Formele kleding is alleen in grote, erg modieuze restaurants verplicht, maar gasten moeten altijd netjes en schoon gekleed zijn. Gymschoenen en trainingspakken zijn acceptabel in goedkopere cafés.

GEHANDICAPTEN

Slechts enkele restaurants hebben hellingen of zijn traploos, maar obers en portiers zijn gewend aan onverschrokken Europeanen in rolstoelen (Russen in rolstoelen komen zelden hun huis uit) en zijn gewoonlijk erg behulpzaam. Cafés en bars zijn problematischer met hun trappen en smalle deuren, en hebben geen gehandicaptentoiletten. Het komt voor dat gehandicapten zich moeten beperken tot eten in het hotel of in de duurdere eethuizen en bars.

WEBSITES

De meeste websites van restaurants zijn alleen in het Russisch, of worden slecht bijgehouden. Veel gelegenheden hebben geen eigen website, maar staan op de restaurantsite van Sint-Petersburg, die een Engelstalige versie heeft op **www**.restoran.ru Voor wie Russisch spreekt, zijn er nu veel overzichten en recensies online. Probeer **www**.allcafe.info met vele restaurants; **www**.menu.ru; of het voortreffelijke recensie-archief van de Time Out-site, **www**.spb.timeout.ru

Wat eet u in Sint-Petersburg

De Russische culinaire reputatie draait om warme stoofpotten vol winterse groenten als kool, rode bieten en aardappelen. Toch was Sint-Petersburg ooit de hoofdstad van een groot rijk dat zich uitstrekte van Polen tot de Stille Oceaan, en dit blijkt uit het eten dat te krijgen is. Aubergine en tomaten uit de Kaukasus in het zuiden leveren mediterrane smaken, terwijl de kruiden uit Centraal-Azië een exotisch tintje geven. Op de kramen van de Koeznetsjnimarkt liggen kaviaar en kreeft naast honing uit Siberië en meloenen en perziken uit Georgië.

Wilde paddenstoelen

Kaviaar, kuit van steur uit de warme zuidelijke wateren van Rusland

verfrissende soep, *solianka*, waaraan ingelegde komkommers een ongewone zoute smaak geven. Ingelegde paddenstoelen in zure room staan geregeld op het menu in restaurants, net als allerlei bessensappen.

In een land waar voedselschaarsten een verse herinnering zijn, wordt weinig verspild. *Kvas*, een populaire, licht alcoholische drank wordt vaak thuis gemaakt door oud brood te laten gisten met suiker en wat fruit. Wie 's zomers komt, moet zeker de seizensgebonden koude soep *okrosjka* proberen, die gebaseerd is op *kvas*. Rusland is ook een land van honderden rivieren en meren; het heeft een lange traditie in het bereiden van vis. Dit varieert van simpele soepen zoals oecha, tot steur en kaviaar, en zalm op vele manieren klaargemaakt.

RUSSISCH PLATTELAND

Veel Sint-Petersburgers hebben kleine buitenhuizen, niet ver van de stad en brengen van de lente tot de vroege winter het weekend door in hun onberispelijke moestuin, of zoeken op het land naar wilde bessen en paddenstoelen. Veel van deze rijke oogst wordt ingemaakt of ingelegd. Er is een

Blini's   Paddenstoelen in het zuur   Gekruide kaas   Roggebrood   Augurken   Zoute vis   Zure room   Rolmops

Typische selectie van *zakoeski* (koude voorgerechtjes)

PLAATSELIJKE GERECHTEN EN SPECIALITEITEN

Borsj (rode bietensoep) en *blini's* (kleine pannenkoeken) met kaviaar zijn twee beroemde Russische gerechten – het ene is een boerenschotel die varieert met wat er beschikbaar is, en het andere is het vaste gerecht voor de week voor de Vasten, als er zwaar wordt gegeten om vet binnen te krijgen voor het vasten. De Russische keuken gebruikt wat er voor handen is of wat warm is en goed vult. Een geliefd hoofdgerecht is *koelebiaka*, een stevige vispastei, gelardeerd met eieren, rijst, dille in een boterrijke korst. Een ander is boeuf stroganoff met zijn romige paddenstoelensaus, bedacht in de 18de eeuw te Sint-Petersburg door de kok van de rijke familie Stroganoff.

Rode biet

Borsj *Deze rode bietensoep van vlees- of groentebouillon, wordt gewoonlijk geserveerd met dille en zure room.*

Marktkraam met groente in Sint-Petersburg

DE KAUKASUS

De vroegere Sovjetstaten op de Kaukasus – Georgië, Azerbeidzjan en Armenië – zijn befaamd om hun legendarische banketten, waar de tafels beladen zijn met enorme hoeveelheden van allerlei gerechten en dranken. Ze leveren de Russische steden nog steeds verleidelijke subtropische oogsten. Limoenen, citroenen, sinaasappels, walnoten, vijgen, granaatappels, perziken, bonen, zoute kazen en kruiden komen in het seizoen naar de markten van Sint-Petersburg en de vele Georgische restaurants. Iedereen weet dat de Georgische keuken, gericht op vers gegrild vlees, peulvruchten, groenten, yoghurt, kruiden en notensauzen – waaronder de walnotensaus *satsivi* – gezond is, en heerlijke, uniek smakende gerechten omvat.

CENTRAAL-AZIË

Uit de Centraal-Aziatische republieken van de vroegere Sovjet-Unie komt een reeks

Versgeplukte rode bosbessen van de rijke Russische herfstoogst

van culinaire tradities gebaseerd op het nomadenleven van de Mongoolse of Tartaarse horden, die ooit over Rusland heersten. Het vlees van vetstaartschapen, die goed gedijen in woestijnlucht, wordt gebruikt voor gezamenlijke bergen *plov* (pilaf) waar de gasten omheen zitten en er op traditionele wijze met hun handen van eten. In de Oezbeekse restaurants van Sint-Petersburg deelt het de kaart met warme platte broden, kruidige miesoep, *manti* (smakelijke, Chinees aandoende noedels) en meloenen en druiven, die veel voorkomen in de oasen, en abrikozen en noten, die groeien in de bergen.

ZAKOESKI

Een traditioneel Russisch maal begint meestal met *zakoeski*, een selectie koude voorafjes. Hiertoe behoren paddenstoelen in het zuur (*gribi*), augurken (*ogoertsi*), zoute haring (*seliodka*), diverse gerookte vissen, blini's met kaviaar erop, diverse groentepatés (soms vegetarische kaviaar genoemd), gevulde eieren (*jaitsa farsjirovannije*), gekruide kaas (*brinza*), rode bietensalade (*salat iz sviokli*) en vleespasteitjes (*pirozjki*), vergezeld van gebakken roggebrood en weggespoeld met slokken wodka. Vaak volgt een schaal dampende soep voor de hoofdgang op tafel komt.

Koelebiaka *Rijke bladerdeegpastei, met vis, hardgekookte eieren, rijst, uien en gebakte dille erin gewikkeld.*

Pelmeni *Met vlees gevulde knoedels, bijvoorbeeld geserveerd in heldere bouillon, tomatensaus of zure room.*

Kissel *Deze zachte, fruitige gelei wordt gemaakt van rode bessen en geserveerd met wat verse room erop.*

Wat drinkt u in Sint-Petersburg

Gearomatiseerde wodka

Russische wodka (*vodka*) is over de hele wereld beroemd en de Livizdistilleerderij in Sint-Petersburg is de op een na grootste van het land (de grootste staat in Moskou). Wodka kwam voor het eerst in Rusland voor in de 14de of 15de eeuw. Peter de Grote *(blz. 18)* hield vooral van wodka met anijs- of pepersmaak en liet het distilleerproces verfijnen, wat tot een betere kwaliteit wodka leidde.

Thee is de andere nationale drank in Rusland. Die werd aan het einde van de 18de eeuw uit China geïmporteerd en oorspronkelijk bereid met kokend water uit een samowaar.

Russische boerenfamilie in de 19de eeuw die wodka en thee drinkt

HELDERE WODKA

Wodka wordt meestal gemaakt van graan (tarwe), maar in Rusland soms ook van rogge. De lokale Livizwodka's worden in Sint-Petersburg het meest gedronken; de beste zijn Diplomat, Five Stars en Russian Standard. De firma Kristall in Moskou maakt Kristall- en Gzjelkawodka, en de Flagmandistilleerderij is er trots op de hofleverancier van het Kremlin te zijn. Tegenwoordig is er een overweldigend assortiment wodka's verkrijgbaar. Er is een gouden regel: als het minder dan $3–$4 per halve liter kost, drink het dan niet. Wodka wordt altijd geserveerd met een hapje, vaak met pittige *zakoeski (blz. 181)*, in het bijzonder zwart brood, ingelegde komkommers en haring. Wodka wordt niet altijd ijskoud geserveerd, maar dient wel gekoeld zijn.

Koebanskaja

Diplomat   **Russian Standard**   **Five Stars**

GEAROMATISEERDE WODKA

Het aromatiseren van wodka had oorspronkelijk een praktische reden. Toen het voor het eerst commercieel werd geproduceerd, waren techniek en apparatuur nog zo primitief dat er veel onzuiverheden in de wodka achterbleven. Die zorgden voor onwelkome bijsmaken, die gemaskeerd werden met honing, aromatische oliën en kruiden. Terwijl de techniek verbeterde, verwierven de gearomatiseerde wodka's hun eigen bestaansrecht. Limonnaja, met citroensmaak, is een van de oudste, net als Pertsovka, dat gekruid is met Spaanse pepers. Klukvennaja (veenbessen) en Oblepicha (duindoorn, een oranje Siberische bes) zijn ook favoriet. Sommige van de beste wodka's worden thuis gemaakt door perzikpitten of hele bessen maanden in de alcohol te laten staan.

Pepervodka

Limonnaja   **Kljoekva**   **Oblepicha**

BELANGRIJKSTE WIJNGEBIEDEN

- Wijngebied
- Moldavië
- Oekraïne
- Rusland
- Georgië
- Armenië
- Azerbeidzjan
- — Internationale grenzen

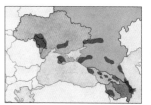

Witte en rode Georgische wijn   **Sjampanskoje**

WIJN

De Sovjetunie was een van de grootste producenten van wijn *(vino)* ter wereld, maar veel van de grote wijngebieden liggen nu in onafhankelijke republieken. Er worden in de verschillende regio's inheemse druivensoorten gebruikt naast de bekendere internationale soorten.

De Georgische wijnen worden beschouwd als de beste, onder andere de wijnen gemaakt van de rkatsitelidruif, die een bloemig aroma en een subtiele fruitige smaak heeft, en van de goerdzjaanidruif, die een unieke, licht bittere toon geeft. De zachte Moekoezani is een van de beste rode wijnen. Moldova maakt sprankelende witte wijnen en betrouwbare rode. Sinds 1799 maakt Moldova ook een zoete champagne-achtige wijn genaamd Sjampanskoje.

ANDERE ALCOHOLISCHE DRANKEN

Brandewijn *(konjak)* was oorspronkelijk een bijproduct bij het maken van wijn. De commerciële productie ervan begon in Rusland pas in de 19de eeuw. Armeense brandewijn geldt als de meest verfijnde en heeft een vanilleachtige smaak door de rijping op oude eikenhouten vaten. Georgië en Daghestan maken ook goede brandewijn. Petersburgs bier *(pivo)* staat in Rusland goed bekend; producenten zijn Vena en Stepan Razin. Ook Tverbieren, zoals Afanasy, zijn het proberen waard. Er is ook importbier te koop.

Baltika-bier   **Armeense brandewijn**

ANDERE DRANKEN

Kvas is een licht gefermenteerde drank, voor volwassenen en kinderen, gemaakt van rogge en gerst. Rusland heeft een scala aan mineraalwaters *(mineralnaja voda)*, die vaak zeer veel mineralen bevatten. Vooral de waters van de Kaukasus worden geprezen. Er zijn ook vruchtensappen *(sok, mors of kompot)* onder andere van veenbessen *(kljoekva)*. Probeer ook het traditioneel Russische *sbiten*, bereid uit honing en kruiden.

Mineraalwater   **Kvas**   **Veenbessensap**

THEE

Russische thee *(tsjaj)* wordt zwart en met een schijfje citroen geserveerd en meestal uit grote glazen of kopjes gedronken. Hij wordt met suiker of jam gezoet en past goed bij de zware Russische zoetigheden. Het kokende water kwam vroeger uit een samowaar. Uit de pot sterke thee wordt een bodempje in een kop geschonken, dat daarna met heet water wordt aangelengd.

Een glas thee, met jam (varenje)

DE SAMOWAAR

In de traditioneel van koper gemaakte samowaar werd in de haard water gekookt voor allerlei huishoudelijke doeleinden. Vaak werd een samowaar als huwelijksgeschenk gegeven. Moderne elektrische samowaars, van roestvrij staal gemaakt, worden hoofdzakelijk gebruikt voor het zetten van thee. Het woord samowaar komt van *samo*, wat 'zelf' en *varit*, wat 'koken' betekent.

Een restaurant kiezen

Deze restaurants zijn uit een brede reeks prijsklassen
gekozen om hun goede prijs-kwaliteitsverhouding en
bijzondere keuken. In elk gebied zijn ze alfabetisch
geordend binnen hun prijsklasse van goedkoop tot duur.
Voor details over lichte maaltijden en snacks, zie
blz. 192–193. Voor kaartverwijzingen, zie blz. 238–245.

PRIJSKLASSEN
Prijzen voor een driegangenmaaltijd voor
één persoon inclusief een glas huiswijn,
alle verplichte toeslagen en een bescheiden vergoeding voor service (fooi).

Ⓡ Tot 750 roebel
ⓇⓇ 750–1200 roebel
ⓇⓇⓇ 1200–1800 roebel
ⓇⓇⓇⓇ 1800–2400 roebel
ⓇⓇⓇⓇⓇ Boven 2400 roebel

VASILJEVSKI-EILAND

Troitski Most Троицкий мост
6-ya Vasilevski Ostrov 27. **Tel.** 3274622.

Ⓡ

Kaart 1 A5

Een niet-roken- en vegetarisch café-restaurant dat geen koffie schenkt. De nadruk in dit zeldzame eethuis ligt op verse groente; er zijn maar weinig niet-fusionrestaurants die asperge en spinazie serveren – en dit restaurant weet wat het ermee aanmoet. Probeer de kaas- en spinaziesalade of de tagliatelli in paddenstoelensaus.

Imperator Император
Tamozjenni Pereulok 2. **Tel.** 3233031.

ⓇⓇ

Kaart 1 C5

De Strelka telt meer restaurants, maar geen ervan kan de prijzen van Imperator evenaren. Het is weggestopt in de kelder van de Academie van Wetenschappen, naast de Kunstkammer, en serveert de gangbare combinatie van Euro-pese en Kaukasuskeukens, met Mexicaans eten als buitenbeentje. De kleine niet-rokenkamer moet u reserveren.

Ketino Кэтино
8-ya linia 23, Vasilevski Ostrov. **Tel.** 3260196.

ⓇⓇ

Kaart 1 A5

Ketino is zusterrestaurant van het Georgische Salchino op Petrogradskaja, met een grotere, iets minder intieme maar toch vriendelijke ruimte. Volg het advies van de ober voor uw bestelling, maar neem niet veel: zodra u één schotel probeert, wilt u ook al het andere op de kaart (*llobio* met groene bonen en kruiden bijvoorbeeld). Wijn kan duur zijn.

Casa del Мясо
Birzjevoj projezd 6. **Tel.** 3209746.

ⓇⓇⓇ

Kaart 1 C5

Op een korte wandeling van de Rostrazuilen en Strelka in het oude deel van de stad is dit een handige locatie. Het restaurant is ongebruikelijk door het aanbod aan verschillende vleesgerechten dat op het menu staat. De Kunstkam-mer en het Zoölogisch Museum zijn in de buurt.

Russian Kitsch Русский китч
Oeniversitetskaja Naberezjnaja 25. **Tel.** 3251122.

ⓇⓇⓇ

Kaart 5 B1

Een licht ironische, deftige zaak met weelderige, zij het niet altijd smaakvolle versiering uit de tijd van de perestrojka – be-schilderde plafonds, groen marmer en verguldsel. Het menu is meer mengeling van fusion en sushi dan van *pelmeni* en kool, maar de populaire dansvloer is Russisch. Glazen galerijen met uitzicht op de Neva. **www.concord-catering.ru**

New Island
Roemjantsevski Spoesk, Oeniversitetskaja Naberezjnaja. **Tel.** 3202100.

ⓇⓇⓇⓇⓇ

Kaart 5 B1

Dit drijvende restaurant, populair bij machthebbers, ontving Poetin, Chirac en Bush. 's Winters wordt de boot gere-serveerd voor banketten, maar van de late lente tot de herfst vaart ze vier keer per dag af (14.00, 16.00, 20.00 en 22.30 uur). Eet kaviaar en blini's terwijl u langs het Winterpaleis naar Smolny vaart, waar de boot omkeert.

Oude Douanehuis Старая таможня
Tamozjenny Pereulok 1. **Tel.** 3278980.

ⓇⓇⓇⓇⓇ

Kaart 1 C5

Het Douanehuis, gunstig gelegen achter de Kunstkammer op de punt van Strelka, is een goede, betrouwbare gele-genheid met een goedmoedige sfeer. Het is sterk Frans georiënteerd in zijn wijnen en kaart, en serveert veel vlees. Het heeft een interieur van ongepleisterde baksteengewelven en er is een open keuken, balkon en besloten zaal.

PETROGRADSKAJA

Demjanova Oecha Демьянова уха
Kronverkski Prospekt 53. **Tel.** 2328090.

ⓇⓇ

Kaart 1 C3

Het eerste gespecialiseerde visrestaurant van de stad houdt zijn voorsprong op de concurrentie door hard te werken en door zijn traditionele, stevige en niet pretentieuze keuken. De toepasselijke naam Demjanova Oecha ('Vissoep van Demjanov') verwijst naar een Russisch verhaal over een te fanatieke gastheer die zijn gasten steeds meer eten opdringt.

Verklaring van de symbolen *zie achterflap*

Na zdorovje! На здоровье!   🏃 🎵 V 🍴   ®®

*Bolsjoi Prospekt 13, Petrogradskaja. **Tel.** 2324039.*   **Kaart** 1 B3

Als in het Russisch Museum de kleurige schilderijen met rondborstige Russische schonen van Boris Koestodjev u bevielen, dan is het opzichtige interieur van Na zdorovje echt iets voor u. De naam betekent 'Op je gezondheid!' en wie de toost probeert is hier in een baaierd van Russische gastvrijheid al gauw aan het proosten bij de zigeunerliederen.

Tbiliso Тбилисо   🏃 🎵 V   ®®

*Sytninskaja Oelitsa 10. **Tel.** 2329391.*   **Kaart** 2 D2

Een Georgisch eethuis. De obers dragen Georgische kostuums en gepast imposante snorren. Op het authentieke menu staan schotels als *mamaliga* (gemalen graan met gezouten kaas), waar een echte Georgiër helemaal van smelt. De tafels staan opgesteld in besloten alkoven – een 'echte' Georgische man eet alleen met zijn geliefde en zijn beste vrienden.

Yakitoriya   ♿ V 🍴   ®®

*Petrovskaja Naberezjnaja 4, Petrogradskaja. **Tel.** 9704858.*   **Kaart** 2 F3

Yakitoriya, een van de beste sushirestaurants van Sint-Petersburg, ligt gunstig nabij het Huisje van Peter de Grote en op vijf minuten wandelen van de Petrus en Paulusvesting. Goede sushi is al schaars in Sint-Petersburg, maar dit restaurant biedt naast goed eten ook nog aantrekkelijke prijzen.

Okean Океан   ♿ 🍽 🎵 V   ®®®

*Prospekt Dobrolyubova 14a. **Tel.** 9868600.*   **Kaart** 1 C4

Dit met licht gevulde restaurant, met ramen van vloer tot plafond en uitzicht over de rivier de Neva, biedt St Petersburg een plek om tot rust te komen met een cocktail op het terras, of een kans om moderne interpretaties van traditionele visgerechten te proeven. De locatie en het uitzicht maken dit een aangename plek om te dineren.

Salchino Салхино   🍴 🏃 V   ®®®

*Kronverkski Prospekt 25. **Tel.** 2327891.*   **Kaart** 2 D2

Dit zusterrestaurant van Ketino (Vasilevski-eiland) serveert de gulle huiskeuken van twee Georgische vrouwen die weten hoe ze gasten in verleiding moeten brengen. Hun *chatsjapoeri* (brood gevuld met kaas) is het beste van de stad. Probeer de met walnoten gevulde aubergine. Laat het personeel niet voor u bestellen: u krijgt al gauw meer dan u op kunt.

Volna Волна   🏃 🍽   ®®®

*Petrovskaja Naberezjnaja 4. **Tel.** 3225383.*   **Kaart** 2 F3

Een van de goedkopere fusionrestaurants in de stad, met een Aziatisch accent. Het Japans-minimalistische interieur past bij de keuken. Probeer de Italiaanse salade met zalmtempura of de gegrilde witte zalm met munt en garnalensaus. Volna vindt u vlak achter het Huisje van Peter de Grote.

Austeria Аустерия   🍴   ®®®®

*Petrus en Paulusvesting. **Tel.** 2300369.*   **Kaart** 2 E3

De ligging is het sterke punt van Austeria – pal bij de Petrus en Paulusvesting – en wie van plan is hier alle bezienswaardigheden te zien, zal nieuwe brandstof nodig hebben. Het interieur herinnert aan de bij Peter de Grote geliefde Hollandse stijl, net als de Petrus en Pauluskathedraal, terwijl het menu bestaat uit Russische schotels.

Magnolia Магнолия   ♿ 🍽 🎵 V   ®®®®

*Petrovskaja Naberezjnaja 4. **Tel.** 2324529.*   **Kaart** 2 F3

Dit twee verdiepingen tellende Georgische eetcafé aan de kade tegenover de Hermitage, serveert klassieke gerechten, waaronder traditionele gebakken kalkoen geserveerd met gebakken appels en kwark, Georgische kazen en *matsoni* – een mix van yoghurt en kruiden. Het restaurant beschikt ook over een indrukwekkend uitzicht op de rivier de Neva.

Zver Зверь   🏃 🎵 V 🍴   ®®®®

*Aleksandrovskipark 5b. **Tel.** 2322062.*   **Kaart** 2 E3

Zver betekent 'wild dier' en elke denkbare vangst is hier te krijgen, van wild zwijn tot haas. De zaak lijkt op een groot steakhouse, met lange houten tafels en stevige porties, en het heeft een goed kindermenu. Het ligt verscholen tussen de bomen; vermijd de opzichtige paviljoens tegenover de vesting en ga verder het park in om het te vinden.

Terras Терраса   🏃 🎵   ®®®®®

*Flying Dutchman, Mytninskaja Naberezjnaja, Birzjevoi Most. **Tel.** 3363737.*   **Kaart** 1 C4

Moderne restaurant op het fregat Flying Dutchman, met open haard en weids uitzicht over de Neva naar het Winterpaleis. Op de Kaart staan Europese en Latijns-Amerikaanse schotels; er zijn sushi- en saladebuffetten, en allerlei elegante pasteien. Er is een kindermeisje beschikbaar en u halveert uw rekening door in de Zebra Bar te eten.

PALEISKADE

1913   🏃 🎵 🍽 V 🍴   ®®

*Voznesenski Prospekt 13. **Tel.** 3155148.*   **Kaart** 5 C2

Vernoemd naar het laatste jaar van tsarengrandeur, gaat 1913 prat op gulle porties en voortreffelijke streekschotels als *draniki* (aardappelpannenkoeken) met spek, zuringsoep, en 'chique' schotels als kreeft. Een warme sfeer en uitmuntende bediening compenseren het anonieme interieur. Na 20.00 uur Russische liederen door zanger en gitarist.

Baltika Brew 🍴 🎵 Ⓥ ®®
Bolsjaja Morskaja Oelitsa 3/5. **Tel.** *9210912.* **Kaart** 6 D1

Deze brouwerij en restaurant onder een indrukwekkende gewelfde doorgang tegenover de Hermitage serveert een selectie van internationale gerechten, o.a. uit India. De chef-kok bereidt maaltijden uit Kasjmier, Goa en Delhi, begeleid door een tiental zelfgebrouwen bieren, naast geïmporteerde en lokale merken.

Krokodil Крокодил Ⓥ 🍴 ®®
Galernaja Oelitsa 18. **Tel.** *3149437.* **Kaart** 5 B2

Krokodil biedt verreweg de meeste waar voor zijn geld in de Izaäkwijk. Het is klein, donker en intiem en was een van de eerste restaurants die verse salades, een ruime vegetarische keus en een niet-rokenzaal introduceerden. Er is een aantal bordspellen aanwezig waar de klanten gebruik van kunnen maken.

Da Albertone 🚹 🏃 Ⓥ 🍴 ®®®
Millionnaja Oelitsa 23. **Tel.** *3158673.* **Kaart** 2 E5

Dit eenvoudige Italiaanse restaurant achter de Hermitage is een goede keuze als u kinderen hebt. Op het kindermenu staan pizza's in diervormen, er is een goed voorziene kinderkamer en dagelijks een kindermeisje van het middaguur tot laat. Voor verwende volwassenen zijn er 40 soorten pizza en allerlei pastaschotels.

Gastronom Гастроном 🏃 Ⓥ 🍴 ®®®
Marsovo Pole 7. **Tel.** *3143849.* **Kaart** 2 F5

Met zijn modieuze combinatie van de Italiaanse en Japanse keuken – plus een snufje Russisch, met het vlees in gelei met mierikswortel en mosterd – is het menu gericht op jongeren. Maar op een locatie als deze en met het terras in de zomer zal Gastronom altijd populair zijn bij toeristen van alle leeftijden, al is het maar voor een glas bier.

Gosti Гости 🚹 🏃 🍴 Ⓥ 🍴 ®®®
Malaya Morskaja Oelitsa 13. **Tel.** *3125820.* **Kaart** 6 D1

Dit ongedwongen en gezellige restaurant serveert Italiaanse klassiekers naast Servische specialiteiten, waaronder een ruime keuze aan taarten met zoete en hartige vullingen. Verspreid over verschillende verdiepingen biedt het een aparte speelplaats voor kinderen, waardoor er een aangename en ontspannen sfeer heerst.

Park Giuseppe Парк Джузеппе 🚹 🏃 🎵 🍴 Ⓥ 🍴 ®®®
Naberezjnaja Kanala Gribojedova 2b. **Tel.** *5717309.* **Kaart** 2 F5

Op de hoek van de Michajlovskituin, met uitzicht over de Mojka naar het Marsveld, is dit een ideale locatie voor de Witte Nachten: een plek om laat te eten en Italiaanse wijn te nippen terwijl de zon langzaam zakt maar nooit ondergaat. Op het Italiaanse menu staat Napolitaanse, op hout gebakken pizza. 's Zomers kunt u eten op het terras.

Russkaya Ryumochnaya No.1 Русска Рюмочная №1 🚹 🎵 🍴 Ⓥ 🍴 ®®®
Konnogvardeiskij Bulvar 4. **Tel.** *5706420.* **Kaart** 5 B2

Dit restaurant biedt gerechten in ouderwetse stijl met een eigentijdse interpretatie van Russische klassiekers. Ook staan er meer dan 100 verschillende soorten wodka op het menu. Bovendien herbergt het restaurant een galerij met wisselende tentoonstellingen.

T-Lounge 🚹 🎵 Ⓥ 🍴 🍴 ®®®
Renaissance Hotel, Potsjtamtskaja Oelitsa 4. **Tel.** *3804000.* **Kaart** 5 C2

De T-Lounge serveert de hele dag heerlijke sandwiches, salades en pasteien, met livemuziek in de avond. De Lounge is gevestigd in het Renaissance St Petersburg Baltic, samen met het restaurant Canvas. Het ligt nabij alle bezienswaardigheden en is terecht populair bij zowel Petersburgers als hotelgasten.

Borsalino борсалино 🚹 🎵 Ⓥ 🍴 🍴 ®®®®
Bolsjaja Morskaja Oelitsa 39. **Tel.** *4945115.* **Kaart** 6 D2

Borsalino, gevestigd in het historische hotel Angleterre *(blz. 174)*, heeft een authentiek Italiaans menu met gerechten van hoge kwaliteit. Het goede eten en het mooie interieur trekken Petersburgers, hotelgasten en andere gasten. Het is een uitgelezen plek om na een dag in de stad te ontspannen, met de meeste avonden jazz in de bar.

Canvas 🚹 🏃 🎵 Ⓥ 🍴 ®®®
Renaissancehotel, Potsjtamtskaja Oelitsa 4. **Tel.** *3804000.* **Kaart** 5 C2

De ontbijtzaal in dit moderne hotel in de stille buurt achter de Izaäkkathedraal wordt later op de dag restaurant. In deze buurt met weinig goede restaurants – de meeste zaken vinden een historisch interieur belangrijker dan goed eten – concentreert Canvas zich op eten en bediening en serveert een goede, traditioneel-Europese keuken.

Bellevue 🏃 🎵 Ⓥ ®®®®
Kempinski Hotel Moika 22, Naberezjnaja Reki Mojki 22. **Tel.** *3359111.* **Kaart** 2 E5

Bellevue heeft op de 9de etage zo'n uniek uitzicht over het stadscentrum, het Paleisplein en het Winterpaleis dat de gasten bijna hun eten vergeten. Maar het moderne Europese menu is goed, zij het niet goedkoop. In dit restaurant betaalt u voor het eten zelf, en niet louter voor de stijlvolle aankleding zoals in sommige andere restaurants in de stad.

Tsar 🚹 🎵 Ⓥ 🍴 🍴 ®®®®®
Sadovaja Oelitsa 12. **Tel.** *9300444.* **Kaart** 2 F1

Tsar is gehuisvest in een voormalig paleis met een aantal zorgvuldig gerestaureerde kamers waar men geniet van eersteklas Russische klassiekers. Met zijn heimwee naar het keizerlijke Rusland, is de bediening ingetogen en elk detail, tot in het kristallen glaswerk en de portretten van Russische adel, straalt weelderige luxe uit.

Voor prijzen *zie blz. 184* **Verklaring van de symbolen** *zie achterflap*

GOSTINY DVOR

Aragvi
Nab Reki Fontanki 9. **Tel.** *5705643.*   🅥 ⚌   ®®

Kaart 2 F5

Aragvi heeft een licht, elegant interieur met grote ramen die een betoverend uitzicht op de Fontanka bieden. Op het menu staan echte Georgische gerechten en u kunt hier bijna alle traditionele Georgische schotels proeven, waaronder *satsivi* (walnotensaus), *chachapoeri* (met kaas gevuld gebakken brood) en varkens-*sjasjlik*.

Fartuk Фартук
Oelitsa Rubinsjtejna 15-17. **Tel.** *7645256.*   ♿ 🎵 💧 🅥 ⚌   ®®

Kaart 1 A2

In de warmere maanden biedt dit restaurant ontspannen dineren in de openlucht in het stadscentrum aan. Het menu heeft Europese invloeden met een focus op de Middellandse Zee en de zelfgemaakte limonades zijn verfrissend. Voor de gemeenschappelijke landelijke keuken moet gereserveerd worden.

Fasol Фасоль
Gorochovaja Oelitsa 17. **Tel.** *5710907.*   ♿ 🅥 ⚌   ®®

Kaart 6 D2

Fasol betekent snijboon, maar dit is geen vegetarisch restaurant. Het heeft echter allerlei gezonde, relatief vetarme schotels op het menu. De bediening is snel en het interieur in caféstijl is modern. Dankzij de voortreffelijke ligging op de hoek van de Mojka is het de beste pleisterplaats als u langs de grachten wandelt.

Kvartirka Квартирка
Nevski Prospekt 51. **Tel.** *3126057.*   🚹 🅥 ⚌   ®®

Kaart 6 E1

Deze café met het Sovjet-tijdperk als thema wordt niet alleen bezocht door de lokale bevolking maar ook door toeristen. Grote porties traditionele Russische gerechten tegen redelijke prijzen. Alle gerechten met vers bereide ingrediënten. De bediening is nors, zodat ook dat bijdraagt aan het Sovjet-thema.

Literair Café Литературное кафе
Nevski Prospekt 18. **Tel.** *3126057.*   ♿ 🚹 🎵 🅥 ⚌   ®®

Kaart 6 E1

Dit is het vroegere Café Wulf en Beranger, vanwege de verafgode Russische dichter Alexander Poesjkin vertrok voor zijn fatale duel. De plek blijft populair bij toeristen en liefhebbers van de Russische literatuur, al is eten hier meer een historische dan een gastronomische belevenis: traditionele, nogal zware schotels, met veel vlees in rijke sauzen.

Mama Roma Мама Рома
Karavannaja Oelitsa 3. **Tel.** *3140347.*   ♿ 🚹 🅥   ®®

Kaart 7 A1

Mama Roma is een van de eerste authentiek Italiaanse restaurants en trekt veel middenklasse-Russen. Zoals elk goed Italiaans restaurant is het interieur licht en luchtig, en kinderen zijn welkom; er is een kindermenu en speelgoed. Het uitstekende Vinarium, de trap af, is een goede plek om wijn te kopen voor een boottocht.

Soeliko Сулико
Kazanskaja Oelitsa 6. **Tel.** *3147373.*   🚹 🎵 🅥 ⚌   ®®

Kaart 6 E2

Het meest centrale Georgische restaurant, weggestopt achter de de Kazankathedraal. Soeliko is veel goedkoper dan de Kavkaz-Bar en populair bij de Georgiërs zelf. Het is meer op vlees dan op groente georiënteerd en flirt niet met de Europese smaak.

Erivan Еривань
Naberezjnaja Reki Fontanki 51. **Tel.** *703 3820.*   ♿ 🚹 💧 🎵 🅥 ⚌   ®®®

Kaart 6 F2

Alle drie de zalen zijn ingericht in Armeense stijl, met tapijten, felgekleurde tafelkleden en aardewerk. Negeer de vipzaal en ga naar de Rustieke Zaal. Alle schotels zijn traditioneel, met veel schaaps- en kalfsvlees – tegenwoordig moeilijk te vinden in Europa – en rariteiten als hersenen in olijfolie.

Kalinka-Malinka Калинка-Малинка
Italianskaja Oelitsa 5. **Tel.** *3142681.*   🎵 ⚌   ®®®

Kaart 6 F1

'Kalinka-Malinka' is het Russische volksliedje dat steevast klinkt als er een Rus verschijnt in een Hollywoodfilm of op tv. Het gelijknamige restaurant heeft het rustieke interieur van een houten hut en serveert traditionele maaltijden, op de meeste avonden met romantische liedjes en volksmuziek. Het trekt veel reisgroepen, maar kan dat lijden.

Kavkaz-Bar Кавказ-бар
Karavannaja Oelitsa 18. **Tel.** *3121665.*   ♿ 🚹 🎵 🅥 ⚌   ®®®

Kaart 7 A1

Hier krijgt u de Kaukasische (Georgische en Armeense) keuken en uitstekende wijnen en brandewijn – maar daar betaalt u ook voor. Kavkaz-Bar ligt perfect, bij Nevski Prospekt, en de sfeer is intiem. Hier krijgt u de beste vegetarische kebab van de stad. Een selectie uit de gerechten is te krijgen op het informele terras, aan een stil plein.

Ket Кэт
Karavannaja Oelitsa 24. **Tel.** *3153800.*   🚹 🎵 🅥 ⚌   ®®®

Kaart 7 A1

Het kleine, comfortabele kelderrestaurant Ket richt zich op Georgische gerechten; de eigenaar gaat er prat op dat hij afstamt van Georgische prinsen. Zeldzaam voor het stadscentrum is dat het alleen lokale klanten trekt, en opmerkelijk is het ontbreken van pretenties – een goede plek om kennis te maken met 'Russen van de oude stijl'.

Ruskaja Charka Русская Чарка
Naberezjnaja reki Fontanki 92. **Tel.** *4955558.*
🅰🅰🅰   **Kaart 6 E3**

Traditionele inrichting met vakkundig geschilderde muurschilderingen en geweven textiel vormen het decor voor een van de meest authentieke Russische restaurants in Petersburg. Ruskaja Charka biedt een onvergetelijke culinaire ervaring, met specialiteiten uit het hele land en een selectie van ouderwetse wildgerechten, zoals Siberisch hert.

Sankt-Peterboerg Санкт-Петербург
Naberezjnaja Kanala Gribojedova 5. **Tel.** *3144947.*
🅰🅰🅰   **Kaart 6 E2**

De kosten van een maaltijd zijn hoog voor de Russische standaardkost die u krijgt (zij het in grote hoeveelheden), maar ze is inclusief de 'folkloristische' show om 21.00 uur elke avond behalve zondag. Livemuziek begint om 20.00 uur, waarna er Russische dansers en balalaika's volgen. Misschien niet authentiek, maar levendig, lawaaierig en leuk.

Baky Баку
Sadovaja Oelitsa 12/23. **Tel.** *9413756.*
🅰🅰🅰   **Kaart 6 F1**

In Baky dineert men in een exotische Centraal-Aziatische oase vol met kleur en licht. Het menu bestaat uit een mix van continentale en Kaukasische gerechten. De keuken bereidt ook volledige banketten voor minimaal vier personen. Nachtelijk entertainment completeert de levendige sfeer.

Barbaresco Граф Суворов
Konusjennaja Plosjad 2. **Tel.** *6478282.*
🅰🅰🅰   **Kaart 2 E5**

Dit intieme en populaire Italiaanse restaurant trekt de oudere scene van de stad met eenvoudige maar uitstekende Italiaanse gerechten. Stevige porties van klassieke gerechten worden begeleid door wijn uit het noorden van Italië. Een specialiteit vormen de verse zeevruchten. Probeer ook het multi-gangen menu.

Caviar Bar and Restaurant
Grand Hotel Europa, Michajilovskaja Oelitsa 1/7. **Tel.** *3296000.*
🅰🅰🅰🅰   **Kaart 6 F1**

Dit bar-restaurant, alleen 's avonds open, heeft de meest gevarieerde en elegante manieren van de stad om kaviaar en vis te serveren. Probeer kaviaar op blini of een van de speciale Russische streekgerechten. Het kleine interieur herbergt een fonteintje, zoals in een kunstmatige grot in een 18de-eeuws park.

Europa Европа
Grand Hotel Europa, Michajilovskaja Oelitsa 1/7. **Tel.** *3296000.*
🅰🅰🅰🅰   **Kaart 6 F1**

Deze spelonkachtige hal in art-nouveaustijl (style-moderne) met glas-in-loodplafond is geen reconstructie van het glorieuze verleden van Sint-Petersburg, maar echt fraai gerestaureerd. Het eten is eersteklas Europees – kreeftensoep, biefstuk tartaar – maar er zijn vaak evenementen ter ere van de Russische keuken. De zondagsbrunch trekt veel Russen en expats.

SENNAJA PLOSJTSJAD

Apsjeron Апшерон
Kazanskaja Oelitsa 39. **Tel.** *3127253.*
🅰🅰   **Kaart 6 D2**

De op vlees gerichte keuken van Apsjeron komt uit Azerbeidzjan in Centraal-Azië en er wordt gekookt door een Azerichefkok uit Bakoe. Er staan veel vegetarische gerechten op het menu en zelfs Azeriwijn. Naar de smaak van de Azeri die hier in groten getale komen, zijn de drie eetzalen warm en kleurrijk; geen modieus minimalisme hier.

Wasabi Васаби
Oelitsa Jefimova 3. **Tel.** *2447303.*
🅰🅰   **Kaart 6 E3**

Dit restaurant uit een keten, gelegen in een winkelcentrum, heeft een grote selectie van vers bereide sushi en warme maaltijden. Het biedt een uitstekende locatie voor een verfrissing tussen sightseeing en shopping. Op aanvraag kunnen ook theeceremonies geregeld worden.

Entrée Антрэ
Nikolskaja plosjad 6. **Tel.** *5725201.*
🅰🅰🅰   **Kaart 5 C4**

Deze Franse bistro, gelegen tussen het Mariinskij Theater en Senaja Plosjad, bevindt zich niet op een centrale locatie, maar is het bezoek waard. Goedbereid voedsel, zoals rundvlees, eend en zalmcarpaccio evenals traditionele gerechten voor redelijke prijzen. Er is ook een apart café / patisserie met heerlijke gebakjes – de beste in de stad.

Mozzarella Bar Моццарелла Бар
Naberezjnaja kanala Griboedova 64. **Tel.** *3106454.*
🅰🅰🅰   **Kaart 6 D3**

De mozzarella bar, gelegen in het centrum van de stad, trekt een jong en casual publiek voor een ongewone mix van Italiaans en Japans eten. Het jonge bedienend personeel is vriendelijk en hoffelijk, en het menu biedt iets voor iedereen, waardoor het de perfecte plek is voor een groep van gasten met verschillende smaken.

Bella Vista Белла Виста
Anglijskaja naberezjnaja 26. **Tel.** *3123238.*
🅰🅰🅰🅰   **Kaart 5 B1**

Bella Vista is de perfecte plek voor een romantisch pre- of post-theater etentje. Hoogstaande Italiaanse gerechten in een elegante, landelijk-chique sfeer. Onberispelijke bediening en in de zomer een terras. Schitterend uitzicht over de rivier de Neva en op loopafstand van een aantal theaters, waaronder het Mariinskij.

Voor prijzen *zie blz. 184* **Verklaring van de symbolen** *zie achterflap*

```
————03/10/2015————————————16:55————
        * Счет № 595912 *
Стол 4-3
Администратор: Полевая  Наталья
Администратор: Полевая  Наталья
──────────────────────────────────────
Жигули темное 0,5      1 330.00  330.00
Цезарь с куриной гру   1 480.00  480.00
──────────────────────────────────────
Подытог:                          810.00

ИТОГО К ОПЛАТЕ :             810.00
```

NIOLO K DUUAIE :   810'00

TOTAAПOI: 810'00

Heaadp c kAbnHon fbλ   1 480'00   480'00
WNLΛUN 18WHO8 U'b   1 330'00   330'00

RAHIAH RABANUOP: q018AIDNHMAA
RAHIAH RABANUOP: q018AIDNHMAA
CIOU 4-3
        * CHAI W 292912 *
----03\10\2012----   18:22----

BUITEN HET CENTRUM

TEN OOSTEN VAN DE FONTANKA Lagidze Лагидзе
Oelitsa Belinskovo 3. **Tel.** *5791104.* **Kaart** *7 A1*

Het ideaal gelegen Lagidze, even lopen vanuit het centrum aan een korte straat met de beste restaurants, serveert Georgisch eten en wijn in een bescheiden maar modern interieur, tegen schappelijke prijzen. Probeer de *lodka* (warm, met kaas gevuld brood en ei) en de *satsivi* (kip in walnotensaus), en rond af met Georgische wodka.

TEN OOSTEN VAN DE FONTANKA Stary Dom Старый дом
Oelitsa Nekrasova 25. **Tel.** *5798343.* **Kaart** *7 B1*

Dit eenvoudige keldercafé-restaurant met houten banken en tafels serveert Azeri en Russisch eten: een echte huiselijke keuken, waaronder *chartsjo*-soep met veel vlees en vegetarische *tsjeboereki* gevuld met kruiden en sla in plaats van vlees. De voortreffelijke wijn wordt geschonken in faiencekruiken. Erg geliefd bij Georgiërs.

TEN OOSTEN VAN DE FONTANKA Bufet Буфет
Poesjkinskaja Oelitsa 7. **Tel.** *7647888.* **Kaart** *7 B2*

Bufet ligt dicht bij de Nevski Prospekt. Het interieur lijkt op een goed ouderwets Sint-Petersburgs appartement. Door de slechts twintig plaatsen en ingelijste foto's en souvenirs aan de muren geldt dit nog sterker. De keuken is Russisch en eenvoudig, de sfeer is warm en de prijzen bescheiden. Een speciaal plekje.

TEN OOSTEN VAN DE FONTANKA Imbir
Zagorodni Prospekt 15. **Tel.** *7133215.* **Kaart** *7 A3*

Dit eethuis, oorspronkelijk een oosters restaurant (*imbir* betekent 'gember'), serveert nu een combinatie van noedels, sushi, lichtere Russische vlees- en visschotels (probeer de gepocheerde zalm) en simpele maar goede wijnen. Een nuchtere caféstijl met rustige, relatief jonge cliëntèle, warme sfeer en bescheiden prijzen. Een speciale plek.

TEN OOSTEN VAN DE FONTANKA Jean-Jacques Rousseau
Oelitsa Marata 10. **Tel.** *3154903.* **Kaart** *7 B2*

Jean-Jacques is een Franse bistro met vriendelijk personeel en een klassiek menu tegen betaalbare prijzen. Men serveert ontbijt, lunch en diner en richt zich voornamelijk op ontspannen yuppen. De wijnkaart is uitgebreid. Men verzorgt ook regelmatig evenementen voor families met kinderen in hun vestiging langs de Nevski.

TEN OOSTEN VAN DE FONTANKA Kompot
Oelitsa Zjukovskovo 10. **Tel.** *7196542.* **Kaart** *7 B1*

Kompot doet het bijzonder goed onder de haute cuisine restaurants van de stad. Het heeft een stijlvol modern interieur en biedt een mix van Italiaanse, Europese en Aziatische gerechten, met als specialiteit zeevruchten, en het heeft een uitgebreide wijnlijst. Kijk uit voor de gladde metalen trap bij de ingang.

TEN OOSTEN VAN DE FONTANKA Palermo
Naberezjnaja Reki Fontanki 50. **Tel.** *7643764.* **Kaart** *7 A2*

Platen van Siciliaanse landschappen hangen in de ramen, de muren zijn geschilderd in zandgeel en olijfgroen en zelfs de chefkok komt uit Sicilië. Angst voor de maffia is overbodig: dit is gewoon een goed Italiaans familierestaurant, dat een klassiek Siciliaans menu biedt met daarbij een paar Europese favorieten – vooral zware vleesschotels.

TEN OOSTEN VAN DE FONTANKA Soendoek Сундук
Foersjtatskaja Oelitsa 42. **Tel.** *2723100.* **Kaart** *3 C4*

Hoewel het technisch gesproken een kunstcafé is, is Soendoek als restaurant te goed om in het uitgaanshoofdstuk te verdwijnen. Het gaat prat op een grote wijnkaart, een stevig Russisch en Europees menu en goede livejazz (daarom $3 toeslag na 20.30 uur). De achterzaal is het rustigst. Zondagmiddag 12.00–17.00 uur clown voor de kinderen.

TEN OOSTEN VAN DE FONTANKA Tres Amigos
Oelitsa Roebinsjtejna 25. **Tel.** *5722685.* **Kaart** *7 A3*

Latijs-Amerikaanse gerechten in een ruimte die geïnspireerd is door de Azteken en… bierkelders. Tres Amigos verdient vermelding om de goede kinderkamer met glijbaan en schommels, het kindermenu en het kindermeisje dat in het weekeinde de kinderen bezighoudt terwijl de volwassenen tequila's soldaat maken.

TEN OOSTEN VAN DE FONTANKA Xren
Zagorodny Prospekt 13. **Tel.** *3478850.* **Kaart** *7 A3*

De gasten kiezen in welke van de vier zalen ze willen eten (ze zijn alle drie anders), bestellen stijlvol bedacht eten en kijken hoe de wereld langstrekt vanuit de ramen die uitkijken op de 'Vijf hoeken' (een kruising niet ver van de Nevski Prospekt). Op het menu staat gemarmerde biefstuk, een specialiteit van het huis. Elk weekeinde treden er dj's op.

TEN OOSTEN VAN DE FONTANKA Baklazjan Баклажан
Ligovskij Prospekt 3. **Tel.** *6777372.* **Kaart** *7 C3*

Dit Georgisch geïnspireerde restaurant op de bovenste verdieping van een winkelcentrum naast het centraal station heeft een zeer ontspannen sfeer. Het menu biedt Aziatische klassiekers tegen een redelijke prijs, en de bediening is professioneel en gastvrij. Aanraders zijn de zelfgemaakte knoedels en gebakken producten.

TEN OOSTEN VAN DE FONTANKA Demidoff Демидов
Naberezjniaja Reki Fontanki 14. Tel. 2729181. **Kaart** 3 A5

Er zijn twee kamers in dit toeristische maar adequate restaurant, één om elegant 19de-eeuws te dineren en een andere om te eten in een pseudo-'Oud-Russisch' interieur (met felgekleurde gewelven). De Russische menu's zijn echter hetzelfde, van kwarteleitjes tot pannenkoeken en kaviaar. Elke avond is er na 20.00 uur zigeunermuziek.

TEN OOSTEN VAN DE FONTANKA Marcelli's Марчелли's
Oelitsa Vosstanija 15. Tel. 7028010. **Kaart** 7 C1

Deze combinatie van restaurant / café en delicatessen is een prima bestemming voor liefhebbers van Italiaans eten. Gebaseerd op een filosofie van het verstrekken van het best mogelijke eten tegen de meest redelijke prijzen. De lunchspecialiteiten zijn zeer betaalbaar, terwijl het diner een extravagante, maar toch verfijnde ervaring is. Het interieur is eenvoudig.

TEN OOSTEN VAN DE FONTANKA Novaja Istorija Новая история
Oelitsa Belinskogo 8. Tel. 5798550. **Kaart** 7 A1

Met een menu van hartige vleesgerechten lijkt dit shabby / chique restaurant een beetje op een landelijk cottage. Gezellig, comfortabel en op loopafstand van het circus. Het is net zo goed een locatie voor een familieuitje als voor een romantisch diner voor twee.

TEN OOSTEN VAN DE FONTANKA Povari Повари
Bolsjoi Prospekt 38/40, Petrogradskaja. Tel. 2337042. **Kaart** 1 C2

Kijk maar, geen pizza! Dit Italiaanse restaurant specialiseert zich in allerlei versgemaakte pasta's, zoals fettuccine met paddenstoelen en truffelsaus. Bij warmer weer wordt het overdekte terras aan het plein uitgebreid met comfortabele rieten stoelen. Dit is de ideale plek om het winkelpubliek van het levendige Petrogradskaja te observeren.

TEN OOSTEN VAN DE FONTANKA Probka
Oelitsa Belinskovo 5. Tel. 2734904. **Kaart** 7 A1

Deze smaakvolle Italiaanse wijnbar heeft dezelfde leiding als het duurdere Il Grappolo ernaast. De minimalistische aankleding vult de minimalistische Italiaanse keuken goed aan – met verfijnde sauzen, niet de zware, romige pasta's van andere Italianen in de stad. Op warme dagen gaan de grote ramen open.

TEN OOSTEN VAN DE FONTANKA Sherbet Шербет
Oelitsa Vosstanija 26. Tel. 7160874. **Kaart** 7 C1

Sherbet is Oezbekistan maar dan 21ste-eeuws en cool. De sfeer is erg ontspannen, met elegante, met kaarsen verlichte tafels en sofa's met zijden kussens. Het menu is niet helemaal Oezbeeks (al is de *plov* of pilav echt het proeven waard), maar combineert de beste 'oosterse' keuken met enkele Turkse gerechten.

TEN OOSTEN VAN DE FONTANKA Shinok Шинок
Zagorodny Prospekt 13. Tel. 5718262. **Kaart** 7 A3

Eten en volksmuziek uit de voormalige Slavische Sovjetrepubliek Oekraïne. Het elegante minimalisme van de modernste Petersburgse restaurants is hier ingeruild voor goed, stevig eten met drie soorten *salo* (gezouten varkensbuik) en Oekraïense wodka als drankje. Elke avond om 20.30 uur een uitgelaten Oekraïense folkloristische show.

TEN OOSTEN VAN DE FONTANKA Trojka Тройка
Zagorodny Prospekt 27. Tel. 4075343. **Kaart** 6 F3

Trojka is niet alleen een restaurant, maar een restant uit de goede oude sovjetdagen van de variété, met circus (ranke meisjes die vreemde dingen met hoepels doen), volksliedjes, Russische dansen, glitter en glamour. Er is geen erotiek, anders dan in enkele andere gelegenheden. Het menu is niet bijzonder, maar het gaat om de show.

TEN OOSTEN VAN DE FONTANKA Dickens Restaurant
Naberezjnaja reki Fontanki 108, 2de verd. Tel. 7026263. **Kaart** 6 E3

Dit gezellige restaurant boven de populaire Dickens Pub serveert steaks en wildgerechten. Een kleine maar goede wijnkaart, een ouderwetse inrichting met uit Engeland geïmporteerde sofa's, en een fantastisch uitzicht op de Fontanka maken Dickens een speciale plek voor feesten. Een selectie van fijne sigaren wordt aangeboden in de lounge.

TEN OOSTEN VAN DE FONTANKA Matrosskaja Tisjina Матросская тишина
Oelitsa Marata 54/34. Tel. 7644413. **Kaart** 7 B4

De advertentieleuze voor dit restaurant luidt 'vismode' en vis is in elk geval waar het om gaat. Binnen vindt u een in stukken gezaagde vissersboot, aquaria vol kreeften, oesters en langoesten; en tijgergarnalen en mosselen, evenals precies de goede wijnen om ze weg te spoelen. De vis en zeevruchten zijn niet-ingevroren, maar vers op ijs geleverd.

TEN WESTEN VAN HET CENTRUM Karl & Friedrich Карл и Фридрих
Joezjnaja Doroga 15, Krestovski Ostrov. Tel. 3207978.

U hebt een taxi nodig om van en naar dit brouwerij-restaurant op Krestovski-eiland bij de Finse Golf te komen. Het is gericht op gezinnen en er is door de week van 19.00 tot 22.00 uur een kindermeisje, en twee kindermeisjes plus een clown van 14.00 tot 22.00 uur in het weekeinde. Vlees domineren het menu en er is goed bier.

TEN WESTEN VAN HET CENTRUM Krestovski sad Крестовский сад
Joeznaja Doroga 15, Krestovski Ostrov. Tel. 3207978.

Krestovski sad, een ander eethuis in het Karl & Friedrichbrouwerijcomplex, serveert 's zomers lamsvlees geroosterd op een open spit buiten – perfect voor de Witte Nachten. Ga buiten aan een tafeltje zitten en kijk hoe de zon langzaam zakt boven de Finse Golf, of eet bij het kleinere zomercafé op het nabije strand.

Voor prijzen zie blz. 184 **Verklaring van de symbolen** zie achterflap

TEN WESTEN VAN HET CENTRUM Russische Visserij Русская рыбалка 🚶 Ⓥ ♒ ⓇⓇⓇ

*Joezjnaja Doroga 11, Krestovski Ostrov. **Tel.** 3239813.*

Dit is een gestileerde vissershut met een vijver waarin de gasten hun eigen vis kunnen vangen – forel, steur, belugasterlet – en dan zien hoe die klaargemaakt wordt. Het idee is macho, maar het restaurant trekt overdag meestal gezinnen vanwege het speelterrein buiten en de kinderkamer binnen. 's Avonds wordt het wat volwassener en na twaalven ruiger.

TEN NOORDEN VAN DE NEVA Staraja Derevnja Старая деревня 🚶 ♫ Ⓥ ♒ ⓇⓇ

*Oelitsa Savoesjkina 72. **Tel.** 4310000.*

Staraja Derevnja is een van de eerste onafhankelijke restaurants van de stad en nog steeds een van de vriendelijkste. Het ligt ver van het centrum, maar is toch handig als u terugkomt van de Finse Golf. Persoonlijke service, informeel interieur – zoals een ouderwets appartement. 's Avonds worden Russische zigeunerliedjes uitgevoerd.

TEN NOORDEN VAN DE NEVA 7:40 ♿ 🚶 ♫ Ⓥ ♒ ⓇⓇⓇ

*Bolsjoi Sampsonievski Prospekt 108. **Tel.** 4923444.*

Het bekendste Joodse restaurant van de stad. De naam (*sem-sorok* in het Russisch) verwijst naar het bekende Joodse lied en de dans, die almaar sneller gaan tot de dansers rondwervelen, wat precies de uitbundige geest is die deze vriendelijke zaak wil nabootsen. Het personeel serveert een reeks traditionele gerechten in een kleurig interieur.

TEN NOORDEN VAN DE NEVA Pirosmani Пиросмани ♿ ♫ Ⓥ ⓇⓇⓇ

*Bolsjoi Prospekt 14, Petrogradskaja. **Tel.** 2354666.*   *Kaart 1 B3*

Dit kleurrijke Georgische restaurant is opgezet als een Georgisch heuveldorp, met vakwerkhuizen, een glas-in-loodraam en echte vijvers (vraag als u reserveert of u op een vlot mag zitten). Aan de muur hangt werk van Pirosmani, de beste Georgische schilder van de 20ste eeuw. Probeer de *lobio* – bonen in kruidige saus – en de Oude Tiblisiwijn.

TEN OOSTEN VAN DE FONTANKA Ryba Рыба ♿ 🚶 ♟ Ⓥ ♒ ⓇⓇⓇⓇ

*Oelitsa Akademika Pavlova 5. **Tel.** 2345060.*

Gasten kunnen kiezen tussen traditionele Italiaanse gerechten, waaronder een scala aan pastagerechten en een brede selectie van pizza's, of Aziatische wokgerechten. Ryba bevindt zich op de bovenste verdieping van een business center en bezoekers dineren hier voor het adembenemende uitzicht over de daken.

BUITEN SINT-PETERSBURG

NOVGOROD Joerjevskoje Podvorije Юрьевское подворье ♿ 🚶 ♫ Ⓥ ♒ ⓇⓇ

*Joerjevskoje Sjosse 6a. **Tel.** 8162-946066.*

Dit restaurant, vooral 's zomers aantrekkelijk, is de uitgelezen plek om de massa's en de luidruchtigere gelegenheden dichter bij de stad te vermijden. Er zijn twee grote eetzalen. Russische gerechten, zoals salades, paddenstoelen, pannenkoeken met kaviaar, *borsj* en *oecha* (vissoep).

PAVLOVSK Podvorije Подворье ♿ 🚶 ♫ Ⓥ ♒ ⓇⓇⓇⓇ

*Filtrovskoje Sjosse 16, Pavlovsk. **Tel.** 4668544.*

Deze reconstructie van een 17de-eeuws houten huis is een tochtje waard. Het ligt bij het terrein van het Pavlovskpaleis, even lopen van het treinstation Pavlovsk. Het restaurant is kitsch maar leuk, met volksliederen bij de lunch, en een traditioneel Russisch menu met *pelmeni*, veel vleessoepen en wodka. In de sneeuw is het een sprookje.

NOVGOROD Volkhov Волхов ♿ 🚶 ♫ Ⓥ ♒ Ⓡ Ⓡ

*Predtesjenskaja Oelitsa 24. **Tel.** 8162-225509.*

Dit restaurant, in een van de populairste hotels van Novgorod, bedient toeristen die een bezoek brengen aan het nabijgelegen Kremlin. Volkhov heeft provinciale Russische gerechten en is ook een populaire avondbestemming. Reserveren, met name in het weekeinde. Een aangrenzend café biedt lichte maaltijden tegen redelijke prijzen.

POESJKIN Staraja Basjnja Старая башня 🚶 ♟ Ⓥ ⓇⓇⓇ

*Akademitsjeski Prospekt 14. **Tel.** 4666698.*

Met zijn grote menu en wijnkaart is dit een echte vondst in het provinciale Poesjkin: de prijzen zijn de helft van wat ze in Sint-Petersburg zelf zouden zijn. Het restaurant ligt bij het bekende district Fjodorovski Gorodok, dat werd gebouwd in 1913 om de 300ste verjaardag van de Romanovs luister bij te zetten.

REPINO Sjaljapin Шаляпин 🚶 Ⓥ ♒ ⓇⓇⓇ

*Oelitsa Nagornaja 1. **Tel.** 4320775.*

In de zomer telt de Golf veel cafés die sjaslik (kebabs) aanbieden, maar het hele jaar is Sjaljapin hier de beste plek om te eten. Laat u niet afschrikken door de lelijke buitenkant en de locatie boven een supermarkt (zij het tussen de bomen), omdat het binnen charmant is: er is een grote open haard in de winter. In de zomer is er een dakterras.

SJOEVALOVKA Kapriva 🚶 ♫ Ⓥ ♒ Ⓡ Ⓡ

*Sankt-Peterburgskoje Sjosse 111, tussen Strelna en Petrodvorets. **Tel.** 4505393.*

Kapriva huist in een gestileerde Russische toren in het hart van het Sjoevalovka Russische Dorp (een soort Russisch Disneyland op de weg naar Peterhof). Proef hier heerlijke traditionele Russische gerechten en luister naar volksliederen – ook als u zojuist de sneeuwheuvels bent afgegleden en in het Dorp in een *trojka* hebt gereden.

Licht eten en hapjes

Ondanks hun plastic stoelen en metalen tafels serveren de Russische en etnische restaurants vaak lekker eten – van simpele sandwiches tot zware vleesschotels. Kijk uit naar het woord кафе (café) en probeer er een. Voorzichtige reizigers kunnen experimenteren met een van de restaurants hiertegenover, die vaak goedkopere maaltijden serveren tussen 12.00 en 16.00 uur. Een aantal bars en 'kunstcafés' met livemuziek *(blz. 205)* heeft ook een goede keuken. ('s Avonds kunnen ze vol mensen en lawaai zijn, maar rond lunchtijd is het rustiger.) In de zomermaanden zetten veel cafés tafels buiten – leuk om mensen te kijken. Bij kouder weer zijn de cafés op de begane grond van het Mojka- of Radisson SAS hotel, Jili-bili of Il Patio bijna even goed.

RUSSISCH

Traditionele schotels als *borsj* en *draniki* (aardappelpannenkoeken) ziet u overal. *Pelmeni* (knoedels gevuld met vlees) en *vareniki* (knoedels gevuld met fruit of groenten) zijn onovertroffen. Speciale *pelmeni*-gelegenheden zijn echt 'lokaal', zonder flitsende aankleding en toeristen. Probeer de **Pelmeni Bar** achter de Petrus en Paulusvesting. Russische blini's en *blintsjiki* (flensjes) zijn er in zoete en hartige soorten bij het bijzonder goedkope **Cherdak**. Enkele zaken op de lijst zijn eenvoudig maar vooral interessant om de locatie. **Priboj** ligt achter de Hermitage *(blz. 84–93)*, **Sadko** naast de Marijinskitheater en **Café de Clie** bij de Petrus en Paulusvesting. **Gloss Café** serveert Aziatische gerechten op de binnenplaats van het Stroganovpaleis. Bij het Izaäkplein *(blz. 79)* zit **Idiot**, vegetarisch café, geliefd bij expats. **Loena** is goedkoop, vrolijk en druk. **Botanica** is bekend om zijn vegetarische gerechten en gulle porties.

EXOTISCH ETEN

Georgisch en Armeens eten is geliefd in Sint-Petersburg. Restaurant **Kavkaz-Bar** *(blz. 187)* heeft een informeel café en andere kleine cafés serveren Kaukasische gerechten. **Mops** is de enige Thai in de stad. Stevig Oezbeeks eten krijgt u bij **Asia**, een goedkoop en druk café in het hart van een woon- en ambassadewijk.

FASTFOOD, PIZZA EN PASTA

Het eerste Russische fastfood was een open sandwich met kaas of salami, of *pirozjki* (bolletjes) gevuld met rijst, kool of iets zoets, zoals appel. De beste *pirozjki* komen van **Stolle**. Een iets goedkopere versie koopt u bij **Boelotsjnaja** op de Bolsjaja Konjoesjennaja Oelitsa. Vermijd gefrituurde *pirozjki* met vlees en koop ze nooit op straat.

Naast de bekende fastfoodketens zijn er lokale als **Lajma** (24 uur open) en **NyamBurg**, waar klanten kunnen kiezen door te wijzen. **Teremok** specialiseert zich in pannenkoeken. **Trojtski Most** heeft een populaire en goedkope vegetarische keuzen. Pizza- en pastahuizen zijn populair. (**Il Patio**: catering voor kinderen.)

GEBAK EN ZOETIGHEDEN

Russen hebben een zoete smaak en bij mensen thuis wordt nooit thee aangeboden zonder koekjes of gebak. IJs – dat u het beste koopt bij een van de vele ijscoboeren op straat – wordt het hele jaar gegeten. **Sladkoezjka** verkoopt een groot assortiment ijsdesserts en gebak, en het is waarschijnlijk het populairste adres voor een dosis suiker. Koffiezaken, zoals **Boesje Bjoeie** en de **Idealnaja Tsjasjka**-keten, serveren allerlei gebak en kwark. Bij **Stirka 40°** drinken de klanten thee terwijl ze de was doen (het is ook de enige wasserette in de stad).

CAFÉS EN KROEGEN

De meeste cafés serveren een redelijk assortiment eten. Naast de gebruikelijke Engelse en Ierse pubs, waar het eten voorspelbaar en duur is en de cliëntèle voornamelijk uit expats bestaat, zijn er nu ook Russische 'pubs', zoals **Pivnaja 0.5** en **Vdali ot Zjen** die een reeks goede lokale bieren schenken. **Tinkoff** maakt eigen bier in hun eigen gebouw. Een van de geneugten van de zomer is bier drinken op een van de pontons die bij warm weer op de kanalen en rivieren verschijnen, vooral rond de Nevski Prospekt. Al serveren dergelijke gelegenheden gewoonlijk geen eten, ze laten de klanten rustig zitten als die willen zien hoe de zon ondergaat.

SUSHI

De aanhoudende stormloop bij de sushibars – die vaak tamelijk goed zijn – betekent dat er keus genoeg is als u een snelle, gezonde lunch zoekt in Sint-Petersburg. De kaart is gemakkelijk te begrijpen omdat er plaatjes staan bij de gerechten. Probeer **Dve Palotsjki** of **Planet Sushi**.

UIT ETEN BIJ UITSTAPJES

Het meeste werk zit in het vinden van een plek voor een bescheiden lunch buiten de stad. Pavlovsk *(blz. 158–161)* en Peterhof *(blz. 148–151)* hebben redelijke cafés in de paleizen, al is de ruimte in de zomer beperkt. Het kleine **Trapeza** in Peterhof is altijd favoriet. In Tsarskoe Selo *(blz. 152–155)*, zijn er diverse cafés langs en rond de Oranjerejnaja Oelitsa, die bij het park begint. Het Gattsjinapaleis *(blz. 147)* heeft cafés op het terrein en zelfs Oranienbaum *(blz. 146)* heeft een piepklein café. Over het algemeen kunt u het best een picknick meenemen naar Gattsjina of Oranienbaum. (Heerlijke pastei om mee te nemen is te koop bij **Stolle**.) In Novgorod *(blz. 162–165)* serveert **Golden Ladle** diverse soorten bier en hapjes.

ADRESSEN

RUSSISCH

Barberry
Kamennoostrovskij 10.
Kaart 2 E2.
Tel. 9540022.

Botanica
Ботаника
Oelitsa Pestelja 7.
Kaart 3 A5.
Tel. 2727091.

Café de Clie
Kronverkski Prospekt 27.
Kaart 2 D2.
Tel. 2323606.

Karoesel
Карусель
Oelitsa Kirotsjnaja 8.
Kaart 3 B5.
Tel. 2721778.

Tsjajnaja Chizjina
Чайная хижина
Bolsjaja Konjoesjennaja
Oelitsa 19 (ingang op
Volinski Pereoelok).
Kaart 6 E1.
Tel. 5701947.

Sjerdak
Чердак
Ligovskij Prospekt 17.
Kaart 7 C1.
Tel. 2725564.

Idiot
Идиот
Naberezjnaja Reki Mojki 82.
Kaart 5 C2.
Tel. 3151675.

Zjili-bili
Жили-были
Nevski Prospekt 52.
Kaart 6 F1.
Tel. 3146230.

Loena
Луна
Bolsjaja Konjoesjennaja
Oelitsa 5. **Kaart** 2 E5.
Tel. 3124260.

Pelmeni Bar
Пельмени-бар
Kronverkski Prospekt 53a (in-
gang aan Oelitsa Markina).
Kaart 1 C3.
Tel. 4980977.

Priboj
Прибой
Naberezjnaja Reki
Mojki 19.
Kaart 2 E5.
Tel. 5718285.

Sadko
Садко
Oelitsa Glinki 2.
Kaart 5 B3.
Tel. 9032373.

Soiree
Суаре
Oelitsa Zjoekovskovo 28.
Kaart 7 B1. *Tel.* 2723512.

Trojtski Most
Kamenoostrovskij
Prospekt 9/2.
Kaart 2 E4.
Tel. 2326693.

EXOTISCH ETEN

Asia
Азия
Oelitsa Rileeva 23.
Kaart 3 B5. *Tel.* 2720168.

Gloss Café
Nevski Prospekt 17.
Kaart 6 E1. *Tel.* 3152315.

Mops
Мопс
Oelitsa Rubinsjtejna 12.
Kaart 7 A2.
Tel. 5723834.

FASTFOOD, PIZZA EN PASTA

Boelotsjnaja
Булочная
Bolsjaja Konjoesjennaja
Oelitsa 15. **Kaart** 2 E5.
Nevski Prospekt 66.
Kaart 7 A2.
Tel. 3148559.

Il Patio
Nevski Prospekt 30.
Kaart 6 E1. *Tel.* 3809183.
Nevski Prospekt 182.
Kaart 8 E3. *Tel.* 2713177.

Lajma
Лайма
Naberezjnaja Kanala Gri-
bojedova 16.
Kaart 6 E1.
Tel. 3155545.

NyamBurg
Нямбург
Nevski 78.
Kaart 6 E1.
Tel. 2727573.

Pelmenia
Пельмения
Nab reki Fontanka 25.
Kaart 7 A1.
Tel. 5718082.

Stolle
Штолле
Oelitsa Dekabristov 33.
Kaart 5 C3. *Tel.* 7142571
Konjoesjenny Pereoelok 1/6.
Kaart 2 E5. *Tel.* 3121862.

Teremok (pannenkoe-
ken)
Теремок
Nevski Prospekt 60.
Kaart 7 A2.
Tel. 3142701.

Trojtski Most
Троицкий мост
Kronverkski Prospekt 35.
Kaart 2 D2. *Tel.* 3268221.
6-ya linia 27,
Vasilevski Ostrov.
Kaart 1 A5.
Tel. 3274622.

KOFFIE, GEBAK EN ZOETIGHEDEN

Boesje Bjoeie
Буше
Oelitsa Vosstanija 10.
Kaart 7 B1.
Tel. 2737459.

Café Singer
Кафе Зингер
Nevski 28.
Kaart 6 E1.
Tel. 5718223.

**Denisov-Nikolaev
confituren**
Денисов и Николаев
Naberezjnaja Kanala
Gribojedova 77.
Kaart 6 D3. *Tel.* 5719495.

Idealnaja Tsjasjka
Идеальная чашка
Kamennoostrovski
Prospekt 2.
Kaart 2 E2. *Tel.* 2334953.

Sladkojezja
Сладкоежка
Marata Oelitsa 2.
Kaart 7 B2.
Tel. 5711420.
Sadovaja Oelitsa 60.
Kaart 5 C4.
Tel. 3108144.
Gorochovaja 44.
Kaart 6 E3.
Tel. 3108005.

Stirka 40°
Стирка 40°
Kazanskaja Oelitsa 26.
Kaart 6 D2.
Tel. 3145371.

CAFÉS EN BARS

Pivnaja 0.5
Пивная 0.5
44/2 Zagorodny Prospekt.
Kaart 6 E4.
Tel. 3151038.

Tinkoff
Тинькофф
Kazanskaja Oelitsa 7.
Kaart 6 E2.
Tel. 7185566.

Vdali ot zjen
Вдали от жен
Bolsjaja Konjoesjennaja Oe-
litsa 15. **Kaart** 6 E1.
Tel. 5710154

SUSHI

Dve Palotsjki
Тинькофф
Oelitsa Vosstanija 15.
Kaart 7 C1.
Tel. 3350222.

Eurasia
Евразия
Nevski Prospekt 3.
Kaart 6 D1.
Tel. 5718286.

Planet Sushi
Планета Суши
Nevski Prospekt 94.
Kaart 7 B2.
Tel. 2757533.

DAGTOCHTEN

Golden Ladle
Золотой Ковш
Novo-Loetsjanskaja Oelitsa
14, Novgorod.
Tel. 8162-730599.

Linea
Sankt-Peterburgski
Prospekt 46,
Petrodvorets
(Peterhof).
Tel. 4507878.

Podvorie
Подворье
Filtrovskoje 16.
Tel. 4668544.

Trapeza
Трапеза
Kalininskaja Oelitsa 9,
Petrodvorets (Peterhof).
Tel. 4506393.

WINKELS EN MARKTEN

Een tocht langs winkels en markten van Sint-Petersburg is een kijkje in het lokale leven. Ook nu nog vereist het winkelen in de stad flexibiliteit en zelfs avontuurlijkheid: u kunt er nooit van op aan dat u vindt wat u zoekt, maar u kunt erop vertrouwen dat u ten slotte iets koopt waarvan u nooit had gedacht dat u het nodig had. Importwaren hebben veel lokale producten verdrongen. Toch zijn Russisch linnen, de beroemde Petersburgse Kroepskajachocolade, wodka, kaviaar, ambachtsproducten en speelgoed mooie cadeaus. De grote winkels liggen geconcentreerd om hoofdstraten als Nevski en Bolsjoj Prospekt en metrostations, vooral Sennaya Plosjtsjad en Vasilievski Ostrov. In de meeste gebouwen zitten winkels of restaurants op de begane grond: neem een kijkje.

Matrjosjkapop

Damesmode in een van de vele chique boetieks aan de Nevski Prospekt

OPENINGSTIJDEN

Tijden variëren, maar winkels zijn doorgaans open van 10.00 tot minstens 19.00 uur, 'modieuze' gaan soms later dicht. Enkele, vooral goedkope levensmiddelenwinkels, sluiten voor de lunch. 's Zondags zijn grote zaken open. 's Zomers zijn kleine winkels soms korter open en sluiten dan in het weekeinde. In de hele stad zijn er nachtwinkels voor eten.

BETALEN

Winkels geven hun prijzen niet meer aan in 'y.e.' of 'voorwaardelijke eenheden', maar sommige restaurants nog wel. Eén y.e. is gewoonlijk ongeveer een dollar of een euro (vraag naar de koers), maar de klant moet toch in roebels betalen. Het accepteren van niet-Russische valuta is een misdaad. Alleen op een toeristenmarkt kunt u misschien in vreemde valuta betalen. Er zijn veel betrouwbare wisselkantoren en pinautomaten in metrostations en bij banken *(blz. 214)*. Bovendien accepteren veel winkels nu creditcards. In enkele winkels zijn klanten gedwongen te turen naar waren die zijn opgestapeld achter de toonbank. Wilt u iets beter bekijken, wijs er dan naar en zeg '*mozjno?*' ('mag ik?').

Als u iets koopt, betaal dan bij de kassa en keer terug naar de toonbank met uw ontvangstbewijs om uw aankoop op te halen. Gewoonlijk beseft winkelpersoneel dat u geen Russisch spreekt en schrijft het de prijs op een briefje zodat u dit aan de kassa kunt afgeven. Zaken waar iets mis mee is kunnen meestal geruild worden, mits vergezeld van een bonnetje.

AFDINGEN?

Als er een prijs staat aangegeven op de markt, is afdingen niet de bedoeling. In andere gevallen kunt u gewoonlijk wel wat korting krijgen als u afdingt, vooral omdat bij toeristen (en rijk ogende Russen) toch een hogere prijs wordt gevraagd. Afdingen is in Rusland echter een serieuze zaak, dus doe het niet als u niet oprecht van plan bent om iets te kopen.

Russische box-camera (ca. 1920)

KUNST EN ANTIEK KOPEN

In de Russische wet zijn alle voorwerpen die voor 1956 gemaakt zijn, en alle voorwerpen van waardevolle materialen als goud, zilver, edelstenen en bont aan exportbeperkingen gebonden. Kunstwerken, inclusief moderne aquarellen, vallen ook onder deze regel, net als boeken die voor 1946 gepubliceerd zijn. Ook al zijn er groene en rode kanalen bij de vliegvelddouane en wordt niet elke koffer doorgelicht, vergeet niet dat er steekproeven worden gedaan. In de praktijk kunnen douaniers prenten en oningelijste aquarellen negeren, en tenzij een boek uiterst zeldzaam is, kunt u het waarschijnlijk uitvoeren zonder vergunning. In alle andere gevallen worden de regels strikt toegepast.

Toestemming om boeken en kunst uit te voeren is te verkrijgen bij een departement van het **Ministerie van Cultuur**. Deze procedure verloopt relatief snel. De galerie of de kunstenaar waarvan u

Bord van een antiquariaat

EXPORTVERGUNNING

Ministerie van Cultuur
Министерство культуры
Ministerstvo koeltoeri
Malaja Morskaja Oelitsa 17.
Kaart 6 D1. *Tel.* 5710302.
⬜ *ma–vr 11.00–17.00 uur.*

Tertia *(blz. 198)* heeft antiek, voor export, voor elke beurs

koopt, moet altijd helpen bij het papierwerk.

Zolang u niet apert probeert de douane te bedriegen, kunt u zaken die niet doorgelaten worden, gewoon afgeven aan iemand die in Sint-Petersburg blijft. Als er echter een vermoeden van bedrog is, zal het object op het vliegveld worden opgeslagen en moet u als u het later ophaalt een vergoeding betalen. Voorwerpen die na een jaar niet zijn opgehaald, worden geconfisqueerd, net als voorwerpen die duidelijk verborgen zijn om ontdekking te voorkomen. Waardevolle stukken kunnen worden geschonken aan een museum.

WARENHUIZEN

Russische warenhuizen, bekend als een 'univermag' of universele winkel, hebben zich ontwikkeld uit de oude winkelrijen of kiosken van verschillende kooplui. De huidige warenhuizen zijn sterk veranderd en opereren nu als een complex van boetieks met duidelijke afdelingen. Ook verschillen de waren die te koop zijn niet veel van die welke beschikbaar zijn in Europese winkels. Elke toerist in Sint-Petersburg zou de **Gostiny Dvor** *(blz. 108)* moeten bekijken, het oudste winkelcentrum van de stad, en **Passazj** *(blz. 48)*, een kleiner warenhuis. Ondanks de glanzende waren herinneren de smalle passages en de opzet aan een andere tijd.

De modernere winkelcentra zoals het **Nevsky Centre** *(blz. 199)* en **Galeria** lijken meer op de West-Europese en Amerikaanse winkelcentra met hun dure boetieks en voedselafdelingen.

MARKTEN EN BAZAARS

Eten is te koop in een van de elf markten (*rynoks*) die over de stad verspreid liggen. Het meest centraal ligt **Koeznetsjni** *(blz. 199)*, vlak bij de Nevski Prospekt; er zijn bloemen, fruit, groenten, lekkere zelfgemaakte roomkaas en heerlijke honing die u mag proeven. De prijs op de markten is meestal hoger dan in de supermarkt, maar u kunt er afdingen.

De **Apraksin Dvor** is sinds het midden van de 18de eeuw de plaats van een bloeiende markt. Tegenwoordig is hier alles te koop, van sigaren tot cd's. Tijdens de reconstructie van de markt zijn alleen de kramen die over een dak beschikken geopend. **Oenona** is een andere beroemde markt in de buurt van metrostation Avtovo. Houd kostbaarheden verborgen, want hier zijn zakkenrollers actief.

Vlooienmarkten verplaatsen zich steeds, al blijven sommige verkopers opduiken op de hoofdmarkten van de stad. Wie echt ongewone vondsten tussen de rommel zoekt, gaat op een vrijdag- of zaterdagochtend naar metrostation Oedelnaja, waar zich een grote officieuze markt uitstrekt langs het spoor.

Souveniraquarellen en prenten van wisselende kwaliteit zijn het hele jaar te koop op de openluchtmarkt, **Vernisazj**

(blz. 199), bij de Catharinakerk *(blz. 48)* op de Nevski Prospekt. De officiële **Souvenirmarkt** *(blz. 199)* bij de Kerk van de Verlosser op het Bloed *(blz. 100)* verkoopt de beste en goedkoopste *matrjosjka*-poppen *(blz. 197)*. U vindt er ook handgemaakte schaakspelen, horloges, bonthoeden, oude camera's, T-shirts en militaire spullen.

Toeristen neuzen rond in de museumwinkel van de Hermitage

MUSEUMWINKELS

De beste museumwinkel zit in de **Hermitage** *(blz. 84–93)* en verkoopt reproducties en kopieën, boeken over de stad en haar kunst, sieraden en zijden shawls, zowel in het museum als online: www.hermitagemuseum.org In het **Russisch Museum** *(blz. 104–107)* zitten diverse winkels, maar ze zijn niet van het museum zelf. De beste is die in het Stroganovpaleis *(blz. 112)*.

Van de andere aan musea verbonden winkels vindt u de beste in de **Petrus en Paulusvesting** *(blz. 66–67)* en in de paleizen te **Pavlovsk, Peterhof** en **Tsarskoje Selo** *(blz. 148–161)*. Deze verkopen meestal souvenirs (eerder dan reproducties van tentoongestelde voorwerpen en aanverwanten): barnsteen en sieraden van halfedelstenen, poppen, lakdozen en boeken over de stad.

Souvenirs te koop op de toeristenmarkt tegenover de Kerk van de Verlosser op het Bloed

Wat koopt u in Sint-Petersburg

Sierdoosje

Het is niet moeilijk om in Sint-Petersburg interessante en mooie souvenirs te vinden. Ze zijn er in alle prijsklassen: van goedkope geëmailleerde insignes tot dure hand-beschilderde Palechdoosjes en samowaars. De beoefening van oude ambachten is door het sovjetregime altijd gestimuleerd en heden ten dage worden er nog steeds op traditionele wijze gelakte dozen en schalen, houten speelgoed, schaakspellen en *matrjosjka*poppen gemaakt. Memorabilia uit het sovjettijdperk en de nationale specialiteiten wodka en kaviaar vormen natuurlijk ook leuke cadeaus.

Wodka en kaviaar
U kunt kiezen uit een grote variëteit heldere of (bijvoorbeeld met citroen of peper) gearomatiseerde wodka's (blz. 182). *Heerlijk bij zwarte kaviaar en rode kaviaar* (ikra), *die vaak worden geserveerd met blini's* (blz. 180).

Heldere wodka

Wodka met een aroma

Rode kaviaar

Zwarte kaviaar

Houten speelgoed
Dit ruwbewerkte speelgoed heeft vaak bewegende delen. Bogorodskije-speelgoed, zoals het heet, is een charmant cadeau.

Matrjosjkapoppen
Deze poppen passen in elkaar en bestaan in veel verschillende stijlen. De traditionele zijn het mooist, maar ook de poppen van Russische, Sovjet- of wereldleiders vinden gretig aftrek.

Samowaar
Samowaars (blz. 183) *werden gebruikt om water in te koken. U hebt een vergunning nodig om er een van voor 1945 te exporteren.*

Ei van malachiet

Ring van amber

Halfedelstenen
Malachiet, amber, jaspis en verschillende soorten marmer uit de Oeral worden gebruikt om allerlei voorwerpen te maken – van juwelen en schaakspellen tot inlegwerk.

Schaakspellen
Fraaie schaakspellen worden van alle denkbare prachtige materialen gemaakt, waaronder malachiet. Dit houten spel is in dezelfde stijl beschilderd als de matrjosjkapoppen.

GELAKTE VOORWERPEN

Beschilderde voorwerpen van hout of papier-maché zijn geliefde souvenirs en zijn overal te koop. De verfijnde handbeschilderde Palechkistjes zijn soms erg duur. De in icoonstijl beschilderde eieren en rood-zwart-gouden kommen en lepels zijn goedkoper.

Palechkistje

De kunst van het beschilderen van papier-maché ontstond aan het einde van de 18de eeuw. Kunstenaars in de dorpen Palech, Fedoskino, Mstera en Kjoloei maken deze doosjes nog altijd. De motieven zijn afkomstig uit Russische sprookjes en legenden.

Beschilderd houten ei

Kom met lepel

De sprekende kommen en lepels die bekend staan als 'Kjochloma' zijn bedekt met een harde lak. Ze zijn echter niet bestand tegen kokend water.

Handbeschilderd dienblad

Snaren

Stemknoppen

Russische sjaals

Deze met diepe kleuren geverfde traditionele wollen sjaals beschermen tegen de bitterkoude Russische winter. Er zijn ook sjaals van polyester te koop in de warenhuizen, maar die zijn minder warm.

Muziekinstrumenten

Bij Russische volksmuziek worden allerlei instrumenten gebruikt. Deze goesli lijkt sterk op het westerse psalter en wordt met beide handen bespeeld. Daarnaast zijn er de helder beschilderde balalaika's en de bajan (accordeon).

Sovjetmemorabilia

De meest uiteenlopende souvenirs uit het Sovjettijdperk worden te koop aangeboden. Oud papiergeld, munten, zakhorloges, uitrustingen van het Rode Leger, waaronder gespen en insignes, zult u aantreffen naast horloges met spotprenten van KGB-agenten.

Vazen uit Gzjel

In Gzjel, een gebied niet ver van Moskou, wordt keramiek met een typische blauw-witte tekening gemaakt, van kleine beeldjes tot hele serviezen. Ook bij de Russen zelf is deze keramiek geliefd.

Zakhorloge

Insigne met Sovjetsymbolen

Leren riem van het Rode Leger

Winkelen in Sint-Petersburg

De voornaamste warenhuizen in het stadscentrum hebben alles, van souvenirs tot wodka en bont, alles van hoge kwaliteit. Sommige lokale producten kunt u echter beter bij speciaalzaken kopen, waarvan de meeste gelukkig in of bij het centrum liggen. In een stad die trots is op haar inTel.lectuelen, zijn boeken en kunst de andere twee grote exportproducten. Sovjetmemorabilia zijn de laatste jaren ook erg populair geworden als souvenirs.

ETEN EN DRINKEN

Goede wodka koopt u overal. Vermijd goedkope merken in 'grappige' verpakkingen, de kwaliteit is altijd slecht. Diplomat en Gzjelka zijn goede standaardmerken.
Kaviaar moet u alleen in een levensmiddelenwinkel of een warenhuis kopen. Het warenhuis **Gostiny Dvor** en de supermarkt in warenhuis **Passazj** zijn de meest centrale, betrouwbare winkels om wodka en kaviaar te kopen. De vele **Liviz**-filialen hebben ook veel alcoholische dranken op voorraad. Allerlei eten koopt u op de **Koeznetsjnimarkt**, waar Russische specialiteiten hoog opgetast liggen. Vlees en kaas vindt u bij **Stockmann Delicatessan**. De Sint-Petersburgse **Kroepskaja Fabrika**-chocoladefabriek was al lang beroemd in de hele Sovjet-Unie. Het **Chocolademuseum** verkoopt curiosa als beroemde gebouwen die in chocola zijn uitgevoerd.

SOUVENIRS

In de zomer, als kooplui kramen opzetten bij toeristische plekken, wordt de stad overspoeld met *matrjosjka*poppen, speeldozen in de vorm van een kerk, beschilderd lakwerk en schaakspelen. In de winter kan het stil zijn in de detailhandel. De **Souvenir-** en de **Vernisazj**markt zijn echter het hele jaar open en u vindt mooie cadeaus in de warenhuizen Gostiny Dvor en Passazj. Museumwinkels hebben ook souvenirs – vooral die in het Stroganovpaleis *(blz. 112)* en Tsarskoje Selo *(blz. 152–155)*. De winkel in de Hermitage *(blz. 84–85)* verkoopt dure spullen en goede kunstboeken. Lokaal porselein

komt van de **Keizerlijke Porseleinfabriek** en is zeer gewild. Deze maakt alles, van vrolijke boerse bekers tot gekopieerd porselein uit de revolutietijd. **Oenona** in Avtovo is een lokale markt – een must voor goedkope kleding en elektronica.

SOVJETSOUVENIRS

Voorwerpen uit de sovjettijd worden nu speciaal voor de toeristenmarkt geproduceerd. Wees voorzichtig als u op straat koopt: veel schijnbaar echte artikelen zijn moderne namaak. Originele zaken kunt u kopen op de **Souvenirmarkt**, al zijn de antiekzaken **Nado Zje** en **Sobiratel** betrouwbaarder. Of u kunt een van de kleinere tweedehandswinkels proberen. Sovjetinsignes zijn makkelijk te vervoeren. Bouwdozen van militair Sovjetmaterieel zijn te koop op de bovenste etage van **D.V.K.**

ANTIEK EN KUNST

Al vergen ouder antiek en veel kunst toestemming van de douane, sommige stukken, zoals kleine aquarellen, kunnen een uitzondering zijn. Veel winkels zijn schreeuwend duur, maar **Tertia** is een uitzondering, met makkelijk te exporteren voorwerpen voor elke beurs, en **Larusse** is een schatkamer. Koop alleen iets duurs als u weet dat de documenten en de exportaanvraag te regelen zijn *(blz. 194)*. **Antikvariat** kan aan de documenten komen voor aankopen in het centrum.
Alle schilderijen vergen een exportvergunning, maar omdat galeries deze zelf kunnen regelen is het goed bij **Anna Nova**, **S.P.A.S.** of **Borej** te kijken wat er is. De **Kunste-**

naarsunie houdt exposities van lokale kunstenaars. Het kunstcentrum **Poesjkinskaja 10** heeft shows in het weekend; sommig werk is te koop.

BOEKEN, FILM, MUZIEK

Sint-Petersburgers zien hun stad als een intellectueel knooppunt, met een groot literair en artistiek verleden. Het centrum is veroverd door boekenketens als **Bookvoed**, maar er zijn kleinere nieuwe en tweedehandswinkels. De beste zijn **Dom Knigi** *(blz. 47)* en de **Writers' Bookshop**. Als u een vakantieboek in het Engels wilt, probeer **Anglia**, Dom Knigi of Bookvoed. Tweedehands Engelse boeken die minder doorsnee zijn – vaak afkomstig van toeristen – vindt u soms bij **Akademkniga** en **Na Litejnom**. **Severnaja Lira** verkoopt bladmuziek – van klassiek tot volksliederen – evenals instrumenten, cd's en boeken over muziek. Kunstboeken zijn te koop in Dom Knigi, of tweedehands in **Staraja Kniga**.
Dvd's van Engelstalige films en cd's zijn te koop in winkels als **Posporni Legion**.

BONT EN MODE

Kleding en accessoires worden vooral ingevoerd. Elegante boetieks beslaan een deel van Gostiny Dvor en straten als Naberezjnaja Kanala Gribojedova en Oelitsa Zjoekovskovo. Enkele lokale ontwerpers hebben hun eigen boetiek, met name **Tatjana Parfjonova**, wier kostuums worden aangekocht door het Russisch museum.
Paloma en **Hat Shop** verkopen alle hoeden, van stro tot bont. Bont is te koop in **Lena**, Paloma en op de bovenste etage van Gostiny Dvor. Russisch linnen is ook een goede koop. Elegante jurken en de traditionele *kosovorotka* (boerenhemd) zijn er in **Slavjanski Stil**. Mode is te koop bij **Toto**. Lokaal gemaakte sieraden en halfedelstenen uit de Oeral en barnsteen van de Oostzee koopt u bij juweliers als Samotsveti.

ADRESSEN

WAREN-HUIZEN

Galeria
Галерея
Ligovski Prospekt 30.
Kaart 7 C3.

Gostiny Dvor
Гостиный двор
Nevski Prospekt 35.
Kaart 6 F2.

Nevski Centre
Nevski Prospekt 114–116.
Kaart 7 B2. **Tel.** 3139319.

Passazj
Пассаж
Nevski Prospekt 48.
Kaart 6 F1.

MARKTEN

Apraksin Dvor
Sadovaja Oelitsa 3.
Kaart 6 E2.

Koeznetsjnimarkt
Кузнечный рынок
Koeznetsjni Pereoelok 3.
Kaart 7 A3.

Souvenirmarkt
Рынок сувениров
Naberezjnaja Kanala
Gribojedova, bij Kerk van
de Verlosser op het Bloed.
Kaart 2 E5.

Oenona
Юнона
Oelitsa Marsjala Kazakova
35.
Bus K-60 of K-80 van
metrostation Avtovo.
Tel. 7470200.

Vernisazj
Вернисаж
Nevski Prospekt 32–4.
Kaart 6 E1.

ETEN EN DRINKEN

Chocolademuseum
Музей шоколада
Nevski Prospekt 17.
Kaart 6 E1. **Tel.** 3151348.

Kroepskaja Fabrika
Кондитаерская Фабрика
им. Н.К. Крупской
Oelitsa Pravdi 6.
Kaart 7 A3.

Liviz
ЛИВИЗ
Oelitsa Zjoekovskovo 27.
Kaart 7 B1. **Tel.** 2721969.

Stockmann Delicatessen
Гастроном Стокманн
Nevski Prospekt 114–116.
Kaart 7 B2. **Tel.** 3136000.

Supermarkt in warenhuis Passazj
Nevski Prospekt 48.
Kaart 6 F1. **Tel.** 3155257.

SOUVENIRS EN AMBACHTEN

Imperial porselein
Императорский
ФарФоровый завод
151 Oboechovskoj
Oboroni Prospekt.
Kaart. 8 F4. **Tel.** 5608544.
Vladimirski Prospekt 7.
Kaart 7 A2. **Tel.** 7131513.
Nevski Prospekt 160.
Kaart 8 D3. **Tel.** 7174838.

SOVJET-SOUVENIRS

D.V.K. (Dom Vojennoj Knigi)
Д.В. К. (Дом
военной книги)
Nevski Prospekt 20.
Kaart 6 E1. **Tel.** 3120563.

Nado Zje
Надо же
Rubinsteina 11
Kaart 7 A2. **Tel.** 3143247.

Sobiratel
Собиратель
Sadovaja Oelitsa 135.
Kaart 6 F1. **Tel.** 9606186.

ANTIEK EN KUNST

Anna Nova
Oelitsa Zjoekovskovo 28.
Kaart 7 B1. **Tel.** 2759762.

Antikvariat
Антиквариат
Malaja Morskaja Oelitsa 21.
Kaart 6 D1. **Tel.** 5712643.

Borej
Борей
Liteyny Prospekt 58.
Kaart 7 A1. **Tel.** 2753837.

Larusse
Stremjannaja 3.
Kaart 7 C2. **Tel.** 5722043.

Marina Gisich Gallery
Fontanka 121.
Kaart 6 D3. **Tel.** 3144380.

Poesjkinskaja 10
Пушкинская 10
(De Door Gallery, Navioeila
Artis, Art-Liga, Nieuwe
Academie voor beeldende
kunsten, Nonconformisten-
museum)
Ligovski Prospekt 53.
Kaart 7 B3. **Tel.** 7645371.

Renaissance Antiques
Pestla 8. **Kaart** 3 A5.
Tel. 2722894.

Roesskaja Starina
Русская Старина
Nekrasova 6.
Kaart 6 E1. **Tel.** 2732603.

S.P.A.S.
С. П.А.С.
Naberezjnaja Reki Mojki 93.
Kaart 5 C2.
Tel. 5714260.

Tertia
Терция
Italjanskaja Oelitsa 5.
Kaart 6 E1.
Tel. 7105568.

Kunstenaarsunie
Союз художников
Bolsjaja Morskaja
Oelitsa 38. **Kaart** 6 D2.
Tel. 3147721.

BOEKEN, FILM EN MUZIEK

Akademkniga
Академкнига
Litejni Prospekt 57.
Kaart 7 A1. **Tel.** 2731398.

Anglia
Англия
Naberezjnaja Reki
Fontanki 38. **Kaart** 7 A2.
Tel. 5798007.

Bookvoed
Буквоед
Ligovski Prospekt 10.
Kaart 7 C2. **Tel.** 3465327.

Dom Knigi
Дом книги
Nevski Prospekt 28.
Kaart 6 E1.
Tel. 4482355.

Na Litejnom
На Литейном
(Boeken en antiek)
Litejni Prospekt 61.
Kaart 7 A2.
Tel. 2753874.

Porporni Legion
Пурпурный Легион
Bolsjaja Moskovskaja
Oelitsa 6. **Kaart** 7 A3.
Tel. 7108080.

Severnaja Lira
Северная лира
Nevski Prospekt 26.
Kaart 6 E1. **Tel.** 3120796.

Staraja Kniga
Старая книга
Nevski Prospekt 3.
Kaart 6 D1. **Tel.** 3121620.

Writers' Bookshop
Лавка писателя
Nevski Prospekt 66.
Kaart 7 A2. **Tel.** 3144858.

BONT EN MODE

Hat Shop
Шляпный магазин
Oelitsa Zjoekovskovo 11.
Kaart 7 B1.

Lena
Лена
Kronverkskaja 7.
Kaart 6 F1. **Tel.** 2447246.

Paloma
Палома
Nevski Prospekt 19.
Kaart 6 E1. **Tel.** 5716091.

Roesskije Samotsvety
Русские Самоцветы
Bolsjoi Prospekt
Petrogradskaja 45.
Kaart 1 C2.
Tel. 2327856.

Slavjanski Stil
Славянский стиль
Poesjkinskaja Oelitsa 3.
Kaart 7 B2.
Tel. 3258599.

Tatjana Parfjonova
Татьяна ПарФенова
модный дом
Nevski Prospekt 51.
Kaart 7 B2.
Tel. 7133669.

Toto
Nevski Prospekt 74.
Kaart 6 E1.
Tel. 5793590.

AMUSEMENT IN SINT-PETERSBURG

Sint-Petersburg biedt een imposant, gevarieerd aanbod aan amusement. Het ballet, de opera, klassieke muziek en het theater behoren tot de wereldtop. Naast de elitecultuur is er een bloeiend uitgaansleven met talrijke rock- en jazz-clubs, bars, kunstcafés, disco's, nachtclubs en casino's. Steeds vaker nemen internationale artiesten Sint-Petersburg op in hun tournee en conventionele kunst bestaat er nu harmonieus naast de avantgarde in muziek, toneel en cinema. Het Sint-Petersburg Philharmonia en het Marijinski (Kirov) ballet en opera *(blz. 119)* hebben hun imposante internationale reputatie verdiend, al betekent dit niet dat ze vaak weg op tournee zijn.

Het amusement van Sint-Petersburg verandert met het seizoen. In de winter zijn er concerten en andere traditionele evenementen binnen. De zomer begint met de Witte Nachten, gevolgd door veel festivals en buitenevenementen.

Volksdanser

Het schitterende, vergulde interieur van het Joesoepovtheater

INFORMATIE OVER AMUSEMENT

Sint-Petersburg kan een lastige stad zijn om te volgen, omdat zowel officiële als officieuze evenementen kort van tevoren worden aangekondigd. Theaterprogramma's worden pas enkele maanden van tevoren aangekondigd, dus het is belangrijk alert te blijven om niets van de pret te missen. De beste lijst in het Engels voor lokale evenementen staat in *The St Petersburg Times*. Deze wekelijks verschijnende krant *(blz. 217)* wordt op woensdag gratis verspreid in hotels, cafés voor buitenlanders, de meeste fastfood-restaurants en in musea. Een veel breder overzicht van informatie, maar in het Russisch, geven twee tweewekelijkse tijdschriften: *Afisha* (www. spb.afisha.com) en *Time Out* (www.spb.timeout.ru).

Marijinski-aanplakzuil

Tickets voor een groot aantal evenementen zijn te boeken bij de de Russischtalige website www.bileter.ru. Een redelijke Engelstalige ticketsite vindt u op www.spb.kassir.ru. De meeste theaters en concertzalen sluiten in juli, augustus en een deel van september omdat hun gezelschappen op tournee zijn. Dit is jammer voor de bezoekers van de lokale groepen, maar enkele theaters laten gezelschappen uit Moskou en het buitenland komen. Andere zalen, zoals het Hermitage- *(blz. 84)* en het Alexandrinskitheater *(blz. 203)* lanceren zomerprogramma's gericht op toeristen. Ook al zijn ze leuk, hun opera- en balletuitvoeringen zijn soms niet van het hoogste niveau. Matinees beginnen om 12.00 uur en de meeste avondoptredens om 19.00 uur. Controleer de aanvangstijd goed op uw kaartje.

KAARTJES KOPEN

De meeste mensen kopen hun kaartjes persoonlijk en contant. Ticketbureaus en kiosken zijn in de hele stad te vinden, en ze bieden kaartjes vanaf een maand tevoren aan. Er hangt een volledig programma (in het Russisch) van alle toneel- en klassieke muziekuitvoeringen in de komende twintig dagen en ze zijn doorgaans open van 10.00–13.00 en van 16.00–19.00 uur. In theaterkantoren werkt men meestal van 11.00–15.00 en 16.00–19.00 uur en men verkoopt kaarten voor alle concerten. Als u geen Russisch spreekt: de meeste kassiers zijn hulpvaardig en geduldig als u naar de datum van uw keuze wijst. Uw hotelconciërge kan ook kaartjes reserveren. Het Marijinskitheater heeft een Engelse site voor kaartjes (www.mariinsky.ru). Voor andere theaters is er www.artis.spb.ru. Enkele zalen, met name het Marijinskitheater *(blz. 119)*, hebben reducties waarbij goedkope tickets alleen bedoeld zijn voor Russen. Niet-Russen die ze proberen te gebruiken kunnen geweigerd worden of moeten het verschil bijbetalen. Toeristen kunnen kaartjes voor uitverkochte voorstellingen in het Marijinskitheater krijgen als ze er op de dag zelf heen gaan. Zoals in veel steden verkopen handelaren kaarten voor grote evenementen – pas op voor bedrog en woekerprijzen.

Spectaculaire uitvoering van het bekende ballet *De Schone Slaapster*

LAAT VERVOER

De metro sluit zijn deuren kort na middernacht en bussen rijden tot 12.15 uur (ongeregeld na 23.00 uur). Er is geen openbaar vervoer dat de hele nacht doorgaat; neem een taxi. Vermijd taxi's die wachten bij buitenlandse hotels en bars: ze vragen veel te hoge prijzen *(blz. 222–223)*.

KINDER-AMUSEMENT

Veel theaters brengen toneelstukken in het Russisch voor kinderen. Zie het kindergedeelte van *Afisha* of *Time Out*. Helaas is er weinig toneel in andere talen (Engels) behalve met Nieuwjaar. Geen taalproblemen hebt u in het **Circus**, of in het **Dolfinarium** op Krestovski-eiland.
Enkele van de beste shows en concerten voor kinderen worden gehouden in **Zazerkalje**, terwijl de poppentheaters gewoonlijk diverse stukken hebben die gebaseerd zijn op bekende sprookjes.
Probeer voor de 'echte' Russische winterervaring een rit met de *trojka* (slee). Dit kan in Pavlosk *(blz. 158–161)* en in Sjoevalovka, een nagebouwd Russisch dorp. Het ligt 30 km buiten de stad, is het hele jaar open en bestaat uit houten huizen in 17de-eeuws-Russische stijl, ijsglijbanen, een schaatsbaan, een werkende smederij en een boerenmuseum. Neem een minibus naar Peterhof bij metrohalte Avtovo en vraag de chauffeur te stoppen bij Sjoevalovka.

FESTIVALS

De diverse Witte Nachtenfestivals *(blz. 51)* trekken grote namen uit pop- en klassieke muziek, met navenante prijzen – net als bij de overnachtingskosten – in deze tijd. Er zijn echter genoeg interessante festivals in andere seizoenen. De Witte Dagen (inclusief het Russische Kerstmis op 7 januari, als de stad met sneeuw bedekt is) en Vastenavondfestivals leggen het accent op Russische cultuur. Vele jazzfestivals (vooral SKIF in april), het al lang bestaande Oude Muziekfestival (sept. en okt.), naast film- en documentairefestivals houden de amusementswereld in de stad het hele jaar bloeiend en levendig.

HET RUSSISCHE CIRCUS

Circussen verschenen in Rusland in de vroege 19de eeuw, maar pas in 1876–1877 werd het eerste vaste circusgebouw van Rusland gebouwd voor het Italiaanse circus van Gaetano Ciniselli. Het circus van Sint-Petersburg huist nog steeds op deze historische plek, die werd gemoderniseerd in 1963 en het houdt de training, vaardigheid en dierendressuur die het Russische circus wereldberoemd maakten, in ere.

Acrobaten in het circus van Sint-Petersburg

Kunst

Bij een stad die wereldberoemd is om haar rijke ballet- en klassieke muziektradities, is het geen verrassing dat ze een breed aanbod van culturele evenementen heeft. Een avond in het Marijinskitheater en de concertzaal van het theater is het hoogtepunt van elke vakantie. Het is echter ook de moeite waard om in de vele andere theaters, concertzalen en kerken de culturele diversiteit van de stad te ondergaan. Klassieke muziek is enorm populair en de lokale orkesten zijn overal ter wereld welkom. Bovendien zijn er de aangrijpende klanken van de kerkkoren, de levendige volksmuziekcabarets, en talloze festivals (*blz. 50–53*) die jonge musici, componisten, filmmakers en dansers stimuleren.

MARIJINSKITHEATER

Het **Marijinski Theater** (*blz. 119*), het boegbeeld van het beste ballet en de beste opera, moet nog steeds een tweede theater krijgen. Het oorspronkelijke theater is echter wel geopend voor het publiek en er vinden geregeld voorstellingen plaats. De concertzaal is een van de belangrijkste gelegenheden voor de sterren van het Witte Nachtenfestival. Kijk op de website en houd aankondigingen in de gaten over de meest actuele informatie over het theater en het programma.

BALLET

Enkele van de beste dansers ter wereld komen van het **Marijinski** (*blz. 119*). Kaartjes voor ballerina's als Oeljana Lopatkina en Diana Visjneva zijn moeilijk te krijgen. Een hoogtepunt van het jaar is de kerstuitvoering van *De Notenkraker*, gedanst door kinderen van de Vaganovaballetschool (*blz. 110*). Het ballet in het **Moessorgski Opera- en Ballettheater** en dat in het **Conservatorium Opera- en Ballettheater** (*blz. 120*) zijn minder constant in kwaliteit maar nog altijd goed amusement. In de zomer treden veel groepen in diverse theaters op voor toeristen, maar het niveau wisselt. De moderne balletgroep van Boris Eifmann en het geheel mannelijke Moezjkballet van Valery Michajlovski zijn lokaal geliefd; ze treden op in zalen als de **Oktoberconcerthal**.

OPERA

Tsjaikovski's opera *Jevgeni Onegin* en Moessorgski's *Boris Godoenov* blijven vaste prik in elk repertoire. Opera's worden uitgevoerd (gewoonlijk in de oorspronkelijke taal) in het **Michailovskytheater** en in het **Marijinski**. Let op de lokale sterren Anna Netrebko en Olga Borodina of de tenor Vladimir Galoezin. Minder courant werk, zoals 18de-eeuwse kameropera's, voert de **Sint-Peters burgopera** uit in de eigen zaal en in het **Hermitage-** en kleine **Joesoepovtheater**. Het kindertheater **Zazerkalje** heeft briljante uitvoeringen (*blz. 201*).

KLASSIEKE MUZIEK

Het klassieke repertoire van de stad is groot. Tsjaikovski, Sjostakovitsj, Moessorgski en Rimski-Korsakov woonden in Sint-Petersburg en hun muziek wordt er vaak uitgevoerd. **De Grote Zaal van Philharmonia** (*blz. 98*), de **Kleine Zaal van Philharmonia** (*blz. 48*) en de **Academische Capella** (*blz. 112*) zijn historische zalen voor klassieke concerten. De eerstgenoemde is de thuisbasis van het Philharmonisch Orkest van Sint-Petersburg. Andere historische locaties voor concerten zijn de Hermitage (*blz. 84*), en de paleizen van Tsarskoje Selo (*blz. 150*) en Sjeremetev (*blz. 129*). **Dom Kotsjnevoj** en **Beloselski-Belozerski** zijn daarentegen intieme ruimtes voor kamermuziek.

KERKMUZIEK

De muziek van een orthodox koor is een van de indringendste klanken van Rusland. De beste koren hoort u in het weekend in de **Heilige Drie-eenheidskathedraal** in het Alexander Nevskiklooster (*blz. 130*) en de **Kathedraal van de Verheerlijking** (*blz. 127*). Diensten in de **Onze-Lieve-Vrouwe van Kazankathedraal** (*blz. 111*) zijn ook van hoog niveau. Formelere religieuze muziek is er in de **Smolnykathedraal**.

VOLKSMUZIEK

De toeristenindustrie stimuleert bezoek aan concerten met Russische volksmuziek en -dans, die soms erg goed zijn, met name die in het **Nikolajevskipaleis**. Veel restaurants, zoals **Sint-Petersburg** (*blz. 188*), hebben een folklorecabaret, dat kitscherig en lawaaierig kan zijn. Restaurant **Podvorije** (*blz. 191*) op het terrein van het Pavlovskpaleis heeft echter een goed klein ensemble.

STRAATMUZIEK

De democratie had als onverwacht effect dat veel informele activiteiten zoals straatmuziek mochten, zodat enkele begaafde musici de straat op gingen. Bekwame musici bakenen nu hun plekje af terwijl hun klanken de straten vullen. De twee tunnels onder de Nevski Prospekt bij Gostiny Dvor zijn drukke muziekplekken, terwijl andere metrostations populair zijn bij oude vrouwen die Russische liefdesballaden zingen.

THEATER

Alle opvoeringen zijn in het Russisch. Voor niet-Russisch-sprekenden kunnen klassiekers als *De Kersenboomgaard* interessant zijn om mee te maken, maar onbekender werk kan moeilijk worden. Sinds de dagen van de Sovjetunie is het grote baken in de toneelwereld het **Bolsjoi Dramatheater** (BDT). Het **Alexandrinskitheater** (*blz. 110*) is het oudste van

Rusland; een van de nieuwste is het **Molodjozjny (Jeugd) Theater**. Onder regie van Lev Dodin heeft het **Maly Drama-theater (MDT)** internationale faam verworven als het 'Theater van Europa', ook al worden alle uitvoeringen in het Russisch gedaan (sommige ook in het Engels).

FILM

De meeste bioscopen draaien grote Hollywoodkrakers, maar de meeste buitenlandse films worden eerder nagesynchroniseerd dan ondertiteld. **Mirage** toont soms films in de originele taal, wat ook enkele Russische bioscopen doen,

zoals **Dom Kino** en **Avrora**. Elk jaar worden er veel filmfestivals in de stad gehouden en daarbij zijn ook films in de originele taal. De *St Petersburg Times*, *Afisha* en *Time Out* behandelen alle festivals volledig, inclusief het grote **Festival van de Festivals** *(blz. 51)*.

ADRESSEN

KAARTJES

Tickets worden verkocht in kiosken in de stad en bij de afzonderlijke theaters, tenzij anders wordt aangegeven.

BALLET EN OPERA

Conservatorium Opera en Ballet

Театр оперы и балета
Консерватории
*Teatr operi i baleta
Konservatoriji*
Teatralnaja Pl. 3.
Kaart 5 C3. **Tel.** 3122519.

Hermitagetheater

Эрмитажный театр
Ermitazjni teatr
Dvortsovaja Nab. 34.
Kaart 2 E5. **Tel.** 5715059.
(Kaartjes alleen via kiosken in de stad en hotels.)

Marijinskitheater

Мариинский театр
Marijinski teatr
Teatralnaja Pl. 1.
Kaart 5 B3.
Tel. 3264141.
www.mariinsky.ru

Michailovskitheater

Михайловский Театр
Michailovski Teatr
Pl. Iskoesstv 1.
Kaart 6 E1.
Tel. 5954305.
⏺ *eind juli–aug.*
www.mikhailovsky.ru

Oktoberconcerthal

Большой концертный
зал Октябрьский
*Bolsjoj kontsertni zal
Oktjabrski*
Ligovski Pr. 6.
Kaart 7 C1.
Tel. 2751273.

Sint-Petersburg-opera

Санкт-Петербург опера
Sankt-Petersboerg opera
Galernaja Oel. 33.
Kaart 5 B2. **Tel.** 3123982.

Joesoepovtheater

Юсуповский театр
Joesoepovski teatr
Joesoepovpaleis, Nab. Reki
Mojki 94.
Kaart 5 B3. **Tel.** 3149883, 3141991.

KLASSIEKE MUZIEK

Academische Capella

Академическая Капелла
Akademitsjeskaja Kapella
Nab. Reki Mojki 20.
Kaart 2 E5.
Tel. 3141058.

Beloselski-Belozerskipaleis

Дворец Белосельских-
Белозерских
*Dvorets Beloselski-
Belozerski*
Nevski Pr. 41.
Kaart 7 A2.
Tel. 3155236.

Dom Kotsjnevoj

Лом Кочневой
Nab. Reki Fontanki 41.
Kaart 6 F2.
Tel. 3102987.

Grote Zaal van het Philharmonia

Большой зал
филармонии
Bolsjoj zal Filarmoniji
Michajlovskaja Oel. 2.
Kaart 6 F1.
Tel. 7104257.

Kleine Zaal van het Philharmonia

Малый зал филармонии
Maly zal Filarmoniji
Nevski Pr. 30.
Kaart 6 F1.
Tel. 5718333.

KERKMUZIEK

O.L.V. van Kazankathedraal

Собор Казанской
Богоматери
Sobor Kazanskoi Bogomateri Kazanskaja Plosjtsjad 2.
Kaart 6 E1.
✝ *dag. 9.00, 19.30 uur.*

Kathedraal van de Verheerlijking

Спасо-Преображенский
собор
*Spaso-Preobrazjenski
sobor*
Preobrazjenskaja Pl. 1.
Kaart 3 B5.
✝ *dag. 10.00, 18.00 uur.*

Heilige Drie-eenheidskathedraal

Свято-Троицкий собор
Svjato-Troitski sobor
Alexander Nevskiklooster,
Pl. Aleksandra-Nevskovo.
Kaart 8 E4.
✝ *dag. 10.00, 18.00 uur.*

Smolnykathedraal

Смольный собор
Smolny sobor
Plosjtsjad Rastrelli 3.
Kaart 4 F4.
Tel. 5771421.

VOLKSMUZIEK

Nikolajevskipaleis

Николаевский дворец
Nikolaevski dvorets
Pl. Truda 4.
Kaart 5 B2.
Tel. 3125500.

THEATER

Alexandrinskitheater

Александринский театр
Aleksandrinski teatr
Plosjtsjad Ostrovskovo 6.
Kaart 6 F2.
Tel. 3121545.

Bolsjojdramatheater (BDT)

Большой
драматический театр
Bolsjoj dramatitsjeski teatr
Nab. Reki Fontanki 65.
Kaart 6 F2.
Tel. 3109242.

Malydramatheater (MDT)

МДТ – Театр Европы
MDT – Teatr Evropy
Oel. Roebinsjtejna 18.
Kaart 7 A2.
Tel. 7132078.

Molodjozjnytheater

Молодёжный театр на
Фонтанке
*Molodjozjny teatr na
Fontanke*
Nab. Reki Fontanki 114.
Kaart 6 D4.
Tel. 3166564.

FILM

Avrora Cinema

Аврора
Nevski Pr. 60.
Kaart 7 A2.
Tel. 3155254.

Crystal Palace

Кристал Палас
Kristal Palas
Nevski Prospekt 72.
Kaart 7 A2.
Tel. 2722382.

Dom Kino

Дом Кино
Karavannaja Oelitsa 12.
Kaart 7 A1.
Tel. 3140638.

Mirage

Мираж
Bolsjoj Pr. 35,
Petrogradskaja.
Kaart 1 C2.
Tel. 2324838.

Livemuziek en uitgaansleven

Sint-Petersburg was het hart van de Sovjetrock-underground en veel Russische sounds komen ervandaan. De clubs spelen vooral techno en populaire pop, in grote complexen met stroboscopische spots; ze trekken goed verdienende jongeren en nouveaux riches. Enkele kleinere clubs brengen een mix en noemen zich 'kunstclub' of 'kunstcafé'; de ene nacht is er livemuziek en de andere een avantgardemodeshow of film. Enkele grote clubs en casino's accepteren creditcards. Zijn er geen vaste tijden, kijk dan in het programma voor u gaat. Mijd clubs die buitenlanders of vrouwen gratis toelaten.

KUNST- EN CAFÉCLUBS

Fish Fabrique is waarschijnlijk het oudste kunstcafé van de stad. Het overleefde de turbulentie van de recente Russische historie. **Brodjasjaja Sobaka** werd sinds de Zilveren Tijd bezocht door dichters zoals Anna Achmatova en nog altijd komen hier grote dichters om hun werken uit te voeren. **GEZ-21** speelt het zelfs klaar poëzie en filosofie in te passen tussen rockconcerten.

ROCKPODIA

Onder het Sovjetregime rebelleerde de Leningradse rock zonder al te politiek te worden. Al is er nu minder nadruk op poëtische teksten die een geest van vrijheid van controle en repressie uiten, Russische rock is nog steeds schatplichtig aan zijn rebellenverleden, naast de westerse trends die hij verwerkt.
Kosmonavt heeft internationale bands en **Pjatnitsa** ruige punkbands. Rockabilly bracht **Money Honey** voort en de **City Club** boven aan de trap (voor oudere rockers), die op hun beurt leidden tot een explosie van rockabillygroepen in de stad.
Massale rock- en popconcerten van grote namen vinden doorgaans plaats in grote concerthallen als de **Oktjabrski Bolsjoj Kontserty Zal**, of de grootste van allemaal, de **Ledovy Dvorets**.
Als belangrijke internationale sterren naar de stad komen, spelen ze meestal op een speciaal opgericht podium op het Paleisplein.

JAZZPODIA

De vader van de Petersburgse jazz is David Golosjtsjokin, oprichter van de **Jazz Philharmonia Zaal**. Zoals de naam aangeeft is de jazz die in de hal gespeeld wordt vooral traditioneel; dansen en praten zijn helaas verboden. **JFC** heeft de weg gebaand voor improvisatie en innovatieve jazz. De gasten zijn vaak musici met een internationale reputatie. De **Jimi Hendrix Blues Club** is goede tweede na JFC dankzij de combinatie van blues en rock, en goed eten. Restaurants als **Soendoek** (*blz. 189*) hebben vaak goede liveartiesten. **48 Chairs** is een stijlvolle, intieme restaurant-club met nachtelijke optredens

BARS MET MUZIEK

In veel cafés in de stad wordt livemuziek gemaakt, maar door de bank genomen is veel muziek in zulke gelegenheden vreselijk. Het is beter u te beperken tot gevestigde, meer betrouwbare clubs. **Liverpool** heeft bijvoorbeeld livebands die niet allemaal Beatlescovers spelen. **Manhattan** heeft bovendien soms goede jazzoptredens. De **Hallelujah Bar** is een kleinbar met regelmatig thema-avonden. Onregelmatig live-muziek van opkomende bandjes.

NACHTCLUBS EN DISCO'S

Grote amusementscomplexen als **Metro** (drie etages) mikken vooral op jongeren die het helemaal gaan maken en ze draaien house, techno en Russische dance. **Barrel** is een grote nachtclub met gast-dj's, karaoke en een restaurant. Ondanks de ligging buiten de stad is **Efir** een van de beste plaatsen om internationale musici en plaatselijke dj's te zien.
Tribunal heeft als beleid dat het alleen populaire muziek speelt en het trekt dus grote drommen in de zomermaanden, als de jonge toeristen binnenstromen.
Kleinere, meer diverse clubs zoals de undergroundclub **Gribojedov** zijn nog sterk verbonden met de alternatieve cultuur. Ze spelen allerlei hits uit Europa en bieden onderdak aan modeshows en andere culturele evenementen. **Begemot** heeft muziek in verschillende ruimtes en ook een restaurant. Door de dj's en het de gehele avond geopende restaurant ids dit een populaire lokatie. **Typographia** biedt muziek tango tot house. Het is ook om zijn brede selectie van wodka.

HOMOCLUBS

Om de een of andere reden houden weinig homoclubs in Sint-Petersburg het langer dan vier of vijf jaar vol. **Cabaret** is echter een uitzondering en blijft populair, terwijl andere gelegenheden komen en gaan; en **Central Station** lijkt ook een succes. De homocultuur in de stad is nauw verbonden met de kunstwereld en evenementen worden aangekondigd op de zaterdagexposities in de Nieuwe Academie van Beeldende Kunst op Poesjkinskaja Oelitsa 10.

BILJART EN BOWLING

Samen met bars en nachtclubs is biljarten en bowlen een populair tijdverdrijf in Sint-Petersburg. Biljartzalen en bowlinghallen zijn casual maar chique zaken en ze serveren altijd een volledige selectie van alcohol en ze hebben vaak een restaurant met uitgebreide menu's. Veel inwoners gaan naar deze plaatsen zonder ooit een biljartkeu of een bowlingbal aan te raken. In plaats daarvan genieten ze van de sfeer.

ADRESSEN

KUNST- EN CAFÉCLUBS

Brodjasjaja Sobaka
Бродячая Собака
Italianskaja Oelitsa 4.
Kaart 6 F1.
Tel. 3128047.
www.vsobaka.ru

Fish Fabrique
Ligovski Pr. 53.
Kaart 7 B3.
Tel. 7644857.
🕐 *dag. 15.00–6.00 uur.*
www.fishfabrique.ru

GEZ-21
ГЕЗ-21
Ligovski Pr. 58.
Kaart 7 B3.
Tel. 7645263.
www.gez21.ru

ROCKPODIA

Arctica
Арктика
Oel. Beringa 38.
Tel. 3373277.

Kosmonavt
Космонавт
Bronnitskaja Oelitsa 24.
Kaart 6 E5.
Tel. 9221300.
www.kosmonavt.ru

Ledovy Dvorets
Ледовый дврец
Pr. Pjatiletok 1.
Tel. 7186620.

Money Honey / City Club
Apraksin Dvor blok 13,
Sadovaja Oel. 28–30.
Kaart 6 E2.
Tel. 3100549.

Oktjabrski Bolsjoj Kontsertny Zal
БКЗ Октябрьский
Ligovski Projekt 6.
Kaart 7 C1.
Tel. 2751300.

Pjatnitsa
Пятница
Moskovski Pr. 10–12.
Kaart 6 D3.
Tel. 3102317.
www.clubfriday.ru

Joebilejny Dvorets Sporta
Дворец спорта юбилейный
Pr. Dobroljubova 18.
Kaart 1 B3.
Tel. 7023622.

JAZZPODIA

48 Chairs
Oelitsa Rubinsjtejna 5.
Kaart 7 A2.
Tel. 3157775.
www.48chairs.com

Jazz Philharmonia Zaal
Филармония Джазовой музыки
Zagorodny Prospekt 27.
Tel. 7648565.
🕐 *di–zo 20.00–23.00 uur.*
www.jazz-hall.spb.ru

JFC
Sjpalernaja Oel. 33.
Kaart 3 C4.
Tel. 2729850.
🕐 *dag. 19.00–23.00 uur.*
www.jfc-club.spb.ru

Jimi Hendrix Blues Club
Джими Хендрикс блюз-клуб
Litejny Pr. 33. **Kaart** 3 A5.
Tel. 5798813.
🕐 *dag. 12.00–24.00 uur. Concerten 20.30 uur.*

BARS MET MUZIEK

Datsja
Дача
Doemskaja Oel. 9.
Kaart 6 E2.
🕐 *dag. 18.00–6.00 uur.*

Hallelujah Bar
Inzjenernaja Oelitsa 7/8.
Kaart 6 F1.
Tel. 940510
www.hallebar.ru

Liverpool
Ливерпуль
Oel. Majakovskovo 16.
Kaart 7 B1.
Tel. 5792054.

Manhattan
Nab. Reki Fontanki 90.
Kaart 6 E3.
Tel. 7131945.
🕐 *dag. 13.00–24.00 uur.*
www.manhattanclub.ru

NACHTCLUBS EN DISCO'S

Barrel
Kazanskaja Oelitsa 5.
Kaart 6 E2.
Tel. 9298289.
www.project-barrel.ru

Begemot
Бегемот
Sadovaja Oelitsa 12.
Kaart 6 F1.
Tel. 9254000.
www.bar-begemot.ru

Coyote Ugly
Litejnji Prospekt 57.
Kaart 7 A1.
Tel. 2720790.
www.coyoteugly.ru

Efir
Ефир
Malji prospekt Petrogradskaja 54.
Kaart 1 B2.
Tel. 9400548.
www.efirclub.ru

Gribojedov
Грибоедов
Voronezjskaja Oel. 2A.
Kaart 7 B4.
Tel. 7644355.
🕐 *18.00–6.00 uur*
www.griboedovclub.ru

Jakata
Oel. Bakoenina 5.
Kaart 8 D2.
Tel. 3467462.

Metro
Метро
Ligovski Pr. 174.
Tel. 7660204.
🕐 *dag. 22.00–6.00 uur.*
www.metroclub.ru

Revolution
Oel. Sadovaja 28/30.
Kaart 6 E2.
Tel. 7175915, 5712391.
🕐 *dag. 13.00–6.00 uur.*

Tribunal
Karavannaja 26.
Kaart 5 C1.
Tel. 3142423.
🕐 *dag. 21.00–6.00 uur.*

Tunnel
Тоннель
Hoek van Zverinskaja Oel.
en Ljubanski Per.
Kaart 1 C3.
Tel. 2334015.

Typographia
Типография
Oelitsa Mira 3.
Kaart 2 D2.
Tel. 6004448.
www.typograf-club.ru

HOMOCLUBS

Cabaret (Matrosskaja Tisjina)
Кабаре
Razezzjaja 43.
Tel. 7640901.
www.cabarespb.ru

Central Station
Oelitsa Lomonosova 1.
Kaart 6 E2.
Tel. 3123600.
www.centralstation.ru

BILJART EN BOWLING

Art Billiard
Арт-Бильярд
Bolsjaja Morskaja Oelitsa 52.
Kaart 5 C2.
Tel. 3123077.
www.art-billiard.ru

Bowling City Senaja
Боулинг Сити Сенная
Oelitsa Jefimova 3.
Kaart 6 E3.
Tel. 3803005.
www.bowlingpark.ru

The Cellar
Birzjevoi projezd 2/24.
Kaart 1 C5.
Tel. 3352207.

Sapsan
Сапсан
Galeria Mall,
Ligovski 300.
Kaart 7 C3.
Tel. 6000331.
www.sapsan.bowling.ru

WEGWIJS IN
SINT-PETERSBURG

PRAKTISCHE INFORMATIE

**Logo Nationaal
Toeristenbureau**

De straatnaamborden en plattegronden van Sint-Petersburg leveren niet zoveel problemen op als u bij de eerste kennismaking met de Cyrillische letters zou kunnen denken. Niet alleen is de dienstverlenende sector, inclusief hotels en restaurants, zeer behulpzaam, maar er is ook een Engelstalige bewegwijzering naar belangrijke bezienswaardigheden en winkels. Er zijn bovendien diverse toeristenbureaus vlak bij populaire locaties. Veel dingen zullen een probleem lijken, maar met een beetje geduld en vastberadenheid is alles mogelijk, van internationaal telefoneren en geld wisselen tot medische hulp vinden. De stad heeft zich de laatste tien jaar razendsnel ontwikkeld, en nu de kwaliteit van alles is gestegen, liggen de prijzen vaak hoger dan in het Westen.

De Grote Cascade van Peterhof tijdens de Witte Nachten

BESTE TIJD

De drukste toeristentijd in Sint-Petersburg is tijdens de beroemde Witte Nachten *(zie bl. 51* en *blz. 201)*, van half mei tot half juli, wanneer de zon amper een uur ondergaat vanwege de noordelijke ligging van de stad. De prijzen zijn dan het hoogst. In de winter is het veel rustiger.

VISA

Voor een bezoek aan Rusland hebt u een visum nodig. Bij een georganiseerde reis wordt dit vaak voor u geregeld, maar als u op eigen gelegenheid reist, moet u er zelf voor zorgen. Kijk vooraf welke papieren u nodig hebt (www.ambru.nl), want dat verandert regelmatig. U hebt in ieder geval een uitnodiging van een hotel, reisbureau of bedrijf in Rusland nodig, een zogenoemde *visa support letter*. De makkelijkste manier om aan een visum te komen is uw reisbureau te vragen het voor u te regelen. Er zijn ook spe-

ciale bureaus die tegen een vergoeding visa aanvragen. Vaak gaat dit sneller dan wanneer u het zelf doet.

DOUANEBEPALINGEN

Bij aankomst in Rusland worden uw paspoort en visum zorgvuldig gecontroleerd. Bezoekers moeten een immigratiekaart invullen. Een deel van de kaart moet de bezoeker bewaren en tonen bij vertrek.
Er wordt geen limiet gesteld aan het geldbedrag dat u mag meenemen naar Rusland, u mag ook Russisch geld exporteren, tot een waarde van 326.000 roebel. Spullen van grote waarde, zoals diamanten sieraden, dient u bij aankomst aan te geven bij de douane. Buitenlanders moeten zich binnen zeven werkdagen na aankomst laten registreren bij **OVIR** (visumregistratie) en een stempel op hun immigratiekaart halen. Wie korter dan zeven werkdagen in het land verblijft, hoeft zich niet te laten registreren.

TOERISTENINFORMATIE

Hotels zijn een goede bron van toeristische informatie, evenals de toeristenbureaus. U kunt ook uw licht opsteken bij www.saint-petersburg.com, een handige Engelstalige website, en de eens in de twee maanden verschijnende *St Petersburg In Your Pocket* en de Engelstalige kranten *(zie blz. 217)* geven actuele informatie.
Op allerlei plaatsen in het centrum van de stad zijn toeristeninformatiekiosken te vinden, onder andere op het Paleisplein, Plosjtsjad Vosstanija, bij de Smolnykathedraal, op Sadovaja Oelitsa en op het Izaäkplein. De hoofdvestigingen zijn te vinden op de luchthaven.

Toeristen bekijken een plattegrond

TOEGANGSPRIJZEN

Bij veel musea en theaters, met name de Hermitage *(blz. 84–93)*, het Russisch Museum *(blz. 104–107)* en het Marijinski *(blz. 119)*, moeten buitenlanders aanzienlijk meer betalen dan de Russen zelf. Studenten en scholieren kunnen korting krijgen. De kassa staat vaak ver van de ingang; let op het bord met 'KACCA'.

De prijzen variëren van ongeveer 50 roebel voor kleine staatsmusea tot 400 roebel voor een kaartje voor de Hermitage. Het is de moeite waard om bij het toeristenbureau een Tourist Card te kopen. Zo'n kaart is geldig van twee dagen (1950 roebel) tot zeven dagen (3950 roebel) en biedt gratis toegang tot veel staatsmusea en kortingen in bepaalde restaurants.

OPENINGSTIJDEN

De meeste bezienswaardigheden zijn open van 10.30 tot 18.00 uur, zonder lunchpauze, en zijn één dag in de week gesloten. Ze gaan ook één dag per maand dicht wegens schoonmaakwerkzaamheden. Kaartjes zijn te koop tot 1 uur voor sluitingstijd. Parken zijn doorgaans geopend van 10.00 tot 22.00 uur, en tijdens de Witte Nachten tot later.

ОТКРЫТО

Geopend *(otkrito)*

ЗАКРЫТО

Gesloten *(zakrito)*

KERKEN BEZOEKEN

Een orthodoxe kerkdienst is een onvergetelijke belevenis. De dienst duurt vaak een paar uur, maar het is meestal geen probleem om gewoon even binnen te stappen.

Houd u aan de volgende kledingvoorschriften: geen korte broek, mannen dragen geen hoofddeksel en vrouwen moeten hun schouders en borst bedekken en bij voorkeur een hoed of een sjaal dragen. In de stad mogen vrouwen in een lange broek naar de kerk, maar in kleinere kloosters buiten de stad is dat uit den boze. De belangrijkste diensten zijn op zaterdagavond, zondagochtend en op kerkelijke feestdagen.

In de stad zijn de meeste

Izaäkkathedraal, open voor bezoek

gezindten vertegenwoordigd. Veel kerken zijn tot laat open. In *The St Petersburg Times (blz. 217)* staat hoe laat de diensten in katholieke en protestantse kerken beginnen.

TAAL

Het in Rusland gebruikte Cyrillische schrift werd in de 9de eeuw uitgevonden door de monniken Cyrillus en Methodius. De schijnbare overeenkomst tussen deze letters en de onze kan misleidend zijn. Sommige komen in beide alfabetten voor, andere zien er hetzelfde uit, maar staan voor andere klanken. Het Russisch kan volgens verschillende systemen worden getranscribeerd. De meeste Russen die in contact komen met toeristen, spreken wat Engels en voorbijgangers zullen hun best doen u te helpen wanneer u de weg vraagt. Als u een paar woorden Russisch kent *(blz. 260-264)*, wordt dat zeker gewaardeerd.

ETIQUETTE EN ROKEN

In het openbaar vervoer staan jonge mannen op voor vrouwen met kleine kinderen en voor ouderen.

Vrienden begroeten elkaar met een handdruk (mannen) of kus, of zeggen eenvoudig *'privet'* (hoi).

De beperkingen ten aanzien van foto's nemen zijn min of meer verdwenen. In musea zult u vaak een kaartje moeten kopen voor het recht om binnen te mogen fotograferen of filmen. Statief en flits mogen niet worden gebruikt. Fotograferen in de metro is

nog wel verboden, aangezien het als een gevaar voor de nationale veiligheid wordt gezien. Als u toch een foto in de metro wilt maken, vraag het dan aan een politieman, die het misschien tegen een vergoeding (zelden meer dan 100 roebel) toestaat.

Roken is verboden in bioscopen, musea en theaters en in het openbaar vervoer. In restaurants en langeafstandstreinen zijn meestal speciale rookruimten.

Alcohol drinken op straat is verboden. Russen zijn verzot op roken en drinken, en er moet regelmatig worden getoost ter rechtvaardiging van het vullen en legen van de glazen. Als u bij mensen thuis bent, toost dan altijd op de gastvrouw *(za khozjajkoe)* of gastheer *(za khozjajina)*.

OPENBARE TOILETTEN

De situatie verbetert, maar de meeste openbare toiletten zijn vrij primitief en sommige cafés en bars hebben zelfs helemaal geen toilet. Ga in zo'n geval naar het dichtstbijzijnde hotel of maak gebruik van de toiletten in warenhuizen (niet gratis). De toiletjuffrouw deelt closetpapier uit. Bij een aantal belangrijke bezienswaardigheden zijn beheerde toiletunits geplaatst. Het tarief varieert van 10 tot 30 roebel.

Faciliteiten om baby's te verschonen zijn buitengewoon zeldzaam in Rusland en eigenlijk alleen te vinden in dure hotels, grote winkelcentra en westerse warenhuizen zoals IKEA, waar ze meestal gratis zijn.

BETALEN EN FOOIEN GEVEN

Roebels zijn het enige wettige betaalmiddel in Rusland *(blz. 215)*. Contant betalen is alleen mogelijk met roebels en alle prijzen zijn in roebels aangegeven. Creditcards worden in de meeste restaurants en hotels geaccepteerd, en ook in grotere winkels, maar niet overal, dus zorg dat u ook contant geld bij u hebt. U bepaalt zelf of u een fooi geeft of niet; 50 of 100 roebel is meestal genoeg.

De Hermitage is toegankelijk voor rolstoelgebruikers

REIZIGERS MET BEPERKINGEN

Hoewel Sint-Petersburg nog maar een paar jaar geleden bijna geen voorzieningen voor gehandicapte bezoekers had, begint de situatie langzaam te verbeteren, al is die nog verre van ideaal. Vooral het openbaar vervoer is een probleem.

Van de musea zijn alleen de Hermitage en het Russisch Museum rolstoeltoegankelijk, maar veel vier- en vijfsterrenhotels zijn inmiddels berekend op gehandicapte gasten en beschikken over oprijhellingen, liften, brede deuropeningen, handgrepen en aangepaste douches. **Liberty** is gespecialiseerd in stadsexcursies voor gehandicapte bezoekers en maakt gebruik van busjes die geschikt zijn voor rolstoelvervoer. Het bedrijf geeft ook informatie over hotels en restaurants die faciliteiten voor gehandicapten bieden.

REIZEN MET KINDEREN

Russen zijn gek op kinderen. Wie op reis gaat met kinderen onder de tien, kan veel aandacht en complimentjes verwachten. Russische *baboesjki* (grootmoeders) schrikken er overigens ook niet voor terug om ouders erop te wijzen wat ze allemaal verkeerd doen.

Sint-Petersburg heeft een groot aantal parken, en tijdens schoolvakanties worden er vaak op verschillende plekken in de stad tijdelijke speeltuinen ingericht. Er zijn enkele speeltuinen

in de tuin van het Taurisch Paleis *(blz. 128)* en er is een speeltuin in de tuin naast het beeld van de Bronzen Ruiter *(blz. 78–79)*.

Musea en openbaar vervoer zijn gratis voor kinderen onder de zeven jaar. Scholieren betalen de volle prijs in het openbaar vervoer, maar krijgen korting in musea (er kan

Kinderen genieten van het uitzicht

om legitimatie worden gevraagd in geval van twijfel of de persoon in kwestie jonger dan 18 jaar is).

Zie het hoofdstukje Amusement voor een lijst met attracties voor jonge bezoekers *(blz. 201)*.

OUDERE REIZIGERS

Sint-Petersburg is populair bij oudere reizigers, en veel hotels bieden bustochtjes door de stad onder begeleiding van een gids aan. Receptionisten kunnen kaartjes en vervoer voor ballet- en operavoorstellingen regelen of zorgen voor vervoer naar de musea of de voormalige keizerlijke paleizen buiten Sint-Petersburg.

Veel musea bieden korting voor senioren, en er zijn

ook kortingen mogelijk voor andere activiteiten, zoals boottochtjes, maar niet als het gaat om losse kaartjes voor het openbaar vervoer.

De hotels aan het Izaäksplein, zoals het Astoria en het Angleterre *(blz. 174)*, zijn rustig en liggen op een gunstige locatie, evenals het Grand Hotel Europe *(blz. 175)*, in een zijstraat van Nevski Prospekt, vlak bij vele bezienswaardigheden.

HOMOSEKSUELE REIZIGERS

De Russische samenleving is in het algemeen niet erg tolerant jegens homoseksualiteit, en vooral mannen moeten er rekening mee houden dat openlijke uitingen van affectie ongewenste reacties kunnen oproepen. Toch heeft de stad een bloeiende homo- en lesboscene en verschillende gay clubs *(blz. 204)*.

Het **Russian LGBT Network** geeft algemene informatie over het homoleven in de stad. De lokale organisaties **Coming Out** en **Gay.ru** richten zich speciaal op homoseksuele bezoekers (zowel mannen als vrouwen).

The St Petersburg Times neemt homoclubs en -bars op in zijn uitgaanslijst.

REIZEN MET EEN KLEIN BUDGET

Sint-Petersburg is niet langer een goedkope stad, en het wordt steeds moeilijker om er als toerist met weinig geld rond te komen. De stad telt echter nog steeds veel *stolovajas* (kantines), waar bezoekers voor een prikje kunnen genieten van een traditionele Russische maaltijd.

Er komen steeds meer jeugdherbergen in de stad *(blz. 170)*, zoals het Life Hostel aan Nevski Prospekt, waar een paar van **Peter's Walking Tours** beginnen. Er zijn ook gratis Engelstalige rondwandelingen beschikbaar. Huurfietsen zijn een goedkoop vervoermiddel (er zijn verschillende verhuurbedrijven), en het openbaar vervoer is goedkoper dan in de meeste West-Europese steden. Wie in het bezit is van een internationale studentenkaart

(ISIC) heeft recht op korting in musea en bij trein- en vliegreisboekingen via Sindbad Travel Centre *(blz. 170)*. De Hermitage is gratis voor houders van een ISIC-kaart, en voor iedereen op de eerste donderdag van de maand. Alle parken zijn gratis toegankelijk, evenals het terrein van de Petrus en Paulusvesting *(blz. 66–67)*. Het Marsveld *(blz. 94)* is populair bij jongeren in de warme maanden van het jaar.

TIJDSVERSCHIL

In Sint-Petersburg geldt de Moskoutijd. Dat betekent dat het er 's zomers twee uur en 's winters drie uur later is dan bij ons. Met ingang van 2011 heeft Rusland besloten

de afwisseling van zomer- en wintertijd los te laten en permanent de zomertijd aan te houden. Dit besluit heeft bij de bevolking echter veel weerstand opgeroepen en het is niet ondenkbaar dat het wordt teruggedraaid.

ELEKTRICITEIT

De stroomsterkte in Sint-Petersburg bedraagt 220 V. Stekkers hebben twee pennen, maar in sommige oude sovjetstopcontacten passen geen moderne Europese stekkers, omdat die iets dikkere pennen hebben.
Neem voor de zekerheid uit eigen land een verloopstekker mee, want die zijn in Sint-Petersburg soms moeilijk te vinden.

VERANTWOORD REIZEN

Hoewel Sint-Petersburg, en heel Rusland, niet bepaald te boek staan als milieuvriendelijk, is het heel gemakkelijk om met groen vervoer, zoals trolleybussen en trams, in de stad rond te reizen. Er zijn fietsen te huur bij bedrijven als **Skat Prokat** en Velotour *(blz. 223)*, maar het is aan te raden om alleen in de rustiger zijstraten te fietsen.
De meeste bezienswaardigheden zijn te voet te bezoeken, hetzij op eigen gelegenheid, hetzij via een georganiseerde wandeltocht *(blz. 222)*.
Een klein deel van het openluchtgedeelte van de **Sennoimarkt** is gereserveerd voor groente en fruit afkomstig uit de omgeving van Leningrad.

ADRESSEN

Veiligheid en gezondheid

Sint-Petersburg is een redelijk veilige stad. Toeristen zullen hooguit met kleine criminaliteit te maken krijgen, en zelfs die kan met de gewone voorzorgsmaatregelen worden vermeden. Maak kopieën van uw paspoort en visum, noteer de nummers van travellercheques, creditcard of pinpas, en steek een kaartje bij u met het adres waar u verblijft. Er is een hulplijn voor toeristen (300-3333), die ook gratis met een mobiel te bellen is via Megafon op nummer 0333. Een medische verzekering is onmisbaar, want de lokale gezondheidszorg is slecht vergeleken bij die in het Westen, en Engelstalige instellingen of evacuatie via Finland zijn erg duur. Veel medicijnen zijn goed verkrijgbaar, maar het is toch beter om ze zelf mee te nemen uit eigen land.

Politieagent *(politsija)*

POLITIE

Sint-Petersburg kent verscheidene soorten politiekorpsen. Hun uniformen wisselen afhankelijk van het weer, en 's winters horen daar bontmutsen en dikke jassen bij. De straatagenten *(politsija)* dragen donkergrijze uniformen en zijn veelal bewapend. De oproerpolitie of OMON draagt een blauwe camouflage-uitrusting. Geheel los hiervan staat de verkeerspolitie, die een logo met ДПС (DPS) op borst en schouder draagt. Zij heeft het recht ieder voertuig aan te houden om de papieren te controleren. Zowel de *politsija* als de verkeerspolitie vult haar inkomen an door boetes uit te delen voor kleine overtredingen en 'vergeet' wel eens een portemonnee of mobieltje terug te geven, vooral bij dronken toeristen. Probeer de politie te mijden en wees op uw hoede als u aangehouden wordt.

WAAR U OP MOET LETTEN

Sluit voor uw vertrek een goede reisverzekering af, die ook medische zorg dekt. Eenmaal in Sint-Petersburg zijn er een paar simpele regels die u in acht moet nemen: laat geen grote sommen geld zien, draag contant geld bij u in een geldgordel onder uw kleren, en laat paspoort, tickets en waardevolle spullen indien mogelijk in het hotel achter. Hotels van westerse ketens zijn zeer veilig, maar in alle hotels is het aan te raden om waardevolle spullen in de kluis te bewaren. Travellercheques *(blz. 214)* zijn misschien verzekerd, maar zijn duur in gebruik en er is in Rusland makkelijk mee te frauderen. Vermijd de 'zigeuners' die soms groepsgewijs op Nevski Prospekt lijken te bedelen. Laat u niet door hen staande houden en houd uw bezittingen in de gaten. Kijk ook uit voor zakkenrollers in metro en bus (de een verspert u bij het verlaten van metro of bus zogenaamd per ongeluk de weg terwijl de ander uw zakken

rolt). Vermijd de achterste deuren in bussen, die smaller zijn dan die in het midden, en pas op voor mensen die de zojuist genoemde tactiek gebruiken.

Vrouwen alleen worden niet gauw lastiggevallen, maar kunnen ongewenste aandacht van hoerenrijders beter negeren en 's nachts beter geen taxi nemen. Pas bij het oversteken op voor de lokale automobilisten, die alle voetgangers als hinderlijk beschouwen, en loop niet over putdeksels, want die hebben de neiging te wiebelen of het zelfs helemaal te begeven onder uw voeten.

IN GEVAL VAN NOOD

Bel in geval van brand 01, voor politie 02 en voor een ambulance 03. Er is ook een gecombineerd alarmnummer, 112.

VERLOREN EN GESTOLEN VOORWERPEN

Het grootste gevaar voor buitenlanders vormen de zakkenrollers en kruimeldieven. Mocht u op straat worden bedreigd, geef dan de spullen af die worden verlangd.

Politieauto

Brandweerauto

Ambulance

Als er iets van u wordt gestolen, geef dit dan ter plaatse aan bij de politie, voor verzekeringsdoeleinden. Er zal waarschijnlijk geen tolk zijn, dus vraag het hotel om hulp of bel de **Tourist Helpline**. Het centrale bureau voor gevonden voorwerpen zit op Soevorovski Prospekt. Neem al uw documenten mee: paspoort, visum en immigratiekaart. Er moet een verklaring worden geschreven, dus bel eerst de Tourist Helpline en vraag om een tolk. Als u iets kwijtraakt in het openbaar vervoer, neem dan zo snel mogelijk contact op met het vervoerbedrijf, want voorwerpen worden maar beperkte tijd bewaard. Als u uw paspoort verliest, breng dan uw ambassade op de hoogte *(blz. 211)*. Verloren creditcards moeten worden opgegeven bij de creditcardmaatschappij *(blz. 214)*.

ZIEKENHUIZEN EN APOTHEKEN

Er zijn overal in de stad apotheken *(apteka)* en vele zijn dag en nacht geopend. Sommige zwaardere medicijnen zijn zonder recept verkrijgbaar. Elke medewerker is opgeleid tot apotheker en kan adviseren over alternatieve medicijnen. Als u speciale medicijnen nodig hebt, met name insuline, neem dan voldoende mee voor de duur van uw verblijf.
Als u ziek wordt, vraag dan om raad bij uw hotel, dat waarschijnlijk een eigen dokter heeft. Verschillende bedrijven, met name **Medem International Clinic** en **Euromed**, zijn gespecialiseerd in het behandelen van buitenlanders. Ze doen alles van lichte noodgevallen, tandheelkundige zorg, röntgenfoto's en prenatale zorg tot medische evacuatie. Hun tarieven zijn hoog, maar ze zijn gewend om om te gaan met buitenlandse verzekeringspolissen. Wie acuut hulp nodig heef, kan terecht bij de spoedeisende hulp van de **Traumakliniek in het Centrum**, in een zijstraat van Nevski Prospekt. Als u in een lokaal ziekenhuis terechtkomt en verdere zorg nodig hebt, neem dan contact

Lichtreclame van apotheek *(apteka)*

op met uw consulaat of een van de eerder genoemde instellingen.
Behandeling door de hiernaast genoemde klinieken wordt gedekt door uw verzekering, behalve de tandheelkundige zorg van **Dental Palace**.

VOORZORGS-MAATREGELEN

Drink geen kraanwater, want dit bevat zware metalen en *giardia*, een parasiet die maagklachten veroorzaakt. Drink alleen mineraalwater uit flessen. Als u *giardia* oploopt, kunt u behandeld worden met metronidazole.
De kans is klein dat u ernstige klachten van het Russische eten zult krijgen, maar eet geen vleespasteitjes die op straat worden verkocht. Seksueel overdraagbare ziekten zijn een groeiend probleem, dus neem de nodige voorzorgsmaatregelen in acht. Tussen juni en eind september komen hier veel muggen *(komari)* voor. Elektrische verdampers met olie of tabletten worden aanbevolen voor de nacht.

REISVERZEKERING

Voor een reis naar Sint-Petersburg is het aan te raden om een reisverzekering af te sluiten. Als er spullen van u worden gestolen, hebt u een kopie van de politieaangifte nodig voor de verzekering. Bij de polis wordt een telefoonnummer gegeven dat dag en nacht bereikbaar is voor medische adviezen – zorg dat u dat altijd bij u hebt. Bewaar eventuele bonnetjes of recepten als u de kosten door uw verzekeringsmaatschappij vergoed wilt krijgen.

ADRESSEN

IN GEVAL VAN NOOD

Gecombineerd alarmnummer
Tel. 112.

Ambulance *(skoraja pomosjtsj)*
Tel. 03.

Bandweer *(pozjar)*
Tel. 01.

Politie *(militsija)*
Tel. 02.

VERLOREN EN GESTOLEN VOORWERPEN

Tourist Helpline
Tel. 300-3333. Met een mobiele telefoon kunt u bellen naar 0333 (gratis via het Megafon-netwerk).

ZIEKENHUIZEN EN APOTHEKEN

Apotheken (dag en nacht)
Nevski Pr. 98.
Tel. 2758189.
Nevski Pr. 22.
Tel. 3145401.
Zagorodnij Pr. 21.
Tel. 3152743.

American Medical Clinic
Nab. Reki Mojki 78. **Kaart** 2 E5.
Tel. 7402090.
www.amclinic.com

Clinic Complex
Ao Poliklinitsjeskij Kompleks
Moskovskij Pr. 22.
Kaart 6 D5.
Tel. 7779777.

Dental Palace
Petropavlovskaja Oelitsa 4.
Kaart 2 D1. *Tel. 3257500.*
www.dentalpalace.ru

Euromed
Soevorovski Pr. 60.
Kaart 4 E4. *Tel. 3270301.*
www.euromed.ru

Medem International Clinic & Hospital
Oel. Marata 6.
Kaart 7 2B.
Tel. 3363333.
www.medem.ru

Traumakliniek in het Centrum
Travmpoenkt Pripoliklinike n. 35
Malaja Konjoesjennaja Oel. 2.
Kaart 6 E1.
Tel. 5714396.

Banken en plaatselijke valuta

In hotels en in de meeste restaurants en winkels in Sint-Petersburg kan met een creditcard of pinpas worden betaald. Zorg echter dat u ook contant geld bij u hebt, want plastic geld wordt niet overal geaccepteerd. Het enige wettige betaalmiddel is de roebel, en er zijn veel wisselkantoren en geldautomaten waar bezoekers aan roebels kunnen komen. Het is aan te raden eerst een paar wisselkantoren te bezoeken voordat u uw geld wisselt, want de tarieven lopen nogal uiteen.

BANKEN EN WISSELKANTOREN

Roebels zijn ook buiten Rusland verkrijgbaar, maar de wisselkoers is gunstiger in het land zelf. Er zijn talloze geldwisselkantoren in Sint-Petersburg, onder meer op de luchthaven.
Veel wisselkantoren zijn 24 uur per dag geopend. Als u geld wisselt, moet u uw paspoort laten zien. Beschadigde buitenlandse bankbiljetten, vooral die met verticale scheuren of inkt- of watervlekken, kunnen problemen geven bij het wisselen. Bezoekers moeten erop letten dat de bankbiljetten die ze meenemen naar Rusland in goede staat verkeren. Als u dollars meebrengt, neem dan alleen biljetten van na 1990 mee.
Omdat de wisseltarieven bij banken in Sint-Petersburg zo gunstig zijn, moet u zich niet laten verleiden geld op straat te wisselen, hoe aantrekkelijk de tarieven mogen lijken. De straatwisselaars proberen namelijk iedereen die het risico neemt op te lichten.
Bij enkele buitenlandse banken in Rusland kunt u

aan het loket terecht. De betrouwbaarste Russische bank is de **Sberbank**.
Er zijn talloze banken in Sint-Petersburg. Het zijn veelal filialen waar u niet alleen geld kunt wisselen, maar ook geld kunt opnemen met een creditcard of pinpas. Bij grotere vestigingen kunnen ook travellercheques worden verzilverd. De tarieven van Sberbank zijn over het algemeen erg gunstig en er zijn overal in de stad filialen te vinden. Ook bij **Alfa-Bank**, **Citibank** en **Raiffeisen** kunt u geld wisselen.
Een dure maar snelle en veilige manier om vanuit het buitenland geld over te maken naar Rusland is via Western Union, dat nu vestigingen heeft in de meeste banken in het centrum.

GELDAUTOMATEN

Er zijn geldautomaten in grote hotels, zoals het Grand Hotel Europe en Astoria, alsook in Dom Knigi en Gostiny Dvor, en op regelmatige afstand van elkaar aan Nevski Prospekt en andere grote straten. Alle VISA/Maestro-passen worden

geaccepteerd, maar de kosten bedragen ongeveer 150 roebel per transactie. Zoals altijd en overal is het raadzaam om op uw hoede te zijn voor mensen om u heen wanneer u met een creditcard of pinpas geld opneemt. Scherm de toetsen af wanneer u uw pincode intoetst.

CREDITCARDS EN PINPASSEN

Het is mogelijk om roebels op te nemen met een creditcard of pinpas bij de grotere bankfilialen en bij de vele geldautomaten die overal in de stad te vinden zijn.
De lokale commissie ligt tussen de 2 en 5 procent, plus kaartkosten. (Dit zal niet duurder zijn, en kan zelfs goedkoper zijn, dan contant geld meenemen om te wisselen.)
De meest gangbare creditcards zijn VISA, MasterCard en Eurocard. Diners Club en

Geldautomaten in een filiaal van Alfa-Bank

American Express zijn minder bekend. De commissie is lager bij geld opnemen in roebels.

Meld verlies of diefstal van uw creditcard meteen bij de creditcardmaatschappij en zorg dat u het relevante telefoonnummer altijd bij u hebt. Het kan lastig zijn om een bank te vinden waar travellercheques kunnen worden verzilverd, en de commssie bedraagt minstens 2 procent. Probeer het bij een grote bank, zoals Alfa-Bank of Sberbank. Travellercheques worden alleen in een paar grote hotels als betaalmiddel geaccepteerd, en alleen als ze in dollars of euros zijn. Wanneer u geld wisselt of betaalt met travellercheques moet u altijd uw paspoort laten zien.

MUNTEENHEID

De Russische munteenheid is de roebel, geschreven als рубль en afgekort als p of руб. Er zijn bankbiljetten, met afbeeldingen van Russische steden, voor de grotere coupures en munten voor de kleinere. De kopeke, waarvan er 100 in een roebel gaan, wordt uitgebracht in muntvorm.

Bankbiljetten

Bankbiljetten zijn er in zes coupures, van 10, 50, 100, 500, 1000 en 5000 roebel. Let er bij het geld wisselen op dat de biljetten overeenkomen met de hier afgebeelde exemplaren.

10 roebel

50 roebel

100 roebel

500 roebel

1000 roebel

5000 roebel

Munten

Dankzij de revaluatie van de Russische roebel in 1998 hebben de Russen hun geliefde kopeke terug, die in onbruik was geraakt. Eén roebel staat gelijk aan 100 kopeke. Naast munten van 1, 2, 5 en 10 roebel zijn er ook munten van 1, 5, 10 en 50 kopeke.

1 roebel   2 roebel   5 roebel   10 roebel

1 kopeke   5 kopeke   10 kopeke   50 kopeke

Communicatie en media

Het MTS-logo

Er wonen in Sint-Petersburg veel doorgewinterde computergebruikers, en de meeste cafés en restaurants hebben dan ook gratis wifi. Op en rond Nevski Prospekt zijn tientallen telefoonwinkels te vinden, waar op vertoon van een paspoort voor ongeveer 150 roebel een lokale simkaart kan worden gekocht. Helaas zijn de traditionele posterijen nog steeds berucht langzaam en onbetrouwbaar, maar Sint-Petersburg biedt verschillende efficiënte alternatieven. Er is een overvloed aan kranten, tijdschriften en tv-kanalen, waaronder enkele in het Engels.

Bezoekers bezig met hun mobiel

INTERNATIONAAL EN LOKAAL BELLEN

Het lokale telefoonnet van Sint-Petersburg (PTS of, in Cyrillische letters, ПТС) is betrouwbaar en redelijk voordelig. De groene PTS-cellen zijn op straat en in enkele metrostations te vinden. De meeste telefooncellen hebben uitsluitend instructies in het Russisch.

Lokaal bellen met een privé-telefoon is meestal gratis. Internationaal bellen is een stuk goedkoper met een telefoonkaart, zoals de Zebrakaart. Telefoonkaarten zijn te koop bij kiosken en bij filialen van de Sberbank *(blz. 214)* en zijn ook te gebruiken als internetkaart. Een efficiënter alternatief is een Russische simkaart kopen voor uw mobiele telefoon *(zie hiernaast)*.

Vanuit een telefoncel zijn de alarmdiensten te bereiken door gratis de volgende nummers te bellen: voor brandweer, bel 01, voor politie, bel 02, en voor een ambulance, bel 03.

MOBIELE TELEFONIE

Als u wilt weten of uw mobiele telefoon op het Russische netwerk werkt, neem dan contact op met uw provider voordat u op reis gaat. Als u er zeker van wilt zijn dat u uw mobiel kunt gebruiken, moet u zorgen dat u een quad-band-toestel hebt. Tri-band-toestellen uit de EU doen het meestal ook in Rusland, maar mobieltjes uit de VS niet altijd. Houd er rekening mee dat roaming in Rusland erg duur is. Het is altijd duurder om in het buitenland te bellen en gebeld te worden.

Goedkoper is het om een Russische simkaart te kopen bij een van de mobiele telefonieketens, zoals Evroset of Svyaznoi. Een simkaart kost rond de 150 roebel en biedt eenzelfde bedrag aan beltegoed. De vier providers – **MTS**, **Megafon**, **Beeline** en **Tele2** – bieden voldoende bereik en zijn ongeveer even duur. De tarieven liggen lager dan in West-Europa.

HET JUISTE TELEFOONNUMMER

- Vanuit het buitenland naar **Rusland** bellen: 007, gevolgd door het net- en abonneenummer.
- Bellen naar **Sint-Petersburg**: 812 gevolgd door het abonneenummer.
- Bellen naar **Moskou**: 495 gevolgd door het abonneenummer.
- Inlichtingen over telefoonnummers in Sint-Petersburg: 09.
- Er is geen nummer voor inlichtingen over internationale telefoonnummers.
- Een telefoongesprek in Rusland aanvragen: 07.
- Een telefoongesprek buiten Rusland aanvragen: 3150012.
- Als u vanuit Sint-Petersburg naar **Nederland** belt, draait u eerst een 8, wacht op de kiestoon en draai dan 1031, gevolgd door het netnummer, zonder de eerste 0, en het abonneenummer.
- Belt u naar **België**, draai dan een 8, wacht op de kiestoon en draai daarna 1032, gevolgd door het netnummer, zonder de eerste 0, en het abonneenummer.

INTERNET

Er zijn overal in Sint-Petersburg internetcafés te vinden, zoals **Cafe Max** en **5.3 GHz**. Zowel in de Hermitage als op het bijbehorende terrein *(blz. 84)* kunnen bezoekers gebruikmaken van gratis

In en rond de Hermitage kunnen bezoekers gebruikmaken van gratis wifi

wifi. Ook in de meeste hotels en op de luchthaven is wifi beschikbaar. Het is meestal gratis, maar sommige hotels brengen kosten in rekening als er alleen in een specifieke ruimte internet is.

POSTDIENSTEN

De staatsposterijen zijn over het algemeen langzaam en onbetrouwbaar. Een efficiëntere en duurdere postdienst is die van **Westpost**, die ook een koeriersdienst naar Moskou onderhoudt (levering de volgende dag). Behalve kranten gaan alle poststukken langs de douane, wat een extra dag kan kosten. **DHL** en **Fedex** hebben ook kantoren in de stad en doen drie dagen over een levering naar Europa. Het Grand Hotel Europa *(blz. 176)* heeft een eigen, snelle postservice (post naar West-Europa is na drie dagen op de bestemming en kost zo'n 130 roebel per brief). Gewone postkantoren, zoals het **Hoofdpostkantoor** *(blz. 122)*, dat dagelijks geopend is, en die in de hotels, verkopen gewone en herdenkingspostzegels, ansichtkaarten, enveloppen en lokale telefoonkaarten. Brievenbussen dragen het opschrift Почта *(Potsjta)*. Toeristen moeten de kleine lichtblauwe bussen gebruiken, de gele brievenbussen zijn alleen voor lokale diensten.

ADRESSEN

Na 1917, toen de stad werd omgedoopt tot Leningrad, kregen veel straten en bezienswaardigheden een andere naam om de herinnering aan de tsarentijd uit te wissen of om nieuwe sovjethelden te eren. Toen de stad na een referendum in 1991 zijn oorspronkelijke naam terugkreeg, kregen ook de meeste straten in het centrum hun naam van voor 1917 terug. Het gebied rond de stad heet echter nog steeds de Leningradregio. Veel mensen gebruiken de oorspronkelijke namen en de sovjetnamen door elkaar. Handige woorden om te kennen zijn ула (straat) en роспект (Nevski Prospekt).

Lokale Sint-Petersburgse krant

KRANTEN EN TIJDSCHRIFTEN

Er verschijnen drie Engelstalige kranten en tijdschriften in Sint-Petersburg, die gratis worden verspreid in de hotels, de belangrijkste restaurants en de meeste fastfoodzaken. *The St Petersburg Times* verschijnt elke woensdag en bericht over plaatselijke evenementen, landelijk Russisch nieuws en politiek, en biedt een uitgebreide culturele agenda en recensies. De website vermeldt ook de openingstijden van de kerken. Een handige informatiebron is *St Petersburg In Your Pocket*, een gratis gids die elke twee maanden uitkomt en zich richt op toeristen en expats, en die verkrijgbaar is in hotels, restaurants en bars. Buitenlandse kranten zijn te koop in de grotere hotels en zijn erg duur.

TELEVISIE EN RADIO

De Russischtalige televisie wordt gedomineerd door soaps, detectiveseries en praatprogramma's. De twee Sint-Petersburgse zenders zijn Channel 5 en 100TV. Russia Today, de Engelstalige staatszender die alom wordt gezien als een verlengstuk van het Kremlin, is beschikbaar in de meeste hotels. Het elk uur uitgezonden weerbericht is handig. De meeste hotels in Sint-Petersburg hebben satelliet-tv en ontvangen veel westerse zenders. De beste Engelstalige radiozender op de korte golf is de BBC World Service.

ADRESSEN

MOBIELE TELEFONIE

Megafon
Мегафон
Artillerijskaja Oel. 1.
Kaart 3 B5.
Tel. 8-800-3330500.
www.megafon.ru

MTS
MTC
Kazanskaja Oel. 45.
Kaart 6 D2.
Tel. 3800000.
www.mts.ru

INTERNET

5.3GHz
Nevski Prospekt 11.
Tel. 3146705.
www.5.3ghz.ru

Cafe Max
Кафе Макс
Nevski Prospekt 90–92.
Kaart 6 E1. *Tel.* 2736655.
www.cafemax.ru

Hermitage Museum
Dvortsovaja Nab. 38A.
Tel. 7109550.

POSTDIENSTEN

DHL International Centre
Nevski Prospekt 10.
Kaart 7 B2.
Tel. 3266400.
Fax 3266410.

Fedex
Per. Grivtsova 6.
Kaart 6 D2.
Tel. 3258825.

Hoofdpostkantoor
Главпочтамт
Glavpotsjtamt Potsjtamtskaja Oel. 9.
Kaart 5 C2.
Tel. 3158022.

Westpost
Nevski Prospekt 86.
Kaart 7 B2.
Tel. 2750784 of 3366352.
Fax 2750806.
www.westpost.ru

KRANTEN EN TIJDSCHRIFTEN

St Petersburg In Your Pocket
http://www.inyourpocket.com/russia/st-petersburg

The St Petersburg Times
www.sptimes.ru

DE REIS NAAR SINT-PETERSBURG

Vliegtuig van Aeroflot

Sint-Petersburg begint steeds populairder te worden als toeristische bestemming, en de lokale overheid doet er alles aan om nog meer buitenlandse toeristen te lokken. Ook het aantal zakenreizigers neemt toe, dus het aantal vluchten en andere vervoersbewegingen groeit aanzienlijk. Vliegen blijft de populairste manier om naar Sint-Petersburg te reizen, en de trein vanuit Moskou of Helsinki is een goede tweede. Er is een veerbootverbinding met Helsinki en Stockholm, en de Baltische hoofdsteden zijn met de bus te bereiken.

Op eigen gelegenheid door Rusland reizen is lastig voor wie geen Russisch spreekt, en om die reden kan het handig zijn om een georganiseerde reis te boeken. U kunt daarvoor bij verschillende reisorganisaties terecht. Er gaat altijd een gids mee en meestal staat een bezoek aan Moskou en Sint-Petersburg op het programma. Georganiseerde reizen kunnen duur zijn, maar buiten het seizoen zijn er soms ook interessante aanbiedingen.

Buitenaanzicht van luchthaven Poelkovo 1

AANKOMST PER VLIEGTUIG

De Russische luchtvaartmaatschappij Aeroflot vliegt verscheidene malen per week rechtstreeks vanuit Amsterdam en Brussel op Sint-Petersburg. Ook diverse andere maatschappijen, waaronder KLM, SAS, Lufthansa en Brussels Airlines verzorgen een of meer keren per week vluchten vanuit Amsterdam of Brussel op Sint-Petersburg, doorgaans met een overstap. Vanuit Nederland en België bent u gemiddeld vier à vijf uur onderweg.

In de winter is het aantal directe vluchten op Sint-Petersburg aanzienlijk kleiner. Bij aankomst in Sint-Petersburg moeten passagiers soms volgende vluchten bevestigen. Dit kunnen ze op de luchthaven doen via de luchtvaartmaatschappij waarmee ze vliegen of bij het **Centrale Bureau voor de Luchtvaart** op Nevski Prospekt.

Internationale vluchten komen aan op de luchthaven **Poelkovo 2**, die, hoewel gemoderniseerd, nog altijd klein en betrekkelijk primitief is. De aankomst- en vertrekhal zijn twee afzonderlijke gebouwen die allebei een taxfreewinkel hebben. De vertrekhal heeft ook een café, een restaurant, snackautomaten en een paar dure souvenirwinkels. In de aankomsthal vindt u bovendien een wisselkantoor, een kleine toeristeninformatiebalie en balies waar reizigers taxi's kunt bestellen voor een lager tarief dan buiten. Bij aankomst op de luchthaven bent u waarschijnlijk de meeste tijd kwijt aan de paspoortcontrole. In de vertrekhal is het vooral in het weekeinde erg druk, en in het hoogseizoen kunt u het beste ten minste anderhalf uur voordat uw vliegtuig vertrekt op de luchthaven aanwezig zijn.

Luchthaven **Poelkovo 1** wordt voornamelijk gebruikt voor binnenlandse vluchten, hoewel hij soms ook de eindbestemming van internationale vluchten is. Voor alle commerciële vluchten van en naar Moskou wordt gebruikgemaakt van een afzonderlijke aankomst- en vertreklounge, met verschillende voorzieningen op de eerste verdieping. Deze lounge heeft een eigen ingang, die niet bereikbaar is vanuit het hoofdgebouw van de luchthaven.

Het logo van Aeroflot

VERVOER VAN EN NAAR DE LUCHTHAVEN

Beide luchthavens liggen 17 km ten zuiden van het stadscentrum. De grote hotels laten auto's rijden om individuele toeristen op te halen tegen een tarief van ongeveer 1500 roebel, maar deze service is niet meer zo onmisbaar als vroeger, omdat er nu sprake is van een gereguleerd taxisysteem in de aankomsthallen van beide luchthavens. Ga bij de uitgang op zoek naar de balie met *Taxi* en vertel waar u naartoe wilt. De centralist laat weten hoeveel het kost (die prijs is vast), overhandigt u een geprinte bon en roept een chauffeur op. Reken op ongeveer 1000 roebel voor een rit naar het centrum van de stad.

Een goedkopere optie voor wie al geld heeft gewisseld op de luchthaven, is bus 13 (van Poelkovo 2) of bus 39 (van Poelkovo 1) nemen naar metrostation Moskovskaja. Er rijden ook minibussen op hetzelfde traject. Deze zijn ongeveer twee keer zo duur *(blz. 221)*.

AANKOMST PER TREIN

De trein is een prima vervoermiddel om van Finland naar Sint-Petersburg te reizen en voor reizen binnen Rusland in het algemeen, al hoeven houders van een Europese studentenkaart niet op veel korting te rekenen.

Er rijden ongeveer tien treinen per dag in beide richtingen tussen Moskou en **Moskoustation** en **Ladozjskistation**. Twee treinen per dag verbinden Helsinki met het **Finljandskistation**. Als u vanuit Nederland of België met de trein naar Sint-Petersburg wilt, kunt u bijvoorbeeld via Berlijn naar Warschau rijden en daar overstappen op een trein naar Sint-Petersburg. Deze treinreis is duurder dan vliegen. De treinen zijn comfortabel en rijden meestal op tijd, maar de rijtuigen zijn soms overvol en diefstallen zijn niet ongewoon. Als u door Wit-Rusland wilt reizen, hebt u een apart transitvisum nodig. Alle bezoekers van Rusland moeten een visum aanvragen; dit kan een vrij ingewikkelde procedure zijn *(blz. 208)*. Treinen uit Oost-Europa komen aan op het **Vitebskstation**. Kaartjes voor treinreizen vanuit Sint-Petersburg koopt u bij het **Centrale Treinkaartjeskantoor** of het **Moskoustation**.

Een coupé in een slaapwagon

REIZEN TUSSEN MOSKOU EN SINT-PETERSBURG

Veel toeristen vliegen heen naar Moskou en terug uit Sint-Petersburg, of vice versa. De populairste manier van reizen tussen de twee steden is met de trein. Het snelst is de **Sapsan-trein**, die er nog geen vier uur over doet, terwijl de nachttreinen acht tot twaalf uur onderweg zijn. De prijzen zijn afhankelijk van het type trein – de Sapsan is het duurst – en het soort zitplaats. U hebt meestal de keus uit een *coupé* (coupé voor vier personen), een *platzkart* (slaapwagon) of een *sidjasjtsji* (open zitplaats). Voor overdag is een *sidjasjtsji* comfortabeler en goedkoper dan een *platzkart*. Een enkele reis kost ongeveer 600 roebel voor een *sidjasjtsji* en 2100 roebel voor een *coupé*. Sapsan-kaartjes beginnen bij 4200 roebel. Er is eten aan boord, maar u kunt beter uw eigen eten meenemen. Reguliere commerciële vluchten tussen de twee steden duren 50 tot 90 minuten. Ze worden verzorgd door Aeroflot en particuliere maatschappijen als de Rossija en Transaero. De prijzen lopen uiteen van ongeveer 2700 roebel voor een enkele reis economyclass tot 4200 roebel voor business-

class. Tickets koopt u via internet, op de luchthaven of bij het **Centraal Bureau voor de Luchtvaart**. In de zomer is het ook mogelijk om per boot tussen de twee steden te reizen *(blz. 220)*.

TREINKAARTJES EN RESERVERINGEN

Kaartjes zijn te koop op het **Moskoustation** en bij het kaartjeskantoor aan het Gribojedovkanaal. Lange rijen zijn de norm, tenzij u bereid bent ongeveer 300 roebel commissie te betalen voor kaartjes (alleen *coupé*-klasse) die u bij het servicecentrum op het Moskoustation koopt. E-tickets zijn te koop bij www.russianrail.com en www.russiantrains.com. Interrailpassen zijn meestal niet geldig in Rusland en buitenlanders komen niet in aanmerking voor kortingen.

AANKOMST PER BUS

Tussen Helsinki (Finland) en Sint-Petersburg rijden comfortabele bussen, als een goedkoop alternatief voor de trein. **Finnord** onderhoudt zowel overdag als 's nachts één busverbinding in beide richtingen. De reis duurt acht uur. Passagiers worden vaak niet afgezet bij de onhandige busstations in Sint-Petersburg, maar op diverse andere punten in de stad. Elke ochtend om 6.00 of 7.00 uur en elke avond om 22.00 of 23.00 vertrekken er tientallen bussen naar Finland vanaf Plosjtsjad Vosstannija, bij de Boekvojedboekwinkel. Er gaan ook bussen naar de Baltische staten; de reistijd varieert van acht tot dertien uur.

BUSKAARTJES EN RESERVERINGEN

Dienstregelingen, prijzen en kaartjes voor de Baltische staten vindt u op www.ecolines.net en www.luxexpress.eu/ru. Kaartjes zijn ook te koop bij **Eurolines**- en **Ecolines**-kantoren en bij het **Finnord**-kantoor. Boek ruim van tevoren, want kaartjes zijn gauw uitverkocht. ISIC-kaarthouders krijgen 10 procent korting.

Sapsan-trein onderweg tussen Moskou en Sint-Petersburg

AANKOMST PER BOOT

Een van de opwindendste en origineelste manieren om naar Sint-Petersburg te reizen is per boot. Cruises naar de stad worden steeds populairder en er is een regelmatige veerbootverbinding met Helsinki en Stockholm. Cruiseschepen en veerboten leggen aan bij de **Marine Facade Passagiersterminal** aan de noordkant van het Vasiljevski-eiland. Trolleybus 10 en bus 7 rijden daarvandaan naar het centrum.

Een cruiseschip van St. Peter Line bezoekt Sint-Petersburg

In de zomer zijn er riviercruises tussen Moskou en Sint-Petersburg over de Wolga en over het Ladogameer. Zo'n tocht duurt twee weken en is een erg aangename manier om meer van Rusland te zien. Riviercruises zijn onder andere te boeken bij **Cruise Travel** en **Sovjet Reizen**. De schepen leggen aan bij de **Rivierterminal** in Sint-Peters-burg, tien minuten lopen van metrostation Proletarskaja. De scheepvaartmaatschappijen verzorgen busvervoer van en naar het centrum.

BOOTTICKETS EN RESERVERINGEN

Tickets voor de veerboot van en naar Stockholm en Helsinki zijn via internet te koop bij www.stpeterline.com. De veerboot Princess Maria vaart drie à vier keer per week heen en weer tussen Sint-Pe-tersburg en Helsinki. De reis duurt ongeveer twaalf uur en de prijs voor een enkele reis varieert van 1200 roebel voor een doordeweekse slaapplaats in een vierpersoonshut tot 18.000 roebel voor een luxe tweepersoonshut in het weekend. De Princess Anastasia vaart één of twee keer per week naar Helsinki, Stockholm en Tallinn en keert dan terug naar Sint-Petersburg. Prijzen variëren van 600 tot 20.000 roebel, afhankelijk van de tijd en het soort ticket.

ADRESSEN

VERVOER IN SINT-PETERSBURG

Hoewel het openbaar vervoer in de stad efficiënt en goedkoop is, krijgt u een veel betere en aardiger kijk op Sint-Petersburg als u de stad te voet verkent. Een blik op de kaart leert dat de stad een overzichtelijk stratennet heeft, zodat men zich er gemakkelijk kan oriënteren. Een rondvaart door de kanalen is ook een mooie manier om de stad beter te leren kennen. De belangrijkste straten komen uit op Nevski Prospekt. Vandaar voeren metro-, tram-,

Bord voor voetgangerszone

bus- en trolleybuslijnen naar verschillende delen van de stad. Van deze hoofdstraat kunt u vrij gemakkelijk bijna ieder deel van de stad bereiken.

Autorijden is niet aan te raden. Veel wegen verkeren in slechte staat, de Russen houden er een nogal agressief rijgedrag op na en de verkeerspolitie is vaak overactief. Fietsers, ooit ondenkbaar in Sint-Petersburg, beginnen steeds meer deel uit te maken van het stadsbeeld, en er zijn diverse fietsverhuurbedrijven.

MILIEUBEWUST REIZEN

De meest milieuvriendelijke manier om Sint-Petersburg te verkennen is te voet of met de fiets, wat vanwege de beperkte omvang van het centrum allebei goed te doen is. Het openbaar vervoer is goed genoeg om autorijden overbodig te maken en door de vele trolleybus- en metrolijnen is het openbaarvervoersysteem niet al te belastend voor het milieu.

BUSSEN EN MINIBUSSEN

Bussen en minibussen rijden ongeveer om de tien minuten, soms minder vaak. Bushalten in het centrum worden aangegeven met wit-gele halteborden met een zwarte A (van *autobus*). De borden staan langs de straat of hangen aan een lantaarnpaal. Op sommige routes rijden ook commerciële bussen, aangeduid met een K voor het routenummer, en minibussen (al rijden er nog geen minibussen op Nevski Prospekt). De tarieven van deze bussen liggen 50 procent hoger dan normaal. U betaalt bij het in- of uitstappen bij de chauffeur (kijk wat anderen doen). Deze bussen stoppen overal op de route waar mensen aangeven dat ze willen in- of uitstappen.
Een erg handige route is die van bus 22, van het Smolny-instituut *(blz. 128)* via het Izaäkplein *(blz. 79)* naar het Marijinskitheater *(blz. 119)*.

De bussen 3, 7, 22 en 27 rijden over een groot deel van Nevski Prospekt tussen Plosjtsjad Vosstanija en de Admiraliteit. De rode bussen van **City Tour**, met een open bovendek, maken dagelijks sightseeingtochten van 9.00 tot 20.00 uur. Kaartjes (in de bus te koop) zijn één dag geldig. Een kaartje voor een volwassene kost 450 roebel.

TROLLEYBUSSEN

De trolleybussen rijden op handige routes door de hele stad. De halten worden aangegeven met kleine blauwwitte bordjes die aan kabels of lantaarnpalen hangen en het nummer van de lijn aangeven. Ze tonen een witte ondergrond of Cyrillische 'T' van trolleybus. U kunt voor, in het midden of achter instappen. De voorste acht zitplaatsen zijn gereserveerd voor gehandicapten, ouderen en passagiers met kinderen. Kaartjes zijn aan boord te koop bij een conducteur.

TRAMS

Trams beginnen langzaam uit he stadsbeeld te verdwijnen, maar er zijn nog een paar lijnen. Halteborden zijn roodwit en hangen aan een kabel boven de rails. U kunt via alle deuren instappen en kaartjes zijn te koop bij een conducteur. De trams stoppen automatisch bij vaste halten.

KAARTJES EN VERVOERSPASSEN

Voor alle vomen van vervoer geldt een vast tarief, ongeacht de lengte van de reis. Kaartjes zijn te koop bij een conducteur of, in commerciële bussen, bij de chauffeur. Bij een verblijf van een paar weken of langer reist u het goedkoopst met een vervoerspas die twee weken of een maand geldig is op alle vormen van vervoer, inclusief de metro *(blz. 222–223)*. Prijzen variëren van 790 tot 1580 roebel. Er zijn ook maandpassen te koop voor één vorm van vervoer.

Een trolleybus op Nevski Prospekt

WANDELEN

In sommige delen van de stad, met name rond de Paleiskade, staan de bezienswaardigheden zo dicht bij elkaar dat het nutteloos is om het openbaar vervoer te nemen. Sommige verder weg gelegen bezienswaardigheden liggen een eind (twintig minuten lopen) van de dichtstbijzijnde bus-, tram- of metrohalte en het is vaak het meest praktisch om het laatste stuk te lopen. Al wandelend kunt u bovendien veel beter de sfeer proeven en de fascinerende architectonische details van de Petersburgse gebouwen in u opnemen.
Of het nu zomer of winter is, zodra de zon zich laat zien, gaat jong en oud de straat op en naar het park. Men wandelt hier graag. U ziet de mensen flaneren op Nevski Prospekt en tijdens de Witte Nachten *(blz. 51)* wordt er om 2 uur 's nachts nog druk langs de Neva gekuierd. De Zomertuin *(blz. 95)* en de Michajlovski-tuinen trekken ook veel Petersburgers. Wilt u een stevige wandeling maken langs architectonische bezienswaardigheden, neem dan een kijkje op het Kamenni- en het Jelagineiland *(blz. 136–137)*, met hun herenhuizen en datsja's, waarvan vele stammen uit het begin van de 20ste eeuw. U kunt ook een romantische wandeling langs de Mojka of het Gribojedovkanaal *(blz. 134–135)* maken, ver weg van het drukke verkeer. Ten zuiden van Nevski Prospekt maken de majestueuze gebouwen plaats voor kleinere, 19de-eeuwse woonblokken, met bomen langs het water en lommerrijke pleinen.

Deelnemers aan een georganiseerde wandeltocht in Sint-Petersburg

Automobilisten hebben weinig respect voor voetgangers en het verkeer is dan ook de voornaamste hindernis tijdens een wandeling door de stad. Het verkeer rijdt rechts, dus kijk bij het oversteken eerst naar links. Als er een voet-gangerstunnel is, gebruik die dan, en ga anders op zoek naar een oversteekplaats met stoplichten, waar het verkeer bij rood moet stoppen. Er zijn ook oversteekplaatsen zonder stoplichten, te herkennen aan een blauw bord met een voetganger erop, maar hoewel automobilisten wettelijk verplicht zijn hier te stoppen, doen ze dat zelden.
In de hoofdstraten hangen gesponsorde blauwe straat-naamborden waarop de straatnamen in het Russisch en Engels staan aangegeven. Elders zult u witte straatnaam-borden zien met de naam alleen in het Cyrillisch.

RONDLEIDINGEN

Stadstochten met Engels commentaar zijn te boeken bij **Peter's Walking Tours**, dat thematische excursies verzorgt,

onder andere rond Raspoetin, Dostojevski, de Tweede We-reldoorlog en style-moderne-architectuur. Het bedrijf organiseert ook fietstochten (populair tijdens de Witte Nachten). Liberty verzorgt rondleidingen voor gehandicapten *(blz. 210)* en fiets-verhuurbedrijven bieden ook excursies aan *(blz. 223)*. **Anglotourismo** organiseert gratis 3 uur durende wandeltochten met Engels commentaar en rondvaarten *(blz. 226)*.

Een van de soorten taxi's

TAXI'S

Sint-Petersburg heeft geen gecoördineerd, officieel taxi-systeem, en particuliere taxi's zijn er in allerlei kleuren. Er is geen sprake van een uniform uiterlijk voor taxi's. De ene taxi heeft een oranje geblokt daklicht, de andere een groen licht op de voorruit wanneer hij vrij is. De duurdere taxi's hebben een geel lampje met *'taksi'* op het dak.
Taxi's zijn te vinden bij metrostations, belangrijke bezienswaardigheden en hotels. Het is meestal goedkoper en gemakkelijker om een mede-werker van een hotel of res-

Niet alle oversteekplaatsen zijn zo veilig als deze

taurant te vragen een taxi te bestellen dan te proberen er een aan te houden op straat. Taxi's mogen vier mensen vervoeren. Er zijn geen officiële standplaatsen, maar er rijden genoeg taxi's rond op straat. Als u 's nachts alleen reist kunt u beter geen taxi nemen die niet besteld is. Russische taxi's hebben zelden een meter, dus spreek een prijs af voor u instapt. U kunt het beste de prijs met de centralist afspreken zodra u een taxi bestelt. Een rit in het centrum zou niet meer dan 400 roebel moeten kosten. Na 1.00 uur 's nachts geven sommige taxibedrijven 10 procent korting. Een rit van de luchthaven naar het centrum kost ongeveer 1000 roebel. Het kan zijn dat u voor veel of grote bagage extra moet betalen.

AUTORIJDEN

Autorijden is niet aan te bevelen, maar als u het tocht wilt doen, houd er rekening mee dat Russische automobilisten de neiging hebben de verkeersregels te negeren en min of meer te doen waar ze zin in hebben. Rij aan de rechterkant van de straat en sla op grote verkeersaders niet linkaf tenzij door een bord wordt aangegeven dat het toegestaan is.
In de winter wordt er gereden met banden met noppen in plaats van kettingen, omdat

die beschadigd kunnen raken door tramrails en omgekeerd. In de meeste delen van het centrum mag u op straat gratis parkeren. Het Nevskipaleis en sommige hotels hebben een dag of nacht bewaakte parkeerplaats, waar niet-gasten soms extra moeten betalen. Er zijn weinig openbare parkeergelegenheden in het centrum, afgezien van de twee aan Plosjtsjad Vosstanija en één bij het **Moskoustation**. Parkeergarages zijn bedoeld voor kort parkeren en kosten 100 roebel per uur. Ze zijn vaak dag en nacht geopend. Houd er rekening mee dat de verkeerspolitie automobilisten op elk gewenst moment kan aanhouden en meestal wel iets vindt om te beboeten of door middel van smeergeld door de vingers te zien. Toeristen zijn wettelijk verplicht een notarieel bekrachtigde

vertaling van hun rijbewijs bij zich te hebben. Alleen een internationaal rijbewijs laten zien is niet genoeg.

FIETSEN

Het vlakke Sint-Petersburg lijkt ideaal voor fietsers, maar is helaas een stad vol roekeloze automobilisten. Als u gaat fietsen, draag dan een helm en blijf in de rustige straten of neem deel aan een begeleide groepstocht. Stukken langs de Neva met brede trottoirs, zoals bij de Smolnykathedraal *(blz. 203)*, zijn populair bij fietsers. Voor 150 roebel per uur of 600–800 roebel per dag, plus borg, zijn er fietsen te huur bij **Skat Prokat** en **Velotour**, die ook tochten organiseren. U kunt de fiets ophalen of voor 500 roebel laten bezorgen. Bij **Rentbike** is die bezorgservice gratis.

De fiets begint een steeds populairder vervoermiddel te worden

ADRESSEN

BUSSEN	TRAMS EN TROLLEYBUSSEN	TAXI'S	FIETSEN
City Tours Pirogovskaja Naberezjnaja 7. **Kaart** 5 C2. **Tel.** 7184769. www.citytourspb.ru	**GorElectroTrans** Syzranskaja 15. **Tel.** 6102088. http://electrotrans.spb.ru	**St Petersburg Taxi** **Tel.** 068. **Seven Million** **Tel.** 7000000.	**Rentbike** Gribojedova naberezjnaja Kanala 57. **Kaart** 5 A4. **Tel.** 9810155. www.rentbike.org
Eurolines/Lux Express Mitrofanjevskoje Sjosse 2. **Tel.** 4413757. www.eurolines.com	**RONDLEIDINGEN** **Anglotourismo** **Tel.** 921-9894722. www.anglotourismo.com	**Six Million** **Tel.** 6000000. **AUTORIJDEN** **Moskoustation** Московский вокзал	**Skat Prokat** Gontsjarnaja Oelitsa 7. **Kaart** 7 C2. **Tel.** 7176838. www.skatprokat.ru
Busstation van Sint-Petersburg Naberegnaja Obvodnogo Kanala 36 **Tel.** 7565777.	**Peter's Walking Tours** **Tel.** 9431229. www.peterswalk.com	*Moskovski vokzal* Pl. Vosstanija. **Kaart** 7 C2.	**Velotour** **Tel.** 952-3518883. **www**.velotour-spb.ru.

Reizen met de metro

Metrologo in neon

De metro wordt vooral gebruikt om van en naar de buitenwijken te reizen, want in het centrum zijn de bovengrondse vervoermiddelen handiger. Als toeristische attractie mogen de indrukwekkende metrostations, door Stalin bedoeld als de 'paleizen voor het volk', echter niet op uw programma ontbreken. De metro rijdt tot iets na middernacht. Als u overdag of 's avonds laat reist, vermijdt u de meeste van de ongeveer twee miljoen mensen die de metro dagelijks gebruiken. Er zijn maar vijf lijnen, dus het metronet is niet erg ingewikkeld, vooral omdat er tegenwoordig ook eenvoudige aanwijzingen in het Engels zijn. Kijk wel uit voor zakkenrollers in de metro. Met name in metrostation Nevski Prospekt zijn vaak bendes actief.

Beeld in metrostation Poesjkinskaja

DE METRO ALS TOERISTISCHE ATTRACTIE

Er zijn duizenden tonnen marmer, kalksteen en graniet gebruikt om de muren te bekleden en de beelden, mozaïeken en kroonluchters in de Persburgse metro zijn het werk van vooraanstaande kunstenaars. De eerste lijn – de rode lijn – werd geopend in 1955 en is de ultieme belichaming van de stalinistische stijl en idealen. Het grootste pronkstuk van de lijn is ongetwijfeld Avtovo, met zijn rijke stijl en fraaie details, die zelfs de glazen zuilen kenmerken. De metro telt momenteel 63 stations, die qua stijl variëren van het gedempte licht en de plechtige sfeer van Plosjtsjad Moezjestva (Plein van de Moed, 1975), vlak bij de Erebegraafplaats Piskarovskoje

(blz. 126), tot de ordinaire aankleding van Oedelnaja uit de jaren tachtig en de strakke lijnen van Komendantski Prospekt uit 2005.

HET METRONET

De metro is onmisbaar voor het vervoer van en naar de buiten het centrum gelegen hotels en de luchthaven. De vijf lijnen lopen vanaf de buitenwijken door het centrum, waar ze elkaar kruisen bij een van de zes hoofdstations. De metro rijdt overdag om de paar minuten en 's avonds om de vijf minuten. De laatste metro vertrekt om twaalf uur 's nachts van zijn beginstation. Er is geen echt spitsuur; de metro is het grootste deel van de dag druk, waardoor het er doorgaans veilig is.

De perrons zijn niet bemand, maar onder aan elke roltrap zit iemand in een hokje die hulp kan inroepen. Vanwege de vele waterwegen in de stad liggen de stations erg onder de grond, en er leiden lange roltrappen omlaag naar de perrons. Er worden nog steeds stations bijgebouwd om het metronet efficiënter te maken en het centrum met nog meer buitenwijken te verbinden.

DE WEG VINDEN

Zorg dat u, als u een metrostation binnenstapt, een plattegrond van het metronet bij u hebt met de Cyrillische namen en hun transcriptie. Er zijn Russische en Engelstalige borden in de metro, maar het is handig om de Cyrillische naam van uw bestemming te kennen. Om op het perron te komen moet u door een draaihek boven aan de roltrap, dat u ontgrendelt met een magneetkaart of met een metromuntje (zie Muntjes en magneetkaarten). Volg dan de borden naar het perron. Op de perrons hangen borden aan de muur die de eindbestemming en de haltes op de route aangeven. De route wordt ook in de metrotreinen zelf aangegeven. Drukke stations hebben soms veiligheidsdeuren tussen het perron en de metro. Als de metro stopt, gaan deze deuren open en pas daarna ook die van de metro. Voordat de deuren sluiten, klinkt er een automatische waarschuwing: Ostorozjno.

De metrostations zijn voorzien van borden in het Cyrillisch en het Engels

Dveri zakryvajoetska (Pas op. De deuren gaan dicht.) Als de metro gaat stoppen, hoort u de naam van het station, in het Russisch. Ook worden eventuele overstapmogelijkheden genoemd. Het is handig om de stations te tellen, voor het geval u niet hoort wat er wordt omgeroepen. Als u moet overstappen, volgt u de borden переход *(perechod – kruising)*. Een uitzondering vormt Technologitsjeski Institoet, waar de perrons van de twee zuidwaartse lijnen en die van de noordwaardse lijnen parallel lopen: daar kunt u de centrale hal oversteken naar de andere lijn in dezelfde richting. De uitgangen worden aangegeven met выход *(vychod)*. Sommige stations, bijvoorbeeld Moskovskaja (voor de luchthaven) en Gostiny Dvor, hebben twee of meer uitgangen.

Magneetkaart voor de metro

MUNTJES EN MAGNEETKAARTEN

Het meest gebruikte betaalmiddel voor de metro is het muntje *(zjeton)*, dat alleen in de metrostations te koop is. Daarnaast zijn er magneetkaarten verkrijgbaar die opgewaardeerd kunnen worden met zoveel ritten als u nodig hebt. Er zijn geen zones in de metro. Net als voor de andere vormen van openbaar vervoer in de stad geldt er een vast tarief per rit, ongeacht de afstand die wordt afgelegd. Boven aan de roltrappen staan tourniquets, de meeste werken zowel op magneetkaarten als op muntjes. De kaart moet tegen de verlichte sensor bovenaan worden gehouden. Als u zonder te betalen wilt doorlopen, klapt het hek automatisch dicht. Als u een grote tas of koffer bij u hebt, moet u een speciaal bagagemuntje kopen, waarmee u door een breder hek kunt. Helemaal rechts staat een beambte die kaarten controleert en bij wie u muntjes in een automaat zonder automatische hekken kunt steken (niet voor magneetkaarten). Er zijn ook maandkaarten verkrijgbaar, waarmee u gedurende een kalendermaand 70 keer met de metro en onbeperkt met het bovengrondse openbaar vervoer kunt reizen, en kaarten waarmee u gedurende twee weken 35 keer met de metro en onbeperkt met het bovengrondse openbaar vervoer kunt reizen. Maandkaarten zijn tussen de 16de van de ene en de 5de van de volgende maand te koop en zijn vanaf de 1ste van de maand geldig. Voor reizigers die langere tijd in de stad verblijven is het de moeite waard om een persoonlijke 'smartcard' met pasfoto aan te schaffen. Hierop kan een saldo worden gezet om toekomstige ritten vanaf elk metrostation te betalen. Dit zijn eveneens magneetkaarten die bij de tourniquets tegen de verlichte sensor worden gehouden. Als u in het metrostation eenmaal voorbij de draaihekken bent, hoeft u geen verdere kaartcontrole meer te verwachten.

ADRES

Metro van Sint-Petersburg
Tel. 3019700.
www.metro.spb.ru

DE METRO VAN SINT-PETERSBURG

Комендантский Проспект / Komendantskiy pr
Старая деревня / Staraya derevnya
Крестовский остров / Krestovskiy ostrov
Чкаловская / Chkalovskaya
Спортивная / Sportivnaya
Приморская / Primorskaya
Василеостровская / Vasileostrovskaya
Гостиный двор / Gostinyy Dvor
Адмиралтейская / Admiralteyskaya *(under construction)*
Садовая / Sadovaya
Звенигородская / Zvenigorodskaya
Технологический инст / Tekhnologicheskiy Inst
Технологический инст / Tekhnologicheskiy Inst
Балтийская / Baltiyskaya
Нарвская / Narvskaya
Кировский завод / Kirovskiy Zavod
Автово / Avtovo
Ленинский пр / Leninskiy Pr
Пр Ветеранов / Pr Veteranov

Парнас / Parnas
Пр Просвещения / Pr Prosveshcheniya
Озерки / Ozerki
Удельная / Udelnaya
Пионерская / Pionerskaya
Черная речка / Chernaya Rechka
Петроградская / Petrogradskaya
Горьковская / Gorkovskaya
Невский пр / Nevskiy Pr
Гласная / Spasskaya
Сенная пл / Sennaya Pl
Пушкинская / Pushkinskaya
Фрунзенская / Frunzenskaya
Моск ворота / Mosk vorota
Электросила / Elektrosila
Парк Победы / Park Pobedy
Московская / Moskovskaya
Звездная / Zvezdnaya
Купчино / Kupchino

Девяткино / Devyatkino
Гражданский пр / Grazhdanskiy Pr
Академическая / Akademicheskaya
Политехническая / Politekhnicheskaya
Пл Мужества / Pl Muzhestva
Лесная / Lesnaya
Выборгская / Vyborgskaya
Пл Ленина / Pl Lenina
Чернышевская / Chernyshevskaya
Пл Восстания / Pl Vosstaniya
Владимирская / Vladimirskaya
Маяковская / Mayakovskaya
Достоевская / Dostoevskaya
Лиговский пр / Ligovskiy Pr *(under construction)*
Обводный Канал / Obvodnyy Kanal *(under construction)*
Пл Александра Невского / Pl Aleksandra Nevskogo
Пл Александра Невского / Pl Aleksandra Nevskovo
Воаковская / Volkovskaya
Букжарестская / Bukharestskaya *(under construction)*
Международная / Mezhdunarodnaya *(under construction)*
Проспект Славы / Prospekt Slavy *(under construction)*
Елизаровская / Elizarovskaya
Ломоносовская / Lomonosovskaya
Новочеркасская / Novocherkasskaya
Ладожская / Ladozhskaya
Пролетарская / Proletarskaya
Пр болшевиков / Pr Bolshevikov
Обухово / Obukhovo
Рыбацкое / Rybatskoe
Ул дыбенко / Ul Dybenko

Metromuntje

Boottochten

De vele natuurlijke waterwegen in Sint-Petersburg zijn destijds aangepast en uitgebreid om de stad het aanzien te geven van het door Peter de Grote zo geliefde Amsterdam *(blz. 20–21)*. Beide steden kunnen inderdaad wedijveren om de titel 'Venetië van het Noorden'.

Vanaf de bruggen langs Nevski Prospekt en op andere plaatsen in de stad vertrekken tal van – open of dichte – rondvaartboten. Ze bieden de mogelijkheid om op een buitengewoon aangename manier meer van de stad te zien en zijn ideaal voor wie geen grote afstanden kan lopen. Op het programma staan steevast de brede rivier de Fontanka met zijn neoklassieke paleizen, de lommerrijke Mojka met zijn smeedijzeren bruggen en het Gribojedovkanaal, dat zich door het zuidwesten van de stad slingert. Neem een fles champagne, proviand en een warme trui mee en geniet volop.

Een rondvaartboot passeert de Rostralzuilen

ALGEMENE INFORMATIE

Het weer is bepalend voor de tijd van het jaar dat de kanaaltochten beginnen en eindigen. De meeste boten varen dagelijks van half mei tot eind september. De routes variëren, omdat er wegens werkzaamheden aan de granieten kaden op bepaalde delen van de kanalen soms geen doorgang mogelijk is.

De getijdewisselingen van de Finse Golf zijn van invloed op de Neva en de binnenlandse waterwegen. Bij harde wind kan het waterpeil aanzienlijk stijgen, waardoor soms boottochten moeten worden afgelast.

KANAAL- EN RIVIERTOCHTEN MET GIDS

Tussen 11.30 en 20.00 uur vertrekken er elk halfuur grote overdekte excursieboten van de Antsjkovbrug bij Nevski Prospekt *(blz. 49)*. Kaartjes voor de eerstvol-gende boot zijn te koop bij de kassa op de kade of aan boord. De rondvaarten duren één uur en voeren over de Mojka en de Fontanka en soms ook over het Gribojedovkanaal. Sommige boten varen ook naar de Neva, waar u een schitterend uitzicht hebt over de hele stad.

Een rondvaart kost gewoonlijk ongeveer 500 roebel. Engelstalig commentaar van een gids wordt geboden door bedrijven als **Anglotourismo**, **Neptun-boat** en **Astra Marine**. Grote groepen kunnen het beste van tevoren reserveren, telefonisch of bij de kassa, vooral tijdens de schoolvakanties. Boottochten met Engelstalig commentaar van een gids kunnen ook worden geboekt bij de grote hotels, maar dat is vrij duur.

Erg populair zijn de nachtelijke boottochten over de Neva die de gelegenheid bieden om de bruggen te zien opengaan. Deze tochten, meestal zonder commentaar, beginnen om 1.30 uur bij de Anitsjkovbrug naast het Anitsjkovpaleis en duren ongeveer een uur. Er zijn dekens beschikbaar, maar als u ook iets wilt eten en drinken moet u dat zelf meenemen.

TOCHTEN OP DE NEVA

Er varen verschillende soorten excursieboten op de Neva. De afvaarten zijn elk uur tussen 10.00 en 20.00 uur en een tocht duurt ongeveer een uur. Kaartjes kosten 500 roebel en zijn te koop bij de kassa of aan boord. De boten vertrekken bij de Admiraliteit *(blz. 78)* en vlak bij de hoofdingang van de Hermitage *(blz. 75)*, en ook bij de pier van de Petrus en Paulusvesting *(blz. 66–67)*, waar de kaartjes maar 300 roebel kosten.

Luxe rondvaarten met catering kunnen van te voren worden geboekt. **MIR** en **Roesskije Kroeizy** bieden verschillende tochten over de Neva en de andere rivieren en kanalen van de stad aan. Een rondvaart over de Neva is een goede manier om alle majestueuze gevels langs de rivier te bekijken. De meeste boten varen eerst naar de Blagovesjtsjenskibrug en keren daar om. Op de terugweg richting Paleisbrug ziet u links de Academie van Schone Kunsten *(blz. 63)*, te herkennen aan de twee Egyptische sfinxen bij het gebouw. Daarna verschijnt het gele Mensjikovpaleis *(blz. 62)*, gebouwd door Alexander Mensjikov, een vriend van Peter de Grote. Peter woonde zelf in het relatief bescheiden Zomerpaleis, dat later aan de rechterkant te zien is in de Zomertuin.

Na het Mensjikovpaleis komt de zijgevel van de Universiteit van Sint-Petersburg in beeld *(blz. 61)*. Het in het oog springende turqoise-witte gebouw iets verderop is de Kunstkammer *(blz. 60)*. Aan de andere kant van de rivier zijn het Bronzen Ruitermonument voor Peter de Grote *(blz. 78–79)*, de Izaäkkathedraal *(blz. 80–81)* en de Admiraliteit *(blz. 78)* in hun volle glorie te zien. Als u weer naar links kijkt,

Een rondvaart over de Neva

ziet u op het Vasiljevski-eiland het statige Beursgebouw en de twee grote rode Rostralzuilen. Aan de andere kant van de Neva ligt het spectaculaire Winterpaleis *(blz. 92–93)*. De volgende bezienswaardigheid aan de linkerkant is de Petrus en Paulusvesting, en iets verderop is de enorme blauwe koepel van de eerste moskee van de stad te zien. Aan de rechterkant doemt de verbluffende gevel van het Marmeren Paleis op *(blz. 94)*, waar de uivormige koepels van de kerk van de Verlosser op het Bloed *(blz. 100)* bovenuit steken. Voorbij het paleis kunt u de beroemde smeedijzeren hekken van de Zomertuin bewonderen. De meeste rondvaartboten varen tot aan de Liteinibrug of nog iets verder en keren dan terug naar hun vertrekpunt.

VERTREKPUNTEN LANGS RIVIEREN EN KANALEN

Er vertrekken met regelmatige tussenpozen boten vanaf de Mojka, het Gribojedovkanaal en de rivier de Fontanka, bij de kruisingen met Nevski Prospekt *(blz. 46–49)*, aan beide kanten van de straat. Boten die aan de noordkant vertrekken, kunnen ongeveer 50 roebel duurder zijn, omdat ze meer voorbijgangers trekken. Er vertrekken ook boten vanaf de oostkant van het Izaäkplein, in de richting van Nevski Prospekt. Andere boten hebben hun vertrekpunt in de Mojka bij het Marsveld, en op tal van andere plaatsen langs de waterwegen waar trappen omlaagvoeren naar de kade.

RESTAURANTCRUISES

Er zijn verschillende restaurantboten die passagiers tijdens een dineertocht over de Neva laten genieten van het uitzicht op de oevers. New Island, het oudste restaurantschip van de stad, neemt passagiers mee vanaf de aanlegplaats aan de Roemjantsevskikade (bij de Blagovesjtsjenskibrug) en vaart over de Neva naar de Smolnykathedraal en terug. De tocht duurt anderhalf uur, met de keus tussen à la carte-gerechten of een vast menu *(blz. 184)*.

Wie wel iets voelt voor eten op het water, maar bang is voor zeeziekte, kan ook een van de niet-varende drijvende restaurants proberen, zoals het curieuze **The Flying Dutchman**, met diverse restaurants, die Russische, Japanse, Franse en Italiaanse gerechten serveren, en een fitnesscentrum en een schoonheidssalon. Het schip met de romantische naam **Korabl Ljoebvi** (Liefdesschip), dat aangemeerd ligt naast de twee leeuwenbeelden voor de Admiraliteit, serveert Europese gerechten. Het is meer een café dan een restaurant, maar de locatie is onovertroffen.

Waterbussen, Gribojedovkanaal

WATERBUSSEN

In de zomermaanden kunt u in Sint-Petersburg ook gebruikmaken van waterbussen. Die kunnen maximaal 12 personen vervoeren en horen van 8.00 tot 21.00 uur elk kwartier te varen, maar varen in de praktijk heel onregelmatig. De centrumlijn stopt bij Oeniversitetskaja Naberezjnaja, de Bronzen Ruiter, de Zomertuin, het Finlandstation en de Smolnykathedraal. Er

is ook een lijn van het Finlandstation naar het eiland Kronsjtadt. In theorie zijn deze boten een geweldige manier om voor een prikje de stad te bezichtigen, maar omdat ze zo onregelmatig varen, zijn ze niet bepaald een betrouwbaar vervoermiddel.

KAARTJES

Voor alle boten geldt dat kaartjes aan boord kunnen worden gekocht. Voor tochten op de Neva zijn ze ook te koop bij de kassa op de pier voor de Admiraliteit en bij de Hermitage. Rondvaarten van een uur over de rivieren en kanalen kosten ongeveer 500 roebel. Kinderen tot zeven jaar mogen gratis mee en oudere kinderen krijgen soms korting. Kaartjes voor de waterbus zijn veel goedkoper en kosten ongeveer 40 roebel.

ADRESSEN

Anglotourismo
Tel. +7-921-9894722.
www.anglotourismo.com

Astra Marine
Tel. 3200877.
www.astra-marine.ru

Excursiebureau van Sint-Petersburg
Sadovaja Oel. 28–30.
Kaart 6 E2.
Tel. 3120527.

MIR Travel Company
Nevski Pr. 11.
Kaart 6 D1.
Tel. 3257122.
www.mir-travel.com

Neptun-boat
Tel. 9244451.
www.neptun-boat.ru

Roesskije Kroeizy
Nevski Pr. 51.
Kaart 7 B2.
Tel. 3256120.
www.russian-cruises.ru

RESTAURANTCRUISES

Korabl Ljoebvi
Admiralteiskikade.
Tel. 3207786.

The Flying Dutchman
6 Mitninskajakade.
Tel. 3138866.
www.dutchman.ru.restorani

De omgeving van Sint-Petersburg

Elk weekeinde trekken veel Petersburgers de stad uit, ook in de winter. Ze gaan op weg naar hun datsja of naar het bos, om vruchten te plukken, te langlaufen of een van de vroegere zomerresidenties van de tsaar te bezoeken. De bussen en treinen naar de buitenwijken rijden het hele jaar door frequent en vormen de gebruikelijke vervoermiddelen naar de bezienswaardigheden buiten de stad. Peterhof en Kronsjtadt zijn ook bereikbaar per draagvleugelboot over de Finse Golf. Veel buitenlanders maken busexcursies de stad uit, maar het is juist ook wel leuk om helemaal op uzelf te reizen.

Draagvleugelboot bij de aanlegplaats bij de Hermitage

Interieur van een van de treinen naar de buitenwijken van Sint-Petersburg

TREINEN NAAR DE BUITENWIJKEN

Reizen per trein is de comfortabelste manier om de bezienswaardigheden buiten de stad te bezoeken. Kaartjes koopt u bij de plaatselijke loketten *(prigorodnije kassi)* in de stations, waar ook altijd een dienstregeling (in het Russisch) hangt. Retours zijn even duur als twee enkeltjes. Roken is verboden en tussen 10.00 en 12.00 uur rijden er vaak geen treinen.

VERVOER NAAR TSARSKOJE SELO EN PAVLOVSK

Van het **Vitebskstation** vertrekt er om de twintig minuten een trein naar Tsarskoje Selo (Poesjkin) *(blz. 152–155)* en Pavlovsk *(blz. 159–161).* De lijn is oorspronkelijk aangelegd voor de keizerlijke familie, om de zomerresidenties te kunnen bereiken, en het station is een fraai voorbeeld van de style moderne. Het kaartjesloket is rechts van het hoofdgebouw. De trein doet

ongeveer 30 minuten over de reis en stopt eerst in Tsarskoje Selo (Detskoje Selo) en dan in Pavlovsk. Van het station Detskoje Selo kunt u bus 382 of 371 naar Tsarskoje Selo nemen of gaan lopen (twintig minuten).
Het station in Pavlovsk ligt tegenover de ingang van het park. Het is een prettige wandeling van een halfuur door het park naar het paleis.
Er rijdt ook een horde minibusjes naar Tsarskoje Selo (Poesjkin) en Pavlosk vanaf metrostation Moskovskaja in Sint-Petersburg. Ze vormen een betrouwbaar en gemakkelijk alternatief voor de trein.

Passagiers nemen de trein in het Vitebskstation

VERVOER NAAR PETERHOF EN ORANIENBAUM

De prettigste en verreweg mooiste reis naar het keizerlijke zomerpaleis Peterhof maakt u met de draagvleugelboot, die er in drie kwartier over de Finse Golf naartoe vaart. De boot vaart van begin juni tot begin oktober en vertrekt van de tweede aanlegplaats bij de Hermitage *(blz. 75),* waar een wekelijkse dienstregeling hangt. De boten vertrekken ieder uur vanaf 9.30 uur en de laatste keert terug om 18.00 uur. Een retourtje (ongeveer 700 roebel) is goedkoper dan twee enkeltjes. De boot is veel duurder dan de trein of bus, maar het comfort en het uitzicht maken de extra kosten ruimschoots goed.
Bij aankomst moet u een kaartje kopen voor het benedenpark en dat kaartje hebt u weer nodig om door het park terug te lopen naar de boot. De draagvleugelboten naar Kronsjtadt en dan Oranienbaum (Lomonosov) maken deel uit van het waterbusnetwerk en worden ook gebruikt door forensen. Een enkeltje Kronsjtadt kost ongeveer 100 roebel en voor Lomonosov komt er nog 30 roebel bij. De boot naar Kronsjtadt vertrekt van de pier voor het **Finlandstation**. Van de pier voor Kronsjtadt vertrekt er een andere boot naar Lomonosov.
Er gaan ook treinen naar Peterhof *(blz. 148–151)* en Oranienbaum *(blz. 148–151).* Deze vertrekken elke twintig minuten van het **Baltisch Station**. Om in Oranienbaum te komen moet u de trein naar Kalisjtsje of naar Oranienbaum zelf nemen.

Voor Peterhof neemt u de
trein naar Novy Petergof
(veertig minuten van de stad),
vanwaar het met bus 348,
350, 351, 352 of 356 tien minuten rijden is naar het paleis.
Ga in Oranienbaum bij het
verlaten van het station
rechtsaf en loop ongeveer
200 m naar de hoofdstraat.
Bijna recht voor u ziet u dan
de ingang van het park, vanwaar het vijf minuten lopen is
naar het Grote Paleis.
Er is ook een efficiënte mini-
busdienst, die passagiers naar
zowel Peterhof als Oranienbaum vervoert vanaf metrostation Avtovo.

VERVOER NAAR REPINO EN DE FINSE GOLF

Van het **Finlandstation** vertrekt er om de twintig minuten een trein naar Repino
(blz. 146) en de Finse Golf.
Kaartjes koopt u bij de loketten in het hoofdgebouw. Stap
niet in de trein met Beloostrov
of Kroegovoj als bestemming.
Steek in Repino de hoofdweg
over, loop heuvelafwaarts in de
richting van de Finse Golf en
neem dan rechts de asfaltweg
naar Penaty.
Bus 211 rijdt ook naar Repino
en stopt vlak buiten Penaty.
De bus vertrekt bij het metrostation Tsjernaja Retsjka en
kaartjes koopt u in de bus.

VERVOER NAAR NOVGOROD

De bus naar Novgorod (blz.
162–165) vertrekt om de
twee uur van het **Busstation**.
De reis duurt vier uur. Er
gaat ook minstens twee keer
per dag een trein vanaf het
Moskoustation die er drie uur
over doet (er is geen toilet
aan boord!). U kunt ook een
excursie boeken (blz. 208).

MET DE AUTO VANUIT SINT-PETERSBURG

Auto's zijn te huur bij bedrijven als **Hertz** en **Europcar**,
maar autorijden is niet aan te
bevelen. Om te beginnen is
het niet nodig, want het openbaar vervoer is buitengewoon
goed en goedkoop, en op de
tweede plaats maken de lokale rijstijl en het gedrag van

de verkeerspolitie autorijden
niet bepaald tot een pretje.
Om auto te mogen rijden in
Rusland hebt u een notarieel
goedgekeurde vertaling van
uw rijbewijs nodig, plus een
internationale verzekering en
documenten waaruit blijkt
dat u de auto mag besturen,
bijvoorbeeld een huurcontract
op uw naam.
De verkeerspolitie (blz. 213)
heeft het recht u aan te
houden om uw papieren te
controleren. Als een agent
aangeeft dat u moet stoppen,
moet u daar meteen gehoor
aan geven. Verkeersagenten
mogen niet ter plekke boetes
innen voor kleinigheden,
zoals het hebben van een vuil
nummerbord of het ontbreken
van een EHBO-koffer, of voor
zwaardere overtredingen,
zoals het rijden onder invloed
(automobilisten mogen in het
geheel geen alcohol drinken).
De juiste procedure is dat ze
een bon uitschrijven die binnen een maand betaald dient
te zijn bij een filiaal van de
Sberbank. De verkeerspolitie
staat er echter om bekend dat
ze liever smeergeld aanneemt
dan een officiële bekering
uit te schrijven. Voor kleine
overtredingen, zoals rijden
zonder gordel, is de boete 500
tot 1000 roebel.

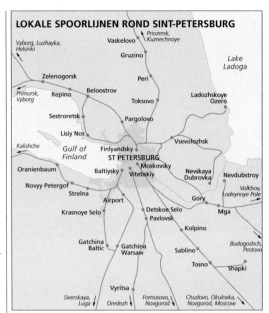

LOKALE SPOORLIJNEN ROND SINT-PETERSBURG

Vyborg, Luzhayka, Helsinki
Vaskelovo
Priozersk, Kuznechnoye
Gruzino
Lake Ladoga
Zelenogorsk
Peri
Primorsk, Vyborg
Repino
Beloostrov
Ladozhskoye Ozero
Toksovo
Sestroretsk
Pargolovo
Lisiy Nos
Kalishche
Gulf of Finland
Finlyandsky
Vsevolozhsk
ST PETERSBURG
Oranienbaum
Baltiysky
Vitebskiy
Moskovsky
Nevskaya Dubrovka
Nevdubstroy
Novyy Petergof
Strelna
Gory
Volkhov, Lodeynoye Pole
Airport
Detskoe Selo
Mga
Krasnoye Selo
Pavlovsk
Kolpino
Gatchina Baltic
Gatchina Warsaw
Sablino
Budogoshch, Pestovo
Tosno
Shapki
Vyritsa
Siverskaya, Luga
Oredezh
Fornosovo, Novgorod
Chudovo, Okulovka, Novgorod, Moscow

ADRESSEN

TREIN- EN BUSSTATIONS

Informatie over treinen
Tel. 055.

Baltisch Station
Балтийский вокзал
Baltijski vokzal
Nab. Obvodnovo Kanala 120.

Busstation
Автобусный вокзал
Avtoboesny vokzal
Nab. Obvodnovo Kanala 36.
Kaart 7 C5. **Tel.** 7665777.

Finlandstation
Финляндский вокзал
Finljandski vokzal
Pl. Lenina 6. **Kaart** 3 B3.

Moskoustation
Московский вокзал
Moskovski vokzal
Pl. Vosstanija. **Kaart** 7 C2.

Vitebskstation
Витебский вокзал
Vitebski vokzal
Zagorodny Pr. 52. **Kaart** 6 E4.

AUTOVERHUUR

Europcar
Poelkovo 2 (aankomsthal).
Tel. 7-911-9872956.

Hertz
Poelkovo 1 (aankomsthal).
Tel. 3264505.

STRATENGIDS ST.-PETERSBURG

De onderstaande kaart laat zien welke wijken op de hierna volgende plattegrond voorkomen. De coördinaten die in dit boek zijn gebruikt bij hotels, restaurants, bezienswaardigheden, winkels en attracties verwijzen naar deze plattegrond. In het bijbehorende register vindt u de transcriptie van de straatnamen met daaronder de Cyrillische schrijfwijze (op de kaarten staan alleen

Uitrusten voor de Kazankathedraal

de belangrijkste straten in het Cyrillisch). U vindt hier uitsluitend de opnieuw ingevoerde, oude Russische namen en niet die uit de Sovjettijd *(blz. 217)*. Om technische redenen bevat de plattegrond de Engelse transcriptie van de Russische namen, met uitzondering van de bezienswaardigheden, die, overeenkomstig de lopende tekst, de Nederlandse transcriptie hebben gekregen.

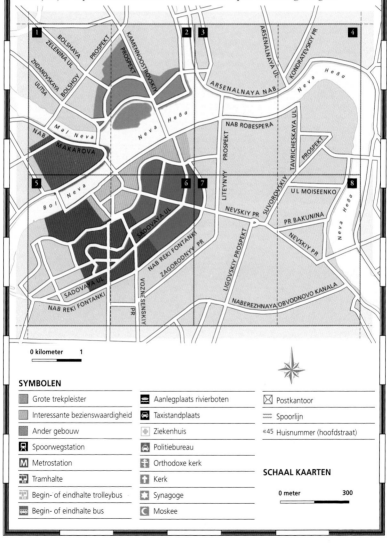

0 kilometer   1

SYMBOLEN

Grote trekpleister	Aanlegplaats rivierboten
Interessante bezienswaardigheid	Taxistandplaats
Ander gebouw	Ziekenhuis
Spoorwegstation	Politiebureau
Metrostation	Orthodoxe kerk
Tramhalte	Kerk
Begin- of eindhalte trolleybus	Synagoge
Begin- of eindhalte bus	Moskee

Postkantoor
Spoorlijn
«45 Huisnummer (hoofdstraat)

SCHAAL KAARTEN

0 meter   300

Straatnamenregister

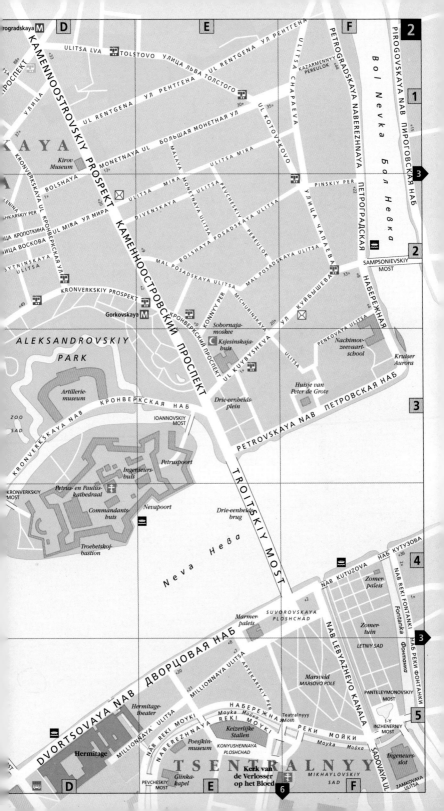

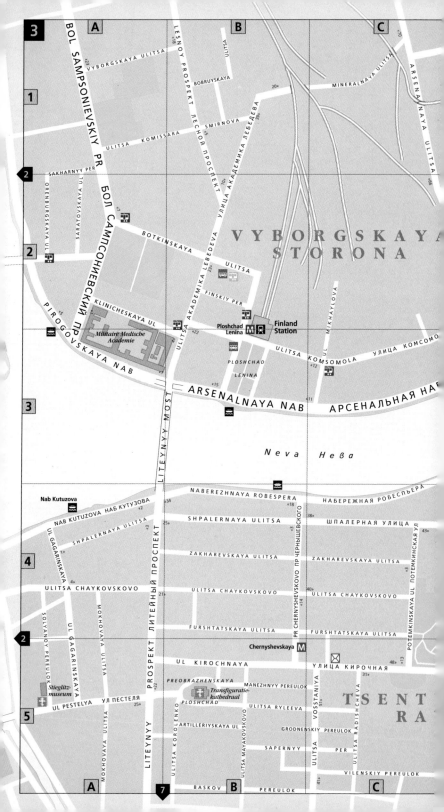

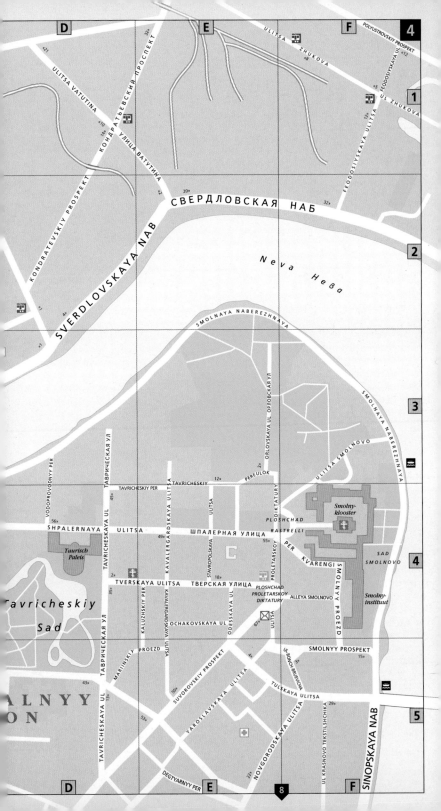

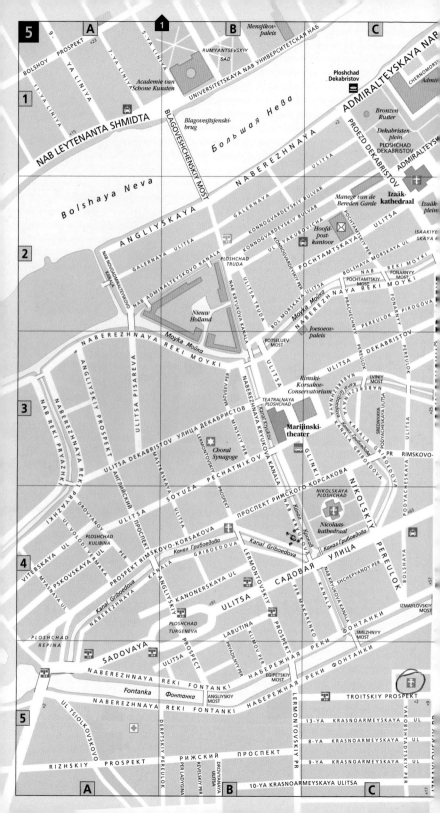

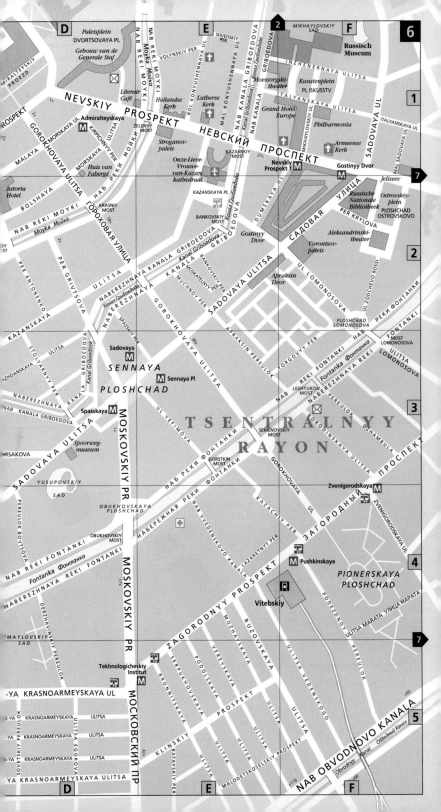

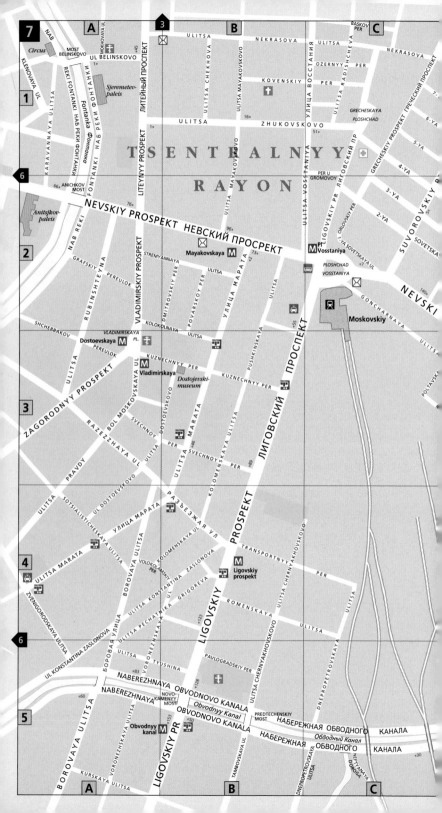

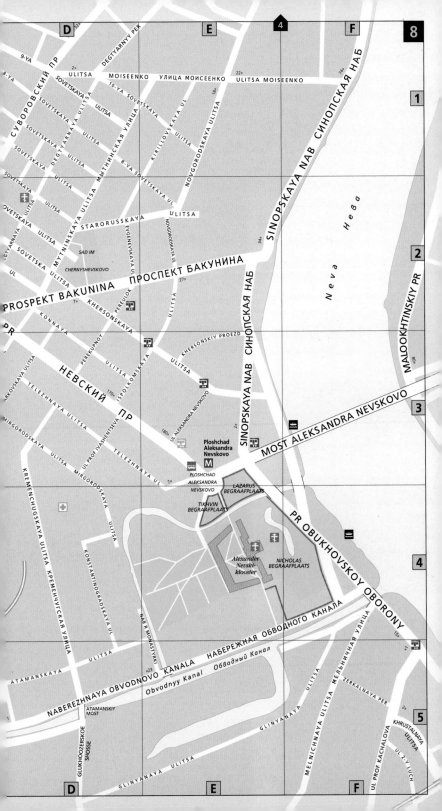

Register

T

taal 209
Tamanski, Pjotr 70
Tatjana Parfjonova Modny Dom 199
Tatlin, Vladimir 79
Taurisch Paleis 128
Taurit, Robert 126
taxi's 201, 222–223
  luchthaven 218–219
telefoons 169, 216
televisie 217
temperatuur 53
Terborch, Gerard 90
Teremok 193
Tertia 199
Teutoonse ridders 17
theater 202–203
  Kamennoostrovskitheater 136
  Marijinskitheater 116, 119, 202, 203
  Theaterfestival van de Baltische Landen 52
  Theatermuseum 41, 110
Theaterbrug 37, 134
Theaterplein
  stratenkaart 116–117
thee 183
Theophanes de Griek 164
Thomon, Thomas de 60, 131
Tichvinbegraafplaats 131
Tiepolo, Giovanni Battista 90
Tijd der Troebelen (1605–1613) 17
Tilsit, Vrede van (1807) 22
tijdschriften 217
  uitgaansinformatie 200
tijdzones 211
Tinkoff 193
Titiaan 63, 90
T-Lounge 186
toeristeninformatie 208, 211
toiletten 209
Tolstoj, Leo
  Oorlog en vrede 23, 111, 121
toosten 209
Torelli, Stefano 94
Torenhuis 70
Toto 199
Traitteur, Georg von 35, 37, 135
trams 221
Trapeza (Petrodvorets) 193
Trauberg, Leonid 45, 70
Traumakliniek in het Centrum 213
travellercheques 212, 215
treinen 219
  Finlandstation 126
  naar de buitenwijken 228–229
  reizen naar Sint-Petersburg 219
  reizen tussen Moskou en Sint-Petersburg 219
  Spoorwegmuseum 41, 123
Tres Amigos 190
Trezzini, Domenico
  Kerk van Mariaboodschap 130
  Petrus en Pauluskathedraal 68
  Petrus en Paulusvesting 66
  Petruspoort 67, 68
  Twaalf Colleges 61
  Zomerpaleis 95
Trezzini, Giuseppe 63
Tribunal 205
TriEl 205
Triscorni, Paolo 77
Troebetskojbastion 41, 69
  stratenkaart 66

Troebetskoj, prins Pavel 94
Trojka 190
Trojtski Most (restaurant) 11, 193
trolleybussen 221
Trotski, Leon 27
  burgeroorlog 123
  gevangenschap 69
  moord 29
  Russische Revolutie 28, 29
Tsarskoje Selo 40, 139, 143, 152–155
  Catharinapark 154
  hoogtepunten: paleizen en musea 38
  in de herfst 52
  kaart 155
  reizen naar 228
  stadje Tsarskoje Selo 155
  tips voor de toerist 153
  Tsarskoje Selopark 155
  uit eten bij dagtochten 193
Tsarskoje Selocarnaval 51
Tsjagin, Vladimir 137
Tsjajnaja Chizjina 193
Tsjaikovski, Pjotr 42, 44, 49, 202
  dood 82
  graf van 11, 131
  Marijinskitheater 119
  Rimski-Korsakovconservatorium 116, 120
  symfonie Pathétique 101
Tsjajev, Sergej 136
Tsje 205
Tsjechov, Anton 110
Tsjerepanov, familie 123
Tsjernenko, Konstantin 30, 31
Tsjesmakerk 130
Tsjesmapaleis 130
Tsjesmazuil (Tsarskoje Selo) 154
Tsjevakinski, Savva
  Nieuw-Holland 121
  Nicolaaskathedraal 120
  Sjeremetevpaleis 129
  Tsarskoje Selo 153
tuinen zie parken en tuinen
Tunnel (disco) 205
Turks Bad (Tsarskoje Selo) 154
Twaalf Colleges 61
  stratenkaart 58
Tweede Wereldoorlog 27
Typographia 25

U

uitgaan 205
Universiteit van Sint-Petersburg
  Twaalf Colleges 58, 61

V

Vaganova, Agrippina 45, 110, 118
Valeriani, Giuseppe 152
Vallin de la Mothe, Jean-Baptiste
  Academie van Schone Kunsten 63
  Catharinakerk 48
  Gostiny Dvor 109
  Joesoepovpaleis 120
  Kleine Hermitage 85
  Nieuw-Holland 121
valuta 215
Van Dyck, Anthonie 90, 130
Van Gogh, Vincent 91
Vasiljevski-eiland 14, 57–63
  plattegrond 57
  hotels 174
  restaurants 184

Strelka 58–59
Vasiljev, Aleksandr 126
Vasnetsov, Viktor
  Kerk van de Verlosser op het Bloed, mozaïeken 100
  Ridder bij het kruispunt 106, 107
Vedali ot zjen 193
veerboten 220
vegetarisch eten 179
veiligheid 212–213
  in hotels 169
Velázquez, Diego de Silva y 90
Velten, Joeri
  Armeense Kerk 48, 108
  Grote Hermitage 84
  Hermitagetheater 34
  Johannes de Doperkerk 136
  Kleine Hermitage 85
  Krakende Paviljoen (Tsarskoje Selo) 154
  Peterhof 149
  Tsjesmakerk 130
  Tsjesmapaleis 130
  Zomertuin 95
Venus en Cupido (Cranach) 90
verantwoordelijk reizen 211
Verejstsjagin, Nikolaj 89
Verlichting 24–25
Vernisazj 199
vervoerskaartjes 223, 225
verzekering 213
Verzoeningsdag 52, 53
Vist, Aleksandr 63
visum 210, 211
Vitali, Ivan 80, 81
Vitebskstation 220, 229
Vladimir Aleksandrovitsj, groothertog 94
Vladimir, grootprins 17
Vladimir Kirilovitsj, groothertog 67
Vladimirski Passazj 199
Vogelbeeld (Gabriadze) 99
Voltsjov, rivier 162
volksmuziek 202, 203
Volna 185 Voltaire Voltaire, 22
  beeld van 87
  bibliotheek van 110
  correspondentie met Catharina de Grote 24
Voormalig Ministerie van Staatseigendommen
  stratenkaart 77
Voronitsjin, Andrej
  Academie van Schone Kunsten 63
  Onze-Lieve-Vrouwe-van-Kazankathedraal 33, 47, 111
  Centaurbrug (Pavlovsk) 158
  graf van 131
  Kazankathedraal zie Onze-Lieve-Vrouwe-van-Kazankathedraal
Pavlovsk 160, 161
Viscontibrug (Pavlovsk) 159
Vorontsovpaleis 111
Vorontsov, prins Michail 111
Voyages Jules Verne 220
vrouwen, veiligheid 212
Vrubel, Michail 107
  zesvleugelige serafijn, De 107
Vsevolod, prins 164

W

wandelingen in Sint-Petersburg 133–139, 222
  langs de waterwegen van Sint-

Dankbetuiging

De uitgever bedankt de volgende personen voor hun hulp bij de totstandkoming van dit boek.

Auteurs

Christopher Rice is gepromoveerd (PhD) in de geschiedenis van Rusland aan de Universiteit van Birmingham. Samen met zijn echtgenote Melanie, die ook schrijft, bracht hij in 1978 voor het eerst een bezoek aan Rusland en sinsdien komen ze er geregeld. Ze hebben samen een groot aantal reisgidsen geschreven over Sint-Petersburg en over verscheidene andere bestemmingen, waaronder Praag, Berlijn en Istanbul. Ook de *Capitool Reisgids Moskou* is van hun hand.

Catherine Phillips is kunsthistorica en woont sinds 1985 in Rusland. Ze verhuisde in 1989 naar Sint-Petersburg. In de vroege jaren van de perestrojka maakte ze voor de Britse en Amerikaanse televisie en radio reportages over belangrijke gebeurtenissen. Ook werkte ze mee aan een aantal van de eerste boeken over het nieuwe Rusland. Tegenwoordig houdt ze zich bezig met het vertalen en bewerken van wetenschappelijke teksten en schrijft ze bijdragen voor naslagwerken.

Medewerkers

Rose Baring begon op haar 12de aan een studie Russisch. Ze is afgestudeerd (MA) in de moderne geschiedenis en reisde aan het begin van de jaren negentig geregeld naar Moskou en Sint-Petersburg. Ze heeft reisgidsen geschreven over Sint-Petersburg, Moskou en diverse andere bestemmingen.

Bijzondere medewerking

De uitgever is dank verschuldigd aan Marc Bennets (schrijver van de wandelingen), Anastasia Makarova (feitencontrole), Hilary Bird (register), Ian Wizniewski (gegevens over de Russische keuken), Valera Katsoeba (toestemming voor de foto's), Marina Majdanjoek (researcher), Oleksi Nesnov (gegevens over de taal), Victoria Rachevskaja (gegevens over de taal), Agency Information Resources voor hulp bij onderzoek,

Joelija Motovilova van het Toeristenbureau van Sint-Petersburg en het personeel van Peter TiPS.

Proeflezer

Stewart J. Wild.

Ontwerp en redactionele assistentie

Namrata Adhwaryu, Emma Anacootee, Gillian Allan, Douglas Amrine, Liz Atherton, Andrei Bogdanov, Laurence Broers, Shura Collinson, Lucinda Cooke, Vivien Crump, Dawn Davies-Cook, Hannah Dolan, Alexandra Farrell, Claire Folkard, Chris Gordon, Freddy Hamilton, Paul Hines, Leanne Hogbin, Vicki Ingle, Kathryn Lane, Sam Merrell, Fiona Morgan, Jane Oliver, Helen Partington, Marianne Petrou, Pure Content, Amir Reuveni, Ellen Root, Luke Rozkowski, Alison Stace, Ingrid Vienings, Veronica Wood.

Aanvullende illustraties

Claire Littlejohn, John Woodcock.

Aanvullende fotografie

Valentin Baranovski, Andrei Bogdanov, Victoria Boejvid, Shura Collinson, Andy Crawford, Erich Crichton, Neil Fletcher, Steve Gorton, Paul Miller, Ian O'Leary, Jon Spaull, Clive Streeter, KOMMERSANT Photo Agency: Jevgeny Pavlenko, Sergej Semjenov.

Toestemming voor fotografie

De uitgever bedankt alle betrokken hotels, musea, kerken, winkels en andere gelegenheden en instanties voor hun medewerking en toestemming om te fotograferen. Ze zijn te talrijk om afzonderlijk te bedanken.

Fotoverantwoording

b = boven; l = links; m = midden; r = rechts; o = onder; d = detail.

De uitgever is de volgende personen, bedrijven en bibliotheken dankbaar voor hun toestemming om hun foto's af te drukken:

AEROFLOT: 218bm, 218mr; AISA, BARCELONA: 18b, 44b, 55 (inzet), 106br; AKG, LONDEN: 16, 17b, 20ol/ml, 20–21m, 25bl, 26ml, 27m, 28or, Erich Lessing 28ol, 29m, 37o,

42ml/ol/or, 43or; Russisch Museum, St.-Petersburg 105mro; Alamy Images: Art Directors & TRIP/Vladimir Sidropolev 208ml; PE Forsberg 212mro; Frans Lemmens 216mlb; Dov Makabaw 221or; Dmitry Mikhaevich 59mro; RIA Novosti 60ol; studio204 216or; Art Kowalsky 10ml; brt Russia 81bm; Medioimages 10or; Robert Harding Picture Library Ltd 10bm, 138mr; Robert Harding Picture Library Ltd/Sylvain Grandadam 180ml, 181bl; Peter Titmuss 138or, 210bl; Ancient Art & Architecture Collection: 45mr; APA: Jim Holmes 93bl; Axiom: Jim Holmes 153o; Valentin Baranovsky: 84ol, 85bl, 201b; Ian Bavington-Jones: 130b; Joeri Belinsky: 31b; Bridgeman Art Library, Londen/New York: 153m; Forbes Magazine Collection 28–29m; Hermitage, Sint-Petersburg 21mo, 24–25m, 25ml, 86b/o, 87b/o, 88o, 89br/o, 90b/o, 91b/m, *La Danse,* Henri Matisse (1910) © Nalatenschap Henri Matisse/DACS 2011 87m; privécollectie *Propagandaposter voor de 20ste eeuw, 1920,* D. Moor © DACS 2011 29br; Russisch Museum, Sint-Petersburg *De fietser,* Natalja Gontsjarova (1913) © ADAGP, Parijs en DACS, Londen 2011 40o, *Portret van prinses Olga Konstantinovna Orlova,* Valentin Alexandrovich Serov (1911) 104 mlo; Tretjakovmuseum, Moskou 19b, *Het circus,* Marc Chagall, 1919 © ADAGP, Parijs en DACS, Londen 2011 45bl; Alfa-Bank: 214ol; Anglotourism.com: 222br. Camera Press: Roxana Artacho 85ol; Demetrio Carrasco: 2–3, 6o, 15o, 36b, 53ol, 80ol, 93mr/or, 102–103; Centraal Staatsarchief voor Foto's en Filmdocumenten, Sint-Petersburg: 42b, 72m, 110m, 118ol; Jean-Loup Charmet: 23b; Christie's Images: 82o; Corbis: Dean Conger 52br; Antoine Gyori 139b; E. O Hoppe/Bettmann 118mr; Rob Howard 181m; Bob Krist 201o; Library of Congress 28bl; Michael Nicholson 152b; Gianni Dagli Orti 8–9, 119ol; Steve Raymer 31mro, 118or, 138ml; Jose Fuste Raga 222ol; Gregor M. Schmid 138bl; Hermitage, Sint-Petersburg 24ol; Russisch Museum 25ol; E T Archive: Bibliotheque Nationale, Parijs 17ml; Hermitage, Sint-Petersburg 88b, 89bl; Dreamstime.com: Paha_i 210m. Fotolia: Dmitry Vereshchagin 227bl. Getty Images: Hulton Archive 43br, 118ml, 121m, 182br; The Image Bank/Harald Sund 11or; Giraudon: Russisch Museum 43mr, 105mr; Tretjakovmuseum, Moskou 165mr. Michael Holford: 18m, 19m, 21ol; Hotel Dostojevski: 173mo. Interior Archive: Fritz von der Schulenburg 161m; Katz Pictures: 167 (inzet); KEA Publishing Services: Francesco Venturi 92 (alle drie); David King Collection: 29bl, 30b, 45o, 69o, 129m; Lonely Planet Images: Jonathan Smith 11br, 139mro; Mary Evans Picture Library: 9 (inzet), 19o, 21or, 22m, 23m, 24ml/or, 25or, 26b, 29or, 62o, 141 (inzet), 161ol, 207 (inzet); Paul Miller: 51mr; MIR Travel Company: 208bm; Mts: 216bl; Neptun-Boats: 226ml; Novosti (Londen): 20or, 21bl, 26o, 27b, 30ml, 31m, 43bl, 50m, 51o, 78o, 165b/l; Oronoz, Madrid: 22b, 43ol. Park Inn Pribaltiskaja: 168ml; Plodimex Aussenhandels GmbH, Hamburg: 178mr/ol; Natasja Razina: 152o, 153b; Renaissance St.-Petersburg Baltic Hotel: 172m; Rex Features: V. Sichov/SIPA Press 30mr; Robert Harding Picture Library: 84or; Rocco Forte Hotels, St.-Petersburg: 169or; Ellen Rooney: 53b, 79b, 83o, 140–141; Russisch Nationaal Toeristenbureau: 208bm; Russische Spoorwegen: 219bm, 219ol; Gregor M. Schmid: 50br; Science Photo Library: CNES, 1989 Distribution Spot Image 11mr; Vladimir Sidoropolev: 182or; Skat Prokat: 223mr; Russisch Museum: 7mr; *Blauwe golf,* Vasily Kandinsky (1917) © ADAGP, Parijs en DACS, Londen 2011 39or; 93br, 104ol/or, 105bl, 106bl/o, 107 (alledrie), 110b; Travel Library: Stuart Black 85or; Visual Arts Library: 44b; Hermitage, Sint-Petersburg *L'Homme aux bras croisés,* Pablo Picasso (1905) © Nalatenschap Picasso/DACS 2011 91o; 123m; St. Peter Line: 220br; St. Petersburg Metro: 224or, 225ml; St. Petersburg Times: 217bm. Kaart voorzijde – SuperStock: Axiom Photographic Limited. Omslag: voorzijde – SuperStock: Axiom Photographic Limited; achterzijde – Dorling Kindersley: Rough Guides/Jonathan Smith bl; Jon Spaull mlo, ol; Getty Images: Charles Bowman mlb; rug - SuperStock: Axiom Photographic Limited b.

Uitdrukkingen en transcriptie

In deze gids hebben wij getracht de Russische geografische namen, persoonsnamen en andere woorden zo consequent mogelijk te transcriberen van Cyrillisch in Latijns schrift. Deze transcriptie volgt de in dit hoofdstuk gegeven regels. Voor namen van bekende personen is vastgehouden aan een vertrouwd woordbeeld in plaats van een volledig consequente transcriptie te geven, bijvoorbeeld: Dostojevski en niet Dostojevskij. De namen van Russische heersers, zoals Peter de Grote, worden weergegeven in de bekende, vernederlandste versie. Om technische redenen zijn de straatnamen op de kaartjes afgedrukt in een Engelse transcriptie. U vindt hieronder ook veel nuttige woorden en uitdrukkingen.

RICHTLIJNEN VOOR DE UITSPRAAK

Het Cyrillische alfabet kent 33 letters, waarvan er maar vijf (a, к, м, o, т) een exact equivalent hebben in het Nederlands. Elke Russische klinker kan op twee manieren (hard en zacht) worden uitgesproken, en er zijn verscheidene medeklinkers die geen equivalent kennen in het Nederlands. Hieronder wordt in de rechter kolom aangegeven hoe Cyrillische letters moeten worden uitgesproken. Sommige letters kunnen echter op verschillende manieren worden uitgesproken, afhankelijk van hun positie binnen een woord. Belangrijke uitzonderingen worden hieronder ook aangegeven.
Op de volgende bladzijden staat het Nederlands in de linker kolom en het Russisch plus transcriptie in de middelste kolom. De rechter kolom biedt de uitspraak en geeft aan waar de klemtoon valt. De *Menulijst* vormt een uitzondering. Hier staat het Russisch in de linker kolom en de Nederlandse vertaling in de rechter, om redenen van gebruiksgemak. Omdat het Russisch mannelijke en vrouwelijke woorduitgangen kent, worden in enkele gevallen beide vormen van een uitdrukking gegeven.

HET CYRILLISCHE ALFABET

А а	a	sl**a**p/sla**a**p
Б б	b	**b**ed
В в	v	**v**et
Г г	g	Eng. **g**irl (zie noot 1)
Д д	d	**d**eur
Е е	je	**jé** (zie noot 2)
Ё ё	jo	**j**ongen
Ж ж	zj	**j**ournalist
З з	z	**z**iel
И и	i	f**ie**ts
Й й	j	hoo**i** (zie noot 3)
К к	k	**k**oning
Л л	l	**l**amp
М м	m	**m**eisje
Н н	n	**n**ooit
О о	o	k**o**p (zie noot 4)
П п	p	**p**aard
Р р	r	**r**at (rollend)
С с	s	**s**top
Т т	t	**t**ijger
У у	oe	sch**oe**n
Ф ф	f	**f**eit
Х х	ch	la**ch**
Ц ц	ts	**iets**
Ч ч	tsj	Eng. **ch**air
Ш ш	sj	**ch**armant
Щ щ	sjtsj	Eng. fre**sh ch**eese
ъ		hard teken (zie noot 5)
Ы ы	y	l**i**d (neigt naar **u**)
ь		zacht teken (zie noot 5)
Э э	e	h**e**k
Ю ю	joe	**joe**len
Я я	ja	**ja**cht

Noten

1) Г Uitgesproken als *v* in de uitgangen -ovo en -evo.
2) Е Altijd uitgesproken als *je* aan het begin van een woord, maar midden in een woord soms wat minder duidelijk (meer als *e*).
3) Й Deze letter heeft geen duidelijke eigen klank. Meestal dient hij ter verlenging van de voorafgaande klinker.
4) О Als er geen klemtoon op ligt, wordt hij uitgesproken als de eerste *a* in a**part**.
5) ъ, ь Het harde teken (ъ) is zeldzaam en geeft een zeer korte pauze aan voorafgaand aan de volgende letter. Het zachte teken (ь, in de uitspraakkolom weergegeven met ') verzacht de voorafgaande medeklinker en voegt daar een lichte *j*-klank aan toe: *n'* klinkt ongeveer als *nj* in 'ora**nj**e'.

Noodgevallen

Help!	Помогите!	pamag**ie**t-je!
	Pomogite!	
Stop!	Стоп!	stop!
	Stop!	
Laat me met rust!	Оставьте меня в Покое!	ast**av**'-je mjen**ja** v pak**oje**!
	Ostavte menja v pokoje!	
Haal een dokter!	Позовите врача!	pazav**ie**t-je vratsj**a**!
	Pozovite vratsja!	
Bel een ziekenauto!	Вызовите скорую помощь!	v**iz**aviet-je sk**o**roe-joe p**o**masj'!
	Vyzovite skoroejoe pomosjtsj!	
Brand!	Пожар!	pazj**ar**!
	Pozjar!	
Bel de brandweer!	Вызовите пожарных!	v**iz**aviet-je pazj**ar**nich!
	Vyzovite pozjarnych!	
Politie!	илиция! !	miel**ie**tsie-ja!
	Militsija	
Waar is de/het dichtstbijzijnde	Где ближайший…	gdje bliezj**aj**siej…
…telefoon?	*Gde blizjajsjij…*	
	…телефон?	…tjel**je**fon?
	…telefon?	
…ziekenhuis?	…больница?	…bal'n**ie**tsa?
	…bolnitsa?	
…politiebureau?	…отделение милиции?	…atdjel**je**nje miel**ie**tsie-ie?
	…otdelenije militsii?	

Basiswoorden voor een gesprek

Ja	Да	da
	Da	
Nee	Нет	njet
	Njet	
Alstublieft	Пожалуйста	pazj**a**lsta
	Pozjaloejsta	
Dank u	Спасибо	spas**ie**ba
	Spasibo	
Tot uw dienst	Пожалуйста	pazj**a**lsta
	Pozjaloejsta	
Pardon	Извините	iezvien**ie**t-je
	Izvinite	
Hallo	Здравствуйте	zdr**a**stvoejt-je
	Zdravstvoejte	
Tot ziens	До свидания	da svied**a**nja
	Do svidanija	
Goedemorgen	Доброе утро	d**o**bra-je **oe**tra
	Dobroje oetro	
Goedemiddag	Добрый день	d**o**brie djen'
	Dobry den	
Goedenavond	Добрый вечер	d**o**brie vj**e**tsjer
	Dobry vetsjer	
Goedenacht	Спокойной ночи	spak**o**jnaj n**o**tsjie
	Spokojnoj notsji	
Ochtend	утро	**oe**tra
	oetro	
Middag	день	djen'
	djen	
Avond	вечер	vj**e**tsjer
	vetsjer	
Gisteren	вчера	ftsje**ra**
	vtsjera	
Vandaag	сегодня	sjev**o**dnja
	sevodnja	
Morgen	завтра	z**a**ftra
	zavtra	
Hier	здесь	zdjes'
	zdes	

Daar	там / *tam*	tam
Wat?	Что? / *Tsjto?*	sjto?
Waar?	Где? / *Gde?*	gdje?
Waarom?	Почему? / *Potsjemoe?*	patsjemoe?
Wanneer?	Когда? / *Kogda?*	kagda?
Nu	сейчас / *sejtsjas*	sejtsjas
Later	позже / *pozzje*	pozje
Mag ik...?	можно? / *mozjno?*	mozjna...?
Het kan/mag	можно / *mozjno*	mozjna
Het kan niet/mag niet	нельзя / *nelzja*	njelzja

Nuttige uitdrukkingen

Hoe maakt u het?	Как Вы Поживаете? / *Kak vie pozjivaete?*	kak vie pozjivaete?
Heel goed, dank u	Хорошо, спасибо / *Chorosjo, spasibo*	charasjo, spasieba
Aangenaam kennis te maken	Очень приятно / *Otsjen prijatno*	otsjen' prie-jatna
Hoe kom ik in...?	Как добраться до...? / *Kak dobratsja do...?*	kak dabrat'sja da...?
Kunt u me zeggen wanneer we in ... zijn?	Скажите, пожалуйста, когда мы приедем в...? / *Skazjite, pozjaloejsta, kogda my prijedem v...?*	skazjiet-je, pazjalsta, kagda mi prie-jedjem v...?
Is het ver?	Это далеко? / *Eto daleko?*	eta daljeko?
Spreekt u Engels?	Вы говорите по-английски? / *Vy govorite po-anglijski?*	vi gavariet-je po-anglieskie?
Ik begrijp het niet	Я не понимаю / *Ja ne ponimajoe*	ja nje paniema-joe
Kunt u langzamer spreken?	Говорите медленнее / *Govorite medlenneje*	gavariet-je mjedljenje-je
Kunt u dat nog eens zeggen?	Повторите, пожалуйста / *Povtorite, pozjaloejsta*	paftariet-je, pazjalsta
Ik ben de weg kwijt	Я заблудился (заблудилась) / *Ja zabloedilsja (zabloedilas)*	ja zabloedielsja (zabloedielas')
Hoe zeg ik in het Russisch...?	Как по-русски...? / *Kak po-roesski...?*	kak pa-roeskie...?

Nuttige woorden

groot	большой / *bolsjoj*	bal'sjoj
klein	маленький / *malenkij*	maljen'kie
heet (water, eten)	горячий / *gorjatsjij*	garjatsjie
heet (weer)	жарко / *zjarko*	zjarka
koud	холодный / *cholodny*	chalodnie
goed	хорошо / *chorosjo*	charasjo
slecht	плохо / *plocho*	plocha
oké/goed	нормально / *normalno*	narmal'na
dichtbij	близко / *blizko*	bliezka
ver weg	далеко / *daleko*	daljeko
omhoog	наверху / *naverchoe*	navjerchoe

omlaag	внизу / *vnizoe*	fniezoe
vroeg	рано / *rano*	rana
laat	поздно / *pozdno*	pozdna
vrij (niet bezet)	свободно / *svobodno*	svabodna
gratis	бесплатно / *besplatno*	bjesplatna
kassa/loket	касса / *kassa*	kasa
laan	проспект / *prospekt*	praspjekt
brug	мост / *most*	most
kade	набережная / *naberezjnaja*	nabjerjezjnaja
snelweg/autoweg	шоссе / *sjosse*	sjasse
steeg/zijstraat	переулок / *pereoelok*	pjerjeoelak
plein	площадь / *plosjtsjad*	plosjat'
straat	улица / *oelitsa*	oelietsa
flat/appartement	квартира / *kvartira*	kvartiera
verdieping	этаж / *etazj*	etasj
huis/blok	дом / *dom*	dom
ingang	вход / *vchod*	fchot
uitgang	выход / *vychod*	vichot
rivier	река / *reka*	rjeka
zomerhuis	дача / *datsja*	dacha
zwembad	бассейн / *bassejn*	basjejn
stad	город / *gorod*	gorat
toilet	туалет / *toealet*	toealjet

Telefoneren

Kan ik hier naar het buitenland bellen?	Можно отсюда позвонить за границу ? / *Mozjno ostjoeda pozvonit za granitsoe?*	mozjna atsjoeda pazvaniet' za granietsoe?
Ik wil graag met ... spreken	Позовите, пожалуйста... / *Pozovite, pozjaloejsta*	pazaviet-je, pazjalsta...
Kunt u voor hem/haar een boodschap achterlaten?	Вы можете передать ему/ей? / *By mozjete peredat emy/ej?*	vi mozjet-je pjerjedat' jemoe/jaj?
Mijn nummer is...	Мой номер... / *Moj nomer...*	moj nomjer...
Ik bel later terug	Я позвоню позже / *Ja pozvonjoe pozzje*	ja pazvanjoe pozje

Bezienswaardigheden

bibliotheek	библиотека / *biblioteka*	bieblie-atjeka
circus	цирк / *tsirk*	tsierk
dierentuin	зоопарк / *zoopark*	zapark
eiland	остров / *ostrov*	ostraf
fort	крепость / *krepost*	krjepost'
gesloten 'schoonmaakdag'	санитарный день / *sanitarny den*	sanietarnie djen'
kasteel	замок / *zamok*	zamak
kathedraal	собор / *sobor*	sabor
kerk	церковь / *tserkov*	tserkaf'

kremlin/vesting werk	кремль *kreml*	krjeml'
kunstmuseum	галерея *galereja*	galerjeja
monument	памятник *pamjatnik*	pamjatniek
moskee	мечеть *metsjet*	mjetsjet'
museum	музей *moezej*	moezjej
paleis	дворец *dvorets*	dvarjets
park	парк *park*	park
parlement	дума *doema*	doema
synagoge	синагога *sinagoga*	sienagoga
tentoonstelling	выставка *vystavka*	vistafka
tuin	сад *sad*	sad
wordt gerestaureerd	ремонт *remont*	remont

Winkelen

open	открыто *otkryto*	atkrita
gesloten	закрыто *zakryto*	zakrita
Hoeveel kost dit?	Сколько это стоит? *Skolko eto stoit?*	skol'ka eta stoiet?
Ik wil graag … kopen	Я хотел (хотела) бы купить… *Ja chotel (chotela) by koepit…*	ja chatjel (chatjela) bi koepiet'…
Hebt u…?	У вас есть…? *Oe vas jest…?*	oe vas jest'…?
Accepteert u creditcards?	Кредитные карточки вы принимаете? *Kreditnyje kartotsjki vy prinimajete?*	krjedietnye kartatsjkie vy prieniemajetje?
Hoe laat gaat u open/dicht?	Во сколько вы открываетесь/закрываетесь? *Vo skolko vy otkryvajetes/zakryvajetes?*	Va skol'ka vy atkrivajetjes'/zakrivajetjes?
Deze	этот *etot*	etat
duur	дорого *dorogo*	doraga
goedkoop	дёшево *djosjevo*	djoshjeva
maat	размер *razmer*	razmjer
wit	белый *bjelyj*	bjelie
zwart	чёрный *tsjornyj*	tsjyornie
rood	красный *krasnyj*	krasnie
geel	жёлтый *zheltyy*	zjoltie
groen	зелёный *zelenyj*	zjeljonje
donkerblauw	синий *sinij*	sienie
lichtblauw	голубой *goloeboj*	galoeboj
bruin	коричневый *koritsjnevyj*	karietsjnjevie

Soorten winkels

apotheek	аптека *apteka*	aptjeka
bakkerij	булочная *boeloetsjnaja*	boelatsjna-ja
bank	банк *bank*	bank

bloemist	цветы *tsvety*	tsvjeti
boekwinkel	книжный магазин *knizjnyj magazin*	kniezjnie magazien
delicatessenzaak	гастроном *gastronom*	gastranom
fotowinkel	фото-товары *foto-tovary*	foto-tavari
kapper	парикмахерская *parikmacherskaja*	pariekmacherskaja
krantenkiosk	газетный киоск *gazetnij kiosk*	gazjetnie kie-osk
kruidenier	бакалея *bakaleja*	bakalje-ja
markt	рынок *rynok*	rinak
platenwinkel	грампластинки *gramplastinki*	gramplastienkie
postkantoor	почта *potsjta*	potsjta
reisbureau	бюро путешествий *bjoero poetesjestvij*	bjoero poetjesjestvie
schoenenwinkel	обувь *oboev*	oboef
slager	мясной магазин *mjasnoj magazin*	mjasnoj magazien
warenhuis	универмаг	oenievjermag

Verblijf in een hotel

Hebt u een kamer vrij?	У вас есть свободный номер? *Oe vas jest svabodnyj nomer?*	oe vas jest' svabodnie nomjer?
tweepersoonskamer met tweepersoonsbed	номер с двуспальной кроватью *nomer s dvoespalnoj krovatjoe*	nomjer s dvoespal'noj kravat'-joe
tweepersoonskamer	двухместный номер *dvoechmestnyj nomer*	dvoechmjestnie nomjer
eenpersoonskamer	одноместный номер *odnomestnyj nomer*	adnamjestnie nomjer
bad	ванная *vannaja*	vana-ja
douche	душ *doesj*	doesj
kruier	носильщик *nosilsjtsjik*	nasiel'sjiek
sleutel	ключ *kljoetsj*	kljoetsj

Uit eten

Een tafel voor twee personen, graag	Стол на двоих, пожалуйста *Stol na dvoich, pazjalsta*	stol na dva-iech, pazjalsta
Ik wil graag een tafel reserveren	Я хочу заказать стол *Ja chotsjoe zakazat stol*	ja chatsjoe zakazat' stol
Afrekenen, graag	Счёт, пожалуйста *Stsjot, pozjaloejsta*	sjjot, pazjalsta
Ik ben vegetariër	Я вегетерианец (вегетерианка) *Ja vegeterianets (vegeterianka)*	ja vjegjetarianjets (vjegjetarianka)
ontbijt	завтрак *zavtrak*	zaftrak
lunch	обед *obed*	abjet
diner	ужин *oezjin*	oezjien
ober!	официант! *ofitsiant!*	afietsie-ant!
mevrouw! (serveerster)	официантка! *ofitsiantka!*	afietsie-antka!
dagschotel	фирменное блюдо *firmennoje bljoedo*	fiermenoje bljoeda
voorgerecht	закуски *zakoeski*	zakoeskie

Nederlands	Russisch	Transcriptie
hoofdgerecht	второе блюдо / *vtoroje bljoedo*	ftar**o**je blj**oe**da
vlees en gevogelte	мясные блюда / *mjasnye bljoeda*	mj**a**snije blj**oe**da
visgerechten	рыбные блюда / *rybnye bljoeda*	r**i**bnije blj**oe**da
groenteschotels	овощные блюда / *ovosjtsjnyje bljoeda*	avasjsjn**i**je blj**oe**da
dessert	десерт / *desert*	dj**e**sj**e**rt
drankjes	напитки / *napitki*	nap**ie**tkie
groente	овощи / *ovosjtsji*	ov**a**sjsjie
brood	хлеб / *chleb*	chlj**e**b
wijnkaart	карта вин / *karta vin*	k**a**rta v**ie**n
rood (biefstuk)	недожаренный / *nedozjarenny*	njedazj**a**rennie
goed doorbakken	прожаренный / *prozjarenny*	prozj**a**rennie
glas	стакан / *stakan*	stak**a**n
fles	бутылка / *boetilka*	boet**i**lka
mes	нож / *nozj*	nosj
vork	вилка / *vilka*	v**ie**lka
lepel	ложка / *lozjka*	l**o**sjka
bord	тарелка / *tarelka*	tarj**e**lka
servet	салфетка / *salfetka*	salfj**e**tka
zout	соль / *sol*	sol'
peper	перец / *perets*	pj**e**rjets
boter/olie	масло / *maslo*	m**a**sla
suiker	сахар / *sachar*	s**a**char

Menulijst

Russisch	Transcriptie	Nederlands
абрикос / *abrikos*	abri**e**kos	abrikoos
апельсин / *apelsin*	apjel's**ie**n	sinaasappel
апельсиновый сок / *apelsinovy sok*	apjel's**ie**navie sok	sinaasappelsap
арбуз / *arboez*	arb**oe**z	watermeloen
белое вино / *beloje vino*	bj**e**laje vien**o**	witte wijn
бифштекс / *bifsjteks*	biefsjtj**e**ks	biefstuk
блины / *bliny*	bli**e**ni	pannenkoeken
борщ / *borsjtsj*	b**o**rsjsj	borsjtsj (bietensoep)
варенье / *varene*	varj**e**n'je	Russische siroop-jam
варёный / *varjony*	varj**o**nie	gekookt
ветчина / *vettsjina*	vjettsji**e**na	ham
вода / *voda*	vad**a**	water
говядина / *govjadina*	gavj**a**diena	rundvlees
грибы / *griby*	grieb**i**	paddenstoelen
груша / *groesja*	gr**oe**sja	peer
гусь / *goes*	goes	gans
джем / *dzjem*	dzjem	jam
жареный / *zjareny*	zj**a**rjenie	gebakken, gegrild
икра / *ikra*	iekr**a**	zwarte kaviaar
икра красная/кета / *ikra krasnaja/keta*	iekr**a** krasna-ja/ kj**e**ta	rode kaviaar
капуста / *kapoesta*	kap**oe**sta	kool
картофель / *kartofel*	kart**o**fjel'	aardappel
квас / *kvas*	kvas	kvas (zoete, licht alcoholische drank)
клубника / *kloebnika*	kloebn**ie**ka	aardbeien
колбаса / *kolbasa*	kalbas**a**	salami
кофе / *kofe*	k**o**fje	koffie
красное вино / *krasnoje vino*	kr**a**snoje vien**o**	rode wijn
креветки / *krevetki*	krjevj**e**tkie	garnalen
курица / *koeritsa*	ko**e**rietsa	kip
лук / *loek*	loek	ui
малина / *malina*	mal**ie**na	frambozen
минеральная вода / *mineralnaja voda*	mineral'naja vad**a**	mineraalwater
мороженое / *morozjenoje*	mar**o**zjena-je	ijs
мясо / *mjaso*	mj**a**sa	vlees
огурец / *ogoerets*	agoerj**e**ts	komkommer
осетрина / *osetrina*	asjetr**ie**na	steur
пельмени / *pelmeni*	pjel'mj**e**nie	vlees- of vis-balletjes
персик / *persik*	pj**e**rsiek	perzik
печенье / *petsjene*	pjetsj**e**n'je	koekje
печёнка / *petsjonka*	pjetsj**o**nka	lever
печёный / *petsjony*	pjetsj**o**nie	gebakken
пиво / *pivo*	p**ie**va	bier
пирог / *pirog*	pier**o**k	taart
пирожки / *pirozjki*	pierasjk**ie**	pakketjes met smakelijke vulling
помидор / *pomidor*	pamied**o**r	tomaat
морепродукты / *moryeprodukte*	morjeprod**oe**ktie	zeevruchten
рыба / *ryba*	r**i**bba	vis
салат / *salat*	sal**a**t	salade
свинина / *svinina*	svien**ie**na	varkensvlees
сельдь / *seld*	sje'ld'	haring
сосиски / *sosiski*	sas**ie**skie	saucijsjes
сыр / *syr*	sir	kaas
сырой / *syroj*	sir**o**j	rauw
утка / *oetka*	**oe**tka	eend
фасоль / *fasol*	fas**o**l'	bonen
форель / *forel*	farj**e**l'	forel
чай / *tsjaj*	tsjaj	thee
чеснок / *tsjesnok*	tsjesn**o**k	knoflook
шашлык / *sjasjlyk*	sjasjl**i**k	spies
яйцо / *jajtso*	jajts**o**	ei
слива / *sliva*	sl**ie**va	pruim
фрукты / *froekty*	fr**oe**kti	fruit
яблоко / *jabloko*	j**a**blaka	appel

Vervoer

Nederlands	Russisch (transliteratie)	Transcriptie
noord	север / *sever*	sjever
zuid	юг / *joeg*	joek
oost	восток / *vostok*	vastok
west	запад / *zapad*	zapat
luchthaven	аэропорт / *aeroport*	aeraport
vliegtuig	самолёт / *samoljot*	samaljot
verkeerspolitie	ДПС / *DPS*	dee-pee-ès
bus	автобус / *avtoboes*	aftoboes
busstation	автобусная станция / *avtoboesnaja stantsija*	aftoboesna-j stantsie-ja
bushalte	остановка автобуса / *ostanovka avtoboesa*	astanofka aftoboesa
auto	машина / *masjina*	masjiena
vlucht	рейс / *rejs*	rjejs
metro (station)	(станция) метро / *(stantsija) metro*	(stantsie-ja) mjetro
geen toegang	нет входа / *net vchoda*	njet fchoda
geen uitgang	нет выхода / *net vychoda*	njet vichada
parkeerplaats	автостоянка / *avtostojanka*	aftostojanka
benzine	бензин / *benzin*	bjenzien
spoorweg	железная дорога / *zjeleznaja doroga*	zjeljezna-ja daroga
spoorwegstation	вокзал / *vokzal*	vagzal
retourtje	обратный билет / *obratny bilet*	obratnie bieljet
zitplaats	место / *mesto*	mjesta
trein naar de buitenwijken	пригородный поезд / *prigorodny pojezd*	priegaradnie po-jezd
rechtdoor	прямо / *prjamo*	prjama
taxi	такси / *taksi*	taksie
kaartje	билет / *bilet*	bieljet
muntje (voor enkele metrorit)	жетон / *zjeton*	zjeton
linksaf	налево / *nalevo*	naljeva
rechtsaf	направо / *napravo*	naprava
trein	поезд / *pojezd*	po-jezd
tram	трамвай / *tramvaj*	tramvaj
trolleybus	троллейбус / *trollejboes*	traljejboes

Getallen

	Russisch (transliteratie)	Transcriptie
1	один/одна/одно / *odin/odna/odno*	adien/adna/adno
2	два/две / *dva/dve*	dva/dvje
3	три / *tri*	trie
4	четыре / *tsjetyre*	tsjetir-je
5	пять / *pjat*	pjat'
6	шесть / *sjest*	sjest'
7	семь / *sem*	sjem'
8	восемь / *vosem*	vosjem'
9	девять / *devjat*	djevjat'
10	десять / *desjat*	djesjat'
11	одиннадцать / *odinnadtsat*	adienatsat'
12	двенадцать / *dvenadtsat*	dvjenatsat'
13	тринадцать / *trinadtsat*	trienatsat'
14	четырнадцать / *tsjetyrnadtsat*	tsjetirnatsat'
15	пятнадцать / *pjatnadtsat*	pjatnatsat'
16	шестнадцать / *sjestnadtsat*	sjestnatsat'
17	семнадцать / *semnadtsat*	sjemnatsat'
18	восемнадцать / *vosemnadtsat*	vasjemnatsat'
19	девятнадцать / *devjatnadtsat*	djevjatnatsat'
20	двадцать / *dvadtsat*	dvatsat'
21	двадцать один / *dvadtsat odin*	dvatsat' adien
22	двадцать два / *dvadtsat dva*	dvatsat' dva
23	двадцать три / *dvadtsat tri*	dvatsat' trie
24	двадцать четыре / *dvadtsat tsjetyre*	dvatsat' tsjetir-je
25	двадцать пять / *dvadtsat pjat*	dvatsat' pjat'
30	тридцать / *tridtsat*	trietsat'
40	сорок / *sorok*	sorak
50	пятьдесят / *pjatdesjat*	pjadjesjat'
60	шестьдесят / *sjestdesjat*	sjes'djesjat
70	семьдесят / *semdesjat*	sjem'djesjat
80	восемьдесят / *vosemdesjat*	vosjem'djesjat
90	девяносто / *devjanosto*	djevjanosta
100	сто / *sto*	sto
200	двести / *dvesti*	dvjestie
300	триста / *trista*	triesta
400	четыреста / *tsjetyresta*	tsjetirjesta
500	пятьсот / *pjatsot*	pjat'sot
1000	тысяча / *tysjatsja*	tisjatsja
2000	две тысячи / *dve tysjatsj*	dvje tisjatsjie
5000	пять тысяч / *pjat tysjatsj*	pjat' tisjatsj
1.000.000	миллион / *million*	mielie-on

Tijd en dagen van de week

Nederlands	Russisch (transliteratie)	Transcriptie
een minuut	одна минута / *odna minoeta*	adna mienoeta
een uur	час / *tsjas*	tsjas
een halfuur	полчаса / *poltsjasa*	poltsjasa
dag	день / *den*	djen'
week	неделя / *nedelja*	njedjelja
maandag	понедельник / *ponedelnik*	panjedjel'niek
dinsdag	вторник / *vtornik*	ftorniek
woensdag	среда / *sreda*	srjeda
donderdag	четверг / *tsjetverg*	tsjetvjerk
vrijdag	пятница / *pjatnitsa*	pjatnietsa
zaterdag	суббота / *soebbota*	soebota
zondag	воскресенье / *voskresene*	vaskrjesjen'je

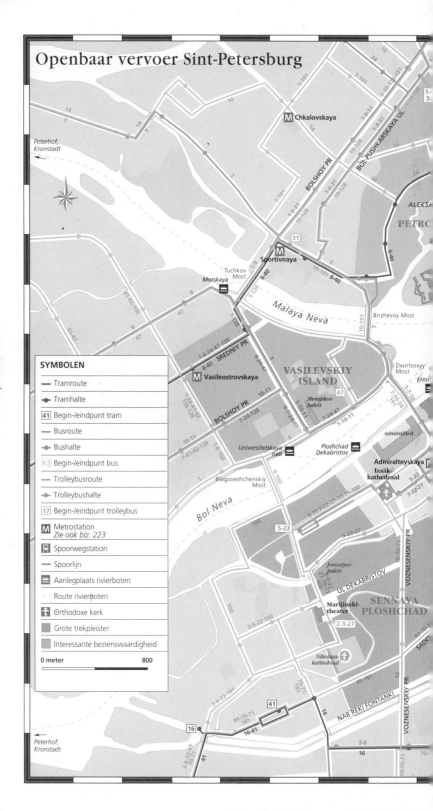